清史論集

㈩

莊吉發著

文史哲學集成
文史哲出版社印行

國家圖書館出版品預行編目資料

清史論集 / 莊吉發著. -- 初版. -- 臺北市：文史哲, 民 86 –
冊; 公分. -- (文史哲學集成 ; 388–)
含參考書目
ISBN 957-549-110-6(第一冊：平裝) .--ISBN957-549-111-4(第二冊：平裝) .--ISBN957-549-166-1 (第三冊：平裝) .--ISBN957-549-271-4 (第四冊：平裝) .-- ISBN 957-549-272-2(第五冊：平裝) .--ISBN957-549-325-7 (第六冊：平裝) .--ISBN957-549-326-5(第七冊：平裝) .--ISBN957-549-331-1(第八冊：平裝) .--ISBN957-549- 421-0(第九冊：平裝) .--ISBN957-549-422-9(第十冊:平裝).--ISBN957-549-512-8(第十一冊:平裝).-- ISBN 957-549-513-6(第十二冊:平裝) .--ISBN957-549-551-9 (第十三冊:平裝) .--ISBN957-549-576-4(第十四冊:平裝) --ISBN957-549-605-1(第十五冊:平裝) ISBN957-549-671-x(第十六冊:平裝)
1.中國-歷史-清(1644-1912) -論文，講詞等
627.007 8601591

文史哲學集成 511

清史論集 (十六)

著者：莊吉發
出版者：文史哲出版社
http://www.lapen.com.tw
登記證字號：行政院新聞局版臺業字五三三七號
發行人：彭正雄
發行所：文史哲出版社
印刷者：文史哲出版社
臺北市羅斯福路一段七十二巷四號
郵政劃撥帳號：一六一八〇一七五
電話 886-2-23511028 ・ 傳真 886-2-23965656
實價新臺幣三八〇元
中華民國九十五年（2006）七月初版

ISBN 957-549-671-x

清史論集

(十六)

目 次

清史論集

出版說明

我國歷代以來，就是一個多民族的國家，各民族的社會、經濟及文化方面，雖然存在著多樣性及差異性的特徵，但各兄弟民族對我國歷史文化的締造，都有直接或間接的貢獻。滿族以非漢部族入主中原，建立清朝，參漢酌金，一方面接受儒家傳統的政治理念，一方面又具有滿族特有的統治方式，在多民族統一國家發展過程中有其重要地位。在清朝長期的統治下，邊疆與內地逐漸打成一片，文治武功之盛，不僅堪與漢唐相比，同時在我國傳統社會、政治、經濟、文化的發展過程中亦處於承先啓後的發展階段。蕭一山先生著《清代通史》敘例中已指出原書所述，爲清代社會的變遷，而非愛新一朝的興亡。換言之，所述爲清國史，亦即清代的中國史，而非清室史。同書導言分析清朝享國長久的原因時，歸納爲二方面：一方面是君主多賢明；一方面是政策獲成功。《清史稿》十二朝本紀論贊，尤多溢美之辭。清朝政權被推翻以後，政治上的禁忌，雖然已經解除，但是反滿的情緒，仍然十分高昂，應否爲清人修史，成爲爭論的焦點。清朝政府的功過及是非論斷，人言嘖嘖。然而一朝掌故，文獻足徵，可爲後世殷鑒，筆則筆，削則削，不可從闕，亦即孔子作《春秋》之意。孟森先生著《清代史》指出，「近日淺學之士，承革命時期之態度，對清或作仇敵之詞，旣認爲仇敵，即無代爲修史之任務。若已認爲應代修史，即認爲現代所繼承之前代。尊重現代，心不厭薄於所繼承之前代，而後覺承統之有自。清一代武功文治、幅員人材，皆有可觀。明初代元，以胡俗為厭，天下既定，即表章元世祖之治，惜其子孫不能遵守。後代於前代，評量政治之得失以為法戒，乃所以為史學。革命時之鼓煽種族以作敵愾之氣，乃軍旅之事，非學問之事也。故史學上之清史，自當占中國累朝史中較盛之一朝，不應故為貶抑，自失學者態度。」錢穆先生著《國史大綱》亦稱，我國為世界上歷史體裁最完備的國家，悠久、無間斷、詳密，就是我國歷史的三大特點。我國歷史所包地域最廣大，所含民族份子最複雜。因此，益形成其繁富。有清一代，能統一國土，能治理人民，能行使政權，能綿歷年歲，其文治武功，幅員人材，既有可觀，清代歷史確實有其地位，貶抑清代史，無異自形縮短中國歷史。《清史稿》的既修而復禁，反映清代史是非論定的紛歧。

歷史學並非單純史料的堆砌，也不僅是史事的整理。史學研究者和檔案工作者，都應當儘可能重視理論研究，但不能以論代史，無視原始檔案資料的存在，不尊重客觀的歷史事實。治古史之難，難於在會通，主要原因就是由於文獻不足；治清史之難，難在審辨，主要原因就是由於史料氾濫。有清一代，史料浩如煙海，私家收藏，固不待論，即官方歷史檔案，可謂汗牛充棟。近人討論纂修清代史，曾鑒於清史範圍既廣，其材料尤夥，若用紀、志、表、傳舊體裁，則卷帙必多，重見牴牾之病，勢必難免，而事蹟反不能備載，於是主張採用通史體裁，以期達到文省事增之目的。但是一方面由於海峽兩岸現藏清代滿漢文檔案資料，數量龐大，整理公佈，尚需時日；一方面由於清史專題研究，在質量上仍不夠深入。因此，纂修大型清代通史的條件，還不十分具備。近年以來，因出席國際學術研討會，所發表的論文，多涉及清代的歷史人物、文獻檔案、滿洲語文、宗教信仰、族群關係、人口流動、地方吏治等範圍，俱屬專題研究，題爲《清史論集》。雖然只是清史的片羽鱗爪，缺乏系統，不能成一家之言。然而每篇都充分利用原始資料，尊重客觀的歷史事實，認眞撰寫，不作空論。所愧的是學養不足，研究仍不夠深入，錯謬疏漏，在所難免，尚祈讀者不吝教正。

二〇〇六年六月　莊吉發

文獻足徵──《滿文原檔》的由來及其史料價值

一、滿文的創製經過

滿洲原來是一個古地名，在明朝所設立的建州三衛境內，朝鮮史籍中的「蔓遮」，便是滿洲的同音異譯。居住在滿洲地區的民族，稱爲滿洲族，可以簡稱爲滿族。滿族是民族共同體，以建州女眞爲主體民族，也融合了蒙古、漢、朝鮮等民族。滿族與蒙古的文化背景相近，都是屬於北亞文化圈的範圍。由於元朝蒙古對東北女眞的統治，以及地緣的便利，在滿族崛起以前，女眞與蒙古的接觸，已極密切，蒙古文化對女眞產生了極大的影響，女眞社會除了使用漢字外，同時也使用蒙古語文。明朝後期，滿族的社會、文化，已經進入迅速發展的階段，但在滿族聚居的地區，仍然沒有滿族自己的文字，其文移往來，除漢字外，主要是使用蒙古文字，必須「習蒙古書，譯蒙古語通之」。這種現象實在不能適應新興滿族共同的需要。明神宗萬曆二十七年（1599）二月，清太祖努爾哈齊爲了文移往來及記注政事的需要，於是仿照老蒙文創製了滿文，亦即以老蒙文字母爲基礎，拚寫女眞語音，聯綴成句，而發明了滿族的拼音文字，譬如將蒙古文字母的「ᠠ」（a）字下接「ᠮᠠ」（ma）字，就成「ᠠᠮᠠ」（ama），意即父親。這種由老蒙文脫胎而來的初期滿文，只是「以方言成書，摹倣形像，易於知曉而已」。但在字旁未加圈點，上下字大多雷同，人名、地名，舛錯實多。清太宗天聰六年（1632）三月，巴克什達海奉命將十二字頭在字旁加置圈點，使音義分明，區別了原來容易混淆的語音。清太祖時期的初創滿文，稱為無圈點滿文，習稱老滿文；清太宗天聰年間，巴克什達海奉命改進的滿文，稱為加圈點滿文，習稱新滿文。國立故宮博物院藏清史館纂修《國語志》稿本，其卷首有奎善撰〈滿文源流〉一文，原文有一段敘述說：「文字所以代結繩，無論何國文字，其糾結屈曲，無不含有結繩遺意。然體制不一，則又以地勢而殊。歐洲多水，故英、法諸國文字橫行，如風浪、如水紋。滿洲故里多山林，故文字矗立高聳，如古樹，如孤峰。蓋造文字，本乎人心，人心之靈，實根於天地自然之理，非偶然也。」滿文是一種拼音文字，由上而下，由左而右，直行書寫，字形矗立高聳，滿文的創製，使滿族獲得一種統一的、規範的民族共同語文，對於形成民族共同體的共同心理，起了凝聚共識的作用。

二、《滿文原檔》的發現與重鈔

清太祖、太宗時期，記注政事及鈔錄往來文書的檔册，主要是以無圈點老滿文及加圈點新滿文記載的檔子（dangse），因為這批滿文檔子是滿洲入關前的原始檔案，所以稱之為《滿文原檔》。滿洲入關後，《滿文原檔》由盛京移至北京，由內閣掌管，內閣檔案中有出納簿，備載閣僚借出卷册日期，以及繳還後塗銷的圖記。長期以來，學術界對這批滿文檔子的稱謂，並不一致，常見的有：「無圈點檔」、「加圈點檔」、《無圈點老檔》、《滿文老檔》、《滿洲秘檔》、《老滿文原檔》、《滿文舊檔》、《舊滿洲檔》等等不同名稱。這些名稱不僅含有不同的意義，同時反映不同時期的整理過程，以及後世對這批滿文檔子認識程度的差異。

雍正十三年（1735）十月十八日，和碩莊親王允祿具摺指出，滿洲八旗皆有收貯鈔寫的實錄，八旗承襲官員發生爭執及查明牛彔根由時，俱以實錄為依據。惟因各旗查閱實錄時，旗上人員眾多，不免洩漏。又有無知之輩，每乘查閱檔冊之便，見有與其祖先名字雷同者，即行記下，橫生枝節，爭執互控。因旗上無法決斷，仍須行文內閣查閱實錄及「無圈點檔」，八旗所藏實錄，並無益處，徒生爭執，所以奏請將八旗所藏實錄送交內閣備查。允祿原摺，以滿文書寫，「無圈點檔」，滿文讀如「tongki fuka akū dangse」。莊親王允祿滿文奏摺所稱「無圈點檔」，就是指《滿文原檔》。

清高宗鑒於內閣大庫所藏「無圈點檔」，年久𪓐舊，所載字畫，與乾隆初年通行的新滿文不同，乃於乾隆六年（1741）七月二十一日諭令大學士鄂爾泰等人按照當時通行的新滿文編纂無圈點字書。這道諭旨的內容要點云：「無圈點字原係滿文之本，今若不編製成書貯藏，日後失據，人將不知滿文肇端於無圈點字書。著交鄂爾泰、徐元夢按照『無圈點檔』依照十二字頭之順序，編製成書，繕寫一部，並令宗室覺羅學及國子監各學各鈔一部貯藏。」諭旨所稱「無圈點檔」，就是指《滿文原檔》。鄂爾泰、徐元夢奉到上諭後，即詳閱內閣庫存「無圈點檔」。鄂爾泰等人發現「無圈點檔」內的文字，不僅無圈點，又有假借，若不融會上下文義，誠屬不易辨識。同年十一月十一日，鄂爾泰、徐元夢聯銜具奏，略謂：「臣謹遵聖旨，將檔內之字，加設圈點讀之。除可認識者外，其有與今之字體不同，及難於辨識者，均行檢出，附註現今字體，依據十二字頭編製成書，謹呈御覽，俟聖裁後，除內閣貯藏一部外，並令宗室覺羅學及國子監等學各鈔一部貯存，以示後人知滿洲文字肇端於此。再查此檔因年久殘闕，既期垂之永久，似應逐頁托裱裝訂，爲此謹奏請旨。」《滿文原檔》包括「無圈點檔」及「加圈點檔」，由前引諭旨及奏摺內容可知內閣庫存的「無圈點檔」就是《滿文原檔》中使用無圈點老滿文書寫的檔子，記錄了八旗牛彔的淵源，及賞給世職緣由等等。鄂爾泰等人奉旨編纂的無圈點十二字頭，就是所謂《無圈點字書》（tongki fuka akū hergen i bithe）。因爲「無圈點檔」年久劃舊，所以鄂爾泰等人奏請逐頁托裱裝訂。

乾隆四十年（1775）二月十二日，軍機大臣具奏指出，「內閣大庫恭藏無圈點老檔，年久劃舊，所載字畫，與現行清字不同。乾隆六年（1741），奉旨照現行清字纂成無圈點十二字頭，以備稽考。但以字頭釐正字蹟，未免逐卷翻閱，且老檔止此一分，日久或致擦損，應請照現在清字，另行音出一分，同原本恭藏。」「無圈點檔」是內閣庫存的原本，乾隆四十年軍機大臣所稱「無圈點老檔」就是指「無圈點檔」。軍機大臣奏准依照通行滿文另行音出一分後，即交國史館纂修等員加置圈點，陸續進呈御覽；惟其重鈔工作進行緩慢。同年三月二十日，大學士舒赫德等奏稱：「查老檔原頁，共計三千餘篇，今分頁繕錄，並另行音出一分，篇頁浩繁，未免稽延時日。雖老檔卷頁，前經裱托，究屬年久劃舊，恐日久摸擦，所關甚鉅，必須迅速趲辦，敬謹尊藏，以昭慎重。」重鈔的本子有兩種：一種是依照當時通行的新滿文繕寫加簽注的重鈔本；一種是仿照無圈點老滿文的字體鈔錄而刪其重複的重鈔本，俱於乾隆四十三年（1778）十月以前完成繕寫的工作，並貯藏於北京大內，習稱北京藏本。其書法及所用紙張，都和滿洲入關前記錄八旗牛彔淵源等內容的「無圈點檔」不同，北京藏本是鈔本，不是《滿文原檔》。

乾隆四十五年（1780），又按無圈點老滿文及加圈點新滿文各鈔一份齎送盛京崇謨閣貯藏。是年二月初四日，盛京戶部侍郎全魁從北京返回盛京，將兩種鈔本運至盛京內務府衙門，經福康安點收，包含：天命年間「無圈點老檔」三包，計十套，八十一本；天命年間「加圈點老檔二包」，計六套，八十一本，於崇謨閣太祖實錄、聖訓櫃內貯藏。天聰年間「無圈點老檔」二包，計十套，六十一本；天聰年間「加圈點老檔」二包，計六套，三十八本，於崇謨閣太宗實錄、聖訓櫃內儲藏。崇謨閣貯藏的鈔本，分爲二種：一種是「無圈點老檔」，內含天命、天聰、崇德三朝，共七包，計二十六套，一百八十本；一種是「加圈點老檔」，內含天命、天聰、崇德三朝，共七包，計二十六套，一百八十本。貯藏於盛京崇謨閣的「無圈點老檔」和「加圈點老檔」，可以稱爲盛京藏本，其書法及紙張，都和滿洲入關前的「無圈點檔」及「加圈點檔」不同，這是乾隆年間的鈔本，都不是《滿文原檔》。

自從乾隆年間整理《滿文原檔》，托裱裝訂，重鈔貯藏，編纂字書以後，這批珍貴的滿文檔冊，始終藏於秘府，直到二十世紀初期，纔被人再度發現。首先發現的是盛京藏本，清德宗光緒三十一年（1905），日本學者內藤虎次郎第二次往訪瀋陽時，曾用曬藍的方法，將盛京藏本複製一分，計四千多張，帶回日本，後來撰寫〈清朝開國期的史料〉一文，刊載於《藝文雜誌》第十一、二號，公開介紹這批檔案。爲了研究方便，內藤虎次郎稱這批乾隆年間重鈔的滿文檔冊爲《滿文老檔》。從此以後，《滿文老檔》就成爲學術界稱呼清太祖、太宗兩朝滿文檔冊的通稱。其實，所謂《滿文老檔》這個名稱只是指乾隆年間盛京崇謨閣所貯藏的《滿文原檔》的重鈔本，乾隆年間稱這批重鈔本爲「無圈點老檔」、「加圈點老檔」，宣統年間被稱爲《滿文老檔》。民國七年（1918），金梁節譯乾隆年間重鈔本部分史事，刊印《滿洲老檔秘錄》，簡稱《滿洲秘檔》。

民國二十年（1931）三月，北平故宮博物院文獻館整理內閣東庫檔案時發現一批滿文檔冊，長短厚薄不一，長者六十一公分，短者四十一公分；厚者五百餘葉，薄者僅九葉。《文獻叢編》有一段說明文字：「滿文老檔，與今所存者次序不連，似非全數。原檔多用明代舊公文或高麗箋書寫，字為無圈點之滿文，且時參以蒙字。」說明中所稱使用無圈點滿文，參以蒙文，多用明朝公文或高麗箋書寫的原檔，就是《滿文原檔》中的「無圈點檔」，說明文字稱之為「滿文老檔」，容易與乾隆年間盛京藏本的曬藍複製本混淆。

〈整理內閣大庫滿文老檔之緣起與計劃〉一文中指出貯存於文獻館的老檔，計三十七冊。其記事年代始自萬曆三十五年（1607），迄崇德元年（1636）。此三十七冊，形式極不一致，最厚者達五百餘葉，最薄者二葉；最寬者四十七公分，最窄者二十四公分；最長者六十點六公分，最短者三十六公分。內閣東庫所貯藏的《滿文原檔》，大部分都移到了文獻館貯存。民國二十四年（1935），文獻館整理內閣大庫殘檔時，又發現《滿文原檔》三冊：一冊為清太祖天命九年（1624）及十一年（1626）合訂的記事檔；一冊為清太宗天聰六年（1632）的記事檔；一冊為天聰九年（1635）全年分的記事檔。這三冊檔子，俱未裝裱，而其字體及記事體裁，與已裝裱的三十七冊，頗為相近，此三冊檔子當為乾隆六年（1741）托裱裝訂時所未見者。文獻館前後所發現的四十冊《滿文原檔》，俱於文物南遷時，疏遷後方。民國二十五年（1935）三月，文獻館又在內閣大庫裡發現崇德三年（1638）全年分的《滿文原檔》一冊，因發現較晚，未能隨其他文物同時南遷。此外，中央研究院歷史語言研究所典藏明清檔案中也含有《滿文原檔》的部分殘檔，爲散遺於內閣大庫的散葉。

民國三十四年（1945），抗戰結束後，南遷文物由後方運回南京。民國三十七年（1948），南遷文物分批遷運臺灣臺中。民國五十四年（1965）八月，國立故宮博物院新廈落成，儲存於臺中的文物北遷臺北市士林外雙溪新廈，文獻館前後發現的四十册《滿文原檔》，俱由國立故宮博物院妥善保存。

三、《滿文原檔》的典藏與整理

院藏《滿文原檔》共四十册，都是清朝入關後由盛京移存於北京內閣大庫的原檔，清太祖與清太宗兩朝各佔二十册，記事年代始自明神宗萬曆三十五年（1607），迄崇德元年（1636），原按千字文編號，自天字起，迄露字止，因避清聖祖玄燁御名諱，故缺玄字。《滿文原檔》的記事，固然有重複，其次序尤其混亂。現藏四十册的千字文編號，依序是：荒、昃、張、來、辰、列、冬、盈、寒、收、黃、宙、洪、藏、往、宿、露、致、天、歲、閏、陽、秋、調、月、雨、雲、騰、呂、暑、餘、律、成、地、日、宇等字。其中第十三册，原無編號，國立故宮博物院編號爲滿附第一册；第二十册，原無編號，國立故宮博物院編號爲第三十五册；第三十七册，原無編號，國立故宮博物院編號爲滿附第二册；第三十八册，原無編號，國立故宮博物院編號爲滿附第三册。

《滿文原檔》書寫時所使用的紙張，主要是明朝舊公文紙和高麗箋紙，其中第一、二、七、十、十一、十三、十八、二十一、二十二、二十三、二十四、二十五、二十六、二十七、二十八、二十九、三十、三十一、三十二、三十三、三十四、三十

五、三十六、三十七、三十八、三十九、四十等册，俱使用高麗箋紙；第三、四、五、六、八、十二、十六、十七、十九等册，使用明朝舊公文紙；第九、十四、十五等册，使用的紙張，有明朝的公文紙，也有高麗箋紙。就書寫的字體而言，以無圈點老滿文書寫的册數較多，例如第一、二、、三、四、五、六、九、十一、十二、十三、十五、十六、十八、十九、二十四、二十五、二十六、二十八、三十、三十一、三十二、三十三、三十四、三十五、三十六等册，都使用無圈點老滿文書寫；第七册的記事，始自天命八年（1623）正月，迄同年五月止，部分老滿文帶有圈點；第八册，使用無圈點老滿文，內含部分蒙文；第十册，字形近似新滿文；第十四册，字形不一，內含無圈點老滿文，也有過渡期滿文，以及加圈點新滿文；第十七册，是無圈點老滿文刻本；第二十一、二十二、二十三等册，主要是無圈點老滿文，內含加圈點新滿文；第二十七、二十九册，是無圈點老滿文，含有蒙文；第三十七册，內含加圈點新滿文及蒙文；第三十八、三十九、四十等册，都是加圈點新滿文，主要是天聰六年（1632）至崇德元年（1636）的記事檔。

昭和三十三年（1958）、三十八年（1963），日本東洋文庫譯註出版清太祖、太宗兩朝《滿文原檔》的重鈔本，題爲《滿文老檔》，共七册。民國五十四年（1965）六月，《中國東亞學術研究計劃委員會年報》，第四期，刊載廣祿等撰〈老滿文原檔與滿文老檔之比較研究〉一文，文中所稱《老滿文原檔》，是指國立故宮博物院所藏的《滿文原檔》。民國五十八年（1969），國立故宮博物院影印出版《滿文原檔》，精裝十册，題爲《舊滿洲檔》，「主要的相信這個名稱既可以分別舊檔與乾隆重鈔本在時間上的先後，同時也可以包含早期滿洲人在關外用老滿文和新滿文兩種文體所記的檔案。」《舊滿洲檔》就是指這十册的書名。民國五十九年（1970）三月，廣祿等譯註出版《清太祖老滿文原檔》。廣祿等指出，「由於中外學者習慣上稱乾隆重鈔本為《滿文老檔》，所以我們把乾隆重鈔本所根據的三十七册老滿文檔册，叫做《老滿文原檔》。」乾隆年間重鈔本所依據的三十七册《滿文原檔》，除無圈點老滿文外，還有加圈點新滿文，使用《老滿文原檔》的名稱，並不周延。昭和四十七年（1972），東洋文庫清代史研究室譯註出版天聰九年（1635）分《滿文原檔》，亦題爲《舊滿洲檔》，共二册。一九七九年十二月，遼寧大學歷史系據日譯本《舊滿洲檔》天聰九年分二册，譯出漢文，題爲《滿文舊檔》。一九八八年十月，季永海等譯註出版崇德三年（1638）分滿文檔册，題爲《崇德三年檔》。一九九〇年三月，北京中華書局出版《滿文老檔》譯漢本，共二册。該書凡例中指出名稱的由來，是根據國內外史學界的慣稱而謂之《滿文老檔》。原書前言指出，「《滿文老檔》是用初創的無圈點老滿文與改進後的半圈點的過渡階段的滿文書寫，文字古老。」《滿文老檔》作爲篇名，始自宣統年間日人內藤虎次郎，所指的是乾隆年間貯存於盛京崇謨閣的重鈔本，而無圈點滿文所書寫的檔子則指清太祖、太宗兩朝的「無圈點檔」。因此，《滿文老檔》之稱謂，名實並不相符。神田信夫撰〈滿洲國號考〉一文已指出，「向來我們研究清初歷史時可以利用的重要文獻是《滿文老檔》。前人指出這本書雖是乾隆朝時寫的，但把原本即清初的所謂《滿文原檔》忠實地抄錄下來。一九三一年，在北平故宮內閣大庫發現了《滿文原檔》三十七册。」民國二十年（1931）以來，整理內閣大庫檔案前後共發現了三十七册「無圈點檔」及「加圈點檔」，民國二十四年（1935），又另外發現了三册，合計四十册，就是國立故宮博物院現藏「無圈點檔」及「加圈點檔」的總數。可以正名爲《滿文原檔》。「無圈點檔」、「加圈點檔」只是從字體上加以區別，不能凸顯檔案的原始性。同是「無圈點檔」，就有清太祖、太宗時期的原件和乾隆年間的重鈔本。至於《滿文老檔》、《滿文舊檔》、《舊滿洲檔》的命名，也只在凸顯檔册的老舊，而不能反映它的原始性。《滿文原檔》不是重鈔本，而是各種重鈔本所根據的原件，院藏四十册的《滿文原檔》，就是指清太祖、太宗時期「無圈點檔」及「加圈點檔」的原件。滿洲入關後，這批原檔移至北京，貯藏於內閣大庫。文物南遷後，輾轉遷臺，由國立故宮博物院妥善保存，長久以來，深受中外學者的重視。

四、《滿文原檔》與清史研究

無圈點滿文是由老蒙文脫胎而來，字體簡古。天聰年間，在字形與發音方面加以改進，加置圈點，統一寫法，發展成爲日後通行的新滿文，這種經過規範後的新滿文，不僅字跡清楚，發音精確，筆順一致，較老滿文容易識別，乾隆年間，大學士鄂爾泰等人已指出，滿文肇端於無圈點字，內閣大庫所保存的「無圈點檔」，檔內之字，不僅無圈點，復有假借，若不融會上下文字的意義，誠屬不易辨識。《滿文原檔》就是使用早期滿文字體所記載的原始檔子，包括蒙古文字、無圈點老滿文、過渡期半加圈點滿文、加圈點新滿文等字體。《滿文原檔》中夾書蒙語、漢語的許多語詞，在滿洲入關後，已經逐漸被淘汰。因此，《滿文原檔》對滿文由舊變新發展變化的過程，提供了珍貴的語言文字研究資料。新滿文中的捲舌音頗多，例如「šu」，老滿文作「siu」；「šusihalame」（鞭打），老滿文作「siusihalame」；

「šun」（太陽），老滿文作「siyun」；「šongkoro」（海東青），老滿文作「siongkoro」。由此可知，老滿文與後來通行的新滿文，不僅在字形上有加圈點與不加圈點的區別，同時在字母與發音方面，也有顯著的差異。例如陞遷降調的「陞」，新滿文讀如「wesimbi」，「降」，讀如「wasimbi」，兩個滿文單字的寫法，僅僅在字頭右旁有無加點的差異。但在無圈點老滿文中，卻不致混淆，「陞」，老滿文作「uwesimbi」，「降」，老滿文作「wasimbi」。因此，《滿文原檔》就是研究滿文起源及發展變遷的重要文獻。

《滿文原檔》除了可以鉤考滿文由舊變新的過程外，還可以幫助看出重鈔本《滿文老檔》殘缺的眞相，可以解釋滿洲專門名詞，可以補充清朝官書的疏漏。《滿文原檔》中塗抹修改之處，處處可見，《滿文老檔》只鈔寫已修改過的內容，查閱《滿文原檔》，往往可以知道修改前的文字。早在明治末期，日人市村瓚次郎根據奉天崇謨閣貯藏的《滿文老檔》重鈔本，論證天命、天聰年間的國號稱爲「金」或「後金」，而斷定「滿洲」的名稱是清太宗皇太極所僞造的。但在《滿文原檔》的〈荒字檔〉萬曆四十一年（1613）九月的記事裡，就可以看到使用無圈點老滿文書寫的「manju gurun」（滿洲國）等字樣的原文，而不是後來涂抹修改的，我們確信「manju」（滿洲）的名稱，並不是清太宗所僞造的。

《滿文原檔》是探討清初史事不可或缺的第一手史料，舉凡女眞先世發祥、八旗制度、戰績紀錄、部族紛爭、經濟活動、社會習俗及對外關係等等，記載翔實。清朝開國神話的內容，清朝官書如《滿洲實錄》、《清太祖武皇帝實錄》、《清太祖高皇帝實錄》等等，記載頗詳。長久以來，清朝開國神話，三仙女的故

cooha de dahabufi gajiha muksike gebungge niyalma alame: mini mafa ama jalan halame bukuri alin i dade bulhori omode banjiha: meni bade bithe dangse akū: julgei banjiha be ulan ulan i gisureme jihengge: tere bulhori omode abkai ilan sargan jui enggūren. jenggūlen. fekūlen ebišeme jifi enduri saksaha benjihe fulgiyan tubihe be flyanggū sargan jui fekūlen bahafi anngade ašufi bilgade dosifi beye de ofi bokori yongšon be banjiha: terei hūncihin manju gurun inu: tere bulhori omo šurdeme tanggū ba: helung giyang ci emu tanggū orin gūsin ba bi: minde juwe jui banjiha manggi: tere bulhori omoci gūrime genefi sahaliyan ulai narhūn gebungge bade tehe bihe seme alaha:

兵丁招降之人穆克什克告訴說：「我的祖父、父親世代在布庫里山下布爾瑚里湖過日子。我們地方沒有書籍檔子，古代生活，輾轉傳說，此布爾瑚里湖有三位天女恩古倫、正古倫、佛庫倫來沐浴。神鵲啣來朱果，么女佛庫倫獲得後含於口中，進入喉裡，遂有身孕，生下布庫里雍順，其同族即滿洲國。此布爾瑚里湖周圍百里，離黑龍江一百二、三十里。我生下二子後，就由此布爾瑚里湖遷往黑龍江納爾渾地方居住了。」

事被認為荒誕不經，是杜撰的神話，而忽略東北亞感日影、太陽神崇拜、卵生故事或鳥圖騰崇拜的文化背景。其實，三仙女的傳說，由來已久，並非清太宗的杜撰，或偽造。近年以來，由於新史料的發現，輔助學科知識的應用，清朝開國神話有了新的解釋。《滿文原檔》天聰九年（1635）五月初六日記載黑龍江虎爾哈部降將穆克什克（muksike）所述三仙女傳說的一段話，節錄一段，並轉寫新滿文羅馬拚音如前。

穆克什克所述滿洲先世發祥傳說，與清朝實錄等官書所載情節相符。《滿文原檔》忠實地記錄了穆克什克所述故事，不是偽造的，實錄等官書所載三仙女故事，也是由來已久的傳說，都不是偽造的。松村潤撰〈滿洲始祖傳說研究〉一文已指出虎爾哈部位於黑龍江城東南邊大約一百里的地方，穆克什克所述布庫里山及布爾瑚里湖應該就在這裡。李治亭撰〈關於三仙女傳說的歷史考察〉一文亦指出穆克什克所說的神話，是黑龍江的古來傳說，這表明神話最早起源於黑龍江流域，黑龍江兩岸才是女眞人的發祥地，神話即產生於此。以長白山為滿洲祖宗發祥地的說法，是晚出的，是隨著女眞人由北而南遷徙的結果。

探討清初八旗制度，不能忽略牛彔（niru）、塔坦（tatan）組織。清太祖朝《滿文原檔》萬曆四十三年（1615）十一月有編設牛彔、塔坦的記載。滿文「tatan」，意即窩舖、下榻處。在穆昆（mukūn）的下面有塔坦（tatan），是女眞人為採集狩獵結成的社會生產組織，又是財富分配的單位。三、四人為一個塔坦，每個塔坦都有頭人，叫做塔坦達（tatan i da），意即夥長。他管理到野外生產的食宿事務。若干個塔坦，少則三、四個，多則八、九個，組成一個統一行動的採集、漁獵或狩獵的群體，指定方位，分工合作，這個群體，就是牛彔，其頭人就是牛彔額眞

（nirui ejen）。八旗，原指八固山牛彔（jakūn gūsai niru）。固山牛彔制度的形成和確立，是在女眞氏族制度穆昆塔坦組織的膨脹及其職能的衰退過程中逐漸形成的。萬曆四十四年（1616），努爾哈齊即位爲金國汗，在他即位前夕，他將所屬的國人，全編入固山牛彔，確立了固山牛彔制度。《滿文原檔》記錄了頗多牛彔塔坦的資料，對研究清初八旗制度提供了一定的參考價值。《清代全史》利用《滿文原檔》中〈昃字檔〉的記載指出，八旗組織是在牛彔組織的基礎上形成的，牛彔又產生於穆昆組織內部的基層組織塔坦的基礎之上，萬曆四十三年（1615），努爾哈齊建立八旗時，是以三百男丁編一牛彔，每牛彔將三百男丁分編爲四個塔坦，或是辦理各種事情，或是往任何地方行走。應派四塔坦的人按班輪值，共同去做，共同行走。塔坦既是狩獵生產單位，也是輪流承擔氏族共同義務的單位，又是分配的單位。《滿文原檔》的原始紀錄，確實是探討八旗組織最珍貴的第一手史料。

滿蒙聯姻是滿洲與蒙古諸部同化融合的過程，清太祖、太宗時期的大規模聯姻活動，成爲清朝入關後遵行不替的基本國策，由於滿蒙長期的聯姻，不僅使滿蒙成爲軍事聯盟，而且也成爲政治、經濟的聯盟，滿蒙遂成爲休戚與共的民族生命共同體。《滿文原檔》中含有相當豐富的資料，其中關於崇德五宮后妃的名字，都忠實的記載下來，乾隆年間重鈔本卻將后妃的名字刪略，爲了便於比較，可列簡表如下：

崇德五宮后妃簡表

娶入年分	宮名	位號	部族	名字	
				《滿文原檔》	《滿文老檔》
萬曆四十二年（1614）	清寧宮	中宮皇后	科爾沁	哲哲（Jeje）	博爾濟吉特氏（Borjigit hala）
天命十年（1625）	永福宮	次西宮莊妃	科爾沁	布木布泰（Bumbutai）	博爾濟吉特氏（Borjigit hala）
天聰八年（1634）	關睢宮	東宮宸妃	科爾沁	海蘭珠（Hairanju）	博爾濟吉特氏（Borjigit hala）
天聰八年（1634）	衍慶宮	次東宮淑妃	阿霸垓	巴特瑪・璪（Batma	
天聰九年（1635）	麟趾宮	西宮貴妃	阿霸垓	娜木鐘（Namjung）	博爾濟吉特氏（Borjigit hala）

資料來源：《清太宗文皇帝實錄》、《滿文原檔》、《滿文老檔》。

天聰十年（1636）四月，金國制定盛京五宮的宮殿名稱，中宮賜名清寧宮，東宮稱關睢宮，西宮稱麟趾宮，次東宮稱衍慶宮，次西宮稱永福宮。崇德元年（1636）七月初十日，皇太極在盛京崇政殿舉行册立后妃大典。國立故宮博物院典藏《滿文原檔》中的〈日字檔〉，以高麗箋紙，用加圈點新滿文書寫。原檔中詳細地記錄了册封五宮后妃的經過，並忠實地書明后妃的名字。其中科爾沁部貝勒莽古思之女哲哲（Jeje）被封爲清寧宮中宮國君福金，即中宮皇后，卒後諡號孝端文皇后。科爾沁部貝勒寨桑長女海蘭珠（Hairanju）被封爲東宮關睢宮大福金宸妃。皇太極將宸妃居住的東宮命名爲關睢宮，取《詩經》「關關睢鳩，在河之洲」之義。東宮宸妃的地位，僅次於中宮皇后，卒後諡號敏惠恭和元妃。海蘭珠的妹妹布木布泰（Bumbutai）被封爲次西宮永福宮側福金莊妃，她就是清朝赫赫有名的孝莊皇后。察哈爾林丹汗妻娜木鐘（Namjung），因其地位尊崇，被封爲西宮麟趾宮大福金貴妃。林丹汗另一妻巴特瑪・璪（Batma zoo）被封爲東宮衍慶宮側福金淑妃。乾隆年間重鈔本，將中宮皇后、宸妃、莊妃、娜木鐘的芳名，都改爲「博爾濟吉特氏」（Borjigit hala），其本名遂被湮沒不傳。探討清初后妃婚姻制度，《滿文原檔》確實提供了一定的參考價值。

清太祖努爾哈齊創製了滿文以後，即以滿文記注政事，金國致朝鮮的漢字文書，多有滿文原稿，朝鮮致金國的書信，亦多譯出滿文，記錄歸檔。朝鮮史籍中記錄的是漢文，對照院藏《滿文原檔》，發現滿、漢文的書信內容，其中文義頗有出入，探討早期滿洲與朝鮮的關係，滿、漢文字的書信繙譯，是一個不可忽略的問題。例如天命四年（1619）四月二十一日，朝鮮派遣使臣一員，隨從十三人，齎遞國書前往金國赫圖阿拉。朝鮮史籍多載漢文國書內容，惟詳略不同，其中《春坡堂日月錄》所載內容如下：

> 遣平監軍官梁諫于虜中答書有曰，朝鮮國平安道觀察使朴奉書于建州衛大法足下；惟我兩國，俱是帝臣，同事天朝，二百餘年于茲，不圖近者，建州與天朝搆釁，兵連禍結，以致生民塗炭，四郊多壘，豈但鄰國之不幸，其在貴國，亦非好事。天朝之於我國，猶父之於子也，父之有命，子敢不從乎？大義所在，不得不然。而事在既往，今不必言之。來書曰，以若犯大國，青天豈不鑑察，此心足以保有世業，而永荷天休。自今以後，復懷好音，偕至大道，則天朝寵綏之典，不日誕降，兩國各守封疆，相修舊好，豈不美哉！

朝鮮實錄中的《光海君日記》也鈔錄朝鮮給金國的漢文國書全文，爲了便於比較，照錄原文如下：

洪惟兩國，境土相接，共惟帝臣，同事天朝者，二百年于茲，未嘗有一毫嫌怨之意矣！不圖近者，貴國與天朝搆釁，兵連禍結，以致生民塗炭，四郊多壘，豈但鄰國之不幸，其在貴國，亦非好事。天朝之於我國，猶父之於子也，父之有命，子敢不從乎？大義所在，固不得不然，而鄰好之情，亦豈無之。鄭應井爲先出送，致款之義，亦可見于此也。來書有曰，以我心初來，若犯大國，皇帝之意，青天豈不鑑察，此心足以保有世業，而永享天休者，豈不美哉！自今以後，偕之大道，則天朝寵綏之典，不日誕降，兩國各守封疆，相修舊好，實是兩國之福，此意轉告，幸甚！

朝鮮國書皮封外面右側書寫「朝鮮國平安觀察使書」字樣，左側書寫「建州衛部下馬法開拆」字樣，國書開端書寫「朝鮮國平安道觀察使朴燁書于建州衛馬法足下」字樣，末幅年號及皮封底面年號處，俱鈐蓋「平安監司」印信。比較朝鮮史籍所載國書內容，文義相近，都是原始文書的鈔件，惟詳略不同，《光海君日記》所載國書內容較詳細，尤其關於送出鄭應井一節，《春坡堂日月錄》隻字未提。天命四年（1619）四月二十七日，努爾哈齊派出達海等人迎接朝鮮使臣於中路。次日，入城。因朝鮮國書以漢字書寫，金國諸臣對國書措辭不能盡解，達海等人即往朝鮮使臣寓所，要求將來書文義，逐一解釋，朝鮮《栅中日錄》將兩國使臣議論國書情節詳加記錄，達海等人隨後將朝鮮國書譯出無圈點老滿文。院藏《滿文原檔》中天命四年（1619）五月二十八日所載者，就是當時朝鮮漢字國書的無圈點老滿文譯稿。崇德年間纂修《清太祖武皇帝實錄》滿、漢文本，在滿文本所載朝鮮國書中，也含有天命四年（1619）五月二十八日朝鮮國書的加圈點新滿文譯文。分別節錄後，並轉寫新滿文羅馬拼音如後。

《清太祖武皇帝實錄》漢文本所載天命四年（1619）五月二十八日朝鮮國書內容，與無圈點老滿文及加圈點新滿文譯文，文義相近，其全文如下：

> 朝鮮國平安觀察使朴化致書于建州衛馬法足下：吾二國地土相連，大明為君，吾二國為臣，經二百餘載，毫無怨惡。今貴國與大明為仇，因而征戰，生民塗炭，不特鄰邦，即四方皆動干戈矣，亦非貴國之善事也。大明與我國猶如父子，父之言，子豈敢拒，蓋大義也，吾亦不願此舉，其如不從何。事屬已往，今不必言，若等情由，聞張應京等四人來言方知，然鄰國亦自有交道也。來書云：吾有心與大國之君結怨，穹蒼鑑之。即此一念，便可常享天眷，受福無疆，以後果行合大道，明朝聞之必喜，善言不久而下矣。吾二國各守邊疆，復乎前好，乃為善也！

朝鮮致金國國書，首先由達海等人譯出無圈點老滿文後存檔，崇德年間纂修《清太祖武皇帝實錄》時，又據無圈點老滿文作了部分修改後，以加圈點新滿文書寫，譬如《滿文原檔》中「giyanju ui」（建州衛），《清太祖武皇帝實錄》滿文本改書「manju ui」（滿洲衛）；「nikan gurun」（明朝）改書「daiming gurun」（大明），其餘文字大致相同。將朝鮮國書原本與老滿文譯本及《清太祖武皇帝實錄》滿、漢文本互相對照後，可以發現諸本異同之處，其中「建州衛」，《清太祖武皇帝實錄》漢文本仍書「建州衛」，滿文本改書「滿洲衛」，滿、漢文本，並不一致。平安道觀察使朴燁，《清太祖武皇帝實錄》漢文本作「朴化」；「鄭應井」作「張應京」，由此可以說明崇德年間纂修《清太祖武皇帝實錄》諸臣並未親見朝鮮國書漢文原

solho guruni ping an doo goloi guwancase hergen i buhūwa: giyanjo ui mafai bethei fejile bithe aliburengge, muse juwe gurun: ba na acame tefi nikan gurun be han: muse juwe gurun amban seme banjime juwe tanggū aniya otolo emu majige serseme gasacun ehe akū bihe: te wesihun gurun: nikan i emgi kimun kokon ofi dailame. weihun irgen boihon oho: bi hanciki gurun i kesikū anggala: duin tala de gemu dain kai: wesihun gurun de inu sain weile waka kai: nikan meni gurun ama jui adali: amai gisumbe jui maraci ombio. amba jurgan ofi maraci oho akū tere weile emgeri duleke: te ume gisurere: jang ing jing i duin niyalmabe unggihe manggi giyan giyan i weilei jurgan be tede saha hanciki gurun i sain banjire doro geli akū doro bio: unggihe bithede henduhengge mini mujilen daci amba gurun i han be ehe gūniha bici abka endembio seme henduhebi: tere mujilen dere dule jalan halame enteheme abkai hūturi isifi banjire niyalma kai: ereci amasi amba doro be acabume banjici. nikan buyeme sain gisun goidarakū wasimbikai: muse juwe gurun meni meni jase babe tuwakiyame fe sain be dasafi banjici sain akūn:

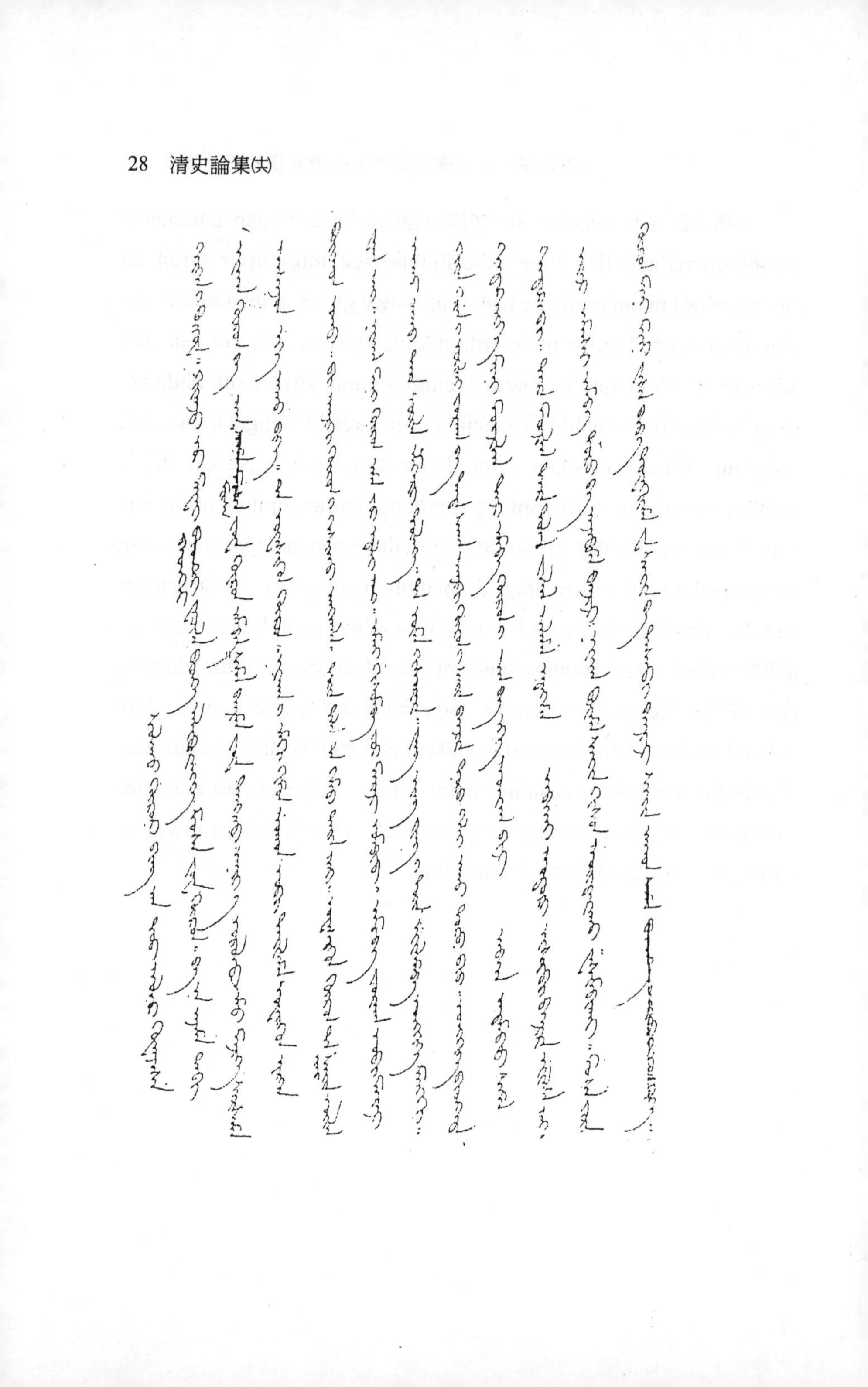

solgo gurun i ping an doo goloi guwan sa se hergen i boo hūwa: manju ui mafai bethei fejile niyakūrame bithe aliburengge. muse juwe gurun. ba. na dube acame tefi. daiming gurun be han: muse juwe gurun amban seme banjime juwe tanggū aniya otolo emu majige ser seme gasacun ehe akū bihe: te wesihun gurun: daiming gurun i emgi kimun bata ofi dailame weihun irgen boihon oho: meni hanciki gurun i anggala: duin ergi de gemu dain kai: wesihun gurun de. inu sain weile waka. daiming meni juwe gurun ama jui adali.amai gisun be jui maraci ombio: amba jurgan ofi maraci oho akū: tere weile emgeri duleke: te ume gisurere: jang ing jing ni emgi duin niyalma be sindafi unggihe manggi: giyan giyan i weilei jurgan be tede saha: hanciki gurun i banjire doro geli akū doro bio: unggihe bithe de henduhengge: mini mujilen daci maba gurun i han be ehe gūniha bici abka endembio seme henduhebi: tere mujilen dule jalan halame enteheme abkai hūturi isifi banjire niyalma kai: ereci amasi amba doro be acabume sain banjici daiming gurun buyeme sain gisun goidarakū wasimbikai: muse juwe gurun meni meni jase be tuwakiyame fe sain be dasafi banjici sain kai:

本，而是根據達海等人所譯無圈點老滿文譯本纂修，以致由滿文還原漢文時，其文句頗有出入。清朝纂修實錄時，所依據的資料，主要就是《滿文原檔》，《滿文原檔》的史料價值，是不容忽視的。

清初纂修清太祖、太宗兩朝實錄，主要取材於《滿文原檔》的記載，但因實錄的纂修受到體例或篇幅的限制，原檔記載，多經刪略。例如《滿文原檔》天聰九年（1635）八月二十六日有一段記載，譯出漢文如下：

> 是日，出兵和碩墨爾根戴青貝勒、岳托貝勒、薩哈廉貝勒、和碩豪格貝勒往征察哈爾，攜來所獲玉璽，原係從前歷代帝王使用相傳下來之寶，爲蒙古大元國所得，至脫歡帖木兒汗時，漢人大明國太祖洪武皇帝奪取政權，棄大都，攜玉璽逃走沙漠，脫歡帖木兒汗崩於應昌府，其玉璽遂失。二百餘年後，口外蒙古有一人於山崗下牧放牲口時，見一山羊，三日不食草而掘地，其人於山羊掘地之處挖得玉璽。其後玉璽亦歸於蒙古大元國後裔博碩克圖汗，後被同爲大元國後裔察哈爾國林丹汗所侵，國破，得其玉璽。墨爾根戴青、岳托、薩哈廉、豪格四貝勒聞此玉璽在察哈爾汗之妻淑泰太后福金處，索之，遂從淑泰太后處取來。視其文，乃漢篆「制誥之寶」四字，紐用雙龍盤繞，果係至寶，喜甚曰：「吾汗有福，故天賜此寶」，遂收貯之。

《滿文原檔》中「tohon temur han」（脫歡帖木汗兒），即元順帝。《清太宗文皇帝實錄》初纂本據《滿文原檔》記載，所述獲得傳國玉璽經過頗詳，惟將原檔中山羊「三日不食草而掘地」一節改爲「三日不食，每以蹄踏地。」《清太宗文皇帝實錄》乾隆年間定本不載玉璽失傳及發現經過。《清入關前內國史院滿文檔案》有關獲得玉璽一節，原檔殘缺。《滿文老檔》等重鈔本，因缺天聰九年（1635）等年分，亦不載獲得傳國玉璽經過。由此可知《滿文原檔》的珍貴與重要。

檔案命名，必須符合實際，並避免雷同，《滿文原檔》的命名，較爲周延，一方面可以凸顯檔案的原始性，一方面也反映書寫文字的特色。民國五十八年（1969）出版的《舊滿洲檔》的命名，雖然是根據《滿文原檔》照相製版，精裝出版，但因《滿文原檔》四十册，長短寬窄，並不一致，所用紙張，爲明朝舊公文紙，或係高麗箋紙，筆畫粗大，《舊滿洲檔》濃縮爲十六開本，部分滿文圈點又因修版而被去除。舊公文紙上多鈐有印信或關防，鈐印處滿文，原檔清晰可見，影印製版後轉成墨色，滿文字畫，無從辨識。爲彌補疏漏，將《滿文原檔》重印出版，是清史及滿學研究學術界共同的期待。

奴才福康安謹

奏為奏

聞事乾隆四十五年二月初四日

盛京戶部侍郎全魁自京回任遵

旨恭賚無圈點老檔前來奴才福康安謹即出郭恭請

聖安同侍郎全魁恭賚老檔至內務府衙門查明賚

到老檔共十四包計五十二套三百六十本敬

謹查收伏思老檔乃紀載

福康安奏摺局部

《軍機處檔・月摺包》

乾隆四十五年二月初十日

清史館與清史稿——清史館未刊紀志表傳的纂修及其史料價值

一、前　言

修史，應繼承修史傳統和修史體例。我國歷史悠久，是因爲我國有傲世的歷史體裁，完備詳密，沒有間斷。清朝是我國歷代以來最後一個朝代；《清史稿》的纂修也是我國歷代正史紀傳體中的最後一個階段。纂修大型清史可在《清史稿》的基礎上吸收民初清史館既清朝國史館的經驗和教訓，延續歷代以來的修史傳統。

修史，旨在有系統的保存史料。《清史稿》彙集了大批的史料，將清朝歷史的輪廓，公開向世人亮相。《清史稿》出版後，流傳甚廣，久爲中外學術界廣泛研究利用。《清史稿》謬誤百出，是不爭的事實，長久以來，多將《清史稿》的疏漏舛訛等缺點歸咎於《清史稿》的倉卒成書，未遑審訂。其實，民國三年（1914），北洋政府在原國史館的基礎上，正式設立清史館，仿照《明史》，繼承傳統正史體例，大規模啓動修史工程。民國十六年（1927），完稿問世。前後歷時十四年，動員百餘人，將《清史稿》的缺失，歸咎於倉卒成書，似是而非，缺乏說服力。

清史稿，有已刊的《清史稿》，還有清史館檔中未刊的清史稿，已刊《清史稿》與清史館並不能畫上等號。清史館典藏的主要內容，除了已刊《清史稿》排印本的原稿外，還含有大批未刊紀、志、表、傳內容不同的其他稿本，以及清朝國史館纂修的紀、志、表、傳初輯本、覆輯本、黃綾定本等等。清史館纂修的大批稿本因未經選刊，而被世人忽略。討論《清史稿》不能一概而論，清史館中的稿本，因出自多人之手，紀、志、表、傳各部分的稿本，優劣得失，參差不齊，不可以偏概全，其中有不乏可信度較高的稿本，其史料價值，不可漠視，可以整理出版，作爲《清史稿》的補編，稱爲《清史稿補編》，可與《清史稿校註》相輔而行。本文撰寫的旨趣，即在探討清史館未刊紀、志、表傳各種稿本的纂修情形及其史料價值。掌握豐富的原始稿本，有助於大型清史的纂修。

二、以稿校稿——清史館本紀稿本的纂修及其得失

本紀以編年爲體，是傳統正史的大綱，始於開國之君，以一帝爲一紀。本紀雖載帝王事蹟，但僅書其大事，其餘歷史事件，則詳於列傳或志書，清史本紀體裁不當廢除。

清朝國史館沿襲歷代修史體裁，纂修太祖、太宗、世祖、聖祖、世宗、高宗、仁宗、宣宗、文宗、穆宗等十朝本紀，所不同的是除了漢文本外，還有滿文本，並飾以黃綾封面，分函裝貯，習稱黃綾本歷朝本紀。清德宗本紀，僅成漢文稿本。國立故宮博物院現藏清朝國史館歷朝本紀，漢文本共五二四册，滿文本共二九七册，合計八二一册。現藏清史館歷朝本紀稿本，包括初輯本、清繕本、覆輯本等。其中初輯本，多於封面標註「閱」等字樣，可以稱之爲呈閱本。覆輯本多於封面標注某人「覆勘」等字樣，可以稱之爲覆勘本。因已刊《清史稿》歷朝本紀多據覆勘本排印，亦可稱之爲排印本。清繕本又稱清本，其內容多與初輯本相同。爲了便於對照，可將已刊《清史稿》歷朝本紀與清史館已刊、未刊本紀稿本的數量，列表於下：

國立故宮博物院典藏清史館本紀稿本簡表

本紀名稱	清史稿（卷數）	清史館本紀（冊數）	備註
太祖本紀	1	3	
太宗本紀	2	6	
世祖本紀	2	7	
聖祖本紀	3	15	
世宗本紀	1	3	
高宗本紀	6	43	
仁宗本紀	1	16	
宣宗本紀	3	16	
文宗本紀	1	124	
穆宗本紀	2	218	
德宗本紀	2	62	
宣統帝本紀	1	3	
合　計	25	516	

資料來源：國立故宮博物院典藏清史館歷朝本紀稿本

本紀是志書、列傳的綱目，年經月緯，繫日載事，日期必須正確，以便稽考。已刊《清史稿》各朝本紀疏漏之處頗多，或者是日期的錯誤，或有日無月，其次是人名地名的同音異譯，校刻不精並非已刊《清史稿》最大的疏失。由前列簡表可知已刊《清史稿・本紀》共二十五卷，而現藏清史館本紀稿本共計五一六冊。

從現藏清史館本紀稿本的注記，有助於了解各種稿本的纂修經過。現藏清太祖本紀稿本，共三冊，其中覆輯本一冊，由金兆蕃、鄧邦述分輯，封面注記：「閱二次」，又云：「館長指示各條，均已改補。七年五月，第二次修正，兆蕃記。」清太祖本紀稿本的清繕本是由劉恩林繕寫。清太祖本紀覆勘本，計一冊，封面右下角的注記云：「奭良覆編，金兆蕃覆勘，柯劭忞覆勘。」

已刊《清史稿・太祖本紀》，就是根據排印本排印的，其內容主要是取材於《東華錄》，並未採用《清太祖武皇帝實錄》，亦未參考清朝國史館纂修的黃綾本《太祖高皇帝本紀》，以致頗多疏漏。清史館本紀稿本，因出自不同之手，既不限於一種，各種稿本的優劣得失，遂彼此不同。國立故宮博物院校注已刊《清史稿》歷朝本紀時，即先取排印本逐字核對，然後取可信度較高的各種稿本互校，凡遇歧異之處，即據實錄、黃綾本定本本紀等官書典籍進行考證，不改動原文，而逐條作注釋案語，改正已刊《清史稿》的錯誤，並注明出處。譬如已刊《清史稿・太祖本紀》天命四年（1619）正月分記載：「杜松軍由東路渡運河，出撫順、薩爾滸。」對照清史館排印本原稿，其文字並無出入，即取清史館金兆蕃等輯《太祖本紀》原稿互校，發現引文中「運河」字樣，當作「渾河」。彼此既有出入，隨即查閱《清太祖武皇帝實錄》及《明史・楊鎬列傳》等官書，俱作「渾河」，隨於已刊《清史稿・太祖本紀》「運河」字樣加注號次，不改動原文，並於當頁作案語，標明資料出處，這就是所謂的以稿校稿的校注工作。

已刊《清史稿・太宗本紀》，共二卷，現藏清史館《太宗本紀》稿本，共六冊。其稿本的初輯本上、下各一冊，分由鄧邦述、金兆蕃纂輯，其清本上冊由董英繕寫，下冊由隆培繕寫。其排印本共二冊，注明「丙寅年十一月初三日交，柯劭忞修正。」等字樣，丙寅年相當於民國十五年（1926）。已刊《清史稿・世祖本紀》共二卷，現藏清史館《世祖本紀》稿本，共七冊，其中初輯本，上、下各一冊，由金兆蕃、鄧邦述同纂。其清本上冊由趙世楓繕寫，下冊由李宜厚繕寫。其排印本上、下各一冊，上冊首頁右下角注明「柯劭忞，丁卯年正月初七日交。」等字樣，丁卯年相當於民國十六年（1927）。另一册爲《世祖本紀校注》。《太宗本紀》、《世祖本紀》稿本的初輯本，取材於清實錄，相對於《東華錄》而言，其可信度較高。其覆勘本則出自柯劭忞之手，柯劭忞取清朝國史館纂修的黃綾本的定本本紀加以校勘，凡有出入之處，俱按黃綾本修正，往往照錄黃綾本定本本紀的原文。現藏清史館《世祖本紀校注》原稿，校閱精細，體例嚴謹。例如原稿云：「諸王有事，宜書封爵，而去和碩、多羅字。明臣起義，宜書明故臣，闖獻餘孽，則書明賊。據乾隆朝特諡之義，起義諸臣，書法宜寬，書某閣部，則不典。或書其官，或通書明故臣。」講求書法，重視體例，已刊《清史稿》太宗、世祖兩朝本紀，紕繆較少，堪稱佳作，主要原因，就是選用柯劭忞覆勘本排印的。

已刊《清史稿・聖祖本紀》，共三卷，現藏清史館《聖祖本紀》稿本，共十五册，包括初輯本六册，由鄧邦述、金兆蕃同編；清本六册，分由陳恩吉、隆培、劉恩林、董英等人繕寫；排印本三册，各册末頁左下角書明「奭良覆輯」字樣，已刊《清史稿・聖祖本紀》就是根據奭良覆輯本排印的，此覆輯本即指覆勘本。爲了便於比較，先將清史館奭良覆輯《聖祖本紀》稿本順治十八年（1661）正月至四月內容照錄於下：

> 聖祖合天弘運文武睿哲恭儉寬裕孝敬誠信功德大成仁皇帝，諱玄燁，世祖第三子也。母孝康皇后佟佳氏，順治十一年三月戊申，誕上於景仁宮。天表英俊，岳立聲洪。六齡，偕兄弟問安。世祖問所欲，皇二子福全言，願爲賢王。帝言，願效法父皇。世祖異焉。順治十八年正月丙辰，世祖崩，帝即位，年八歲，改元康熙。遺詔索尼、蘇克薩哈、遏必隆、鰲拜四大臣輔政。二月癸未，上釋服。

乙未，誅有罪內監吳良輔，罷內官。丙申，以嗣簡親王濟度子德塞襲爵，三月丙寅，詔曰：國家法度，代有不同。太祖、太宗創制定法，垂裕後昆。今或滿、漢參差，或前後更易。其詳考成憲，勒爲典章，集議以聞。四月，予殉葬侍衛傅達理祭葬。甲申，命湖廣總督駐荊州。乙酉，命將軍線國安統定南部軍鎮廣西。丙戌，以拉哈達爲工部尚書。癸卯，安南國王黎維祺遣使入貢。丙午，大學士洪承疇乞休，允之，予三等輕車都尉世職。戊申，賜馬世俊等三百八十三人進士及第出身有差①。

清史館奭良覆輯《聖祖本紀》稿本，是一種紅格本，版心居中有「清史卷」字樣，就是已刊《清史稿・聖祖本紀》的原稿，《清史稿》據此原稿排印。爲了便於比較，亦將已刊《清史稿・聖祖本紀》順治十八年（1661）正月至四月的內容照錄於下：

聖祖合天弘運文武睿哲恭儉寬裕孝敬誠信功德大成仁皇帝，諱玄燁，世祖第三子也。母孝康皇后佟佳氏，順治十一年三月戊申，誕上於景仁宮。天表英俊，岳立聲洪。六齡，偕兄弟問安。世祖問所欲，皇二子福全言：「願爲賢王。」帝言：「願效法父皇。」世祖異焉。順治十八年正月丙辰，世祖崩，帝即位，年八歲，改元康熙。遺詔索尼、蘇克薩哈、遏必隆、鰲拜四大臣輔政。二月癸未，上釋服。乙未，誅有罪內監吳良輔，罷內官。丙申，以嗣簡親王濟度子德塞襲爵，三月丙寅，詔曰：「國家法度，代有不同。太祖、太宗創制定法，垂裕後昆。今或滿、漢參差，或前後更易。其詳考成憲，勒爲典章，集議以聞。」四月，予殉葬侍衛傅達理祭葬。甲申，命湖廣總督駐荊州。乙酉，命將軍線國安統定南部軍鎮廣西。丙戌，以拉哈達爲工部尚書。癸卯，安南國王黎維祺遣使入貢。丙午，大學士洪承疇乞休，允之，予三等輕車都尉世職。戊申，賜馬世俊等三百八十三人進士及第出身有差②。

對照奭良覆輯本，以現藏清史館排印本原稿，校對已刊《清史稿・聖祖本紀》，亦即以稿校稿，發現已刊《清史稿・聖祖本紀》與清史館奭良覆輯排印本文字並無出入，所謂《清史稿》校對不精、倉卒成書的說法，確實有待商榷。奭良覆輯《聖祖本紀》原稿，錯誤頗多，尤其繫日不實，有月無日，俱不合本紀體例。原稿中孝康章皇后佟佳氏，《清史稿・聖祖本紀二》作「佟氏」。原稿中玄燁六齡時嘗偕兄弟問安一節，據清朝國史館黃綾本《大清聖祖仁皇帝本紀一》記載，「六齡時嘗偕世祖皇二子福全、皇五子常寧問安宮中，世祖各問其志。皇二子以願爲賢王對，上奏云：『待長而效法皇父。』世祖皇帝遂屬意焉。」奭良覆輯本原稿文意頗有出入。據黃綾本《大清聖祖仁皇帝本紀一》記載，世祖於順治十八年（1661）正月初六日丙辰疾大漸，初七日丁巳崩，初九日己未玄燁即帝位，以明年爲康熙元年，《聖祖實錄》俱同，奭良覆輯本俱繫於初六日丙辰，不符合歷史事實。據《聖祖實錄》記載，四月初三日壬午，傅達理殉葬予祭葬，奭良覆輯本繫於四月，未繫日期干支，有月無日，與本紀體例不合。已刊《清史稿・聖祖本紀》據奭良覆輯本排印，遂致以訛傳訛，不足徵信。摸清楚清史館的底細後，可以說明已刊《清史稿》並不等於清史館，以稿校稿並不能完全解決整修清史的問題，因爲除了奭良覆輯的排印本外，還有更多可信度較高的其他各種稿本，已刊《清史稿》並未選刊，而有遺珠之憾。其中鄧邦述、金兆蕃同編的《聖祖本紀》稿本，可信度較高，錯誤較少，但未經選刊。《清史稿》出版後，鄧邦述、金兆蕃同編的《聖祖本紀》初輯本便深鎖庫房，乏人問津。爲了便於對照，也將初輯本順治十八年（1661）正月至四月的內容，照錄於下：

聖祖合天弘運文武睿哲恭儉寬裕孝敬誠信中和功德大成仁皇帝，諱□□，世祖第三子也，母孝康章皇后佟氏。順治十一年三月戊申日加巳誕上於景仁宮。上天表奇偉，隆準岳立，耳大聲洪。方六齡，偕世祖皇二子福全、五子常寧問安。世祖命言志，常寧甫三齡，未對。福全對：願爲賢王。上言：待長而效法皇父，黽勉盡力。世祖遂屬意焉。十八年正月丙辰，世祖疾大漸，定上名，命立爲皇太子。以索尼、蘇克薩哈、遏必隆、鰲拜輔政。翼日丁巳，世祖崩，輔政大臣奉遺詔誓於天，於大行皇帝。己未，皇太子即皇帝位，以明年爲康熙元年，赦。甲子，諸王大臣誓於天，於大行皇帝。庚午，諭諸臣勤愼修職，發奸剔弊。二月壬午，奉移大行皇帝。殯於景山壽皇殿。癸未，上釋服。壬辰，追封大行皇帝妃董鄂氏爲貞妃，以其殉大行皇帝也。乙未，以誅內官吳良輔，罷十三衙門，宣諭中外。丙申，以簡親王濟度子德塞襲封。三月戊午，平西王吳三桂疏報平馬乃土司。乙丑，授浙江提督田雄二等侯，福健提督馬得功三等侯。丙寅，諭曰：國家紀綱法度，因革損益，代有不同，太祖、太宗創制立法，垂裕後昆，今銓法、兵制、錢穀、財用、刑名、律例及內外文武恩卹、廕贈，或滿漢參差，或前後更易，議政王貝勒大臣九卿科道其詳考成憲，勒爲典章，有因時變通，不能歸於一者，審定取進止，癸酉，上大行皇帝謚曰：體天隆運英睿欽文大德弘功至仁純孝章皇帝，廟號世祖。甲戌，命雲南土司子弟應試。夏四月壬午，以一等阿達哈哈番侍衛傅達理殉世祖，予祭葬。甲申，從左都御史魏裔介請，命湖廣總督駐荊州。乙酉，加線國安征勦將軍，統定南王所部官軍鎮廣西，移廣西提督楊遇明廣東提督，以馬雄爲廣西提督，加王國光鎮海將軍，駐廣東。丙戌，以喇哈達爲工部尚書。丁亥，裁衡洲總兵，命荊州總兵移駐荊門州。戊子，卹江寧死事佐領巴薩禮。癸卯，以安南國王黎維祺遣使上表，敕諭獎勉，賚使者銀幣。丙午，以許世昌爲福建巡撫，朱昌祚爲浙江巡撫，張朝珍爲安徽操江巡撫。經略大學士洪承疇乞休，授三等阿達哈哈番。戊申，賜馬世俊等進士及第出身有差③。

鄧邦述、金兆蕃同編《聖祖本紀》稿本，是初輯本，主要取材於實錄、黃綾本本紀，內容較詳，體例正確，日期可信。清朝國史館纂修《聖祖本紀》黃綾本凡例中已指出，「本紀爲綱，志、傳爲目，謹考歷代國史，於帝紀內但載大綱，其詳俱分見各志。我聖祖仁皇帝神靈首出，功德大成，本紀一書，大綱燦舉，不敢略，亦不敢繁，以從國史體例也。」④正史本紀體例，「不敢略，亦不敢繁。」現藏清史館鄧邦述、金兆蕃初輯《聖祖本紀》稿本內含有一篇附記云：

兆蕃等編輯各紀，自太宗以下，皆用長編體，務求詳備，以待删定。今覆勘簽識所指不宜書、不必書各條，皆甚允當，他日删定，當以爲則，且各紀皆當如是。惟兆蕃等編輯時，以實錄爲主，而舉本紀、聖訓、方略諸書互校，未敢一語旁采私家著述，此兆蕃等不敢承者一也；原稿據事直書，絕不敢稍存軒輊，今覆勘處處求以褒貶，或曰頌揚，或曰不足，兆蕃等謹矢下筆時萬萬無此意，此兆蕃等不敢承者二也。謹附記於此，願定稿時留意焉⑤。

由前引附記，可以了解《清史稿・聖祖本紀》的疏漏。鄧邦述、金兆蕃等纂修初輯本，是以實錄爲主，並與黃綾本本紀、聖訓等書互校，可信度較高。奭良覆勘時，諸多改動，遂與初輯本大相逕庭，已失本來面貌。奭良覆勘本顯而易見的缺失，可以歸納爲：日期錯誤，年月未詳考；敘事簡略，不合史實；有日無月，未繫干支；書法欠當，不合本紀體例。

本紀主要是記載歷史事件，不載空言。對於國家治亂，施政得失，民生休戚，皆當詳書，閱讀本紀，如讀通鑑，以見一代興衰關鍵。一帝一紀，自成系統，其功過得失，容易論斷，通紀不能取代本紀。國立故宮博物院典藏清史館歷朝本紀，除清史館修纂已刊、未刊各種稿本外，還有清朝國史館纂修的滿漢文本本紀，可以列出簡表如下：

清朝國史館黃綾本滿漢文本紀對照表

本紀名稱	漢文本			滿文本			合計冊數
	套數	卷數	冊數	套數	卷數	冊數	
大清太祖高皇帝本紀	2	2	2	1	2	2	6
大清太宗文皇帝本紀	2	4	4	1	4	4	12
大清世祖章皇帝本紀	2	8	8	1	8	8	24
大清聖祖仁皇帝本紀	2	24	24	1	24	24	72
大清世宗憲皇帝本紀	2	8	8	1	6	10	26
大清高宗純皇帝本紀	1	62	62	1	62	62	184
	1	60	60				
大清仁宗睿皇帝本紀	2	26	26	1	26	26	78
大清宣宗成皇帝本紀	2	32	32	1	32	32	96
大清文宗顯皇帝本紀	2	25	25	1	12	12	62
清穆宗毅皇帝本紀	2	55	55	1	20	20	130
總　計							690

資料來源：國立故宮博物院典藏《清史館檔》

清朝國史館黃綾本滿漢文本紀，包括太祖、太宗、世祖、聖祖、世宗、高宗、仁宗、宣宗、文宗、穆宗等十朝本紀，其封面飾以黃綾，可以稱爲黃綾本本紀。宣統年間，纂修德宗本紀，僅成漢文稿本。前表所列歷朝本紀，總計六九〇册。清朝國史館歷朝本紀卷首詳載凡例，從凡例的內容，可以了解本紀的纂修體例，例如《大清聖祖仁皇帝本紀・凡例》共二十款，詳列當書不當書事件：

—本紀爲綱，志傳爲目，謹考歷代國史於帝紀內但載大綱，其詳俱分見於各志傳。我聖祖仁皇帝神靈首出，功德大成，本紀一書，大綱燦舉，不敢略，亦不敢繁，以從國史體例也。

—正旦朝賀行禮宴賚，俱不書，惟免朝及停止筵宴書。

—太皇太后、皇太后、上萬壽節，俱於元年一書，以下惟免朝賀，上六十萬壽盛典仍書。

—詔令大者書，小者不書。

—巡幸駐蹕處所，有事則并書所駐之地，餘不書。

—凡增置及省改官員，其詳當見職官志，惟大學士、七卿及督撫提鎮，其沿革仍書。

—凡陞授大學士、八旗都統、七卿、督撫皆書，餘不書，其因事而見者特書。

—三朝本紀，當開國之初，設官甚少，總兵官皆著有戰功，是以其陞授皆書，我聖祖仁皇帝底定萬方，各省既設有總督、提督，專制封疆，則總兵官應如藩臬之例不書，惟因事而見顯有戰功者仍書。

—官員老病閒廢乞休者曰罷，有罪者曰免，及特恩蠲免者，並載詔書於本日之下。

—災免錢糧皆於本月之下彙書，惟因事而免，及特恩蠲免者，並載詔書於本日之下。

—免錢糧，但書府某縣，如數省所屬並免及府縣名有兩省相同者，則各書省以冠其首。

—治河詔諭，詳見河渠志，惟河決某處，及遣官治某處則書。

—國初凡逆賊投順，其屢戰不服而歸降及以土地來歸者書，餘但有僞官名號及渠帥已歸之後而相繼來歸者不書。

—吳逆反叛日，凡諸將進勦，但於交兵之日書之，其用兵機宜仰承廟算者，應分見各本傳。

—三藩叛逆時，江湘諸路土賊蜂起，其非吳耿二賊下僞將攻戰事，土賊攻陷地方旋即恢復者亦不書。

—三逆叛時，所有歸附平定各賊惟大者書，小者不書。

—凡殉難文武諸臣卹贈賜諡，俱應見本傳，其無事實不能立傳者，於本紀附見。

—凡卹贈陣亡官員予世職書，祭葬不書。

—官員因奉使而爲寇所戕害者曰死事，死於鋒鏑者曰陣歿，遇賊不屈者曰殉難。

—凡四十九旗係歸附本朝旗分，其循例入貢不書。

歷史事件，當書或不書，凡例已有規範，本紀尤其講求書法，罷、免、奪職、死事、陣歿、殉難，各有不同含義，從凡例諸項，有助於了解本紀的體例、本紀的性質，凡例就是修史的準則。

從《大清德宗景皇帝本紀》稿本的粘簽，亦有助於了解纂修本紀的體例，本紀記載歷史事件，大者書，小者不書，不載細事，如知縣等微員改要缺、尋常撥餉、未弁裁革、例行彙奏等等，皆非本紀所應書。空言具文，舉凡誡諭、泛論、言官條陳、未見事實、非終事、無下文等，均不當書。清朝國史館纂修的歷朝本紀，講求修史體例，所載歷史事件，可信度較高，將黃綾本歷朝本紀及德宗本紀稿本掃描或照相整理出版，一方面可與清史館已刊、未刊本紀稿本互相對照，一方面對纂修新清史也提供最現成的具體資料，可以事半功倍。

三、文物猶新——清史館志書稿本的纂修及其特色

傳統正史纂修「志」的體例，似始於《史記》的書。所謂「書」，是以同類之事爲專篇，敘述其終始演變的痕跡，亦即專爲一件事而特作一篇書。《漢書》以下各史多將書改稱志，譬如《史記》的《平準書》，《漢書》改稱《食貨志》。歷代正史的志，其篇目多寡不同，名稱亦異，內容不盡相同。北魏政治結構，起源於北亞部族組織，其氏族與官職有關，而併爲《官氏志》。遼代兵制，與歷代不同，在《兵衛志》以外，更立《營衛志》，《兵衛志》與歷代諸史兵志相近，而《營衛志》則爲遼朝所特有。《明史》志七十五卷，包括天文、五行、曆、地理、禮、樂、儀衛、輿服、選舉、職官、食貨、河渠、兵、刑法、藝文十五類。清朝國史館沿襲《明史》分類，惟以「曆」字避清高宗弘曆御名諱，改爲《時憲志》。民初清史館纂修志書，大致沿襲《明史》及清朝國史館舊例，爲了便於說明，可將已刊《清史稿》選印志書及現存清史館志書稿本列表如下：

清史館書稿本對照表

《清史稿》		清史館	
類　別	卷　數	類　別	冊　數
天文志	14	天文志	63
災異志	5	災異志	20
時憲志	16	時憲志	273
地理志	28	地理志	644
禮志	12	禮志	375
樂志	8	樂志	79
輿服志	4	輿服志	24
選舉志	8	選舉志	169
職官志	6	職官志	132
食貨志	6	食貨志	1321
河渠志	4	河渠志	758
兵志	12	兵志	945
刑法志	3	刑法志	93
藝文志	4	藝文志	31
交通志	4	交通志	10
邦交志	8	邦交志	62
		儀衛志	4
		國語志	100
合計	142		5103

資料來源：《國立故宮博物院清代文獻檔案總目》（臺北：國立故宮博物院，1982），頁39-161。

由前列簡表可知已刊《清史稿》亦仿《明史》體例，惟改曆志為《時憲志》，五行志改為《災異志》，併儀衛志於《輿服志》，另增交通、邦交二志，共十六類。現存清史館志書稿本包括事蹟冊等多達 5103 冊。就類別而言，除已刊《清史稿》選印十六類外，還有《儀衛志》四冊，《國語志》一百冊。

歷代《天文志》，自《史記・天官書》後，惟《晉書》、《隋書》、《天文志》備述天體、儀象、星占，唐、宋以降，更加詳細。清聖祖親釐象數，究極精微，測日月星辰，窮極分秒；量度與輿圖經緯，則遍歷幅員。乾隆年間，平定南北疆及兩金川後，復令重度里差，更加精確，乾隆六十年（1795）以後，因「國史無徵」，已刊《清史稿》因此從闕。現藏清史館《天文志》稿本中含有王崇源、鄧傑臣撰，柯劭忞覆閱《月五星相距增星黃道經緯度表》上、下凡二卷，是新增《天文志》，原稿封面有柯劭忞親筆注記「新增星距黃道經緯表，凡二卷，此是上卷。將來列天文志之末卷，較之列入淩犯表內，可省七八百頁。」原稿上卷序文云：「增星在天，各有定位，月五星東行過之，南北相距一度以內爲犯，月距十七分以內，五星距三分以內爲凌，同度爲掩，月五星出入黃道不過十度，故取黃道南北十度以內之增星，按黃道次序爲表，乃依乾隆甲子年、道光甲辰年之數，著爲上、下二篇。」⑥甲子年即乾隆九年（1744），甲辰年即道光二十四年（1844）。由此可知已刊《清史稿》所稱乾隆六十年（1795）以後因「國史無徵」的說法，有待商榷。

據《國立故宮博物院清代文獻檔案總目》記載，現藏清史館《災異志》稿本共計二十冊。鈔曉鴻先生利用院藏《文獻檔案管理系統基本資料輸入表》，並調閱文獻庫房相關原稿，查明清史館纂修的《災異志》各種稿本，實爲二十三冊，並非二十冊。鈔曉鴻細心查閱後，列表訂正如下。

國立故宮博物院清史館《災異志》稿本訂正表

國立故宮博物院目錄			鈔曉鴻閱檔及訂正	
文獻編號	《總目》冊數	文獻性質	文獻性質	實際冊數
030001	1	文獻性質	第二次底稿	1
030002	1	清史稿災異志	定稿之二	1
030003	1	清史稿災異志	定稿之三	1
030004	1	清史稿災異志	定稿之四	1
030005	1	清史稿災異志	定稿之五	1
030006	1	第二次底稿順治朝之一	第一次稿順治朝之一	1
030007	1	第二次底稿順治朝之二	第一次稿順治朝之二	1
030008	1	第二次底稿順治朝之三	第一次稿順治朝之三	1
030009	—	《總目》未錄順治朝——《輸入表》清史稿災異志——庫房提檔	第二次底稿	1
030010			第一次稿康熙朝之一	1
030011	1	第二次底稿康熙朝之一	第一次稿康熙朝之二	1
030012			第一次稿康熙朝之三	1
030013	1	第二次底稿康熙朝之二	第一次稿康熙朝之三	1
030014	1	第二次底稿康熙朝之三	第一次稿康熙朝之四	1
030015	1	第二次底稿雍正朝	第一次稿雍正朝	1
030016	1	第二次底稿雍正朝	第一次稿雍正朝	1
030017	1	第二次底稿咸豐朝之一	第二次底稿咸豐朝之一	1
030018	1	第二次底稿咸豐朝之二	第二次底稿咸豐朝之二	1
030019	1	第二次底稿同治朝之一	第二次底稿同治朝之一	1
030020	1	第二次底稿同治朝之二	第二次底稿同治朝之二	1
030021	1	第二次底稿同治朝之三	第二次底稿同治朝之三	1
030022	1	第二次底稿光緒朝	第二次底稿光緒朝	1
030023	1	無朝代	定稿之一	1
合計	20	—	—	23

資料來源：鈔曉鴻撰，〈臺灣故宮「史館檔」與《清史稿・災異志》〉，《清史研究》，第三期（北京：中國人民大學書報資料中心，2003），頁111。

鈔曉鴻先生經過比較分析後指出，以清史館檔與現刊《清史稿・災異志》進行對照分析，可知編纂中僅在資料的匯總刪併方面就存在嚴重問題，遺漏疏誤甚多。利用原始史料對《清史稿》進行全面訂正、研究是十分必要的。

已刊《清史稿・輿服四》的內容，包括皇帝鹵簿，皇太子儀衛、皇后儀駕、皇貴妃以下儀仗、親王以下儀衛、固倫公主以下儀衛、額駙儀衛、職官儀衛等，都是《儀衛志》的主要條目。國立故宮博物院現藏清史館纂修的《儀衛志》上、下二卷，都是稿本，上卷序文內有一段記載，節錄於下：

> 天聰六年春，命掌禮部事薩哈廉貝勒定諸儀仗。十年夏，內院官奏定儀仗數目，自大駕鹵簿以及品官儀從，折衷繁簡，上下有章，等威辨矣。世祖章皇帝統一萬方，謹出入之防，嚴肅整齊，尤爲明備。神聖繼承，規模宏遠，禮章樂亮，凡諸儀衛，參稽往制，因革損益，粲然可觀，秩尊卑之分，布在方策，萬葉攸昭，炳炳焉，麟麟焉，信與三代同風也。茲考據典禮所載，謹就天聰六年以後，酌定鹵簿儀仗，釐爲一卷；順治元年，統曰儀衛志，用昭我國家之成憲云。

由引文內容可知現藏《儀衛志》，始自天聰六年（1632），並將所定鹵簿儀仗，統稱《儀衛志》，已刊《清史稿》併《儀衛志》於《輿服志》，有得有失。已刊《清史稿・輿服四》記載：「清自太宗天聰六年定儀仗之制，凡國中往來，御前旗三對，繖二柄，校尉六人，其制甚簡。」⑦現藏清史館《儀衛志》稿本記載：「太宗文皇帝天聰六年二月壬申，上命掌禮部事薩哈廉貝勒定旗傘儀仗，凡國中往來，御前旗三對，傘三柄，校尉六人。大貝勒旗二對，傘一柄，校尉四人，諸貝勒等各旗一對，傘一柄，校尉二人。」詳略不同，御前傘三柄，不是二柄。

已刊《清史稿》未選刊《國語志》，現藏清史館纂修的《國語志》稿本，共一百册。滿洲語在清朝稱爲國語，又稱爲清語。在《國語志》稿本卷首有奎善撰寫的總序云：

> 滿洲初無文字，太祖己亥年二月，始命巴克什（師也）額爾德尼、噶蓋，以蒙古字改制國文，二人以難辭。上曰，無難也，以蒙古字合我國語音即可因文見義焉，遂定國書，頒行傳布。其字直讀與漢文無異，但自左而右，適與漢文相反。案文字所以代結繩，無論何國文字，其糾結屈曲，無不含有結繩遺意。然體制不一，則又以地勢而殊，歐洲多水，故英法諸國文字橫行，如風浪，如水紋。滿洲故里多山林，故文字矗立高聳，如古樹，如孤峰。蓋制造文字，本乎人心，人心之靈，實根於天地自然之理，非偶然也。其字分眞行二種，其字母共十二頭，每頭約百餘字，然以第一頭爲主要，餘則形異音差，讀之亦簡單易學。其拼音有用二字者，有用四、五字音，極合籟之自然，最爲正確，不在四聲賅備也。至其義蘊閎深，包孕富有。不惟漢文所到之處，滿文無不能到，即漢文所不能到之處，滿文亦能曲傳而代達之，宜乎皇王制作行之數百年而流傳未艾也。又考自入關定鼎以來，執政臣工或有未曉，歷朝俱優容之，未嘗施以強迫。至乾隆朝雖有新科庶常均令入館學習國文之舉，因年長舌強，誦讀稍差，行之未久，而議未寢，亦美猶有憾者爾。茲編纂清史伊始，竊以清書一朝創製國粹，未便闕而不錄，謹首述源流大略，次述字母，次分類繙譯，庶使後世徵文者有所考焉。⑧

現藏清史館未刊《國語志稿》，分類標列滿漢單字，所收辭彙多與《清文鑑》相近，並不符合志書纂修體例。重修清史《國語志》，可以奎善所撰《滿文源流》列於卷首，並就文獻資料，首述滿文源流大略，次述十二字頭，次述滿文字書，次述滿文譯本，按經、史、子、集分類，庶使後世徵文者有所稽考。滿文創製，文獻足徵。明神宗萬曆二十七年（1599）二月，《清太祖武皇帝實錄》詳載清太祖努爾哈齊命巴克什額爾德尼等人以蒙古字母拼寫女眞語音，創製滿洲文字，即自太祖始，習稱無圈點老滿文。達海是滿洲正藍旗人，世居覺爾察，以地為氏。《達海列傳》載，天聰六年（1632）三月，達海詳定滿文字體，增為十二字頭，因其向無圈點，上下字雷同無別，奉命酌加圈點，並於十二字頭正字之外，增添外字，達海奉命改進的滿文，習稱加圈點滿新滿文。是時方譯《通鑑》、《六韜》、《孟子》、《三國志》、《大乘經》，俱未告竣。崇德元年（1636）五月，大學士希福等遵旨將遼、金、元三史繙譯滿語，繕寫成書。崇德四年（1639）六月，詳錄其有裨益者，繕竣進呈。希福等所奏內容，詳見於《世祖實錄》。《大遼國史》滿文譯本序文記載，順治元年（1644）三月二十六日刊刻告竣，計《大遼國史》三百帙，《金國史》三百帙，《大元國史》六百帙。順治三年（1646）四月初七日具奏，具奏人包括：內弘文院大學士希福、馮銓、寧完我，內祕書院大學士范文程，內國院大學士剛林。根據實錄、列傳等文獻將清朝滿文源流，詳加稽考，纂修成符合志書體例的《國語志》，始能凸顯清史的特色。

四、文獻足徵——清史館年表與《清史稿》年表的比較

傳統正史，除了本紀、志書、列傳外，又有年表，目的在補紀、志、傳的不足，其體裁似出自古代的譜牒。《史記・三代世

表》，就是倣效周譜，旁行斜上。《史記》共立十表，或分國分年作表，或因事分別作表，按年月爲次，如網在綱，一覽無遺。契丹立國，有其特殊背景，所以《遼史》的表特別多，有世表、皇子表、公主表、皇族表、外戚表、遊興表、部屬表、屬國表八種。民初清史館纂修的年表稿本，品類頗多，册數相當可觀，已刊《清史稿》的年表，就是從現藏清史館年表稿排印本選刊的，爲了有助於了解清史館年表稿本的內容，先行列出簡表如下。

國立故宮博物院現存清史館年表稿本簡表

清史稿年表		清史館年表稿	
類　別	卷數	類　別	册數
皇子世表	5	皇子世表	11
公主表	1	公主表	3
外戚表	1	外戚表	2
諸臣封爵世表	6	諸臣封爵士表	5
大學士年表	2	大學士、協辦大學士、學士年表	24
軍機大臣年表	2	軍機大臣年表	3
部院大臣年表	19	部院大臣年表	63
疆臣年表：各省總督	4	各省總督	19
疆臣年表：各省巡撫	4	各省巡撫	19
疆臣年表：各邊將軍都統	4	各邊將軍都統大臣	3
藩部世表	3	藩部世表	7
交聘年表：中國遣駐使	1	交聘年表：中國遣駐使	1
交聘年表：各國遣駐使	1	交聘年表：各國遣駐使	1
		建州表	2
		宰輔表	1
		總理各國通商事務大臣表	1
		恩封宗室王公表	3

		宗室王公功績表	18
		外藩蒙古回部王公表	48
		外藩蒙古回部王公表傳	82
		蒙古諸部表	13
		疆臣表	20
		督撫表	2
		滿洲管旗大臣年表	1
		領侍衛內大臣表	1
		侍衛處鑾儀衛表	26
		前鋒步軍統領表	33
		各省提督表	32
		各省總兵表	147
		八旗護軍統領表	27
		八旗滿洲都統副都統表	27
		八旗蒙古都統副都統表	33
		八旗漢軍都統副都統表	26
		各省駐防將軍都統表	33
		各省駐防將軍都統表	39
總計	53		776

資料來源：國立故宮博物院《清史館檔・年表稿》

由前列簡表可知已刊《清史稿》的年表包括：皇子世表、公主表、外戚表、諸臣封爵世表、大學士年表、軍機大臣年表、部院大臣年表、各省總督年表、各省巡撫年表、各邊將軍都統年表、藩部世表、交聘年表等，合計五十三卷。清史館纂修年表稿本，除了已刊《清史稿》年表排印本的原稿外，還包括：建州表、宰輔表、總理各國通商事務大臣表、恩封宗室王公表、宗室王公功績表、外藩蒙古部王公表、外藩蒙古回部王公表傳、蒙古諸部表、滿洲管旗大臣年表、領侍衛內大臣表、侍衛處鑾儀衛表、前鋒步軍統領表、各省提督表、各省總兵表、八旗護軍統領表、八旗滿洲都統副都統表、八旗蒙古都統副都統表、八旗漢軍都統副都統表、各省駐防將軍都統表、各省駐防副都統表等，合計七七六册。

現藏清史館纂修的《建州表》上、下共二册，上册封面注明「和玉清繕」，下册注明「胡蘭石繕」。表中分列衛名及各級職官，最高職官爲都督，其下依次爲都督同知、都督僉事、都指揮、都指揮同知、都知揮僉事、指揮、指揮同知、指揮僉事及千百戶等職官。《建州表》紀年，繫明朝年號，永樂元年（1403），是年始設建州衛。表中記載：「十月辛丑，女眞野人頭目阿哈出等來朝，設建州衛軍民指揮使司，以阿哈出爲指揮使，賜姓名李誠善，餘爲千百戶。」阿哈出是胡里改（hurha）萬戶，明廷以其從征奴兒干等地有功，授爲指揮使。永樂七年（1409）十月，阿哈出赴京師朝貢，不久後身故。阿哈出有子二人，即釋加奴與猛哥不花，阿哈出旣死，以釋加奴爲建州衛指揮使。《建州表》記載，永樂八年（1410）八月，釋加奴以指揮阿哈出子從征有功，自指揮使陞都指揮僉事，賜姓名李顯忠。永樂初年，與阿哈出父子同時崛起的還有猛哥帖木兒及其異父同母弟凡察。永樂三年（1405）三月，明廷授猛哥帖木兒爲指揮使，析置建州左衛以處之。《建州表》記載，永樂十五年（1417），「建州左衛是年始見實錄，自此二衛並立，衛名明白書之。」是年二月，《明太宗實錄》記載，「建州左衛指揮猛哥帖木兒奏舉其頭木卜顏帖木兒、達哥等任以職，命爲指揮千百戶。」⑨《建州表》的記載是相合的。《建州表》記載，明宣宗宣德元年（1426）正月，猛哥帖木兒入京朝貢，明廷授都督僉事。同年三月，釋加奴之子李滿住，陞都督僉事。宣德八年（1433）二月，猛哥帖木兒自都督僉事陞右都督，凡察自都指揮僉事陞都指揮使。是年，猛哥帖木兒爲七姓野人所殺。宣德九年（1434）二月，進凡察都督僉事，執掌建州左衛事務。明廷新頒印信。明英宗正統七年（1442）二月，析建州左衛，增設建州右衛，猛哥帖木兒次子董山自都統僉事，陞都督同知，掌左衛事務。凡察自都督僉事陞都督同知，掌右衛事務。嗣後建州衛、建州左衛與建州右衛，三衛並立。探討建州三衛歷史，不能捨棄《建州表》而不用。滿族的由小變大，清朝勢力的由弱轉強，都與建州女眞的歷史發展，關係密切。已刊《清史稿》並無《建州表》，爲凸顯清朝前史的特殊性質，纂修清史時，增修《建州表》是有意義的。

清史館纂修的武職年表，爲數頗多，舉凡《滿洲管旗大臣年表》、《領侍衛內大臣年表》、《八旗護軍統領表》、《八旗滿洲都統副都統表》、《八旗蒙古都統副都統表》、《八旗漢軍都統副都統表》、《各省駐防將軍都統表》、《各省駐防副都統表》等等，對探討八旗制度的變遷，都提供重要的參考資料。此外還有各省提督表、各省總兵表。各種武職年表，多載明各武職人員任命、解任、開缺、改調、身故、休致、陣亡、回京及命署年月，表列分明。其中各省總兵年表，詳列各省所置各鎭總兵姓名及其任免年月，一目了然，是探討各省總兵官制的重要資料，纂修清史，不能忽視各種武職年表。清史館纂修的《滿洲管旗大臣年表》也是研究八旗滿洲制度的重要年表。爲了便於說明，以乾隆元年（1736）爲例，列出簡表如下。

乾隆元年滿洲管旗大臣年表

旗別 年分	鑲黃旗	正黃旗	正白旗	正紅旗	鑲白旗	鑲紅旗	正藍旗	鑲藍旗
乾隆元年（1735）	都統 查爾泰，九月病解，明年四月，卒。訥親九月，任。	弘昇	章格 正月，調署古北口提督。 福彭 多羅平郡王由署理鑲紅漢軍都統於是年三月，署。七月，調正黃旗漢軍都統。	旺常 二月，調。 奇通阿鑲藍宗室由輔國公散秩大臣於二月，署，四月，任。	訥親 九月，調。 色布肯 九月，任。	愛音圖	莽鵠立 九月，卒。 富鼐 九月，任。	豐盛額 十一月，卒。 瑚琳 十一月，署。
	副都統 都賚	吉三		席特庫	索拜	富達禮		阿克敦
	色都 色布肯九月，陞。	海蘭 十月，派往軍營。	和義	瞻岱				雅爾圖 十二月，授爲參贊大臣。
	嵩噶禮 正藍旗滿洲宗室，十月，由隨辦領侍衛內大臣擢任。	保住 滿洲鑲黃旗人，十月，由鑲紅旗漢軍副都統調任。			金柱 滿洲鑲黃旗人，由鑲藍蒙古副都統調任。			錫爾璊 滿洲正白旗人，十二月，由軍營副都統任。

資料來源：國立故宮博物院典藏《清史館檔・滿洲管旗大臣年表》

由前列簡表可知清史館纂修的《滿洲管旗大臣年表》，就是八旗滿洲的職官表，表中的旗分是按照鑲黃旗、正黃旗、正白旗、正紅旗、鑲白旗、鑲紅旗、正藍旗、鑲藍旗的順序列表。表中所列訥親是鈕祜祿氏，滿洲鑲黃旗人，額亦都曾孫，父尹德，祖遏必隆。雍正十三年（1735），雍正皇帝駕崩前，訥親預顧命。據《清史稿・訥親傳》記載，乾隆皇帝即位後，授訥親鑲白旗滿洲都統，領侍衛內大臣。乾隆元年（1736），遷鑲黃旗滿洲都統⑩。對照《滿洲管旗大臣年表》，訥親於乾隆元年（1736）九月由鑲白旗滿洲都統調任鑲黃旗滿洲都統，記載相合。從《滿洲管旗大臣年表》的記載，有助於了解各旗都統的身分背景。譬如嵩噶禮是正藍旗滿洲宗室，乾隆元年（1736）十月，由隨辦領侍衛內大臣擢任鑲黃旗滿洲都統。保住是滿洲鑲黃旗人，是年十月，由鑲紅旗漢軍副都統調任滿洲正黃旗都統。是年正月，滿洲正白旗都統章格調署古北口提督。是年三月，多羅平郡王福彭由署理鑲紅旗漢軍都統調署滿洲正白旗都統。同年七月，調正黃旗漢軍都統。錫爾璊是滿洲正白旗人，於乾隆元年（1736）十二月，由軍營副都統調任滿洲鑲藍旗都統。由前引例證足以說明纂修《滿洲管旗大臣年表》對研究八旗制度確實提供了相當重要的參考資料。

已刊《清史稿》並無總兵年表，清史館纂修武職大臣年表，含有各省總兵年表，依據其中福建省總兵年表，可將乾隆年間臺灣鎮總兵列出簡表。

乾隆年間福建臺灣鎮總兵簡表

年　　分	姓　　名	記　　事
十六年（1751）	林君陞 李有用 陳謝勇 馬負書 陳林每	正月，升廣東提督。 正月，命，六月，升本省水師提督。 六月，命，七月，卒。 八月，命，十月，調江南狼山鎮。 十月，命。
十七年（1752）	陳林每	
十八年（1753）	陳林每 馬大用	七月，解。 七月，命。
十九年（1754）	馬大用	
二十年（1755）	馬大用	
二十一年（1756）	馬大用 馬龍圖	四月，調廣東潮州鎮。 四月，命。
二十二年（1757）	馬龍圖 林洛 馬龍圖	六月，召來京。 六月，署。十一月，調海壇鎮。 十一月，回任。
二十三年（1758）	馬龍圖	
二十四年（1759）	馬龍圖 林洛 甘國寶	閏六月，升福建水師提督。 閏六月，命。十月，調浙江黃巖鎮。 十月，命。
二十五年（1760）	甘國寶	
二十六年（1761）	甘國寶 游金輅	正月，升本省水師提督。 正月，命。
二十七年（1762）	游金輅	
二十八年（1763）	甘國寶 王巍	九月，升廣東提督。 九月，命。
二十九年（1764）	游金輅 楊瑞	十月，革。 十月，革。
三十年（1765）	楊瑞	
三十一年（1766）	楊瑞	
三十二年（1767）	楊瑞 甘國寶	六月，解。 六月，命。

三十三年（1768）	王巍 葉相德	十二月，革。 十二月，命。
三十四年（1769）	葉相德 吳必達 章紳	四月，升本省水師提督。 四月，命。六月，革。 六月，命。
三十五年（1770）	章紳	
三十六年（1771）	章紳	
三十七年（1772）	章紳 何思和	九月，調漳州鎮。 九月，命。
三十八年（1773）	何思和 顏鳴皐	十月，卒。 十二月，命。
三十九年（1774）	顏鳴皐	
四十年（1775）	顏鳴皐	
四十一年（1776）	顏鳴皐	
四十二年（1777）	顏鳴皐 董果	三月，調漳州鎮。 三月，命。
四十三年（1778）	董果	
四十四年（1779）	董果	
四十五年（1780）	董果 張繼勳	六月，調海壇鎮。 六月，命。
四十六年（1781）	張繼勳	四月，解。
四十七年（1782）	張繼勳 金蟾桂 孫猛	 四月，命。十月，解。 十月，命。
四十八年（1783）	孫猛 柴大紀	十一月，卒。 十一月，命。
四十九年（1784）	柴大紀	
五十年（1785）	柴大紀 陸廷柱	十一月，調汀州鎮。 十一月，命。
五十一年（1786）	陸廷柱 柴大紀	三月，調南澳鎮。 三月，命。
五十二年（1787）	柴大紀 普吉保	六月，升本省陸路提督，仍兼此缺。 十二月，命。

五十三年（1788）	普吉保 奎林	六月，解。 六月，命。
五十四年（1789）	奎林	
五十五年（1790）	奎林	
五十六年（1791）	奎林 哈當阿	二月，升本省水師提督，仍兼此缺。 九月，駐藏。 九月，由福建水師提督兼署。
五十七年（1792）	哈當阿	
五十八年（1793）	哈當阿	
五十九年（1794）	哈當阿	
六十年（1795）	哈當阿	

資料來源：國立故宮博物院典藏《清史館館・各省總兵年表》，乾隆十六年至六十年（1751-1795）。

由前列簡表，可以知道乾隆十六年（1751）至六十年（1795），歷任臺灣鎮總兵姓名及其任命、調補、陞遷年月。從各省總兵年表稿本，也可以查出歷任臺灣鎮總兵多由海壇、漳州、金門、潮州、南澳等鎮總兵調補。其中林洛、喬國寶、楊瑞、章紳、顏鳴皐、馬繼勳、柴大紀等人都由原任海壇鎮總兵調補臺灣鎮總兵。馬大用、葉相德、何思和、董果、孫猛等人都是由原任漳州鎮總兵調補臺灣鎮總兵。陳謝勇、馬負書、游金輅、金蟾桂等人都是由原任金門鎮總兵調補臺灣鎮總兵。王巍由原任南澳鎮總兵調補臺灣鎮總兵，馬龍圖由原任潮州鎮總兵調補臺灣鎮總兵。乾隆四十八年（1783），原任臺灣鎮總兵孫猛患病，因水師無人可調，閩浙總督富勒渾奏請以海壇鎮總兵柴大紀署臺灣鎮總兵，奉旨以柴大紀補授臺灣鎮總兵。柴大紀也供稱：「我係浙江江山縣人，年五十九歲，武進士出身，由海壇鎮總兵於四十八年調任臺灣。」⑪

中外交涉，辦理洋務，是清朝政府在列強壓力下面臨的困擾，清廷如何設立新機構？任命哪些官員處理洋務？以化解危機，是值得重視的問題。國立故宮博物院現藏清史館唐邦治纂修的《總理各國通商事務大臣表》，計一册，就是清朝政府因應中外交涉問題而設置的機構之一，已刊《清史稿》並未選印。原表稿本首頁有《輯總王各國通商事務大臣表例言》，文字簡短，略謂「本表輯例，略同軍機大臣表，不復贅述。總理衙門大臣上學習行走者衹一見，此與軍機大臣最差異者。」原表序文中指出，「海疆事興，戎索大紊，蹴踏我堂奧，污脅我冠裳，皇靈亦稍替矣。文宗創痛至深，別置一署，董理交涉諸務，斯爲總理各國通商事務，以習於夷事之親王大臣領之，規制略同辦理軍機處。」可將咸豐十年（1860）、十一年（1861）記事內容照錄於下。

文宗咸豐十年十二月，始設總理各國通商事務衙門，後簡稱總理各國事務衙門，或簡稱總理衙門。恭親王奕訢，十二月己巳，命管理本衙門事務。

桂良，十二月己巳，以太子太保東閣大學士管理本衙門事務。

文祥，十二月己巳，以户部左侍郎管理本衙門事務。

十一年

恭親王奕訢，十月，加授議政王，兼軍機大臣。

桂良，十月，兼軍機大臣。

文祥，十月，復兼軍機大臣。

崇綸，三月甲辰，以前任倉場侍郎充本衙門幫辦大臣。七月，命與德意志國訂約。十月，補倉場侍郎。

十一月，轉工部左侍郎。

恆祺，三月甲辰，以頭品頂帶武備院卿充本衙門幫辦大臣。十月，遷內閣學士。

寶鋆，十月癸未，以軍機大臣、户部右侍郎在本衙門辦理事務。

董恂，十月癸巳，以户部右侍郎在本衍門辦理事務。

對照《清史稿・軍機大臣年表》，咸豐十年（1860）十二月，命文祥兼總理各國通商事務大臣，記載相合，《清文宗實錄》繫於十二月初十日己巳，可知《總理各國通商事務大臣表》稿本的記載是可信的。咸豐十一年（1861）十月，恭親王奕訢、桂良、文祥俱兼軍機大臣，聲勢日隆，樞府時若不及，也說明已刊《清史稿》未選印《總理各國通商事務軍機大臣表》的遺珠之憾。光緒二十七年（1901）六月，總理各國通商事務衙門改爲外務部，「遂巍然踞各部之首焉」⑫。已刊《清史稿》雖立邦交志，卻未選刊《總理各國事務軍機大臣表》，對於辦理中外交涉的中央主持機構卻棄而不錄，確爲一失，日後纂修清史，增立《總理各國通商事務大臣表》，實有其必要。

五、是非論定——清史館未刊的列傳稿本及其史料價值

列傳的意義，是列事作傳，敘列人臣事蹟，以傳於後世。《史記》以紀傳爲本體，而以八書爲總論，十表爲附錄，亦即以人物爲中心，說明歷史記載，最主要的就是在人物。太史公特創列傳一體，將每一個歷史人物的事蹟都歸在其本人的名字下面，加以有系統的敘述，年經月緯，層次井然，從許多個別歷史人物的記載，可以反映某一個時代的社會特徵。

國立故宮博物院現藏清史列傳稿本合計約一萬八千餘册，大致分爲清朝國史館及民初清史館所修的各種列傳稿本。清朝國史館朱絲欄寫本，主要是乾隆年間以降陸續進呈的國史列傳進呈

本，有原輯本、續纂本、增訂本，改訂本及定本的分別。各種朱絲欄寫本的列傳，其封面標明「國史」、「大清國史」、「欽定國史」字樣，各有不同的含義。譬如《國史忠義傳》是原輯本，素紙封面，就是原纂進呈本。除素紙封面外，還有黃綾本，以黃綾裝潢封面。譬如《大清國史功臣列傳》，其封面為黃綾封面，屬於重繕改訂本，就是增訂進呈本，粘貼黃簽改訂，版心不書人名。在朱絲欄黃綾寫本內冠以「欽定」字樣者，則屬於黃綾定本。譬如《欽定國史忠義列傳》、《欽定國史貳臣表傳》、《欽定國史逆臣列傳》等，都是黃綾定本列傳，定本完成後，仍須進呈御覽。現藏清史館列傳稿本，主要分為兩大類：一類是屬於清朝國史館的傳包內所存清史各種列傳初稿；一類是民初清史館所纂修的清史各種列傳稿本。

國立故宮博物院現藏清史館的列傳稿本，除了《清史稿》選刊的列傳外，還有頗多未經選刊的列傳稿本，為了便於說明，先將《清史稿》選刊與清史館未經選刊的列傳類別列出簡表如下：

國立故宮博物院現存清史館列傳稿本簡表

《清史稿》列傳		清史館列傳稿	
后妃	列傳一	后妃	5
諸王	列傳二至列傳八	諸王	17
大臣等人物	列傳九至列傳二六二	大臣	243
循吏	列傳二六三至列傳二六六	循吏	243
儒林	列傳二六七至列傳二七〇	儒林	312
文苑	列傳二七一至列傳二七三	文苑	226
忠義	列傳二七四至列傳二八三	忠義	1843
孝義	列傳二八四至列傳二八六	孝義	5
遺逸	列傳二八七至列傳二八八	遺逸	7
藝術	列傳二八九至列傳二九二	藝術	16

疇人	列傳二九三至列傳二九四	疇人	4
列女	列傳二九五至列傳二九八	列女	56
土司	列傳二九九至列傳三〇四	土司	13
藩部	列傳三〇五至列傳三一二	藩部	41
屬國	列傳三一三至列傳三一六	屬國	33
		宰輔	3
		疆臣	1
		儒學	3
		孝友	218
		隱逸	14
		逸民	6
		卓行	29
		醫術	3
		貨殖	4
		叛臣	5
		逆臣	3
		叛逆	2
		四王	4
		臺灣	1
合　計	三一六卷		3360 册

資料來源：國立故宮博物院典藏《清史館檔・列傳稿》

由上表可知《清史稿》選刊的列傳類別包括：后妃、諸王、大臣等人物、循吏、儒林、文苑、忠義、孝義、遺逸、藝術、疇人、列女、土司、藩部、屬國等十五類。國立故宮博物院現藏清史館列傳稿本，除了選刊的十五類外，還有宰輔、疆臣、儒學、孝友、隱逸、逸民、卓行、醫術、貨殖、叛臣、逆臣、叛逆、四王、臺灣等十四類，合計二十九類。國立故宮博物院典藏清史館檔《貨殖列傳稿》，計四册，所含列傳人物包括：楊斯盛、葉成忠、胡光墉等人，由駱成昌、陳能怡等人纂輯。就傳稿簿册形式而言，則有紅格本與朱線九行本的區別。九行本版心居中有「清史館」字樣；紅格本版心上方有「清史館」字樣。其中葉成忠、胡光墉列傳的紅格本是呈閱本，由駱昌纂輯，龔景韶繕寫。葉成忠、胡光墉列傳的朱線九行本是紅格本呈閱前的清繕本。《清史稿・孝義三》有楊斯盛、葉成忠等人列傳，但內容簡略。其中楊斯盛列傳的內容如下：

> 楊斯盛，字錦春，江蘇川沙人。爲圬者至上海，上海既通市，商於此者咸受廛焉。斯盛誠信爲儕輩所重，三十後稍稍有所蓄，乃以廉值市荒土營室，不數年地貴，利倍蓰。善居積，擇人而任，各從所長，設肆以取贏，迭以助賑敘官。光緒二十八年，詔廢科舉，設學校，出資建廣明小學、師範傳習所。越三年，又建浦東中小學、青墩小學，凡糜金十萬有奇。上海業土木者以萬計，眾議立公所，設義學，斯盛已病，力贊其成，事立舉。海濱潮溢，居民多死者，斯盛出三千金以賑，又集資數萬，全活甚眾。浦東路政局科渡捐急，民大譁，官至，群毀其輿。斯盛力疾往，揮眾散，捐亦罷。又出資築洋徑，陸家渡、六里橋南諸路，改建嚴家橋，創設上海南市醫院，諸事畢舉。建宗祠，置義田，佽故友族人，咸有恩紀。及卒，遺命散所蓄助諸不給，遺子孫者僅十一⑬。

《清史稿》所載楊斯盛事蹟簡略，繫年不詳。清史館《貨殖列傳》陳能怡撰擬楊斯盛傳稿，內容較詳，爲了便於比較，將其內容照錄於下：

> 楊斯盛，字錦春，江蘇川沙廳人。生有至性，事親孝。年十三失怙恃，家貧，乃輟讀業圬，展轉至上海。時海外諸

國貿易方盛，西人多闢廛建屋上海，斯盛誠信，喜排難解紛，爲儕輩所重，所至魁其群。年三十餘，稍稍有所蓄，乃以廉直置荒地，或營室，不數年，地價騰貴，鬻之，得利倍蓰，又善居積，擇人而任，每得一人，資以金，使就其所長，設肆焉。歲梢，諸肆並集，納其盈於斯盛，以豐絀計勤惰，人莫能欺。善綜核，凡所計畫，纖洪靡遺，終其身無敗事。光緒二十一年，助直隸賑，獎布政司理問銜。尋助山東、湖北賑，敘鹽運司同知銜。嘗自悲因貧失學，比富，慨然有興學之志。光緒二十八年，詔廢科舉，設學校。斯盛曰：吾蓄志毀家，以育材救國，今其時矣，遂捐資建廣明小學，繼設師範傳習所。三十一年，建上海浦東中學，附以初等小學。又建小學於川沙之青墩，經費皆獨任之，一時教授，皆知名之士，課程井然，大江南北，求學者爭赴之。五年之間，捐金十八萬有奇，戚友族黨，咸訾爲狂，不顧也。三十二年，江蘇學政唐景崇特疏請優獎，詔下學部議。景崇馳書索斯盛行歷，謂上意嘉悅，且受上賞。斯盛曰：吾行吾志耳，豈博浮名哉，婉辭謝之。師範畢業，斯盛贈詞，謂教育普及，國庶可強，諸子當以斯旨濟世，若斤斤計祿，使貧困學者，莫達其志，非吾望也。浦東中學開課，斯盛諄諄以勤樸爲諸生戒。鄉里會集，斯盛輒講述合群救國之理，而以謀生爲自立之本，聽者忘倦，游食之民，多所感化。海濱潮溢，死居民無算，斯盛捐三千金爲振〔賑〕，復走募於同業，得金數萬以濟，全活甚眾。上海業土木者幾萬，多致富而渙散不相聞。眾議立公所，設義學，斯盛時病喘，扶疾往陳說，力贊其成，且語且嘔血，眾欽其誠，集三萬餘金，事立舉。英人求築蘇杭甬鐵路，浙民爭之，斯盛以大義號於眾，反覆盡利害，謂路不自築，以財乏耳，苟能集貲，何患覬覦，吾家雖破，猶愈於亡。言時涕淚交下，同業感動，至休業以爭，聞者多之。是年，浦東路政局科渡捐急，輿論大譁，鄉民聚數千人，官督兵至，群毀其輿，勢洶洶將成巨變，斯盛養疴別業，聞警亟往，登高阜揮眾散，眾相顧曰：楊公長者，語不可違，紛然解去，捐亦尋罷。未幾，捐金築洋徑、陸家渡、六里橋南諸路，既成，復採西法建嚴家橋，以利行人。修川沙海塘以禦逆潮，邑至今無水患。創建南市醫院，貧乏者就治焉。凡地方善舉，有以告者，靡不助，或至再三無吝色，底於成而後已，尤厚於宗黨，置祠田以贍之，又葬無後者之喪二十七，歲時祭祠如家人，途值故友，憫其貧，佽以五百金，有族弟斯茂，病瘖廢，斯盛爲之娶婦營室，以田百畝畀之。晚年業益盛，所入加豐，益慷慨重然諾，義聲聞江南，異國之士亦樂與之游。三十三年四月卒，遺命悉散所蓄，分助諸不給，遺子孫者僅十一，而以讀書明理執業養身爲世訓。逾年，江蘇巡撫爲請於朝，詔旌之⑭。

前引楊斯盛傳稿是由陳能怡擬稿，事蹟頗詳，繫年明確。光緒二十一年（1895），楊斯盛先後助直隸、山東、湖北賑災。光緒二十八年（1902），捐資建廣明小學、師範傳習所。光緒三十一年（1905），創建上海浦東中學，附設初等小學，又建青墩小學，對提倡教育，功不可沒。查考楊斯盛傳稿的資料來源，主要是輯國史館本傳，採黃炎培《楊斯盛傳》，王韜撰《淞隱漫錄》等資料，纂輯成編。清史館將楊斯盛等人，另立《貨殖列傳》，頗符合正史體例。

清史館黃翼曾輯《醫術列傳》，計三册。第一册由馬駿良繕寫，列傳人物包括：張璐、張志聰、薛雪、陸以恬、陸懋修等人。第二册由徐廷樑繕寫，列傳人物包括：喻昌、傅山、胥秉哲、李蒔、張序晟、章祖緒、柯琴、尤怡、陳念祖、何世仁、郭宏翥、席上錦等十二人。第三册由毓良繕寫，列傳人物包括：葉桂、王士雄、章楠、吳塘等四人。其中傅山等人見於已刊《清史稿．遺逸傳》，但詳略不同。張璐、張志聰、薛雪、陸懋修、喻昌、柯琴、尤怡、陳念祖、葉桂、王士雄、章楠、吳瑭等人見於已刊《清史稿．藝術傳》，內容頗有出入。已刊《清史稿．藝術傳》所載張璐列傳內容如下：

> 張璐，字路玉，自號石頑老人，江南長洲人。少穎悟，博貫儒業，專心醫藥之書。自軒、岐迄近代方法，無不搜覽。遭明季之亂，隱於洞庭山中十餘年，著書自娛，至老不倦。倣明王肯堂證治準繩，彙集古人方論、近代名言，薈萃折衷之，每門附以治驗醫案，爲《醫歸》一書，後易名《醫通》。璐謂仲景書衍釋日多，仲景之意轉晦。後見尚論、條辨諸編，又廣搜祕本，反覆詳玩，始覺向之所謂多歧者，漸歸一貫，著《傷寒纘論緒論》。纘者，祖仲景之文；緒者，理諸家之紛紜而清出之，以翼仲景之法。其注本草，疏本經之大義，並系諸家治法，曰本經逢源；論脈法大義，曰診宗三昧，皆有心得。又謂唐孫思邈治病多有奇異，逐方研求藥性，詳爲疏證，曰千金方釋義，並行於世。璐著書主博通，持論平實，不立新異。其治病，則取法薛己、張介賓爲多。年八十餘卒。聖祖南巡，璐子以柔進呈遺書，溫旨留覽焉⑮。

清聖祖多次南巡，張以柔進呈遺書年分，已刊《清史稿》並未詳載；張璐診脈、治病的方法，已刊《清史稿》也是記載簡略。張璐列傳，已刊《清史稿》入藝術傳，清史館另立醫術列傳，內容較詳。康熙四十四年（1705），歲次乙酉，清聖祖南巡，張璐子監生張以柔進呈遺書，包括：《醫通》十六卷，《本經逢源》四卷，《診宗三昧》一卷，《傷寒纘論緒論》四卷。現存清史館黃翼曾纂輯《醫術列傳·張璐列傳》，主要是依據張以柔進呈《醫通》疏，朱彝尊撰《序古今醫案》等資料纂修成篇。

現藏清史館藝術傳稿，共十六本，除《清史稿》刊印本外，還有未刊稿本，分別由夏孫桐、黃翼曾、史恩培、駱成昌等人纂輯，由陳金如、于吉誠、徐廷樑、魯謙光、隆鋆、胡蘭石等繕寫。其中史恩培纂輯藝術列傳包括：程正揆、項聖謨、吳偉業、王鐸、張漣、黃甲雲、方式玉，及駱成昌纂輯藝術列傳包括：張辛、張際亮等列傳稿，並未刊印。譬如程正揆列傳稿內容如下：

> 程正揆，字瑞伯，號鞠陵，湖廣孝感人。崇禎辛未進士，名正葵，選翰林。甲申後卜居於江寧之青谿，自號青谿道人。仕清，改正揆，官至工部侍郎，敏而多能，善屬文，工書畫，意有所到，援筆立成，若風雨集而江河流也。時推董其昌，風雅師儒，正揆虛心請益，其昌雅重愛之，凡書訣畫理，傾心指授，若傳衣缽焉。書法李北海，而丰韻蕭然，不爲所縛。唐宋元明以來，士大夫詩畫兼者，代不數人。正揆晚出，兩俱擅長，詩與畫皆登逸品。順治丁酉，挂冠後，優游於棲霞、牛首之間，時以詩畫自遣。嘗論畫云，北宋人千兵萬壑一筆不減；元人枯枝瘦石無一筆不繁，其論甚精。⑯

順治十二年（1655）十月初四日，程正揆補工部右侍郎。順治十三年（1656）七月十五日，程正揆免工部侍郎。程正揆善屬文，工書畫，詩畫兼擅，爲程正揆立傳，對研究清初藝術史可提供重要參考資料。程正揆對書畫的研究，多向董其昌虛心請益，舉凡書訣畫理，董其昌無不傾心指授，若傳衣缽，探討董其昌畫派，不能忽略程正揆等人的藝術成就。項聖謨列傳也是由史恩培纂輯。項聖謨，字孔彰，浙江秀水人。他的畫，初學文徵明，其後擴於宋，而取韻於元，所繪花草松竹木石，尤爲精妙，董其昌曾爲其畫册作跋，盛讚其畫册衆美畢臻，所畫山水，兼有元人氣韻。吳偉業，字駿公，號梅村。他是江南太倉人，崇禎四年（1631）進士，廷試一甲二名。清初，官至祭酒。據史恩培纂輯吳偉業列傳稱，吳偉業博學工詩，所畫山水得董黃法，清疏韶秀。吳偉業與董其昌、王時敏諸人友善，曾作畫中九友歌。已刊《清史稿》藝術列傳，人數有限，可以就清史館所修藝術列傳稿本作補充。

現存清史館卓行傳稿，共二十九册，由駱成昌、姚永樸、吳懷清、黃翼曾、馬其昶、繆荃孫、趙世澤、冷家驥、李岳瑞等人纂輯，並由張嵩壽、劉恩林、胡恭彩、常寶、王秀三等人繕寫。已刊《清史稿．孝義三》有武訓列傳，但其內容較簡略，且不詳出處。對照清史館冷家驥纂輯《卓行武訓列傳》稿本，有助於了解武訓列傳如何纂修成編，其原稿內容如下：

> 武訓，堂邑人，丐者也。初無名字，咸呼曰武七。後有司以其般般訓誨也，因名之曰訓。（山東通志）訓，幼孤貧，隨母行乞，得錢必市甘旨以奉母。七歲喪母，事兄友于。（陳代卿撰家傳）稍長，且傭且乞，常自恨不識字，以興設義學爲己任，傭乞所得錢，輒寄富家代權子母，銖積寸累，殆三十年，益以官申所助施，遂至鉅萬，置地二百三十畝有奇，行乞如故。（通志）或得蒸餅，僅食其

碎，完者售之，不枉費一文，濫縷蔽骭，晝乞夜織。同邑貢生楊樹坊爲儲積日久，勸令娶，訓曰，有妻子將耗吾貲，是義學終不得立也，竟不娶，與樹坊商設義學於柳林莊，費錢四千餘緡，盡出所積田爲經常費。學分二級：蒙學，請諸生教之；經學，延名孝廉主之。開館日，訓先拜塾師，次編〔徧〕拜生童，具盛饌饗師，己則屏立門外，俟讌罷乃啜其餘，云乞人不敢與師抗禮也。常往來塾中，值師晝寢，默跪榻前，師覺驚起，自後無復爾。遇學生遊戲，亦如之，群相戒毋嬉，生徒有不謹者，訓聞知，至泣勸之，皆感愧自勵。（郭春煦撰興學碑）嘗至館陶，見寺僧了證設學鴉莊，貲不足，立捐錢數百緡助其成。復積金千餘，建義學於臨清，皆以武訓名塾。（莊洪烈撰遺像記）邑有孀婦張陳氏，家貧刲肉奉姑，訓予田十畝，以資其孝養。遇孤寒，輒假以錢，終身不取，亦不以告人。光緒二十二年，歿於臨清義塾廡下，年五十九。病革，聞諸生誦讀聲，猶張目而笑。邑人感其義，勒像於石，歸田四十畝於其姪奉祀，山東巡撫張曜、袁樹勛，先後請給匾建坊，入祀孝義祠。（國史孝義傳、賈品重撰墓志祀堂邑忠義祠）⑰。

由前引內容，可知現藏清史館《卓行武訓列傳》稿本的纂輯，其所依據的主要資料包括：《山東通志》、陳代卿撰《家傳》、郭春煦撰《興學碑》、莊洪烈撰《遺像記》、《國史孝義傳》、賈品重撰《墓志祀堂邑忠義祠》等重要資料。從引用資料中入祀「孝義祠」、「忠義祠」等字樣看來，武訓列傳可入孝義傳，亦可入忠義傳，惟就其興設義學等事蹟而論，武訓列傳應可另立卓行傳。冷家驥纂輯《卓行武訓列傳》稿本附載考異，其內容云：「考異，事實册訓捐良田百九十餘畝，通志二百三十餘畝。按訓卒後，邑人曾撥祭田四十畝歸其姪，是必取諸二百三十餘畝之內。夫盡其田，訓之志也，除祭田，邑人之義也，從通志地數為當。」武訓生前，盡捐良田二百三十餘畝，武訓卒後，邑人取其中四十畝為祭田，餘剩百九十餘畝。

六、結　語

《清史稿》的纂修，是我國傳統正史體例中的最後一個階段。已刊《清史稿》，除關外本、關內本外，還有廣島本、南京本、上海本、香港本、清史本、校注本等，版本多種，流傳於海內外，久為中外學術界廣泛研究利用，已經成為研究清朝歷史及整修清史不可或闕的重要參考資料。

就清史館所纂修的清史稿本而言，已刊《清史稿》並不等於清史館，從已刊《清史稿》並不能窺見清史館的全貌，摸清楚清史館的底細，對於研究清史或整修清史，確實有幫助。國立故宮博物院現藏清史館的內容，除了已刊《清史稿》排印本的原稿外，還保存許多未經選印的紀、志、表、傳等稿本。此外，還保存大量的清朝國史館纂修的初輯本稿本及黃綾本定本。在現藏未刊稿本中，含有頗多可信度較高的佳作。清史館未刊各種稿本的纂修人員，雖然多屬前清遺老，但他們對於建州女眞入貢於明廷諸事，直書不諱。其撰稿諸人，因出身舊式科舉，嫻於掌故，優於辭章，其合於體例的佳作，頗有可觀。修史人員歷經十餘年的用心編纂，益以當時檔案官書較為集中，史料採摭，頗為豐富，未刊稿本，未嘗不可作史料觀。

《清史稿》正式問世後，嘖有煩信，貶多於褒。學術界先後嘗試纂輯清史通鑑長篇，整修清史，但是並未獲得具體成果。修正已刊《清史稿》的紕繆，就成爲可行度較高的嘗試。民國四十八年（1959），臺灣國防研究院以《清史稿》爲藍本，「正其繆誤，補其缺憾」，民國五十年（1962），修訂增補，正式出版，全書八册，題爲《清史》，《清史》出版以後，譭多於譽。民國六十七年（1978）十月，國立故宮博物院與國史館合作，對已刊關外本《清史稿》進行校注，不改動原文，但予標點，以稿校稿，取院藏清史館排印本校正已刊《清史稿》的脫漏舛訛。同時以卷校卷，就已刊《清史稿》紀、志、表、傳各卷，前後互校，其同音異譯者，依照實錄，統一譯音。凡有歧異者，即查閱檔案官書，進行考異，徵引資料，標明出處。民國七十五年（1986）二月，《清史稿校註》出版第一册，至民國七十九年（1990）五月出版十五册。索引作爲附錄，於民國八十年（1991）六月出版一册，共計十六册。《清史稿》校注告竣後，國史館隨即展開《新清史》的整修工作。

按照錢穆先生的本意，《清史稿》校注工作完成後，應當將清史館已刊、未刊稿本整理出版，公諸社會大衆。可惜後來因人事更動，原先的規劃，被迫中斷。纂修大型清史，首先應當掌握完整史料。清史館纂輯的清史稿本，除已刊《清史稿》排印本的原稿外，其他未經選刊的稿本，應當整理出版，一方面使《清史稿》校注工作正式告一段落，一方面對目前纂修清史工程可以提供重要的現成史料。

《清史稿校註》雖然問世，但這套書美中不足之處，是僅就清史館的排印本進行校注，考異注釋雖然徵引未刊稿本，但是未能讓學術界窺見未刊稿本的全貌，爲了彌補《清史稿校註》的缺憾，確實有必要將清史館未刊紀、志、表、傳的原稿，整理出版，作爲已刊《清史稿》的補編，可以稱之爲《清史稿補編》，與《清史稿校註》相輔而行。

《清史稿補編》的構想，可以先行說明出版緣起，條列凡例，說明本編所收，以清史館未刊稿本爲限。全書編次，悉依紀、志、表、傳爲序，先編總目，次編分册目錄，斷句標點，排版刊行。《清史稿校註》的問世，對學術界提供一定的參考價值。《清史稿補編》的出版，有助於纂修大型清史的順利進行，排除檔案管理人爲限制的障礙。至於清史館中所保存的清朝國史館紀、志、表、傳初輯本、覆輯本、進呈本、黃綾定本，包含滿、漢文本，應當另行掃描或照相製版，完整出版，與嘉業堂鈔本《清國史》相輔而行，這也是史學界的福音。

本紀繫年繫日，是一個時代的線索。已刊《清史稿》歷朝本紀，良莠不齊。鄧邦述、金兆蕃等人纂輯本紀，採用編年體，取材於官書，可信度較高，奭良覆勘本，任意刪略，已刊《清史稿・本紀》，多據奭良覆勘本排印，以致謬誤百出。《清史稿補編》不收奭良覆勘本，而取金兆蕃、鄧邦述等人纂輯可信度較高的呈閱本斷句標點，其清繕本的內容，因與呈閱本相同，《清史稿補編》亦不收清繕本。世祖本紀稿本內含有校注本，斷句標點後，可作爲世祖本紀稿本附錄，一併收入補編。清史館志書數量甚多，除《儀衛志》、《國語志》外，其餘未刊志書，除排印本、清繕本外，俱收入補編。

現藏清史館未刊年表稿本名目較多，舉凡《建州表》、《宰輔表》、《總理各國通商事務大臣表》、《恩封宗室王公表》、《外藩蒙古回部王公表》、《蒙古諸部表》、《滿洲管旗大臣表》、《領侍衛內大臣表》、《各省提督表》、《各省總兵表》、《八旗都統副都統表》等等，多不見於已刊《清史稿》，俱應收入補編，一方面可補已刊《清史稿》的疏漏，一方面可補嘉業堂鈔本《清史稿》的不足。

現藏清史館未經選刊的傳稿，舉凡《宰轉列傳》、《儒學列傳》、《孝友列傳》、《隱逸列傳》、《逸民列傳》、《卓行列傳》、《醫術列傳》、《貨殖列傳》等等，俱可補已刊《清史稿》的不足。楊斯盛等人，未刊稿本編入《貨殖列傳》，而已刊《清史稿》卻編入《孝義傳》，並不妥當，尤其事蹟簡略，繫年不詳，不符合修史要求。清史館黃翼曾所輯《醫術列傳》，共二十一人，其中傅山等人，已刊《清史稿》歸入《遺逸列傳》，張璐等人歸入《藝術列傳》，其內容頗有出入。清史館史恩培、駱成昌等人所輯《藝術列傳》，包括程正揆等人，俱不見於已刊《清史稿・藝術傳》。已刊《清史稿・藝術傳》內含《醫術列傳》，但人物有限，內容簡略。未刊《醫術列傳》、《藝術列傳》等稿本俱應收入補編。總而言之，基於資源共享的共識，《清史稿補編》的整理出版，其宗旨便在公佈前人所纂修完成而未受重視的稿本。原來女媧氏煉石補天之時，單單剩下一塊未用，棄在青埂峰下。他見衆石俱得補天，惟獨自己無才，不堪入選，遂自怨自嘆，日夜悲哀。長久以來封鎖在金匱石室的未刊紀、志、表、傳稿本，想必也因無才補天，未經選刊，而自怨自嘆。整理出版《清史稿補編》是學術界的共同期待，《清史稿補編》的出版，可使清史館沒有遺珠之憾，更可以使《清史稿校註》正式畫上圓滿句點。

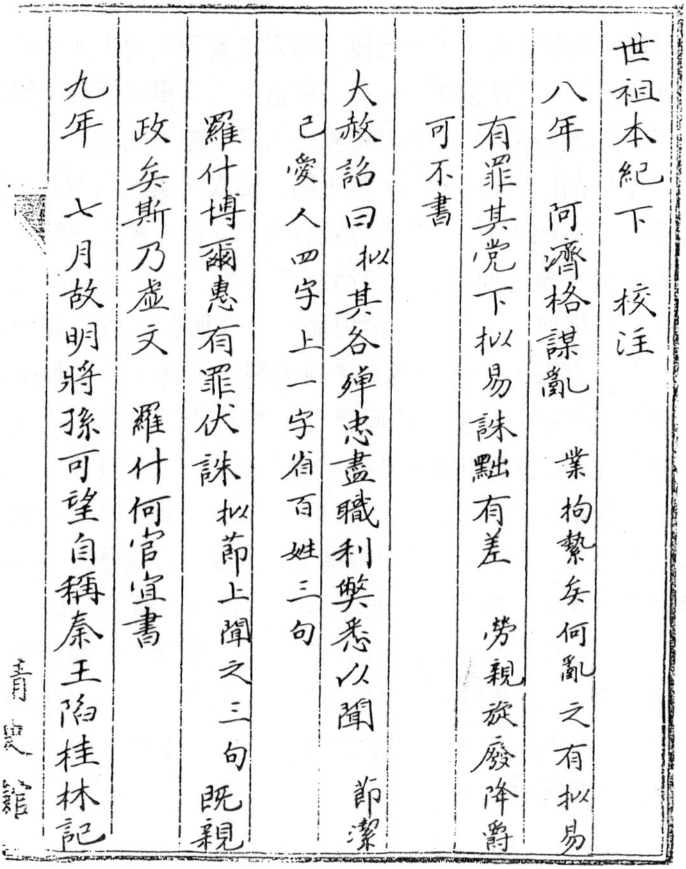

世祖本紀下　校注

八年　阿濟格謀亂　業拘繫矣何亂之有擬易

有罪其党下擬易誅黜有差　勞親旋廢降爵

可不書

大赦詔曰擬其各殫忠盡職利弊悉以聞　節潔

己愛人四字上一字省百姓三句

羅什博爾惠有罪伏誅　擬節上聞之三句　既親

政矣斯乃虛文　羅什何官宜書

九年　七月故明將孫可望自稱秦王陷桂林記

圖1　清史館《世祖本紀下・校注》局部　臺北國立故宮博物院典藏

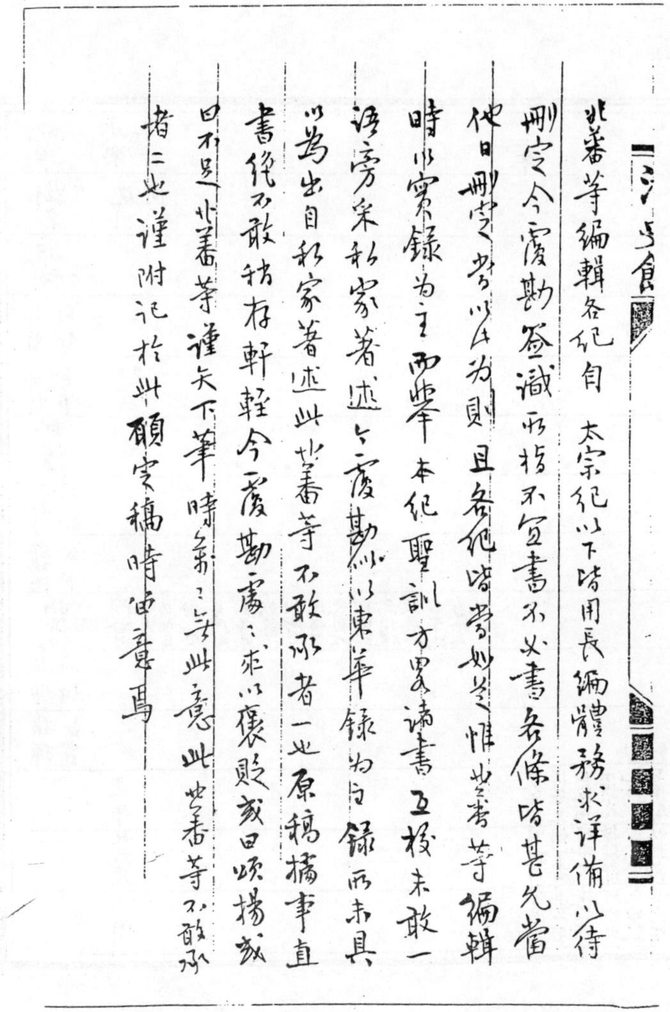

臣等編輯各紀自　太宗紀以下皆用長編體務求詳備以待
刪定今覆勘簽識所指不宜書不必書各條皆甚允當
他日刪定當以此為則且各紀皆當如是惟臣等編輯
時以實錄為主而聖祖本紀聖訓方略諸書互校未敢一
語旁采私家著述今覆勘以東華錄為白錄而未具
以為出自私家著述此臣等不敢承者一也原稿據事直
書絕不敢稍存軒輕今覆勘處處求以褒貶或曰頌揚或
曰不足此臣等謹矢下筆時兢兢無此意此臣等不敢承
者二也謹附記於此願定稿時留意焉

圖2　清史館《聖祖本紀・附記》臺北　國立故宮博物院典藏

建州表上

紀年	永樂元年	三年
衛名	建州衛	
都督		
都督同知		
都督僉事		
都指揮		
都指揮同知		
都指揮僉事		
指揮使	阿哈出十月辛丑女真野人頭目阿哈出等來朝設建州衛軍民指揮使司以阿哈出為指揮使賜姓名李誠善餘為千百戶	
指揮同知		
指揮僉事		
	是年始設建州衛	是年十月建州等衛指揮等來朝不書其名時初設衛阿哈出授指揮所謂指揮疑即阿哈出也○十一月甲戌始設毛憐衛以把兒遜為指揮

圖 3　清史館《建州表・上》局部　臺北　國立故宮博物院典藏

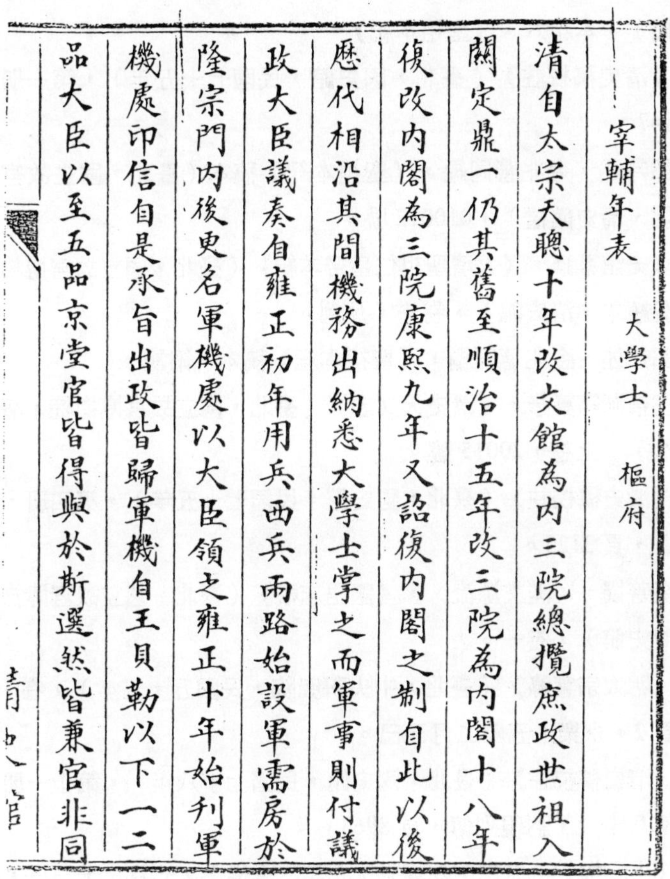

宰輔年表　大學士　樞府

清自太宗天聰十年改文館為內三院總攬庶政世祖入關定鼎一仍其舊至順治十五年改三院為內閣十八年復改內閣為三院康熙九年又詔復內閣之制自此以後歷代相沿其間機務出納悉大學士掌之而軍事則付議政大臣議奏自雍正初年用兵西兵兩路始設軍需房於隆宗門內後更名軍機處以大臣領之雍正十年始刊軍機處印信自是承旨出政皆歸軍機自王貝勒以下一二品大臣以至五品京堂官皆得與於斯選然皆兼官非同

清史館

圖4　清史館《宰輔表》首頁局部　臺北　國立故宮博物院典藏

【註 釋】

① 奭良覆輯，《聖祖本紀》稿本（臺北：國立故宮博物院，清史館檔），本紀六，《聖祖本紀》一。

② 《清史稿校註》（臺北，國史館，民國七十五年），第一册，頁147。

③ 鄧邦述、金兆蕃同編，《聖祖本紀》稿本（臺北，國立故宮博物院，清史館檔），010012號。

④ 國史館纂修，《大清聖祖仁皇帝本紀》（臺北，國立故宮博物院，黃綾本，清史館），卷一，凡例。

⑤ 鄧邦述、金兆蕃同編，《聖祖本紀》稿本，附記。

⑥ 王崇源等纂修，《清史天文志》（臺北，國立故宮博物院，清史館檔），上卷，20015號。

⑦ 《清史稿校註》（臺北，國史館，民國七十五年），第四册，輿服四，頁3125。

⑧ 奎善撰，〈滿文源流〉，《國語志稿》（臺北，國立故宮博物院，清史館），卷一。

⑨ 《明太宗實錄》（臺北，中央研究院，民國五十五年），卷185，頁2，永樂十五年二月己巳。

⑩ 《清史稿校註》（臺北，國史館，民國七十八年），第十一册，列傳八十八，訥親列傳，頁8963。

⑪ 《上論檔》，方本，乾隆五十三年秋季檔上，七月二十一日，柴大紀供詞，國立故宮博物院藏。是年，柴大紀年五十九歲。

⑫ 《總理各國通商事務大臣表》（臺北，國立故宮博物院，清史館檔），序文，頁2。

⑬ 《清史稿校註》，第十五册（臺北，國史館，民國七十九年），列

傳 286，孝義三，頁 11492。

⑭ 《貨殖列傳》（臺北，國立故宮博物院，清史館檔），傳稿 7635 號，陳能怡擬稿。

⑮ 《清史稿校註》，第十五册，列傳 289，藝術一，頁 11531。

⑯ 《清史館檔》，史恩培輯，《藝術列傳》，魯謙光繕，8052 號，程正揆列傳。

⑰ 《清史館檔》，冷家驥輯，《卓行武訓列傳》，8063 號。

清世宗坐像

宵旰勤政——清世宗雍正皇帝的歷史地位

清朝歷史是我國歷代以來較強盛的朝代，其成敗得失的經驗，足爲後世殷鑒。近年以來，由於海峽兩岸積極整理清朝檔案，史料公開了，一方面帶動了清史的研究風氣，一方面對清朝人物也重新作了評價。雍正皇帝的生平、事功與歷史地位，都有了新的詮釋。摒除前人的種族成見，客觀的看待雍正皇帝，才能認識雍正時代的清朝歷史。康熙皇帝一心想做儒家的仁君，他的用人施政，一向主張與民休息，治國之道，貴在不擾民，與其多一事，不如少一事。這種少做少錯的政治主張，固然使他在歷史上留下了仁君的美譽，但也因官場的因循苟且，怠玩推諉而衍生出吏治廢弛、百弊叢生的現象。雍正皇帝即位後認爲新政府不能再存有以不生事爲貴的念頭，他主張爲政應當觀乎其時，審乎其事，當寬則寬，當嚴則嚴，因循玩愒是絕對有害的。他訓勉臣工實心從政，多多做事，認眞做事。由於雍正皇帝的宵旰勤政，認眞負責，勇於改革，終於使雍正朝的政治呈現新興的現象，吏治澄清，行政效率提高，社會經濟日益穩定繁榮，清除了康熙年間的許多弊端。清朝盛世沒有雍正皇帝，就無法建立。他是促進清朝歷史向前發展的關鍵人物，也是清朝歷史承先啓後的政治家，他的歷史成就與地位，是值得後世肯定的。雍正皇帝雖然是一位有爭議的君主，但是，我們不能人云亦云，我們應該對他的事蹟功過作一番考察與研究。

清世宗雍正皇帝胤禛，生於康熙十七年十月三十日」

（1678.12.13），是皇四子，宮中習稱四阿哥。「胤」是康熙皇帝所生諸皇子的排行；「禛」是「以眞受福」的意思。皇四子胤禛生母烏雅氏是滿洲正黃旗人，出身護軍參領之家，原爲包衣人家之後。康熙十八年（1679），烏雅氏封爲德嬪；康熙十九年（1680），皇六子胤祚生，五年後卒。康熙二十年（1681），烏雅氏晉封德妃。康熙二十七年（1688），生皇十四子胤禵，又作胤禎。康熙三十七年（1698）三月，皇四子胤禛封多羅貝勒。康熙三十八年（1699），康熙皇帝爲諸皇子建府，皇四子胤禛的府邸位於紫禁城東北，即日後的雍和宮。

康熙四十三年（1704），追封一等承恩公凌柱之女鈕祜祿氏入侍皇四子胤禛府邸，號爲格格，她就是日後的孝聖憲皇后。康熙四十八年（1709）三月，皇四子胤禛晉封爲雍親王，提高了他的政治地位。康熙五十年八月十三日（1711.09.25），鈕祜祿氏在雍親王府邸爲胤禛生了第四個兒子弘曆，後來弘曆繼位時爲鈕祜祿氏的後半生帶來了無比的尊榮富貴。

閱歷豐富

康熙皇帝極爲重視諸皇子的教育，諄諄教誨，除了滿、漢、蒙等語文及四書五經等文化課程外，還加強騎射及各種西洋兵器的訓練。康熙二十二年（1683），皇四子胤禛，年方六歲，開始在上書房讀書，以侍講學士顧八代爲師傅。顧八代是滿洲鑲黃旗人，學術醇正。康熙二十六年六月初十日（1687.07.18）午後，康熙皇帝率領皇子們到暢春園皇太子胤礽（in ceng）書房無逸齋，康熙皇帝取案上經書十餘本，交給皇太子胤礽的師傅湯斌說：「汝可信手拈出，令諸皇子誦讀。」這一年，皇四子胤禛才十歲，湯斌隨手翻開書本，令胤禛等各讀數篇，都能「純熟舒徐，聲音朗朗」。康熙皇帝隨後命皇四子胤禛等射箭，或中四箭，或中三箭，箭術在皇長子胤禔（in jy）之上。康熙皇帝很自傲地對湯斌等諸臣說：「朕宮中從無不讀書之子，今諸皇子雖非大有學問之人所教，然俱能讀書。」

在康熙皇帝的循循善誘下，諸皇子多精於書法，皇四子胤禛的書法，十分秀麗，有才有氣，他和皇三子胤祉（in cy）、皇七子胤祐相比，可以說是伯仲難分。康熙四十一年（1702）九月，康熙皇帝巡視南河，皇四子胤禛奉命同皇太子胤礽、皇十三子胤祥隨駕。十月初五日（1702.11.23），駐蹕山東德州行宮，康熙皇帝召翰林院侍讀學書士陳元龍等人入行宮，觀賞御書，康熙皇帝親書大字對聯，以示諸臣。又令內侍引諸臣至行宮左廂觀看皇四子胤禛、皇十三子胤祥書寫對聯。據官書記載：「諸臣環立諦視，無不歡躍欽服」。

康熙皇帝巡幸出征，多命諸皇子隨駕。塞外水土較佳，爲了健康以及處理少數民族問題，康熙皇帝屢次北巡。康熙二十五年（1686），康熙皇帝巡行塞外，皇四子胤禛奉命隨駕，同行的還有皇太子胤礽、皇長子胤禔、皇三子胤祉等人。康熙四十年（1701）五月，康熙皇帝巡幸塞外，皇四子胤禛奉命同諸皇子隨駕。康熙四十一年（1702）正月，康熙皇帝行幸五臺山，皇四子胤禛奉命同皇太子胤礽、皇十三子胤祥扈從。

康熙初年，準噶爾汗噶爾丹勢力崛起後，屢次入侵天山南北路，成爲清朝西北最大邊患。康熙三十五年（1696），噶爾丹率兵入侵喀爾喀，掠奪蒙古牲畜，康熙皇帝御駕親征，諸皇子從征。是年二月，領侍衛內大臣等遵諭議定中路兵營，皇四子胤禛奉命掌管正紅旗大營，坐鎮軍中。

康熙年間，對永定河、黃河、淮河的整治，可謂不遺餘力。

康熙皇帝屢次視察河工，多命諸皇子扈從。康熙三十九年（1700）正月，康熙皇帝巡視永定河，皇四子胤禛奉命同皇七子胤祐、皇十三子胤祥隨駕。康熙四十年（1701）四月，康熙皇帝再度巡視永定河，仍命皇四子胤禛同皇太子胤礽、皇十三子胤祥扈從，皇四子胤禛曾作紀行詩〈閱永定河應制〉。康熙四十二年（1703）正月，康熙皇帝巡視南河，命皇四子胤禛同皇太子胤礽、皇十三子胤祥隨駕。二月間，御舟渡過長江，康熙皇帝率諸皇子登金山江天寺。隨後路過鎮江府、常州府、蘇州府，皇四子胤禛曾賦詩為紀。此次南巡，使皇四子胤禛增長不少的見識，更加了解黃淮河工，以及江南的民情風俗。

清朝皇帝提倡崇儒重道，重視各種祭典。康熙三十二年（1693）十月，重修闕里孔廟落成，康熙皇帝指定皇四子胤禛隨同皇三子胤祉前往山東曲阜祭孔。

孝莊太皇太后輔立康熙皇帝，康熙皇帝極盡孝養，死後虔誠祭祀。康熙二十七年十二月初八日（1688.12.30），是孝莊太皇太后周年忌辰，康熙皇帝率皇長子胤禔、皇三子胤祉、皇四子胤禛前往遵化暫安奉殿祭祀。康熙二十八年（1689），命皇太子胤礽帶領四皇子胤禛等前往暫安奉殿致祭。康熙三十五（1696）、四十五（1706）等年，皇四子胤禛奉命前往暫安奉殿祭祀。

清朝皇帝每逢國家大事，都要告祭祖陵。康熙六十年正月十三日（1721.02.09），康熙皇帝以御極六十年大慶，命皇四子胤禛、皇十二子胤祹等前往興京告祭永陵，並往盛京致祭福陵、昭陵。同年三月初八日（1721.04.04），康熙皇帝六十八歲萬壽節，皇四子胤禛奉命致祭太廟後殿。

康熙皇帝巡幸出征，謁陵祭祖，視察河工，皇四子胤禛多奉命隨駕，增廣了見識，也豐富了閱歷，對施政得失，民間疾苦，多能耳聞目覩，有助於從政能力的培養，在儲位角逐中，皇四子胤禛有他一定的優勢。

皇太子胤礽再立再廢後，諸皇子個個都有帝王夢，爲角逐帝位，彼此樹黨傾陷。康熙六十一年十一月十三日（1722.12.20），康熙皇帝崩殂，皇四子胤禛入承大統，改翌年爲雍正元年（1723），他就是清世宗雍正皇帝。雍正皇帝即位後，矯詔纂位、謀父逼母、弒兄屠弟、貪財好色、誅戮忠臣的謠言，就蜚短流長，不脛而走。

繼位傳說

按照滿洲舊俗，所有嫡子，不拘長幼，都有繼承皇位的權利，皇太子胤礽第二次被廢以後，並未另立皇太子，諸皇子角逐皇位，並不涉及不合法的奪嫡問題。康熙皇帝崩殂後，繼承皇位的不是酷肖皇父的皇十四子胤禵，也不是自稱相貌有帝王體的皇九子胤禟，更不是福壽綿長後必大貴的皇八子胤禩，而爆出了一個冷門，皇四子胤禛登了基，諸皇子的帝王夢都成了空，不利於雍正皇帝的謠言，不脛而走。發配東北三姓地方的耿精忠之孫耿六格就說：「聖祖皇帝在暢春園病重，皇上就進一碗人蔘湯，不知何如？聖祖就崩了駕，皇上就登了位。」耿六格在三姓八寶家中時，有太監于義、何玉柱向八寶妻子說：「聖祖皇帝原傳十四阿哥允禵天下，皇上將十字改爲于字。」曾靜是湖南靖州的一位落第書生，他從京師王府發遣廣西人犯中聽說：「先帝欲將大統傳與允禵，聖躬不豫時，降旨召允禵來京，其旨爲隆科多所隱，先帝賓天之日，允禵不到，隆科多傳旨，遂立當今。」弒父變成了大家談論的新聞，遠近傳播。雍正元年九月初十日（1723.10.08），朝鮮進賀正使密昌君樴返國後向朝鮮國王稟報清朝政局時也說：「雍正繼立，或云出於矯詔。」矯詔篡奪的傳說，反映當時的輿論，對雍正皇帝得位的合法性，大都抱持懷疑的態度。

文人著述對雍正皇帝矯詔篡立傳說的渲染，更是衆口鑠金。《清史纂要》記載：「聖祖疾甚，胤禛及諸皇子在宮門問安，隆科多受顧命於御榻前，帝親書皇十四子四字於其掌。俄隆科多出，胤禛迎問。隆科多遽抹去其掌中所書『十』字，衹存『四子』字樣，胤禛遂得立。」書中所述雍正皇帝繼位傳說情節，與耿六格所說內容頗爲相近。耿六格說的是雍正皇帝本人把「十」改爲「于」；《清史纂要》則謂將掌中「十」字抹去，只存「四子」字樣，大同小異。許嘯天著《清宮十三朝演義》對於雍正皇帝矯詔的描繪，更是淋漓盡致。書中說隆科多「走到正大光明殿上，命心腹太監，悄悄從匾額後面拿出那康熙皇帝的遺詔來，現成的筆墨，他便提起筆來，把詔書上寫著的傳位十四皇子一句，改做傳位于四皇子。」耿六格只說雍正皇帝將「十」字改爲「于」字，並未說遺詔放在哪裡？《清宮十三朝演義》明說遺詔放在乾清宮正大光明匾額後面，而不在暢春園；改詔之舉是出自隆科多之手，而不是雍正皇帝。天嘏著《滿清外史》認爲「竊詔改竄之策，年羹堯實主持之。蓋胤禛之母，先私於羹堯，入宮八月，而生胤禛。至是乃竊詔改竄，令爲天下主，故當雍正時代，羹堯權傾朝右，而卒以罪誅，說者比之呂不韋云。」其實，川陝總督年羹堯約生於康熙二十年（1681），是一個比雍正皇帝年輕三歲的人，當康熙十七年（1678）皇四子胤禛出生時，年羹堯尚未出生，胤禛的母親烏雅氏怎能和尚未出生的年羹堯私通呢？

康熙皇帝臨終前手書遺詔，傳位于皇十四子，只是一種傳說，不足採信。傳說中改「十」爲「于」，也是無稽之談。清朝制度，所有成長序齒的諸皇子，分別稱爲皇長子、皇二子，以下類推，若康熙皇帝臨終前果眞有傳位皇十四子的遺詔，當寫成「皇位傳皇十四子」字樣，假設「十」字果眞被改成「于」，則此竄改後的遺詔當寫成「皇位傳皇于四子」，普天之下恐無如此不通的文字。何況，諭旨詔書，例應滿漢兼書，或只寫滿文，漢文「十」，滿文讀如juwan，筆畫較多，不易改抹；滿文語法，屬於阿爾泰語系，更難改動。傳說中改「十」爲「于」，使皇四子胤禛入承大統合法化的流言，只能說是一種以漢文書寫遺詔作前提的文人聯想，並不符合歷史事實。後世相信謠言，也是同情失敗者的常情。其實，皇四子胤禛的繼位，也有他的有利條件。

康熙皇帝雖然並不寵愛皇四子胤禛，他卻十分疼愛胤禛的第四個兒子弘曆，由愛孫而及子，歷史上確有先例。明成祖先立仁宗朱高熾爲世子，後來因不滿意，而常想更易。當廷議册立太子時，明成祖欲立漢王朱高煦。明成祖雖然不喜歡朱高熾，卻很鍾愛朱高熾的兒子朱瞻基，即後來的明宣宗。侍讀學士解縉面奏明成祖說朱高熾有好兒子，明成祖有好聖孫，這才打動了明成祖的心，最後決定立朱高熾爲皇太子。清朝康熙皇帝一家的三代，有些雷同。弘曆生而岐嶷，康熙皇帝見而鍾愛。弘曆六歲時，康熙皇帝就把他帶回宮中養育，開始接受啓蒙教育。康熙皇帝巡幸塞外，總是帶著弘曆到避暑山莊，在萬壑松風閣等處讀書。《清史稿》記載，木蘭從獮，康熙皇帝命侍衛帶領弘曆射熊，他回武帳後告訴溫惠皇太妃說：「弘曆命貴重，福將過予。」於是更加疼愛弘曆。康熙皇帝有好聖孫弘曆，因鍾愛聖孫，而對胤禛增加好感，即所謂愛孫及子，先傳位給胤禛，再傳弘曆，順天應人。後世對雍正皇帝的負面評價，大部分出自當時的失意政敵所編造的流言，有一部分是出自漢人種族成見的推波助瀾，加上歷史小說的杜撰虛構，以致衆口鑠金。

儲位密建

雍正皇帝即位後，鑒於康熙皇帝建儲的失敗，皇太子再立再廢，諸皇子各樹朋黨，互相傾陷，兄弟竟成仇敵，爲永杜皇位紛爭，雍正皇帝創立儲位密建法。雍正元年八月十七日（1723.09.16），雍正皇帝諭總理事務大臣等云：「當日聖祖因二阿哥之事，身心憂悴，不可殫述。今朕諸子尚幼，建儲一事，必須詳愼，此時安可舉行，然聖祖既將大事託於朕，朕身爲宗社之主，不得不預爲之計。今朕特將此事親寫密封，藏於匣內，置於乾清宮正中，世祖章皇帝御書『正大光明』匾額之後，乃宮中最高之處，以備不虞。」雍正皇帝密書弘曆之名，緘藏匣內，弘曆正式爲皇太子，但密而不宣。雍正皇帝雖立儲君，卻不公開，稱爲儲位密建法，可以說是解決皇位爭繼問題的有效方法：先行指定繼承人，即預立儲君，是爲中原文化傳統；而所預立的繼承人並不以嫡長爲限，而以才能人品爲考核人選標準，又爲女眞世選舊俗。易言之，雍正皇帝所創立的儲位密建法，既受漢族傳統文化的影響，又含有邊疆部族舊制的遺意，參漢酌金，實爲農耕文化與游牧文化同化融合下的一種產物。

雍正皇帝踐阼之初，朋黨爲禍益烈，那些曾經參與皇位爭奪的兄弟們，各憑私意，分門立戶，擾亂國政，造成政治上的不安。雍正皇帝於《大義覺迷錄》中指出，「從前儲位未定時，朕之兄弟六、七人，各懷覬覦之心，彼此戕害，各樹私人，以圖僥倖，而大奸大惡之人，遂趁機結黨，要結朝臣，收羅群小，內外連屬，以成爲不可破之局，公然以建儲一事操權於己，唾手可成，不能出其範圍。此等關係宗社國家之大患，朕既親見而深知，若苟且姑容，不加以懲創儆戒，則兇惡之徒，竟以悖逆爲尋常之事，其貽害於後世子孫者，將不可言矣！」君臣名分既定，爲鞏固君權，爲後世子孫綢繆，爲終結政治紛爭，雍正皇帝對裁抑宗室，打破朋黨，可以說是毫不鬆手。雍正皇帝爲使滿漢臣工共竭忠悃，又刊刻頒發《御製朋黨論》，期盼群迷覺悟，而盡去其朋比黨援的積習，以剷除政治上的巨蠹。《清史稿·世宗本紀論》云：「聖祖政尚寬仁，世宗以嚴明繼之。論者比於漢之文景，獨孔懷之誼，疑於未篤。然淮南暴伉，有自取之咎，不盡出於文帝之寡恩也。」孔懷之誼，是指兄弟之間的情誼，雍正年間，兄弟鬩牆，骨肉相殘，諸兄弟確實也有自取之咎，並非盡出於雍正皇帝一個人的刻薄寡恩。

華夷一家

中國歷代以來，就是一個多民族國家，所謂漢族，是在漢朝政權統治的基礎上建立起來的，其實是以中原華夏民族爲主體民族，並融合其他民族所構成的泛漢民族。滿洲原來是地名，以居地而言，滿洲相當於籍貫，滿族是滿洲民族的簡稱，是泛指居住在滿洲地區的民族共同體，以建州女眞族爲主體，此外還包括蒙古、漢族、朝鮮等民族。滿族入關後，漢族的反滿活動，日趨頻繁，族群矛盾，成爲嚴重的政治問題，從雍正年間的曾靜案件，可以了解漢族反滿情緒的強烈；從《大義覺迷錄》的頒行，可以了解雍正皇帝對調和滿漢思想以及破除種族成見的努力，都是可以肯定的。曾靜是湖南靖州的一個落第書生，當他在州城應試的時候，在無意中讀到康熙年間名儒呂留良的評選時文，其中有論及夷夏之防的文句，十分激昂。曾靜以爲川陝總督岳鍾琪是宋朝岳飛的後裔，他必能一本岳飛的抗金遺志，起兵反清。曾靜的學生張熙奉命持書往見岳鍾琪，但是岳鍾琪並無反清復明的念頭，反而將曾靜等人押解京師審訊。呂留良等人認爲「生於中國者爲人，生於外者不可爲人。」甚至將夷狄比於禽獸。曾靜所著《知新錄》中竟謂「夷狄侵中國，在聖人所必誅而不宥者，只有殺而已矣，砍而已矣，更有何說可以寬解得」云云。曾靜對邊疆民族的歧視，較之呂留良，實有過之而無不及。雍正皇帝在《大義覺迷錄》中引《孟子》的話指出舜爲東夷之人，文王爲西夷之人，「曾何損於聖德乎？」雍正皇帝認爲過分強調「內中國而外夷狄」的思想，鄙視戎狄，並不適宜，否則孔子周遊，便不當入楚。雍正皇帝指出歷史上北人詆南人爲島夷，南人指北人爲索虜，徒事口舌之譏，主要是在晉、宋、六朝偏安時期出現的言論，清朝是天下一統、華夷一家的時代，不應再存「此疆彼界」、「華夷中外」之見。雍正皇帝摒棄狹隘種族意識，調和滿漢歧見的努力，適應了多民族統一國家的歷史趨勢。

君臣一體

康熙皇帝施政的特點，強調寬仁，雍正皇帝以嚴明繼之，後世史家遂謂康熙皇帝主張寬和，近乎德治；雍正皇帝主張嚴厲，近乎法治；乾隆皇帝主張寬嚴並濟，近乎文治。其實，盛清諸帝的用人施政及其典章制度，有其延續性，也有它因革損益之處。從奏摺制度的發展，可以了解清初政策的延續性。奏摺是從明代本章制度因革損益而來的一種新文書，在政府體制外屬於皇帝自己的一種通訊工具。康熙皇帝親政以後，爲欲周知施政得失，地方利弊，於是命京外臣工，於題本、奏本外，另准使用奏摺，逕達御前。奏摺制度是一種密奏制度，也是皇帝和相關人員之間所建立的單線書面聯繫，臣工凡有聞見，必須繕摺密奏，康熙皇帝披覽奏摺，親書諭旨，一字不假手於人。康熙皇帝常藉奏摺批諭，以教誨臣工，爲官之道，不多生事，自然百姓受福。雍正皇帝即位後，擴大採行密奏制度，放寬專摺具奏特權，並藉奏摺硃批訓誨臣工，封疆大吏若不生事，百姓自然不致受害。浙江巡撫李馥奏聞地方情形，雍正皇帝披覽奏摺後批諭云：「覽奏深慰朕懷，君臣原係一體，中外本是一家，彼此當重一個誠字，互相推誠，莫使絲毫委屈於中間，何愁天下不太平，蒼生不蒙福。」雍正皇帝對天下太平、蒼生蒙福的憧憬，充分表現在字裡行間。江西巡撫裴徫度奏聞驛馬事宜，原摺奉硃批云：「畏懼即不是矣，內外原是一體，君臣互相勸勉，凡有聞見，一心一德，彼此無隱，方與天下民生有益也，莫在朕諭上留心，可以對得天地神明者，但自放心，有何可畏。」一心一德，君臣一體，形成了政治上的生命共同體，有利於政策的執行。從奏摺制度的採行及其發展，可以說明盛清諸帝的治術，雖然各有千秋，但就制度的發展而言，卻有其延續性和一貫性，從奏摺硃批可以說明雍正皇帝也講求治道。《清史稿・世宗本紀論》有一段記載說：「帝研求治道，尤患下吏之疲困。有近臣言州縣所入多，宜釐剔。斥之曰：『爾未爲州縣，惡知州縣之難？』至哉言乎！可謂知政要矣！」雍正皇帝平日研求治道，就是一位「知政要」的皇帝。

移風易俗

雍正皇帝重視社會經濟的改革，也都收到立竿見影的效果。雍正皇帝即位後注意到移風易俗的重要性：歷代以來的樂戶、墮民、蜑戶、伴檔、世僕等所謂「賤民階級」依然存在，社會地位不平等。明朝初年，明成祖起兵時，山西、陝西不肯歸順的百姓子女，後來都被發入教坊，編爲樂籍，稱爲樂戶，其後世子孫娶婦生女，都被逼迫爲娼，紳衿土豪，百般賤辱。浙江紹興等府則有墮民，另編籍貫，稱爲丐戶，他們祖先是宋朝將領焦光瓚部落，因叛宋被斥爲墮民，行業污賤，服飾與常民有別，墮落數百年，並無自新之路。雍正皇帝認爲賤民階級的存在，是歷代以來的社會弊端，於是諭令削除賤籍，豁賤爲良，凡習俗相沿不能削除者，俱給以自新之路，改業爲良民。廣東地方的蜑戶，以船爲家，以捕魚爲業，粵人視蜑戶爲賤民，不容許他們登岸居住。雍正皇帝認爲蜑戶輸納魚課，與齊民一體，無可輕視擯棄之處。因此，諭令廣東督撫轉飭有司通行曉諭，凡無力蜑戶，聽其在船自便，不必強令登岸。如有力能建造戶屋及搭棚棲身者，准其在近水村莊居住，與齊民一體編列甲戶，劣豪土棍，不得藉端欺凌驅逐，並令有司勸諭蜑戶開墾荒地，播種力田，共爲務本之人。雍正年間，賤民階級的削除，豁賤爲良，改變了千百年來沉淪已久的命運，這是一種移風易俗的具體表現，也是尊重人權、深得人心的一項重要社會改革，較之歷代帝王，雍正皇帝的進步思想，及其社會政策的執行，都具有正面的作用，確實值得大書特書。

財經改革

清朝幣制是屬於一種銀錢並用的雙本位制度。在貨幣中流通最廣爲民生日用所不可或缺的就是錢，這是一種以「文」計算的計數貨幣，其形式、文字、重量、成色，都有定制，由官府設局鼓鑄，稱爲制錢。清初銀錢比價是以紋銀一兩兌換制錢一千文爲標準，在一千文以下時，即形成銀賤錢貴的現象，清朝初年，社會經濟上非常嚴重的問題，就是銅觔短缺，私鑄盛行，銷燬制錢的風氣，極爲盛行，以致銀賤錢貴。順治通寶定制，以紅銅七成，白鉛三成搭配鼓鑄而成。康熙年間，以銅六鉛四搭配。雖然錢文字畫清楚，但因銅多於鉛，民間暗中銷燬制錢，改造器皿，以致錢價日昂。康熙四十五、六年間（1706~1707），紋銀一兩，僅兌錢七、八百文。雍正皇帝在藩邸時，已經深悉其弊，他御極後，即令錢局以銅錢各半搭配鼓鑄，使民間無銷燬之利，同時嚴禁使用黃銅器皿。其後錢價漸平，紋銀一兩，可兌制錢一千文，小民可受其利。曾靜著《知新錄》一書中所稱「即觀鑄錢一事，自癸卯到今六年，尚鑄箇錢不順，勉強鑄就的糊糊塗塗，不明不白，民間無人肯受。謠曰：雍正錢窮半年，若身上有一箇雍正錢，即投之溝壑」等語。幾乎視雍正年間的制錢為廢錢。曾靜所稱雍正錢投溝壑的意思，主要是指多用白鉛搭配，銅量減少，雍正錢的價值，不能和順治錢、康熙錢相比。雍正皇帝指出，銅鉛各半搭配鼓鑄，「其錢文字畫雖未甚精工，然惟銅鉛相半，方能禁止其銷燬，而制錢可得流通便民，並非吝惜銅觔而多加鉛兩也」。雍正皇帝鑒於民間銷燬制錢，以致錢量短缺，為使制錢流通便民，遂令銅鉛各半鼓鑄，曾靜不知錢法，所以肆意譏議。

康熙年間，平定三藩，征討準噶爾，進剿朱一貴，軍需挪用，直省虧空，國庫收入，嚴重不足。雍正皇帝即位後，推動務實政治，成立會考府，改革財政，清查錢糧，彌補虧空，攤丁入地，耗羨歸公，都頗有表現，對充實國庫，改善民生，都作出了重要的貢獻。清初的賦役制度，主要是沿襲明代的一條鞭法。雍正年間的財政改革，其主要原則是平均賦役的負擔，防止田賦與丁銀徵收過程中的弊端，減輕無地貧民的賦稅負擔。

從十八世紀開始，是清朝社會經濟的上昇時期。由於耕地面積的增加速度遠不及人口增加速度，一條鞭法下的賦稅負擔，隨著人口的增加而加重。因此，必須固定丁銀額數，始能穩定土地負擔的不斷加重趨勢。康熙五十一年（1712），清朝政府所頒布的盛世滋生人丁永不加賦的詔令，是以康熙五十年（1711）的人丁數二千四百六十萬定爲全國徵收丁銀的固定數目，將全國徵收丁銀的總額固定下來，不再隨著人丁的增加而多徵丁銀。雍正皇帝就在康熙年間盛世滋生人丁永不加賦的基礎上實行丁隨地起的賦役改革，將丁銀攤入地糧徵收，由有恆產之家均勻完納，以戶爲稅收單位，不再以人頭爲單位，使賦稅的負擔更趨於合理化。丁隨地起實施後，取消了徵稅的雙重標準，廢除了人頭稅，按土地的單一標準徵稅，改革了賦役不均的嚴重情況，無地貧民因不納丁銀而不致逃亡，有地農人，負擔均平，不致過重，可以保證稅收來源的固定，在財政上獲得了穩定的效果，有利於社會經濟的發展。從康熙末年盛世滋生人丁永不加賦詔令的頒布到雍正初年攤丁入地的實施，可以反映清初政策的延續性。

中央與地方財政的劃分，是因國家體制的差異而有所不同。中央集權的國家多實行附加稅法，國家賦稅最高主權屬於中央，地方政府可在中央賦稅上徵收附加稅，以充地方經費。至於均權制的國家則採分成稅法，國家賦稅收入，由中央政府與地方政府按一定成數分配。明清政府實行中央集權，全國賦稅盡歸中央，由戶部支配，直省存留額數過少，地方財政基礎十分薄弱，地丁錢糧是正賦，就是中央政府最主要的財政收入，耗羨是正賦的附加稅，不必撥解中央，成爲地方政府的主要稅收來源。地方公務，定例不得動支正項，只能取給於耗羨。直省州縣徵收重耗，累民肥己。雍正初年，爲清理歷年無著虧空，提解耗羨，刻不容緩。所謂耗羨歸公，就是將耗羨提解藩庫，杜絕州縣中飽，使地方公務有款項可以動支。耗羨歸公後，官吏所得養廉銀兩多於薪俸，由來已久的陋規積弊，逐漸革除，直省虧空，逐年完補。雍正年間，提解耗羨，原爲一時權宜之計。雍正皇帝初意，欲俟虧空清完後即停止辦理。乾隆皇帝即位後，他認爲耗羨歸公，制度完善，上下相安，對地方有益，可以久遠遵行，不必停止。從耗羨歸公的實施，可以說明清朝政策的執行，有其一貫性，也是清朝統治政策成功的主要原因。

雍正年間，由於社會經濟的改革，使社會日益繁榮，財政狀況好轉，國家稅收穩定的成長，國庫充盈。據統計，康熙六十一年（1722），國庫餘銀八百萬兩，雍正八年（1730），國庫餘銀六千二百餘萬兩，終於奠定清朝鼎盛時期的經濟基礎。

改土歸流

西南沿邊省分是我國少數民族分佈最廣的地區，由於少數民族的歷史及地理背景，彼此不同，其社會經濟的發展，並不平衡，歷代以來，對各少數民族所採取的統治方式，遂不盡相同。明清時期，在西南少數民族分佈地區，在政治大體同時存在著三種不同的類型：第一類是流官統治的地區，其各項制度，與內地基本相同；第二類是土司統治的地區，由朝廷授給當地部族首領各種官職，如土府、土州、土縣，或宣慰司、宣撫司、招討司、安撫司、長官司等，准其世襲，並實行與內地不同的各種制度；第三類是既未派駐流官，亦未設置土司的所謂生界部落。各部落既無君長，各不相統屬，對朝廷也沒有納貢、輸賦、供徵調的義務。據統計，明末清初以來，在西南地區曾經存在過的土司，大約有八百多個，主要分佈於湖南、雲南、貴州、四川、廣西等省。土司制度是一種特殊的地方政權形式，具有濃厚的割據性，朝廷對各少數民族只能間接統治，土司勢力不斷發展，邊患方興未艾。康熙年間以來，由於社會經濟的日趨穩定與繁榮，「承平」日久，生齒益繁，食指衆多，爲紓緩人口壓力，拓墾邊疆曠土，以容納內地過剩的人口，改土歸流，遂成爲當務之急。「改土歸流」一詞，滿文讀如：aiman i hafan be halafi, irgen i hafan obumbi。意即「改土官爲民官」，民官主要是內地科舉出身的官員，改土官爲民官，廢除世襲的土司，任命內地的民官治理苗疆。

清朝改土歸流的實行，並非始自雍正年間，順治、康熙年間，已在雲南、四川等邊區省分開始改土歸流。但當時仍以撫綏爲主，到了雍正初年，才開始大規模地進行改土歸流。高其倬在雲貴總督任內已開始改土歸流，剿撫兼行。雍正四年（1726），鄂爾泰接任雲貴總督後，雷厲風行，大規模進行改土歸流。鄂爾泰認爲苗疆地區改土歸流以後，地方田賦兵刑始有頭緒，爲整頓地方，鄂爾泰對改土歸流，可謂不遺餘力。雍正年間，在湖廣、雲南、貴州、四川、廣西等省延袤千里的苗疆地區，先後改流的土司、土縣和長官司以上，共六十餘處。改土歸流是廢除世襲的土司，而改命民官，在苗疆地區分別設立府、廳、州、縣，委任內地民官進行統治，變間接統治爲直接統治，設立保甲、編查戶口、丈量土地、清理錢糧、建立學校、治河修路。改土歸流後，原來被土司佔有的可耕地，准許貧民開墾，並減輕農人的負擔，有利於生產的發展，雍正年間的改土歸流，確實具有積極的意義，就社會發展而言，產生了進步的作用。

朝鮮君臣談雍正皇帝

建州女眞族是滿族的主體民族，建州女眞與朝鮮的歷史關係，源遠流長。滿洲入關後，朝鮮與清朝，關係更加密切，兩國使臣往來頻繁，朝鮮君臣都注意清朝的動靜，對清朝皇帝頗多批評，雖然不盡客觀，但是，朝鮮君臣的時代相近，他們當時的聞見之辭，還是具有一定的原始性，可以提供一定的參考價值。

在雍正皇帝矯詔傳說中提到「玉念珠」的問題，《清史要略》記載說：「時聖祖已昏迷矣，有頃，微醒，宣詔大臣入宮，半晌無至者。驀見獨胤禛一人在側，知被賣，乃大怒，取玉念珠投之。」朝鮮方面對玉念珠的說法不同。康熙六十一年十二月十七日（1723.01.23），朝鮮遠接使金演從北京迎敕諭返國，他說：「康熙皇帝在暢春苑病劇，知其不能起，召閣老馬齊言曰：第四子雍親王胤禛最賢，我死後立爲嗣皇。胤禛第二〔四〕子有英雄氣象，必封爲太子。仍以爲君不易之道，平治天下之要，訓戒胤禛。解脫其頭項所掛念珠與胤禛曰：此乃順治皇帝臨終時贈朕之物，今我贈爾，有意存焉，爾其知之。」朝鮮使臣金演所述「念珠」是父子相贈的禮物，情節不同，對雍正皇帝繼位的合法性有利。

康熙皇帝臨終前將所掛念玉親自交給雍正皇帝，雖是傳聞之辭，但是朝鮮使臣金演已指出，雍正皇帝「即位後，處事得當，人心大定。」雍正元年九月初十日（1723.10.08），朝鮮進賀正使密昌君樴回國後向朝鮮國王說明雍正皇帝的爲人處事，「或言其久在閭閻，習知民間疾苦，政令之間，聰察無比。臣亦於引見時，觀其氣象英發，語音洪亮，侍衛頗嚴肅。且都下人民妥帖，似無危疑之慮矣。」由於雍正皇帝的英明果斷，處事得當，所以在他即位後，政局穩定，京中妥帖，人心大定，並無朝夕危疑的顧慮，朝鮮使臣的觀察是正確的。

雍正皇帝即位之初，財政困難，戶部庫帑虛懸已久，直省虧空纍纍。雍正皇帝爲彌補虧空，他曾採取多項措施，或以俸工抵補，或以規銀捐補，或提解耗羨，或籍沒家產，雷厲風行，以致「外間流言，有謂朕好抄人之家產。」外間流傳的「抄家皇帝」，就是指雍正皇帝。在朝鮮君臣的心目中，滿族是「貪財好利」的民族，康熙皇帝被朝鮮君臣冠以「愛銀皇帝」的外號。朝鮮英祖召見同知事尹游時曾說：「雍正本有愛銀癖，且有好勝之病。」雍正皇帝愛銀成癖，也是一位「愛銀皇帝」。朝鮮陳慰正使礪山君枋等人抵達瀋陽後，曾將道路所聞馳啓朝鮮國王，節錄一段內容如下：

> 康熙皇帝子女眾多，不能徧令富饒，諸子女受賄鬻官，若漕總監務等職，隨其豐薄而定賕多少。且於京外富民之家，勒取財產，多至數十萬，小或累萬金，而田園人畜，亦皆占奪，人或不與，則侵虐萬端，必奪乃已，而不禁。新皇帝亦嘗黷貨致富，及登大位，前日所占奪者，並還本主，而敕諭諸昆弟曰：「朕在邸時，雖不免奪人利己，而未嘗傷害人命。他餘昆弟則殺人傷人，朕甚憫之。朕既悔過改圖，諸昆弟果有貧窘者，則户部之物，係是經費，朕不敢私用，而內庫所儲，可以隨乏周給。爾等所奪民財，限一年併還其主。若久不還，致有本主來訴，斷不以私恩貰之也。」

康熙皇帝所生皇子共三十五人，公主二十人，合計五十五人。子女衆多，朝鮮君臣認爲康熙皇帝子女衆多，各個黷貨致富，其中不乏占奪民財者，雍正皇帝即位後諭令諸兄弟將所奪民財，限一年內盡數歸還。雍正皇帝認爲戶部經費是國家庫帑，不可私用，皇室子弟有內務府庫銀，隨乏周給，公私分明。礪山君枋又指出：「康熙皇帝以遊獵爲事，鷹犬之貢，車馬之費，爲弊於天下。朝臣若隸於臂鷹牽狗，則以得近乘輿，夸耀於同朝矣。新皇帝詔罷鷹犬之貢，以示不用，而凡諸宮中所畜珍禽異獸，俱令放散，無一留者。」雍正皇帝詔罷鷹犬之貢，與崇尚儉約，有密切關係。在胤祥的輔助下，雍正皇帝雷厲風行的整頓財政，充實國庫，奠定了盛世財政的基礎。雍正九年（1731）六月，朝鮮伴送使宋寅明指出，「關市不征，乃三代事也，後豈能盡行古法。清人之法，賦民輕而稅商重，以致富強，裕國生財之要，無過此矣。」雍正皇帝裕國生財的財稅改革的成果，受到了朝鮮君臣的肯定。

壽終正寢

康熙皇帝和乾隆皇帝在位的期間，都超過六十年，而雍正皇帝在位只有十三年，很容易使人聯想到雍正皇帝的崩殂是未得令終，出現了很多傳說。民間相傳雍正皇帝是被呂留良的孫女呂四娘報仇刺死的，民間相信呂四娘擅長劍術，她使用飛劍割去了雍正皇帝的頭顱。傳說中的「血滴子」，是特製的一種殺人利器。《滿清外史》等書記載，「血滴子」的形狀，渾圓似球，中藏快刀，刀旁有機關，將「血滴子」罩人頭上，機關一發，人首立即斷入「血滴子」，然後在「血滴子」的裡面，澆上藥水，皮肉骨血都化爲烏有。有人說呂四娘使用所謂「血滴子」，把雍正皇帝的頭顱連皮帶骨取走了。還有人說雍正皇帝是被宮女侍寢時和太監以繩索縊死的。這些傳說，都不足徵信。但是，民間認爲：雍正皇帝生性殘忍，殺人不少，尤其是不該把呂留良父子斬首剉屍，有關呂四娘的傳說未必是純屬虛構，雍正皇帝不得善終，正是應得的報應。

在清朝十二位皇帝中，享年六十歲以下的，包括皇太極五十二歲，順治皇帝二十四歲，雍正皇帝五十八歲，咸豐皇帝三十一歲，同治皇帝十九歲，光緒皇帝三十八歲。雍正皇帝四十五歲稱帝，享年五十八歲。黎東方教授著《細說清朝》一書已指出，雍正皇帝每天起得早，睡得晚，吃得少，頑得少，當皇帝只當了十三年，比康熙皇帝當了六十一年的治績，有過之而無不及。雍正皇帝以十三年的歲月，宵旰勤政，完成了相當於六十年的政治建設，可以說是鞠躬盡瘁死而後已了。其實，從雍正七年（1729）冬天開始，雍正皇帝就生過重病，他曾由道士以民俗醫療調治。雍正八年（1730）二月以後，雍正皇帝又因身體違和，寒熱時發，夜間不能熟寢。同年七月，白雲觀道士又化名賈士芳，進行民俗醫療。賈士芳以手按摩，口誦經咒，果然見效。後世史家對雍正皇帝的去世，先後提出了「中風說」、「丹藥中毒說」，雖然有待商榷，但是也說明了雍正皇帝的崩殂，和他的疾病有關，因病去世壽終正寢的說法是較符合歷史事實的。

雍正皇帝在他的遺詔中指出，他在位期間，朝乾夕惕，勤求治理之主要目的是在於「期使宗室天潢之內，人人品行端方，八旗根本之地，各各奉公守法，六卿喉舌之司，綱紀整飭，百度維貞，封疆守土之臣，大法小廉，萬民樂業。」雖然未能全如期望，而庶政漸已肅清，遐邇恬熙，大有頻書，他的治績，是可以肯定的。

簡短結語

清朝入關前的歷史，稱爲清朝前史。清世祖順治元年（1644），滿洲入關，確立統治政權，直到宣統三年（1911）辛亥革命，清朝政權被推翻，歷經二百六十八年，其中康熙皇帝在位六十一年（1622~1722），雍正皇帝在位十三年（1723-1735），乾隆皇帝在位六十年（1736~1795），這三朝皇帝在位合計共一百三十四年，恰好佔了清代史的一半，稱爲盛清時期，其文治武功，遠邁漢唐。康熙皇帝八歲即位，雍正皇帝即位時，年已四十五歲，他即位之初，就能以成熟的認識制定一系列順應歷史趨勢的具體政治措施，他勵精圖治，勇於改革，貫徹政令，他的政績，頗有可觀，雍正一朝處於康熙和乾隆兩朝之間，雖然只有短短的十三年，但是倘若缺少了雍正朝，則盛清時期的盛世，必然大爲遜色。陳捷先教授著《雍正寫眞》一書已經指出，「雍正皇帝勤於政事，勇於改革，是一位難得的帝王，清朝盛世沒有他，就無法建立，中衰時代，可能提早來臨」。日本佐伯富教授爲楊啓樵教授著《雍正帝及其密摺制度之研究》一書作序時亦指出，「論者咸謂康熙、乾隆兩朝，乃清代政治、文化綦昌盛之期，而雍正適居兩者之間，其十三年治績，往往爲世所忽略，即學術界亦復如是。諺云：王朝基礎多奠定於第三代，雍正帝正爲清入關後第三代君主，有清二百數十年之基盤，即爲其所奠定。伊繼御時年四十有五，正値春秋鼎盛之際，且非夙居禁宮，不諳世事，而於官場、皇族之積弊痼習早瞭然於胸，故甫嗣位即擬根除此等弊害」。雍正皇帝在藩邸時已經深悉施政得失，並非不諳世事，他的改革是具有針對性的當前急務。稻葉君山著《清朝全史》一書以農業爲比喻來說明盛清諸帝的施政特點，「譬如農事，康熙爲之開墾，雍正爲之種植，而乾隆得以收穫也」。從開墾、種植到收穫，有其延續性和一貫性，原書的比喻，頗符合歷史事實。盛清諸帝，勤求治道，其施政理念，德治、法治、文治，各有主張，相輔相成，同時也有它的延續性和一貫性。乾隆年間，運際郅隆，主要是由於聖孫乾隆皇帝擁有一位英明寬仁的好皇祖康熙皇帝，同時也擁有孜孜求治的好皇父雍正皇帝。清初盛運的開創以及盛世的長久持續，就是康熙皇帝開墾，雍正皇帝種植的結果。

耕織圖

他山之石——清代琉球貢使入京活動的歷史考察

一、前　言

有清一代，中琉關係，極爲密切，封貢使臣，往來頻繁。琉球使臣，除例貢外，於清朝皇帝繼位後，琉球亦遣使慶賀登極。琉球正、副使臣等員來華入京後，他們在京城的活動，值得重視。

清朝入關之初，由於軍事方殷，清廷與琉球的封貢關係，尚未建立。清世祖順治十一年（1654），琉球遣使進貢方物，呈繳明朝敕印，進表請封。清廷特遣正使兵科副官張學禮、副使行人司行人王垓前往琉球，册封世子尙質爲琉球國中山王，並頒新印，規定貢期爲二年一貢，進貢人數不得超過一百五十名，准許正、副使二員，從人十五名入京，其餘人員俱留在福州待命。册封使張學禮等行至福建，因鄭成功抗清，海道不通，清廷將張學禮等掣回北京。

康熙元年（1662），清廷仍以張學禮爲正使，王垓爲副使，齎捧敕印，前往琉球，正式册封尙質爲琉球國中山王，成禮而還。康熙三年（1664），琉球國王尙質派遣使臣吳國用等奉表謝恩，進貢方物。康熙四年（1665），琉球再遣使，並賀登極。其貢物於梅花港口遭風漂失，康熙皇帝頒諭免其補進。次年，尙質仍遣貢使補進前失貢物，康熙皇帝諭令齎回補進貢物。至於常貢內瑪瑙、烏木、象牙、錫、檀香等物，皆非土產，免其入貢，硫磺留在福建，由督撫收貯。康熙七年（1668），在福建福州建柔遠館驛，即琉球館，以接待琉球使臣。舊例規定，琉球常貢物品有金銀罐、金銀粉匣、金缸酒海、泥金彩畫圍屏、泥金扇、泥銀扇、蕉布、苧布、紅花胡椒、蘇木、腰刀、大刀、鎗、盔甲、馬鞍、絲綿、螺盤等物，康熙十九年（1680），康熙皇帝諭以常貢惟馬、熟硫磺、海螺殼、紅銅等物，其餘免進。康熙二十年（1681），琉球國王尙貞遣使臣毛見龍等進貢。康熙皇帝以尙貞當耿精忠等三藩叛亂之際，屢獻方物，所以特賜錦幣，並於常貢內免其貢馬，著爲例。琉球二年一貢，是爲常貢，此外尙有加貢。由於中琉封貢關係的日益密切，兩國在政治、經濟、文化等方面的關係，都更加密切。

琉球使臣入京後，他們在京城的活動，是值得重視的問題。《起居注册》、《上諭檔》、《清朝實錄》、《朝鮮王朝實錄》等檔案及官書，對研究琉球使臣在京城活動，提供了重要的資料。起居注是官名，掌理帝王言行記注之事，起居注官所記載的檔册，就稱爲《起居注册》，是一種類似日記體的檔册。《上諭檔》是記載諭旨的檔册，除諭旨外，還有軍機大臣的奏片、清單等資料。實錄是編年體的一種官書，專記帝王一朝的大事，每朝皇帝嗣統後，開館纂修。《朝鮮王朝實錄》是倣自中國實錄體例而修成的一種編年史，以漢字書寫，其記事始自李朝太祖元年（1392），迄於哲宗十四年（1863），凡二十五代，共四百七十二年。據太白山本統計，共一八九三卷，合計八八八册，國史編纂委員會影印複刊本合爲四十八册。《朝鮮王朝實錄》所記載內容包括李朝政治、軍事、社會、經濟、文化及其對外關係等方面的資料，可謂包羅萬象，內容廣泛，因其所載史事，俱屬李朝事蹟，習稱李朝實錄。

在清朝封貢體制中，琉球與朝鮮是一體的，當琉球年班朝貢之期，琉球與朝鮮兩國使臣，例應於年底封印前到京，以便與年班外藩一同入宴，在筵宴座位的安排，朝鮮使臣和琉球使臣也是相對而坐。元旦慶賀的班次，朝鮮和琉球兩國使臣都是左右並立。皇帝御駕出宮，禮部侍郎同時知會琉球、朝鮮使臣在午門等地迎送。上元節慶觀燈戲或遊同樂園，朝鮮使臣和琉球使臣多奉特旨相隨而行。琉球使臣與朝鮮使臣是一體的，如影隨形。琉球使臣在京城的活動，朝鮮使臣的描述，多見於李朝實錄等資料，可信度很高，有助於了解琉球使臣入京後的各種活動。

二、山高水長——琉球使臣毛國棟等人在北京城的活動紀錄

清乾隆五十五年（1790），琉球例貢，與謝恩貢同進，琉球國王尚穆遣使入貢。據《上諭檔》記載，琉球貢使於乾隆五十四年（1789）十二月十七日到達北京。乾隆五十五年（1790）正月十二日，舉行筵宴，琉球正、副使二人一同參加筵宴。軍機大臣遵旨將所發下的御製詩章交給朝鮮、琉球、安南、暹羅等國貢使和詩。除了琉球正使向處中及暹羅正副使因不諳聲律，俱未經作詩外，朝鮮、安南正副使及琉球副使鄭永功等和詩九首。正月十三日，軍機大臣將所和原詩進呈御覽①。

軍機大臣查閱舊案，乾隆五十一年（1786），琉球使臣入京後，曾奉諭旨加賞琉球國王絹箋筆墨、玉如意、玉器、磁器等物。乾隆五十三年（1788），琉球貢使在京和詩，奉旨賞正、副使大緞筆墨箋紙等物。除了比照乾隆五十一、五十三等年所賞各件外，還遵旨加賞御筆福字各一方，福字方各百幅。據《上諭檔》記載，和詩及未經和詩加賞琉球國王清單包括：御筆福字一

方，金玉如意一柄，福字方一百幅，玉器二件，磁器四件，玻璃器四件，絹箋大小四件，墨三匣，筆三匣，硯二方，雕漆盒四件。琉球正使向處中未經和詩，所賞物件包括：八絲緞一疋，筆一匣，墨一匣，箋紙一卷。和詩副使鄭永功所賞物件包括：大緞一疋，筆二匣，墨二匣，箋紙二卷。

乾隆五十九年（1794），是琉球例貢年分，琉球國王尙穆遣使入貢，正使是毛國棟、副使是毛廷柱。琉球貢船提前於正月新正前兩個月抵達福州。奉旨，琉球貢使從容行走，但須於乾隆五十八年（1793）年底封印前到達北京，以便與年班各外藩同時宴賚。

琉球進貢方物，清朝向來例賞、加賞外，其貢使在圓明園和詩時，另有特賞。其例賞物件，照例由禮部辦理，其加賞、特賞，多由軍機處辦理。琉球貢使到京以前，軍機處已進行準備工作，將加賞、特賞物件，開列清單，進呈御覽。

查閱乾隆朝《起居注册》的記載，乾隆五十八年十二月二十六日卯刻，乾隆皇帝御保和殿，視祫祭太廟祝版。是月二十八日寅刻，乾隆皇帝詣太廟行祫祭禮。二十九日巳刻，乾隆皇帝御保和殿，賜朝正外藩筵。對琉球貢使入京後的活動，並未記錄。查閱朝鮮實錄，有助於了解琉球使臣在北京的活動。正宗十八年（1794）二月二十二日庚辰，朝鮮實錄有一段記載說：

> 冬至正使黃仁點、副使李在學馳啓曰：「臣等一行，上年十二月二十二日到北京，直至禮部，呈表咨文，漢侍郎劉躍雲率請郎官祗受後，臣等住接於南小館。二十四日，皇帝幸永安寺拈香，臣等因禮部知會，當日曉頭，與書狀官及任譯詣神武門外待候。黎明皇帝乘黃屋小轎出來，到臣等祗迎處，駐轎問曰：「國王平安乎？」臣等謹對曰：

「平安矣。」臣等祗送後，因禮部言，還宮時祗迎停免，故即爲還歸。二十七日，因禮部知會，臣等詣鴻臚寺，行元朝朝參演禮。禮部知會內，二十八日，皇帝親祭太廟，兩國使臣祗送祗迎，故當日曉頭，臣等詣午門外祗送，而禮成回駕時，亦爲祗迎。二十九日，鴻臚寺官引臣等坐於殿陛上，琉球國使臣在於臣等之下。平明，皇帝御殿，動樂進饌，設雜戲，臣等亦有宴饌，而兩人共一桌，各賜酪茶一巡。少頃，禮部尚書德明因皇旨引臣等入殿內，至御榻上。皇帝手擧酒盃，親授於臣仁點，臣跪受叩頭，次授臣在學，臣亦跪受叩頭。宴罷後，光祿寺輸送宴桌，又送歲饌各一桌。晚後通官自闕內齎來橘柑、石榴，兩使臣及書狀官處各賜十餘枚，而南邊進貢纔到，有此頒給②。

由引文內容可知朝鮮正使黃仁點等人從乾隆五十八年（1793）十二月二十二日至二十九日在北京的活動，包括他們到禮部進呈表文，迎送皇帝，參加筵宴，接受賞賜等等。從朝鮮正使黃仁點等人的啓文內容，也可以發掘到琉球貢使在北京活動的資料。據朝鮮正使黃仁點等人的描述，琉球貢使到京後，於是年十二月二十七日因禮部知會，前往鴻臚寺，與朝鮮正副使舉行慶賀元旦參演禮。《燕行日記》記載較詳盡，節錄其中一段內容如下：

鴻臚寺將行正朝賀演儀，飯後三使具公服，與從官十七員赴鴻臚寺，少憩于龍亭門之左廡。琉球使臣正使官一品毛國棟、副使官二品毛廷柱，與從者三人留右廡。移時，禮部滿尚書德明、鴻臚寺卿劉湄、少卿韋謙恒來到，本寺尚書乘馬，前導一人，後隨二人，皆騎而從之，唱導二雙步而前導，呼唱於上，下馬及出入門之時，本寺兩卿亦乘車

> 而陪從喝導，與尚書同焉。入大廳後，使通官引兩國使臣依序立於龍亭門外西庭，庭中先置標牌四位，最前二牌，虛位三牌。第一行立朝鮮三使、琉球兩使，自東而西；第二行立堂上譯官；第三行立從官。鳴贊二人陞兩階臚唱，其聲大而長，乃是滿音，故眾譯亦不解其節族，惟通事官贊兩國使臣跪叩之儀。龍亭制爲六角黃瓦，扁以習禮，亭垂黃羅帳，虛其中，即御座也。琉球衣制，正使戴紫色圓冠，如我國篩樣而稍低，束髮爲髻，塗以冬柏油，插以金簪，不用網巾，而髮不散亂，穿青緞闊袖長領，垂裙曳之，束博帶而無衽，著黑色靴子，年可五十餘。副使戴黃色圓冠，衣帶同正使，而年過於正使③。

由引文內容可知琉球國正使毛國棟的年紀約五十餘歲，頭戴紫色圓冠。副使毛廷柱的年齡大於正使毛國棟，頭戴黃色圓冠，正副使衣帶相同。十二月二十八日，乾隆皇帝親祭太廟，琉球使臣與朝鮮使臣到午門恭迎乾隆皇帝。當乾隆皇帝回駕時，琉球與朝鮮使臣都要祗送。十二月二十八日曉頭，琉球使臣詣午門外恭送，禮成回駕時，琉球使臣也與朝鮮使臣經禮部知會，於當天曉頭進入保和殿。鴻臚官員帶領朝鮮使臣坐在殿陛上，琉球使臣在朝鮮使臣之下就座。宴席是兩人共一桌。平明，乾隆皇帝御殿時，奏樂進饌，表演雜戲。晚宴後，乾隆皇帝還賜橘、柑、石榴等水果。通過朝鮮使臣的敘述，有助於了解琉球使臣在北京紫禁城內的活動，這些活動都在《朝鮮正宗大王實錄》裡忠實地記載著，而成爲研究琉球使臣在北京活動的的重要文獻。

對照清朝《上諭檔》等資料的記載，朝鮮使臣黃仁點等人的記述是足以採信的。乾隆皇帝五十九年（1794）正月初一日，據黃仁點等人稱，是日平明，乾隆皇帝出御太和殿受賀。朝鮮使臣進入殿庭，坐於西班之末，同行三跪九叩之禮。查閱《起居注冊》記載，乾隆五十九年（1794）正月初一日元旦卯刻（上午五點至七點），乾隆皇帝御太和殿，諸王貝勒等行慶賀禮，朝鮮、琉球諸國使臣俱進表行慶賀禮。

乾隆五十九年（1794）正月初二日，《朝鮮正宗大王實錄》記載如下：

> 初二日，皇帝設歲初宴於紫光閣。臣等因禮部知會，當日曉頭入紫光閣，日出後，皇帝乘小轎出來，臣等祗迎，隨入班次。皇帝御閣後，進饌設雜戲，臣等兩人各一桌，又賜酪茶一巡。禮部尚書因皇旨引臣等至御榻上。皇帝親賜酒盃於臣等，如年終宴時，臣等跪受叩頭。宴罷後，使內務府頒賞於臣等，正使錦三匹，漳絨三匹，八絲緞五匹，五絲緞五匹，大荷包一對，小荷包二對，內務府大臣和珅監視頒賜④。

查閱《起居注冊》記載，正月初二日，乾隆皇帝御紫光閣，賜蒙古王貝勒及朝鮮國使臣黃仁點、李在學等六人，琉球國正使毛國棟、副使毛廷柱等宴，賞賚有差。另據《上諭檔》的記載，加賞朝鮮和琉球兩國正使物件包括：錦三疋，漳絨三疋，大卷八絲緞五疋，大卷五絲段五疋，大荷包一對，小荷包四對。加賞琉球國副使物件包括：錦一疋，漳絨一疋，大卷八絲段三疋，大卷五絲段三疋，大荷包一對，小荷包二對⑤。其中加賞朝鮮、琉球兩國正臣物件的小荷包，一作四對，一作二對，略有出入，其餘品類及數量俱相合。查閱《上諭檔》加賞副使小荷包的數量是二對，正使的小荷包似應作「四對」。藉由朝鮮正使黃仁點等人的描述，朝鮮、琉球兩國正、副使臣於乾隆五十九年（1794）正月初二日參加歲初紫光閣宴的經過，是先經禮部知會，於當天黎明進入紫光閣。日出後，乾隆皇帝坐小轎出來，兩國正、副使祗迎，然後隨入班次。乾隆皇帝御紫光閣後，開始進饌，正、副使等人入座後是二人一桌，又賜酪茶，並經禮部尚書帶領正使至御榻前，乾隆皇帝親自賜酒。內務府頒賞正、副使物件時，是內務府大臣和珅監視頒賜的，朝鮮文獻的記載，是可以採信的。

藉助於朝鮮正使黃仁點等人的描述，可以知道正月初六日乾隆皇帝幸圓明園時，琉球與朝鮮正、副使經禮部知會後，於當天黎明詣三座門外等候。平明時，乾隆皇帝乘坐黃屋小轎經過三座門，兩國正、副使恭送後返回住所。乾隆皇帝於正月十二日詣祈穀壇齋宿，禮部知會兩國正、副使於當天曉頭詣午門外祗送。正月十三日的活動，朝鮮正使黃仁點等人有如下的記述：

> 十三日，禮成後，皇帝幸圓明園。臣等因禮部知會，當日曉頭，詣三座門班次。禮部尚書記均〔紀昀〕押班。御膳房官員以皇旨齎來饅頭一器，頒給臣等於班次。平明，皇帝出來，閣老和珅傍奏臣等祗迎之意，皇帝自轎牕諦視臣等，因禮部知會，仍爲隨詣圓明園，住接於行宮近處。午後，通官引臣等入山高長閣，就外班。向夕，皇帝出御閣門之前，諸般雜技及燈戲，次第設行，內務府以果盒熟肉元宵餅等饌饋臣等。內務府大臣和珅、金簡等出來監視⑥。

《起居注册》亦記載正月十三日，乾隆皇帝駕幸圓明園。是日，酉刻（下午五點至七點），乾隆皇帝御山高水長，賜蒙古王公及朝鮮、琉球等國使臣茶食，觀戲。記載相合，但內容簡略，對照清朝與朝鮮的文獻，互相對照後，有助於了解琉球使臣在紫禁城內的活動。正月十三日，乾隆皇帝在祈穀壇齋宿禮成後，即駕幸圓明園，禮部先行知會琉球等國使臣於當天黎明詣三座門班次，由禮部尚書紀昀押班，御膳房官員送來饅頭當早餐。日出平明，乾隆皇帝出來，由和珅奏明琉球等國恭迎之意。是日午後，通事官帶領琉球等國使臣進入山高水長閣，座次在外班。向夕酉時，乾隆皇帝御山高水長，開始表演各種雜技，觀賞燈獻。內務府送給琉球國等使臣果盒、茶、熟肉、元宵、餅等饌，並由和珅、金簡監視頒賞，正月十四日酉刻，琉球使臣也在山高水長外班觀看火戲即燈戲表演，並接茶、食饋饌。

正月十五日，《起居注册》記載乾隆皇帝御正大光明殿賜宴，琉球國正使毛國棟、副使毛廷柱等人以次就坐，諸樂並作，乾隆皇帝進酒，所載內容簡略。朝鮮實錄的記載較詳，其內容如下：

> 十五日曉頭，皇帝御正大光明殿，設放生宴。臣等先就殿陛班次，鴻臚寺官更引臣等坐於楹外。少頃，皇帝出御殿上動樂設戲，概如紫光閣等宴。禮部尚書以皇旨引臣等至御榻上。皇帝親賜酒杯，臣等跪受叩頭如前日。宴罷後，還歸私次。午後，又入山高水長閣。皇帝御座後，臣等入內班，賜酪茶一巡，出就外班，饋饌與燈戲皆如前，而又設火炮之戲。退歸後，禮部因皇旨令臣等製詩以進，故臣等各製七言律詩一首，書送禮部⑦。

前引內容，頗為詳細，禮部傳旨令朝鮮、琉球兩國使臣賦詩以進。正月十六日，軍機處將琉球正、副使所賦詩章進呈御覽。據《起居注册》記載正月十七日酉刻，乾隆皇帝御山高水長，賜茶食，琉球正、副使也在座，並觀火戲。正月十九日的活動，《上諭檔》記載，令琉球等國使臣領受特賞國王物件禮單，包括大卷緞二疋，福字方一百幅，雕漆器四件，大小絹箋四卷，墨四匣，箋紙二卷，頒賞的地點是在山高水長⑧。據朝鮮使臣黃仁點等人的記述，正月十九日的活動如下：

十九日，曉頭，禮部知會，令臣等領受加賞禮單。故臣等詣禮部朝房，禮部郎中明善，傳授大緞二疋，絹牋四卷，筆四匣，墨四匣，硯二方，福字方牋一百張，雕漆茶盤四箇，臣等祇受，以授上通事譯官，使之復命日呈納。臣等各賞緞一疋，絹牋二卷，筆二匣，墨二匣。同日午後，入山高水長閣內班。皇帝御座後，應製諸臣皆謝恩，故臣等一體叩頭，皇帝命臣等進前曰：「爾等回還，須以吾意傳語國王平安可也。」臣等更爲叩頭。退坐班次後，賜酪茶燈戲火炮，一如十五日。皇帝如內時，令臣等隨後，通官引臣等歷入數門，前有湖水，方冰，皇帝乘雪馬，從官及臣等亦乘雪馬，隨入慶豐圖。殿宇燈火，與山高水長，概是一樣。臣等坐階上觀燈戲，少頃退出⑨。

引文內所記載頒賞物件，包括特賞朝鮮國王物件及加賞恭和御製詩使臣物件。對照朝鮮正使黃仁點等人的記述，可以得知所謂「加賞禮單」，就是特賞國王物件清單，《上諭檔》中的「彫漆器」，就是「加賞禮單」中的「雕漆茶盤」；「福字方」，就是「福字方牋」「牋」，又作「箋」。交付禮單，是由禮部郎中明善經手的。

朝鮮實錄中含有〈首譯張濂聞見別單〉，其中一段記載云：「今番琉球國使臣呈稱，該國王因前年福字箋，玉如意等賞賜，恩眷特異，不勝感激，每年節行所進方物，懇請準〔准〕受，禮部將此轉奏，奉旨准行⑩。」查閱《起居注册》，乾隆五十九年（1794）正月十八日的記載云：

十八日丙午，內閣奉諭旨，據禮部奏，琉球國使臣呈稱，國王此次恭進謝恩方物，懇照五十五年准予賞收，免抵下次正貢等語。該國王因前此特賜福字、如意等件，專遣使臣呈進方物，向來俱令抵作下次正貢，原以昭體恤，省陪臣之勞往來而示柔懷。今據該使臣呈稱，伊等臨行時國王再三囑令將所進方物，懇請准予賞收，免抵下次正貢，具見該國王抒忱效悃，誠懇可嘉，所有此次呈進方物既已賞收，著照所請，下次正貢時，仍當優加錫賚，用彰厚往薄來至意，該部即傳諭該使臣，令於回國時，轉告該國王知之⑪。

由引文內容可知〈聞見別單〉的內容，雖然簡略，但與《起居注册》的記載是相合的。乾隆五十九年（1794）二月初一日，琉球使臣離京回國，二月初二日，朝鮮使臣離京回國。

三、正大光明——琉球使臣東邦鼎在北京城的寫眞

乾隆二十二年（1757），琉球國王遣王舅來華進貢，於例賞外，另有加賞國王及王舅物件。嘉慶三年（1798），琉球世孫尙溫遣使入貢，兼請襲封，其正使也是王舅。朝鮮實錄抄錄〈首譯張瀗進聞見別單〉，節錄一款如下：

琉球國三年一朝，新皇帝嗣位後，昨年始來慶賀，正使姓名東邦鼎，中山王之舅，二品官，號稱申口座。副使毛廷柱，三品官，正議大夫。從官三人：一曰使者，二曰都通事，三曰王舅通事。該國稱其世子爲太世子，而繼立後五、六年，始爲奏請封典，乃是舊例。故該國世子襲位已久，而明年將更專价請封云⑫。

由引內容可知嘉慶三年（1798）琉球入京使臣及從官共五人，正使東邦鼎是王舅，副使毛廷柱是正議大夫。朝鮮使臣是在嘉慶二年（1797）十二月十八日抵達北京，琉球使臣也是十二月

內到京。使臣入京後，即將奏表及咨文帶至禮部，文書符合規定，即由禮部收下，使臣返回館中暫住。十二月二十一日，太上皇帝觀冰戲，禮部知會朝鮮使臣等詣西華門外恭迎。十二月二十九日，嘉慶皇帝行太廟歲暮祫祭，禮部知會朝鮮，琉球使臣候於午門外。嘉慶皇帝乘座黃屋小轎，侍衛從簡由午門出來，琉球等國使臣恭迎，黎明，嘉慶皇帝還宮。

嘉慶二年（1797）十二月三十日，清宮舉行年終宴。《清仁宗睿皇帝實錄》記載，「乙丑，上侍太上皇帝御保和殿，賜朝正外藩等宴⑬。」內容簡略。據朝鮮冬至正使金文淳等人的描述，年終宴的活動如下：

> 三十日，設年終宴於保和殿，臣等兩人共一桌。少頃，皇帝先出御殿，候太上皇帝陞殿御榻，皇帝別設小榻，西向侍坐。樂作進爵，文武官亦皆陪食。又饋臣等酪茶一巡。禮部尚書德明，引臣等進御座前跪，太上皇帝首舉御桌上酒盞，使近侍賜臣等。宴罷，臣等退歸。又賜臣等及書狀官榴、柑各一桶。又自內務府頒送宴桌二坐，此則朝宴所受之桌云。又自光祿寺輸送歲饌桌於臣等及書狀郎⑭。

清宮舉行年終宴，屬於團圓飯，以示中外一家之意。太上皇乾隆皇帝陞殿御榻於保和殿親自款待外藩、屬邦代表，倍感親切，琉球正、副使等人也是在座的貴賓。嘉慶三年（1798）正月初一日，在太和殿舉行元旦慶賀禮。《起居注册》有一段記載云：

> 正月初一日丙寅，太上皇帝以元旦令節同皇帝詣奉先殿行禮，御太和殿受皇帝率諸王貝勒，文武大臣官員及蒙古王公台吉等各外藩使臣等上表行慶賀禮⑮。

從引文內容可知外藩使臣曾上表行慶賀禮，但未記載有哪些屬邦使臣。朝鮮冬至正使金文淳等人有較詳盡的描述：

> 今年正月初一日，因禮部知會，臣等與書狀官及正官等，詣午門前伺候。皇帝乘黃屋小轎，幸堂子。少頃，回鑾，鳴鞭動樂，太上皇御太和殿，皇帝在殿內西向侍坐。文武官循序趨入，臣等隨之入庭，立於西班末，琉球使臣之右，行三跪九叩禮，太上皇帝旋即還內。又鳴鞭動樂，皇帝御太和殿，文武官及臣等行禮，一如初儀，禮畢退出⑯。

由引文內容可知元旦令節的慶賀禮是在太和殿舉行的，太上皇帝御殿後，朝鮮、琉球使臣隨文武官趨入太和殿庭，立於西班之末，琉球使臣在左，朝鮮使臣在右，一同行三跪九叩頭禮。太上皇帝還宮後，嘉慶皇帝御太和殿，文武官及朝鮮、琉球使臣等向嘉慶皇帝行三跪九叩頭禮。金文純是朝鮮正使，他的描述，可補清朝《起居注册》的不足。

嘉慶三年（1798）正月初五日，嘉慶皇帝幸天壇，行祈穀大祭，朝鮮、琉球使臣詣午門前恭迎。正月初六日，嘉慶皇帝回鑾時，使臣理當恭迎，但因是日太上皇帝與嘉慶皇帝幸圓明園，不便兩處迎送，禮部知會琉球、朝鮮兩國使臣俟太上皇帝啓駕時恭迎。兩國使臣等即詣三座門外伺候。日出後，太上皇帝乘坐黃屋小轎，經過三座門外，「顧眄而過」。過了一會兒，嘉慶皇帝坐馬而出，御乘鞍具，皆用黃色，左右有騎馬侍衛若干名護衛著。正月初十日，兩國使臣前往圓明園，見山高水長之前已安設蒙古帳幕。正月十一日，《起居注册》有一段記載云：

> 十一日丙子，太上皇帝同皇帝御山高水長大幄次，賜王公大臣蒙古王公貝勒、駙馬台吉等朝鮮國正使判中樞府事金文淳、副使禮曹判書申耆，琉球國正使王舅東邦鼎、副使

正議大夫毛廷桂〔柱〕，回部四品伯克瑪穆特，五品伯克謨門聶咱爾阿部都里體等宴，並賞賚有差⑰。

太上皇帝及嘉慶皇帝在山高水長賜宴，《起居注册》記載琉球正使東邦鼎、副使毛廷柱應邀出席。但記載簡略，賞賜物件，亦不得其詳。朝鮮正使金文淳、副使申耆與琉球正、副使同時出席宴會，金文淳等人對宴會活動描述甚詳，其內容如下：

十一日，通官引臣等入就班次，太上皇帝乘黃屋小轎而出，臣等祗迎後，太上皇帝入御蒙古大幕，皇帝西向侍坐，動樂設雜戲。親王及蒙古王以下，俱賜宴桌，臣等兩人共一桌，饋酪茶一巡。禮部尚書德明引臣等詣御坐前坐，太上皇帝手擧御桌上酒盞，使近侍賜臣等。宴訖。太上皇帝乘轎還內，皇帝跟後步還。內務府預設賞賜桌於帳前左右，頒賜親王以下及各國使臣，文淳錦三疋，漳絨三疋，大卷八絲緞四疋，大卷五絲緞四疋，大荷包一對，小荷包四箇。臣耆錦二疋，漳絨二疋，大卷八絲緞三疋，大卷五絲緞三疋，大荷包一對，小荷包四箇。歲初設宴於紫光閣，例有此賞賜，而今年則不設紫光閣宴，故移給於蒙古幕宴。而琉球使臣賞賜亦如臣等。通官以太上皇帝特旨，引臣等進詣正大光明殿內，俾觀左右鰲山。行中譯員之黑團領者，俱爲隨入。琉球使臣亦許觀光。此則近年未有之事。自殿內至檻外，皆鋪花紋玉石。鰲山製樣：則正大光明殿內，東西壁俱有層桌，桌上坐五采蓬萊山之形，巖巒高闊，樓閣層疊，珍禽奇獸，琪樹瑤花，雜遝焜煌，不可名狀。內設機關，而外牽繩索，則仙宮姹女，自谷而出，繡幢寶蓋，從天而降。扃户自開，人在其中，急灘如瀉，帆檣齊動。桌下圍以小帳，帳內設樂器，而機栝乍搖，止作如法，其聲則俱是笙管絲鐘。臣等退出後，自禮部知會，撰進觀燈詩，而以上元賜宴觀燈爲題，故臣等各製七言律詩一首以進⑱。

由引文內容所述日期及太上皇帝御山高水長幄賜宴，與《起居注册》的記載，彼此相合，可以說明朝鮮正使金文淳等人所描述的賜宴經過，具有高度的史料價值。據《上諭檔》記載，〈加賞朝鮮、琉球使臣物件之清單〉開列正使二員，所賞物件包括：錦各三疋，漳絨各三疋，大卷八絲緞各四疋，大卷五絲緞各四疋，大荷包一對，小荷包各四個。副使三員，所賞物件包括：錦各二疋，漳絨各二疋，大卷八絲緞各三疋，大卷五絲緞各三疋，大荷包各一對，小荷包各四個⑲。對照引文內容，可知金文淳所得到的物件，是賞給正使的物件，申耆所得到的物件，是賞給副使的物件，品類及件數，都與《上諭檔》相符合。金文淳等人也指出，「琉球使臣賞賜，亦如臣等」云云，是可以採信的。最值得注意的是，金文淳等人對正大光明殿內左右鰲山的描述，鰲山是元宵節夜晚的花燈，因堆疊彩燈如山形，故稱爲鰲山。鰲山設計，新奇美麗，如入仙界，外人罕見。朝鮮及琉球兩國使臣都奉太上皇帝特旨，准其進入觀光，可以大書特書。

朝鮮、琉球兩國使臣在圓明園的和詩，是一種文藝活動，上元令節，君臣和詩，頗具意義。金文淳指出，遵照禮部知會，撰進觀燈詩，是以上元賜宴觀燈爲題。正月十二日，朝鮮使臣製七言律詩一首進呈御覽。據朝鮮正使金文淳指出，「琉球使臣亦爲應製」，琉球使臣在圓明園和詩，也是以承恩宴賚觀燈爲題。正月十四日，在山高水長表演燈戲，後來因風勢太大，而停止表演。

正月十五日庚辰的活動，更加熱鬧。據《起居注册》記載，是日，太上皇帝同皇帝御正大光明殿，賜朝正外藩宴，人數衆多。朝鮮正使金文淳、副使申耆，琉球正使東邦鼎、副使毛廷桂〔柱〕等人隨大學士、領侍衛內大臣以次就坐，諸樂並作，嘉慶皇帝進酒，各國正副使臣至御座前，嘉慶皇帝親賜巵酒。是日酉刻，嘉慶皇帝御山高水長觀火戲，並賜王公大臣、各國使臣等茶食⑳。朝鮮正使金文淳等人的描述，更加詳盡，其內容如下：

> 十五日朝先設放生戲，又賜宴於正大光明。通官引臣等入詣殿監外，太上皇帝陞殿，皇帝向西侍坐，動樂設戲，各賜饌桌及酪茶一巡。禮部尚書德明引臣等至御座前，太上皇帝手舉御桌上酒盞，使近侍賜臣等。本班又賜御桌一器印花長餅及一盤豬羊。須臾，太上皇帝還內，皇帝隨入。罷宴，通官來傳，禮部言進詩使臣，今當受賞，留待爲可。臣等退待正大光明外門，臣等在東，琉球使臣在西。禮部侍郎多永武傳授御前加賞，蟒緞二疋，大小絹紙四卷，福字方箋一百幅，筆四匣，墨四匣，硯二方，玻璃器四件，雕漆器四件。臣等處各賞大緞一疋，絹紙二卷，筆二匣，墨二匣，而琉球國王及使臣，賞賜亦如之。又設燈戲於山高水長，通官引臣等進詣花障子內班，太上皇帝出御山高水長，皇帝如前侍坐，設角觝戲。賜酪茶一巡，饋果盒及豬羊肉鹿尾盤。又以元宵餅各一器，遍及於臣等及從人。燈火雜戲，西洋鞦韆，次第設行，砲煒埋火，尤爲轟烈，聲響如雷，煙焰漲空㉑。

朝鮮正使金文淳等人所描述的是上元節的熱鬧景象，有各種精采的表演活動，在山高水長表演燈戲、角觝戲、西洋鞦韆、施放煙火等。有各種美食，包括元宵餅、印花長餅、豬羊肉、鹿尾盤，果盒、酪茶等等。此外，還有賞賜物件。查閱《上諭檔》的記載，使臣在圓明園和詩時，照例有加賞國王及使臣物件，其中加賞國王物件包括：蟒緞二疋，福字方一百幅，雕漆器四件，大小絹箋四卷，墨四匣、筆四匣，硯二方，玻璃器四件。賞獻詩使臣大緞各一疋，筆各二匣，墨各二匣，箋紙各二卷㉒。《上諭檔》所載加賞物件品類及數量，與朝鮮正使金文淳的記述是彼此相合的。據《上諭檔》記載，元宵節午刻，在出入賢良門外頒給賦詩使臣物件，據朝鮮正使金文淳等人描述，正大光明殿賜宴結束後，經禮部知會，令進詩使臣退至正大光明外門等候，朝鮮使臣立於外門之東，琉球使臣立於外門之西，由禮部侍郎多永武發下賞賜物件。《起居注册》記載正月十九日的活動云：

十九日甲申酉刻，太上皇帝同皇帝御山高水長，觀火戲，並賜王公大臣、蒙古王公額駙台吉等及各外藩陪臣等茶食。晚上太上皇帝御同樂園，召王公大臣蒙古王公額駙台吉等及各外藩陪臣等觀燈㉓。

《起居注册》的記載，可信度頗高，但是，過於簡略。在山高水長觀火戲及賜食，在同樂園觀燈，都是可信的，但是，有哪些「陪臣」？卻不得其詳。朝鮮正使金文淳等人對正月十九日的活動，描述頗詳，可補清朝記載的不足，其描述內容如下：

十九日，更詣圓明園。飯後，通官引臣等山高水長亭下，太上皇帝出座，皇帝侍坐，德明以特旨即引臣等至御座前，太上皇帝使和珅傳言曰：「你們還歸，以平安以過之意，傳于國王可也。」臣等叩頭，退出班次，各賜酪茶一巡，果盒餅肉之饋。燈戲砲具之設，一如上元日。宴幾畢，皇帝先入，宴畢後，太上皇帝入內，禮部官皆退去。宦侍手招通官引臣等隨入山高水長閣之內，從後門出，逶迤數三十步，太上皇帝所乘黃屋小轎，載於小船，船上從官，不過四、五人，此時日已昏黑，而無燭炬火，但有一人，以火筒從岸前導，明照左右，火筒製樣：以土作筒形，外施繪綵，內粧火藥，節次衝火，光焰燭地，似因火禁甚嚴，不用燃燭之故。臣等乘小舟從行，琉球使臣亦爲隨入。觀其處地，極爲深嚴。兩岸皆夾造山，間或有石築假山，山亭水閣，合爲六所，舟行幾一里，始泊岸而下，及慶豐圖也。皇帝先已來候於此，侍坐如儀。御屏則紙塗而黃其中，每層安架燃燭晃朗，前設燈架，如御屏樣，而高廣倍蓰。燈架左右，俱設燈棚，如白塔形，下廣而上尖，面面燈影，不可數計。仍賜閣老以下及臣等酪茶一巡，設雜戲於庭前，少頃罷宴，隨入朝官不過數十人。臣等退出後，又乘小舟，順流而下，登岸步行一帿塲，此是正大光明之後也，仍爲出來㉔。

引文內容描述正月十九日在山高水長的活動，「一如上元日」，朝鮮正使金文淳等人同遊同樂園時，琉球使臣也同朝鮮使臣進入同樂園。由通官帶領進入山高水長閣的裡面，從後門出去，乘坐小舟，跟隨在乾隆皇帝所乘坐的小船後面，兩岸夾山，也有石築假山，山亭水閣，共計六座，舟行大約一里，始靠岸下船，就到了慶豐圖，嘉慶皇帝已先在此地候駕。乾隆皇帝賞賜酪茶，在庭前表演雜戲，乾隆皇帝賜宴結束後，琉球、朝鮮兩國使臣退出後，又乘坐小舟，順流而下，到了正大光明的後面，然後回到使臣安歇的住處，晚上遊玩同樂園的活動，正式結束。由於朝鮮使臣與琉球使臣共同參加各種活動，通過朝鮮使臣的描述，有助於了解琉球使臣來華後在京城的活動情形，這可以說是值得重視的歷史記憶。

四、結　論

實錄的本意，是據實紀錄，事無虛構。《朝鮮王朝實錄》中抄錄了各種文書的內容，以及君臣對話的紀錄。其中「啓」，是一種文書名稱，奏本或奏摺，封面居中上方書明「奏」字樣，「奏」是臣工進呈皇帝御覽的文書，收文者是皇帝。「啓」是臣工進呈國王或諸王的文書，譬如清朝順治年間臣工進呈多爾袞披覽的文書，封面居中上方書明「啓」字樣。朝鮮大臣進呈朝鮮國王披覽的文書，就稱爲「啓」，比「奏」的層級較爲低。朝鮮使臣離開北京城，在返國途中馳遞啓文交給朝鮮國王時，則稱爲「馳啓」。《朝鮮王朝實錄》中含有頗多的「馳啓」，實錄多照錄「馳啓」的文書內容，使臣將他們在京城的活動逐日開列，先行呈遞給國王。朝鮮書狀官或首譯也要將所聞所見另行進呈「聞見別單」，逐條開列聞見事項。對照清朝的《起居注册》、《上諭檔》及實錄等，可以得知朝鮮正、副使臣等人員所進呈給朝鮮國王的「馳啓」、「聞見別單」等所載內容，是彼此相合的，足以採信。琉球使臣與朝鮮使臣是一體的，都由禮部知會參加各種活動，琉球、朝鮮兩國使臣聯袂相隨。朝鮮使臣呈遞國王的文書，也常提及琉球使臣，通過朝鮮使臣的描述，可以較清楚地知道琉球使臣入京後的活動。

有清一代，琉球雖然是清朝的屬邦，但清廷對待琉球非常優厚，琉球貢船往返貿易，一律免稅，皇帝賞賜物件，不可勝數，正賞之外，又有加賞，除蟒緞錦緘之外，還有許多精美文物，《上諭檔》多詳細記載，軍機大臣所擬賞賜琉球國王及正、副使臣物品名目及其件數，與朝鮮實錄中所載賞賜內容相符合，舉凡玉器、磁器、玻璃器、琺瑯器、雕漆器等，名目繁多，琳瑯滿

附圖：清人繪圓明園山高水長

目。由於清朝文物大量流入琉球，對琉球的社會生活、文化發展，產生了深遠的影響。

琉球使臣來華入京，除了參加皇帝萬壽聖節慶典外，多在冬季元旦節慶。十二月下旬到達北京城，與年班外藩一同參加歲末除夕皇帝賜宴。正月初一日新正在太和殿或正大光明殿行元旦慶賀禮，琉球、朝鮮兩國使臣的班次，都排在西班左右。兩國使臣在山高水長、同樂園等地觀賞燈戲煙火等表演時，皇帝也賞賜各種食物，親切款待。元宵節筵宴，多在紫光閣舉行，佳餚美酒，十分豐盛。使臣在圓明園等地有和詩的藝文餘興活動，軍機處發下御製詩章由禮部交給使臣和詩，琉球使臣也能如同朝鮮使臣順利賦詩，進呈御覽，皇帝也有加賞物件，琉球國王、正、副使臣等人都得到御賜物件。琉球使臣在京城期間，是一年之中節慶活動最多，也是最熱鬧的季節，反映了清朝北京城的繁華景象，琉球使臣在京城的例行慶賀活動及屬邦使臣覲見禮儀外，他們在各地的參觀活動，也是美不勝收，大飽眼福。朝鮮使臣都逐日記錄，直接或間接地替琉球國所派遣的使臣留下了珍貴的寫眞，這是研究中琉關係不可忽視的重要文獻，對纂修琉球通鑑長篇提供了彌足珍貴的史料。

【註　釋】

① 《上諭檔》，乾隆五十五年，頁416，正月十三日，軍機處奏片。

② 《朝鮮實錄中的中國史料》，下編，卷11，頁4876。

③ 《燕行日記》，《燕行錄全集》（漢城，東國大學出版部，2001年10月），卷58，109。

④ 同前書，卷11頁4876。

⑤ 《上諭檔》，頁685。乾隆五十八年十二月二十四日，〈紫光閣筵

宴加賞朝鮮、琉球國使臣物件清單〉

⑥ 《朝鮮實錄中的中國史料》，下編，卷 11，頁 4877。

⑦ 同前注。

⑧ 《上諭檔》，頁 685。乾隆五十八年十二月二十四日，〈擬特賞朝鮮、琉球國王物件清單〉；〈擬賞恭和御製詩使臣物件清單〉。

⑨ 《朝鮮實錄中的中國史料》，下編卷 11，頁 4787。

⑩ 《朝鮮實錄中的中國史料》，下編，卷 11，頁 4882。

⑪ 《起居注册》，乾隆五十九年分，頁 9。正月十八日，內閣奉諭旨。

⑫ 《朝鮮實錄中的中國史料》，下編，卷 12，頁 4954。

⑬ 《清仁宗睿皇帝實錄》（臺北，華文書局，民國五十三年六月），卷 25 頁，14。

⑭ 《朝鮮王朝實錄》，第四十七册，《正宗大王實錄》（漢城，國史編纂委員會），卷 48，頁 20。

⑮ 《起居注册》（臺北，國立故宮博物院），乾隆六十三年正月初一日丙寅，記事。

⑯ 《正宗大王實錄》，卷 48，頁 20。

⑰ 《起居注册》，乾隆六十三年正月十一日丙子，記事。

⑱ 《正宗大王實錄》，卷 48，頁 20。

⑲ 《上諭檔》，嘉慶二年分，頁 356，十二月二十八日，〈加賞朝鮮、琉球使臣物件清單。

⑳ 《起居注册》，乾隆六十三年正月十五日，記事。

㉑ 《正宗大王實錄》，卷 48，頁 21。

㉒ 《上諭檔》，嘉慶二年十二月二十八日，軍機處進呈賞賜物件清單。

㉓ 《起居注册》，乾隆六十三年正月十九日，記事。

㉔ 《正宗大王實錄》，卷 48，頁 21。

十全武功——清高宗兩定金川之役

清高宗承康熙、雍正盛世餘緒，國家物力豐盈，武功赫赫稱著。在位六十年間，二平準噶爾，一定回部，再掃金川，一靖臺灣，降緬甸、安南各一，兩受廓爾喀之降，合爲十全武功。其中兩次金川之役，第一次討大金川，始於乾隆十二年，第二次討大小金川，始於乾隆三十六年。早在明代已册封儹拉土司爲金川寺演化禪師，清初康熙年間，沿明舊制，頒授金川寺演化禪師印信。雍正初年，爲削弱攢拉勢力，另授促浸土司爲大金川安撫司，令其分疆而守，互相牽制。惟大小金川聲勢日盛，恃強侵奪，不安住牧，邊境遂無寧歲，地方文武屢往調停，勸諭息爭，旋即鴟張無忌，蠶食鄰封，梗化不馴。高宗以金川「既已授職爲土司，則是我臣，而其地近接成都，遠連衛藏，則是我土，我土我臣，而橫生逆志，蠶食鄰封，將欲大有所爲，弗剿而滅之，則西川將不能安枕。」高宗久思改變從前以番攻番政策，永靖邊圉，遂興師征討，臨以兵威，固非有意窮兵黷武，然高宗平伊犁、定回部，拓地二萬餘里，費帑不及三千萬兩，成功不過五年，而兩定金川，地不逾五百里，人不滿三萬戶，何以靡費不啻倍蓰，成功尤遲。雖亦終能蕩平蕞爾蠻陬，較之開闢西陲，不及萬分之一，實不足炫以爲功。本文撰寫之目的，即在就國立故宮博物院典藏清代軍機處奏摺錄副與《金川檔》等原始史料以探討清初治番政策，平定大小兩金川之經過及其意義。

一　清初治番政策與大小金川之由來

蜀西地方，邊境遼闊，番蠻雜處，攘奪仇殺，叛服無常，歷代皆分設土司，以爲羈縻。其中如金川、鄂克什、雜谷、丹壩、革布什咱、綽斯甲布、布拉克底、巴旺、瓦寺等處男婦俱跣足披髮，步行山箐，清初官書稱之爲甲壟部，至於德爾格忒、麻書、章谷、納林冲等則習於騎馬，風俗與蒙古相似，謂之霍爾部，各土司人俱呼之爲土番①。惟據金川聶隆喇嘛舍納丹增稱「甲壟係各土司通稱，我們稱各土司就叫甲壟土司，又稱甲壟噶克土司，詢之通事，番語甲壟，即是漢語各字。霍爾是打箭爐外頭的一個土司，霍爾二字不是通稱。」②各土司地方，跬步皆山，地險碉堅，征剿匪易，朝廷多聽其自相雄長，沿用以番制番，以蠻攻蠻的政策，分割夷地，遍置土司，分疆而守，一方面藉以削弱其勢力，即衆建而少其力，另一方面在使各土司之間，彼此維持均勢，互相牽制，方不至有尾大之虞。清高宗乾隆四年（1739）十一月，署四川巡撫方顯奏稱各土司「固不可任其爭競，亦不必強其和協也，況沿邊多生番，留之可資捍衛。」③就是這種政策的代表。乾隆二十年（1755）七月，四川總督黃廷桂亦奏稱「川省西南兩路番情挾詐懷疑，語言狡猾，強則桀驁，弱則服從，如其同心和好，聯爲一氣，轉恐有尾大不掉之虞，惟其尋仇搆釁，動輒交爭，彼此不相爲下，轉似於邊圉有益。」各土司雖同類操戈，在性質上衹是一種蠻觸相爭，朝廷但求息事寧人，不願地方文武多事邊外。地方文武的職責衹在分防邊隘，居中勸諭排解。各土司之間，亦有「一家有事，彼此救援之盟」，聯合弱小，共抗強橫，近似合縱之計。因此，朝廷對於邊外土司，固不願使其日尋仇殺，亦不欲其和睦相處，彼此勾結。在清高宗以前，朝廷籌辦夷務，遵循此原則，始終不渝。惟番性無常，雖片語可至操戈，即深仇亦能因片語而和解。地方文職多昧於書生之見，不諳駕馭，武職則怯懦性成，因循了事，俱失其撫治之道。世宗雍正十年（1732）定例，每歲令鎭臣出口化誨，然而行之數年，官弁視爲年例，不免虛應故事，遂漸啓玩視之心，以至番衆不畏地方文武，而官弁轉畏番衆。蜀西土司住牧之地，或爲喇嘛耕地，或爲青海屬人交納租稅，番衆但知有蒙古，而不知有封疆大員。

金川分大金川與小金川，因河而得名。大金川番語稱爲促浸，意即大川，小金川番語稱爲儹拉，意即小川，因臨河一帶，傳說可以開礦採金，故促浸習稱大金川，儹拉習稱小金川④。據四川總督劉秉恬奏稱「促浸水源來自松潘口外，經過從噶克、丹壩而入其境，水勢頗覺深闊。儹拉之水，發源於孟筆山、巴朗拉等處，水源不遠，水勢亦比促浸較小，兩水均係自東北而趨西南，至明正司所轄之章谷地方，匯而爲一。」⑤定邊將軍阿桂所述較詳，「小金川之河，東南一支發源於巴朗拉，由資哩、鄂克什而西，其東北一支發源於沙木角拉、孟拜拉兩山之間，由底木達、布朗郭宗而西，南流至明郭宗會合，又西流經美諾、達烏至章谷等處，始與金川之河會合。其金川之河發源於丹壩境外西北地方，由綽斯甲布竹孜官寨一帶流入金川，經勒烏圍，噶拉依官寨之西南，又經巴旺、布拉克底及革布什咱境至明正、章谷之甲木楚河，而合於小金川之河下游，歸入打箭爐河。」⑥質言之，大小金川就是大渡河上游的兩條支流，合岷江注入長江。金川番民多夾岸而居，大金川原來面積略孫於小金川，南北約百里，東西約三百餘里，由於生聚蕃衍，屢次侵奪鄰封，其聲勢已漸凌駕小金川之上。在乾隆初年，估計兩金川人戶約有三萬戶。兩金川西連康藏，南接雲貴，北界青海，東通成都，地理位置極爲重要。據定邊副將軍溫福奏稱「川省各土司皆在省之西境，而瓦寺、沃日、三雜谷稍迤而北，木坪、明正、革布什咱稍迤而南，惟小金川橫亙其中，金川又在小金川之西，即如維關南抵打箭爐，其逕道計程不過數百里，因有小金川地方爲阻隔，必由成都繞道而行，幾至二千數百里，一切難於呼應。」⑦

大小金川因地勢較高，氣候寒多暖少，甚至一日之間寒暖頓殊，咫尺之地陰晴各異。春初以後，每至午刻多疾風暴雨，倏來倏止，雖交盛夏，亦常連日雷電交作，繼以大雪。其地類皆荒僻，層巒複嶺，不產大米，番民不過於山頭地角栽種青稞、蕎麥、黑豆、豌豆、天星米、梨、棗、柑、栗、核桃、石榴等作物以爲生計。每歲當麥類成熟時，鸚鵡千百群飛，蔽空而下，綠羽璀璨，其聲伊啞宜人。五、六月間，山崖牡丹盛開，紅白相間，下臨碧水，掩映增妍。金川番民日用物品如茶葉、布疋、煙、鹽，裝飾品如珊瑚、瑪瑙、珠、玉等物俱係番民向土司領取照票至內地購入。如遇地方官查禁輸出，茶葉缺乏時，祇得以樹代茶。據番民昆布木僧格供稱「我們那裏有一種樹，叫阿拉甲生，一種叫阿噶魯，一種叫薩波答木，這幾種樹上葉子都像茶，就取來當茶熬著吃，只是味道不好。」因物產稀少，人多貧窘，土司每日所食，「不過是麵飯」，番民「早上吃的是糌粑、饝饝，熬著茶來同吃，晚上吃的是焦團，也是麵做成的。」⑧各地壘石爲房，土司土舍衙署或住居稱爲官寨，番民所居稱爲碉房。其往來渡河工具主要爲皮船，係用堅硬樹枝作骨架，蒙以皮革，成一圓形，可背負以行，渡河時一人持槳，中可坐四、五人，順流而下，疾於奔馬，遠勝西寧渾脫。番民體型，多屬「身中、瓜面、黑色、微鬚。」⑨婦女耳帶大環，男亦有垂餌者。其俗尙武，工擊刺之術，男子自十二歲以上皆腰揷短刀，俗稱爲左揷子。金川新年元旦相當於內地十一月十三日，是日自土司以下無論男婦老幼，俱跳鍋樁舞，以示歡慶。金川與內地的歷史關係，發生甚早，土司時遣番民前往成都學習漢語，以充當通事，或發給照票至內地貿易，間亦充當傭工。惟就其文化方面而言，金川與西藏的關係，遠較內地密切。土司或番民時赴西藏熬茶，學醫求經。番民因敬奉喇嘛，其往來文稟多用唐古忒文字，清代奏章習稱之爲西番字，番民讀書識字皆奉藏經爲教本。川省督撫提鎮衙門均設有譯字房，繙譯唐古忒字體文件，高宗亦常令章嘉胡土克圖代譯軍機處所遞呈的金川文稟。金川地名或人名，多係唐古忒語音，通事繙譯時，先將唐古忒語音，譯成滿文，再由滿文譯成漢字。番民既崇信佛法，故喇嘛寺林立各處。惟其所信奉的不是黃教正宗，而是紅教別支，稱爲奔布爾教，其經卷詞語多係邪教旁門，喇嘛寺內所塑佛像皆青面藍身，形狀詭異，不穿寸縷，穢褻不雅。

金川與內地的關係，始於隋代，時置金川縣，唐代屬維州管轄，明代封金川土司哈衣麻衣喇嘛爲演化禪師，頒授印信，隸雜谷安撫司，惟明代所封金川土司實指小金川土司而言。小金川土司歸順清朝的時間，記載不一致，《清史稿》地理志謂世祖順治七年小金川歸附，康熙六年大金川歸附。《欽定平定金川方略》記載小金川歸附時間持順治七年與九年二種說法，《四川通志》則謂「金川寺演化禪師湯鵬，其先于前明世襲土職，鵬父吉兒卜細于順治九年歸誠，仍授原職，請頒演化禪師印信一顆，無號紙，並無納稅銀糧馬。」⑩乾隆三十六年十二月，副將軍溫福飭令四川布政使李本詳查四川地方檔册後指出「小金川現在土司澤旺之始祖多爾濟爾生子拉木布，拉木布生子三人，長子嘉爾泰利坡，次子嘉爾布思來，其庶子拉旺巴揷，即係金川莎羅奔之父。

嘉爾泰利坡于康熙五年投誠，頒給康字四十七號金川寺演化禪師印信一顆，傳至乾隆八年澤旺承襲其職。」⑪清朝頒給小金川印信仍係沿明舊制，其土司呈遞地方文武稟詞均署明「四川直隸雜谷理番府金川演化土司」字樣。清聖祖康熙六十年，拉旺巴捕之子土舍莎羅奔命其頭目赴省城投誠，並撥土兵五百名隨官兵征剿西藏羊峒，巡撫塞爾圖，提督岳鍾琪委以副長官司職銜，令其管理大金川駐牧事務。《清史稿》以大金川於康熙六年歸附，應係康熙六十年之誤。《嘯亭雜錄》稱「雍正元年，授爲安撫司，莎羅奔既得官號，自號大金川，以舊土司澤旺爲小金川，於是有兩金川之稱。」⑫惟大小金川係因促浸、儹拉而得名，且在雍正元年清廷正式授給莎蘿奔安撫司職銜以前，大金川之名實已存在。雍正元年二月二十七日，川陝總督年羹堯於條奏川陝事宜一摺內稱「川省土司多有人衆地廣之處，理宜分立支派，互相鈐束，如大金川土司之土舍色勒奔者，曾因出兵羊峒，著有勤勞，應請給以安撫司職銜，以分小金川土司之勢，小金川實爲強横故也。」⑬同年三月初五日，經兵部議覆，從其所請，奉旨允准，其印信字樣作「大金川安撫司印」。易言之，莎羅奔自號大金川土司實早於雍正元年，惟其得到清廷的承認則係是年三月頒授印信以後的事。清廷爲削弱小金川土司的勢力，而承認大金川土司的地位，使之假朝廷封號，以與小金川互相抗衡，彼此牽制。乾隆以後，清代文書稱大金川爲金川，而將明代以前相沿已久的金川土司稱爲小金川土司，此正顯示大金川勢力的與日俱增，實有取金川土司地位而代之的趨勢。因此，大小兩金川土司的分設，就是清初以番攻番政策下的產物。蕭一山著《清代通史》誤以「順治七年，始授小金川酋卜兒吉細土司職，康熙五年，復授大金川酋嘉勒巴演化禪師印。」⑭嘉勒巴係嘉爾泰利坡之異譯，就是小金川土司澤旺之父。乾隆三十六年十一月二十五日，高宗於寄信上諭中云「小金川係給印土司，何以僧格桑文稟用演化禪師印，豈土司印信尙在澤旺處，僧格桑不能取用，故借喇嘛印用耶。但此印信並非新定清篆，何以存留未換，而封禪師之喇嘛又在何處？」高宗疑竇叢生，久思不解。四川總督桂林覆奏稱「查小金川係給印土司何以用喇嘛印信之處，適寧遠知府盛英調委隨營辦理事務，伊在川年久，即向伊詢問。據稱小金川土司祖輩原係喇嘛，是以印信用演化禪師字樣，從前改換清篆，前督臣開泰因各土司不識內地成例，若一時換取印信，恐致生疑，應俟各土司承襲之時再請換給」⑮布政使李本亦稱澤旺於乾隆八年承襲小金川土司之職，九年，曾飭令改換演化禪師印信，松茂道議以金川演化禪師之銜，相傳已久，本因夷番敬信喇嘛，假此名號以示懾服，未便更張。乾隆十四年，奉文改鑄清篆，經前任總督策楞奏明各土司距省遠近不一，通行飭換，恐愚番無知而生疑懼，且澤旺承襲土司在乾隆八年未經奉文換印之先，是以未及改用清篆。

二 清軍初定大金川之原因與經過

在高宗乾隆初年，川省自瀘州以下，嘓嚕滋事案件，層出不窮，邪教餘波，久未平熄，大金川土司恃強凌弱，不安住牧，屢侵鄰封，爲綏靖邊圉，征勦大金川，遂成爲首要之圖。大金川自雍正元年授給安撫司職銜以後，每年例應貢納馬匹狐皮折價銀兩，惟因其地相距四川省城窵遠，鞭長莫及，仍同化外。川陝總督年羹堯以大金川日益猖獗，將其美同等寨斷給鄂克什，大金川不服，屢次發兵攻打鄂克什。雍正三年六月，署川陝總督岳鍾琪疏請將美同各寨歸還大金川，而以龍堡三歌地方斷給鄂克什。乾隆四年七月，因大小金川不遵約束，恃強刦掠，地方官諭令雜谷、梭磨、鄂克什等土司發兵環攻小金川，大金川卻乘三次發兵進攻其鄰近的革布什咱土司地方，經四川地方文武前往邊外化誨，各土司始於是年八月間陸續撤兵，聽候剖斷。是時廷臣曾議乘機參革大金川，將其改土歸流，但署四川巡撫方顯覆奏稱若將金川改土歸流，「非惟彈丸土司無裨尺寸，且所給印信號紙，一經追取，即成無管生番，稍有違抗，又費經營。」其議遂寢。

《平定金川方略》載乾隆七年大金川土司色勒奔初病故，以其子莎羅奔承襲。《大清高宗純皇帝實錄》則稱乾隆八年十一月「以四川故大金川安撫司色勒奔之弟色勒奔細襲職。」惟色勒奔初、色勒奔細與莎羅奔係因西番文字譯音互異所致，其原意為「土司之子出家者之通稱」⑯，就是管理僧眾的大喇嘛，引申為「諸頭目之長」，並非人名。據瓦寺土弁格登布等稱「莎羅奔並非人名，番人舊規，生有數子者，一子出家為喇嘛，管理僧眾，此莎蘿奔乃番人出家之稱，如內地之稱僧人為當家者。」⑰大金川土司常有數子同時出家者，故莎羅奔不限於一人，而有大小莎羅奔之稱。大金川土司既以喇嘛承襲土職，故仍習稱之為莎羅奔。泰寧協屬巴底安撫司納旺，原係大金川土司的姻親，納旺之叔汪扎則為革布什咱土司之甥，乾隆九年八月，因納旺與汪扎猜嫌起釁，大金川與革布什咱各借護親為名，搆兵相鬥。大金川土司莎羅奔與小金川土司澤旺本屬叔姪，莎羅奔為欲控制小金川，而以姪女阿扣妻澤旺。惟澤旺怯懦性成，為妻所制，掌印管地，權在阿扣。澤旺弟土舍良爾吉素通阿扣，乾隆十年，良爾吉勾結莎羅奔，襲取小金川。莎羅奔藉口「小金川無禮，故加教訓」，而誘執澤旺，奪其印信，骨肉自殘，即以阿扣改配良爾吉，並將小金川土司印信，交由良爾吉掌管。川陝總督慶復會同巡撫紀山前往查辦，檄諭和息，但遲至乾隆十一年官兵平定瞻對之亂以後，莎羅奔始遣土目遞稟，願將澤旺釋回，且歸還印信，澤旺既返小金川，暫不與妻相見⑱。清高宗以大小金川搆釁為「穴中之鬥，無足深較」，遂置之不問。

乾隆十二年正月，莎羅奔發兵攻圍革布什咱正地。同年二月，復發兵攻佔明正魯密、章谷，因章谷相距打箭爐僅四日路程，存城兵丁單弱，不足以彈壓。巡撫紀山以大金川「小醜跳梁」，為除逆安邊，一面奏聞請旨，一面檄飭泰寧協副將張興帶兵前往彈壓，又因威茂一協為川西門戶，即令副將何啓賢帶兵在雜谷鬧等處駐防，並令夔州協副將馬良柱馳赴威茂會商籌辦。據張興稟報大金川番兵攻奪魯密、章谷，番民望風奔避，坐汛把總李進廷不能抵禦，退保呂里，大金川番兵竟直渡河口，逼近打箭爐附近毛牛一帶地方。莎羅奔另又分出一路番兵在雜谷、丹壩（又作黨壩）箚營，迫脅各地番民投順。川陝總督慶復以大金川四面環山，糧運艱難，奏請以番攻番之法，令小金川、革布什咱、巴旺等土司發兵進攻大金川，並令雜谷、梭磨等土司擾其後路。但清高宗認為大金川番兵騷動邊境，逼近內地，其勢既甚猖獗，非僅以番攻番之策可以了事。川省番蠻種類繁多，歷年多生事端，橫肆劫奪，自相攻殺，屢經發兵彈壓，始得寧帖。大金川既受朝廷封號，給與印信，竟敢不遵約束，連年侵擾鄰封，必須大加懲創，以靖蠻氛。乾隆十二年三月，高宗以大金川番蠻與苗性相近，雲貴總督張廣泗熟悉苗情，故命其補授四川總督，「即以治苗之法治蠻。」是時莎羅奔復勾結綽斯甲布等土司攻圍霍耳章谷等寨，又於呂里埋伏番兵，遊擊羅于朝令千總向朝選帶領漢土兵丁六百名前往堵禦，行至中途，猝遇大金川番兵，土兵不戰先潰，向朝選陷伏陣亡，番兵直壓毛牛地方，羅于朝身受重傷。都司馬光祖、守備徐克讓奉命帶兵五百名赴援鄂克什，亦被圍困於熱籠寨內。是年四月十三日，張廣泗自貴州起程馳赴四川時曾指出前辦理番蠻各案，多因勦撫未有定見，祇圖苟且完結，功罪亦多未明，上下不能一心，以致軍威未振，番蠻無所畏懾。又因黔省兵丁善於穿林度箐，張廣泗奏請於各標營挑選兵丁三千多備調。是月二十一日，小金川土司澤旺、土舍良爾吉呈遞文稟，將前所搶佔鄂克什三寨退還，並表示願意從征大金川。副將馬良柱解熱籠之圍後，進駐鄂克什官寨。同月二十四日，張廣泗自灌縣起程馳赴雜谷鬧，原任總督慶復奉命回京辦理內閣事務。張廣泗分兵兩路進勦大金川，西路內再分四路：命總兵宋宗璋統兵四千五百名由丹壩進取勒烏圍官寨（又作勒歪或勒葉烏圍），參將郎建業、永柱帶兵三千五百名由曾頭溝進攻勒烏圍，副將馬良柱帶兵三千五百名由僧格宗進攻噶拉依（又作刮耳崖或噶爾厓），參將買國良、遊擊高得祿帶兵三千名由丹霸進攻噶拉依；南路內再分三路：命總兵許應虎帶兵二千七百名由革布什咱攻取正地後與西路宋宗璋、郎建業會合夾攻勒烏圍，副將張興、遊擊陳禮帶兵三千二百名由巴底前進，與馬良柱、買國良會合夾攻噶拉依，遊擊羅于朝帶兵二千名由綽斯甲布攻取河西各處碉寨，七路漢土官兵合計三萬餘名，定期於六月二十八日各路同時並進。各路始進頗銳，所報攻克碉寨不下數百處，惟漢土兵傷亡多達千餘名，參將蔡允甫經交鋒，不能抵敵，棄砲潰走，各路受阻，不得寸進。是年九月，張廣泗奏陳大金川堅碉難攻情形云「臣自入番境，經由各地，所見尺寸皆山，陡峻無比，隘口處所，則設有碉樓，累石如小城，中峙一最高者，狀如浮圖，或八九丈十餘丈，甚至有十五六丈者，四圍高下皆有小孔，以資瞭望，以施鎗砲。險要尤甚之處，設碉倍加堅固，名曰戰碉，此凡屬番境皆然，而金川地勢尤險，碉樓更多。至攻碉之法，或穴地道，以轟地雷，或挖牆孔以施火砲，或圍絕水道，以坐困之，種種設法，本皆易於防範，可一用而不可再施。且上年進攻瞻對，已盡爲番夷所悉，逆酋皆早爲預備，或於碉外掘壕，或於碉內積水，或護碉加築護牆，地勢本居至險，防禦又極周密，營中向有子母、劈山等砲，僅可禦敵，不足攻碉。撫臣紀山製有九節劈山大砲二十餘位，每位重三百餘觔，馬騾不能馱載，僱覓長夫抬運，以之攻碉，若擊中碉牆腰腹，仍屹立不動，惟擊中碉頂，則可去石數塊，或竟有擊穿者，賊雖頗懷震懼，然即甃補如故。」⑲攻堅不可，張廣泗乃改用火攻，多派兵丁砍伐柴薪，運往碉下堆積，並令兵丁預砍巨木作擋牌，使負柴兵丁緊隨巨木之後推進，然而大金川夏秋既多陰雨，冬春則冰雪載途，火攻之法，實非善策。馬良柱稟請張廣泗製備火箭五千枝，欲焚碉內積貯糧食，但碉房石包土裹，亦非火箭所能延燒。土兵既習於攀登碉寨，張廣泗命土兵上碉下擊，惟大金川番兵預於碉頂挖穿小孔，俟土兵躍上，即於孔內施鎗，土兵不能站立，紛紛墜下。張廣泗以昔嶺山梁高峻，可以俯衝勒烏圍，直下噶拉依，故定期於九月初九日改由昔嶺進兵，可是在九月初四日夜間原已就撫土目恩錯因總兵許應虎駕馭不善，復行背叛，帶領大金川番兵千餘名將駐箚馬邦遊擊陳禮軍營後山梁搶佔，許應虎在的交地方被圍困，官兵糧運被截斷。張廣泗將兵敗原因歸咎於許應虎「有勇無謀，性又急躁」，然後於十月初一日藉口調兵鑄砲，返回小金川美諾官寨駐箚。馬邦爲馬奈屏藩，而馬奈又爲巴底巴旺的門戶，張興駐箚馬那半年之久，頓兵不進。十月十五日，馬良柱因大金川番兵攔截馬奈糧路隘口，稟請發兵應援，張廣泗以大金川番兵並非侵犯營壘，僅撥二三百名赴援。

乾隆十二年十一月二十九日，大金川番兵乘夜鑿斷扎果山梁窄徑，修砌石卡由山上擲石放鎗，圍攻張興營盤，馬良柱、永柱請撤戎市官兵前往應援，張廣泗卻斥其爲悖謬，張興被困已久，屢次請兵救援，張廣泗惟切責其庸懦無能。大金川番兵於山梁上上安設木架，以機發石下擊，是爲石砲法。十二月初七日午間，大金川番兵二百餘人，齊發機石，官兵相率逃奔，自相踐踏，墜崖死者甚衆，次月，搶去劈山砲三位。張興軍營絕糧已久，士卒困憊，大金川送出所俘官兵三十名未加殺害，張興遂與恩錯等私自講和，宰牛立誓，並以白金向番兵買路，大金川僞許送官兵全營過河。十二月十四日，張興命官兵收拾帳房背負出營，跟隨番兵由右山梁溝內前行，被引至溝底，將官兵分撥三處，張興、陳禮各置一溝，番兵四面合圍，河東援兵，雖祇是帶水之隔，目睹其狀，已計無所施。十二月十八日，張興、陳禮令官兵將器械，全行交出，番兵即上前屠殺，除三百餘名漢土兵丁先已奔逃過河外，所有五六百名官兵，無一倖免。參將郎建業、遊擊孟臣原帶兵七百名駐箚河東，其山梁之上，由守備徐克猷帶兵三百餘名駐守，自張興失事後，郎建業等遂失犄角之勢。乾隆十三年正月初二日，大金川番兵五六百人渡河進攻江岸噶圖碉卡，此碉由僧格宗土兵八十餘名駐守，正月初七日，守碉土兵竟與大金川番兵私自講和，開碉隨大金川番兵渡河而去。正月初十日夜，大金川番兵四五百人潛往奪佔郎建業所立卡倫七處，遊擊孟臣出營拒敵，兵敗陣亡。郎建業見番兵聲勢猖獗，將官兵撤往丹噶，竟置徐克猷於不顧。幸而徐克猷熟悉路徑，帶兵翻越雪山，且戰且退，於正月二十日始撤至巴底。馬良柱將官兵五千餘名撤至納貝山下喇布碉寨，官兵惶遽撤退，以致軍裝砲位遺棄無算。據稱馬良柱軍營乏糧已久，官兵只得煮鎧弩而食。張廣泗具奏時請增兵一萬名，擬分十二路進攻，惟於軍營缺糧情形及兵敗原因皆諱而不言。張廣泗初至軍營，低估大金川實力，調度失宜，糜餉喪師，進勦經年，不得寸進。其攻戰之法，每以土兵當前，漢兵隨後，猝遇敵兵，相率潰散，且其用兵每主分而不主合，兵分力單，自形其弱。

大金川番兵既非尋常「小醜」可比，亦非「以治苗之法」所能蕩平，爲求早日完局以靖蠻氛，清高宗乃於乾隆十三年四月明降諭旨，命大學士訥親爲經略，馳往川西軍營，統領禁軍及各營將弁，欽差內大臣班第、領侍衛內大臣傅爾丹、護軍統領賽音圖、烏爾登、法酬、御前三等侍衛鍾秋、乾清門三等侍衛胡西隨往效力，又因岳鍾琪久官西蜀，熟諳番情，康熙末年進兵西藏及青海等，曾屢立大功，素爲番蠻所畏服，後因準噶爾用兵，貽誤軍機，致繫囹圄，高宗旋加恩釋歸成都故里，賦閒在家，時年已六十有三，雖其爲人色厲內荏，言大才疏，剛愎自用，然遇事頗有見解，且係將門之子，夙嫻軍旅，至是復起用於廢籍之中，加恩賞給提督銜。四月二十三日，岳鍾琪馳赴丹壩統兵，訥親等於六月初三日抵小金川美諾軍營。訥親銳意滅敵，督催過激，甫至軍營，即下令限三日攻取噶拉依官寨。六月十三日，署總兵任舉會同哈攀龍、副將唐開中、參將買國良等帶兵進攻昔嶺，令官兵砍木豎城，步步爲營。次日，分兵三路進攻，買國良率領土兵上嶺，漢兵繼進，大金川番兵由木城左右齊出夾攻，木城內鎗石如雨，官兵三面受敵，買國良及漢土兵丁二十餘名中鎗陣亡，哈攀龍督兵應援，奪回買國良屍身後收兵回營⑳。六月十六日，任舉、唐開中、哈攀龍復由東西南三面進攻，任舉遇伏陣亡，唐開中重傷。訥親經此慘敗，轉攻爲守，改採以碉逼碉，以卡逼卡的戰術，不敢復言進取。訥親具奏稱大金川番兵因險築碉，藏匿其內，故能以少禦衆，以逸待勞。今我兵既逼其碉，自當亦令築碉與之共險，兼示以築室反耕不滅不休之意，且守碉無須多人，更可餘出兵丁分佈攻擊，似亦因險用險之策。高宗諭稱築碉之術終非善策，因攻守異用，大金川番兵築碉以自守，官兵既採攻勢，自應決策前進。訥親將破碉兵力，不用以克敵制勝，轉令效其築碉以爲株守之計。況碉樓非可易成，即使能成，官兵究以攻取爲事，若再行前進，復建一碉，向後屢進不已，策將安出。張廣泗老於戎行，輕視訥親不知兵，雖知築碉爲下策，竟隨聲附和，會銜具奏。訥親又奏稱大金川所以能久抗王師，實因地險異常，寸步皆山，下臨深溝，岡阜皆設戰碉，四顧瞭望，我兵攀援僻徑，數日方到，番兵一望而知，至於裹氈縋險之法，亦無所施。大金川地險碉堅，誠有一夫當關，萬夫莫開之勢。岳鍾琪亦奏稱官兵因無攩牌，率多肉薄而前，每攻一碉，大者官兵傷亡不下數百人，小者亦不下百數十人，每百名受傷官兵中，平均竟有數十人身帶四五傷者，因此官兵無不見碉而怯。御史王顯緒爲王柔之子，鑒於大金川軍務難辦，奏請沿用歷代以番攻番政策，略謂川省土司與大金川疆界毗連者不一，若能以番攻番，不難滅此朝食，請令經略大學士宣諭各土司，自統所部土兵，以爲前驅，官兵衹須大張聲勢，以爲後援，有能破巢擒逆者，即以大金川土地民戶賜之。彼等言語衣服相同，偵探亦便，前驅之兵，一得路徑，破其險要，大兵即可尾之而進。高宗命軍機大臣將王顯緒原摺抄寄訥親、張廣泗、岳鍾琪閱看，訥親等覆奏稱以番攻番之法，言之似易爲功，行之實難奏效，大金川堅碉林立，非獨官兵難以力克，即土兵亦莫能遽破，彼等自相攻擊，苟得一二小碉，即行踞守，稍遇難克之處，則旋進旋退，不肯效死用命，實非重賞所可收效。乾隆十三年閏七月二十七日，丹壩一路官兵進撲康八達，屢攻不克，乃改攻喇底地方，大金川番兵數十人從山梁吶喊下衝，漢土兵丁三千餘人抵敵不住，聞風潰散，自相蹂躪，兵丁怯懦如此，實出情理之外。高宗見經略督提智勇俱困，深慨軍務難辦，金川小醜不意負固難於勦滅，遂至如此，官兵進不能前，退不能守。官兵以四萬之衆，彼僅三千人，何以應我則覺有餘，而攻彼惟慮不足，殊非所料。高宗擬派索倫勁旅助勦，訥親覆奏稱大金川地勢不便騎兵，弓矢亦無所用。至於破碉攻卡，滿洲兵丁固較綠旗勇佳，但攻一碉樓需用兵丁一二百名在前，又需數百名爲後繼，兩面又需埋伏兵丁數百名。若令滿兵前進，而以綠旗土兵爲後繼，則綠旗土兵依舊遲疑不前，前進者不免吃虧。若全用滿洲勁旅，則需數千之衆。軍費浩繁，實不便調用。訥親既無一技可施，遂委靡沮喪，晏起偷安，閉營不出，一切軍務悉聽張廣泗調度。王柔熟諳番情，稟請訥親祈請南山道士用五雷法擊碉，其言固屬荒誕，大金川軍務難辦情形，已可概見。訥親密奏張廣泗分路太多，心存迴護，不肯歸併，憑其好惡，馭下不公，偏袒黔兵，人心不服，又與巡撫紀山各持己見，不能和衷共濟，專務欺飾，貽誤軍機。高宗亦覺張廣泗微有過嚴之處，自大金川用兵以來，大小將弁，以過受罰者衆，而破格受賞者寡，實非激勵將士之道。岳鍾琪亦密奏稱張廣泗誤聽漢奸王秋之言，令小金川土舍良爾吉領兵，各土兵俱懷疑懼，不肯用命。張廣泗不以仇攻仇，轉以黨濟黨。良爾吉僞降張廣泗，驕縱土兵，不聽約束，其所領綽斯甲布土兵於對敵時竟不下鎗彈，復暗助大金川糧餉彈藥，洩露軍情，奸謀久露，張廣泗始終加以庇護。乾隆十三年九月，高宗命將張廣泗拏交刑部治罪，由侍衛富成押解入京。適小金川土司澤旺具稟控告張廣泗家人通事勾通漢奸王秋勒取澤旺財物，高宗益加震怒，御瀛臺親鞫張廣泗，命軍機大臣會同刑部按律擬斬立決，奉旨處斬。訥親以滿洲經略大學士統領官兵從不親臨督陣，漫無勝算，老師糜餉，乖張退縮，亦奉旨革職。其後於乾隆十四年正月以其祖遏必隆之刀在營門正法，令軍前將弁士卒親睹其狀。

大金川形勢既如此難辦，而進勦又不可暫緩者，實恐官兵一撤，大金川即四出迫脅鄰封，各土司見天朝亦不能制，勢必群起歸附大金川，則諸番連結，更加滋蔓難圖。乾隆十三年九月二十八日，高宗命大學士傅恆爲經略將軍，兼署四川總督，並添派東三省及京兵五千名，陝甘二省調撥漢兵一萬五千名，雲南調撥二千名，貴州調撥二千名，湖北、湖南各調四千名，西安調撥滿洲駐防兵二千名，四川調撥滿洲駐防兵一千名。又因威遠砲威力甚大，康熙年間進兵西藏曾以此砲得勝，至於制勝砲觀瞻威嚴，傅恆奏准每項各帶二位。爲激勵士氣，高宗復命廣儲司備銀十萬兩，以備傅恆獎賞漢土兵丁之用。十一月初三日，傅恆自京起程，攜帶吉爾丹纛前往，高宗親詣堂子行祭告禮，親賜傅恆酒，命於御幄前上馬，又命皇子及大學士來保等送至良鄉。傅恆日行二百里，於十一月二十四日入四川境。小金川土舍良爾吉霸嫂欺兄，賣主謀逆，洩漏軍機，十二月二十日，傅恆密令副將馬良柱以迎接經略將軍爲名，將良爾吉調出土兵營伍，次日，將良爾吉帶往相距卡撒軍營十五里的邦噶山，傅恆面數其罪，梟首軍門，以除肘腋之患㉑，另以良爾吉之弟小朗素統領土兵。十二月二十二日，侍衛伊德會同原駐小金川侍衛富德帶兵至美諾官寨擒拏土婦阿扣，梟首傳示，又令岳鍾琪於丹壩將良爾吉屬下頭人蒼旺密拏正法，漢奸王秋則拏赴卡撒凌遲處死，其二子亦俱處斬。傅恆抵達卡撒軍營時奏陳前此辦理錯誤，在於專攻碉卡，每攻一碉，需時甚久，兵力大傷，所得不過尺寸。大金川處處堅碉，毋論攻其有備，克取爲難，即使數日而克一碉，恐數年不能竣事。且攻碉之法，大金川久已熟悉，防備嚴密，官兵雖衆，鎗砲所及，惟抵堅壁，不能傷敵，番兵不過數人，從暗擊明，鎗不虛發，因之官兵所攻惟石，而番兵所攻實人。官兵毫無障蔽，番兵多掘土坑，急則深伏其中，不見人形，而能自下擊上。又於碉外開濠，人不能踰越。戰碉聳立，高於中土之塔，建造甚巧，不逾數日而成，其餘隨缺隨補，頃刻立就，番兵負固死守，碉盡碎而人不去，砲方過而人即起，主客形殊，勞逸勢異，攻一碉難於克一城。單以卡撒軍營而言，其左有二、三道山梁，築碉三百餘座，以半月或旬日得碉一座計算，必待數年始能全克，且得一碉輒傷數十百人，而每一石卡其守禦番兵實僅十餘人，官兵至少須以七百人攻之，平均以官兵百人敵番兵一名，據最低估計，是時大金川番兵約為三千人，則官兵必須二十萬名始能撲碉進取。大金川險阻如此，天時地利所限，人力難施。高宗據奏後，深悔從前不知其難，錯誤辦理，於是命和碩莊親王允祿等會商應否撤兵。允祿等覆奏稱「伏思前此用兵，原非利其土地人民，今既知實在情形，限於地勢，似未可耗有用之帑儲，竭內地之兵力，而從事於人力難施之荒徼，皇上聖謨宏遠，定計撤兵，正與見可而進，知難而退論兵要語，實相脗合。」㉒因此允祿奏請召還傅恒。番境築碉自古為然，天造地設，以處化外異類，況得其地不足耕，得其人不足使。乾隆十四年正月初三日，高宗降旨班師。正月十二、十五等日，大金川土司莎羅奔先後遣頭人具稟乞降，岳鍾琪允准代奏，正月二十日，莎羅奔呈獻甘結，頂經立誓，願意遵依六事：永不再犯鄰封；盡返所奪各土司侵地；捕獻馬邦兇犯；照數呈繳鎗砲軍器；送還內地人民馬匹；與衆土司一體當差，此外另允為經略傅恒建立生祠。正月二十八日，莎羅奔迎請岳鍾琪前往勒烏圍。岳鍾琪開誠布信，僅率領四五十人前往，是夜宿於勒烏圍。次日，會於勒烏圍經堂，綽斯甲布土司與莎羅奔郎卡依番禮於佛前立誓。同日，岳鍾琪返回卡撒，稟知傅恆。《嘯亭雜錄》載岳鍾琪往會大金川土司經過云「傅文忠命岳公往諭。岳公率從者十三人直入噶拉依賊巢，莎羅奔等裹甲持弓矢以迎。公目莎羅奔，故緩其轡，笑曰，汝等猶識我否。果我岳公也，皆伏地請降，導入帳中，手茶湯以進，公飲盡即宣布天子威德，群番歡呼，頂佛經立誓，椎牛行釁，留公宿帳中，公解衣酣寢如常。」《清代通史》亦謂「莎羅奔故以西藏之役，隸鍾琪麾下，至是猶震其餘威，詣軍前乞降。」易言之，岳鍾琪深入巢穴，與故人久別重逢，倍覺親切。惟康熙時隨岳鍾琪從征羊峒的莎羅奔，已據報卒於乾隆七年，由其弟承襲，因係出家喇嘛，仍稱莎羅奔，故是時岳鍾琪至勒烏圍所見大金川土司似非昔年從征西藏的莎羅奔，且是時大金川實際掌權者爲郎卡。乾隆十四年二月初四日，莎羅奔命番衆於傅恆軍門外除道設壇。次日，郎卡率衆喇嘛及頭人等詣營，傅恆陞帳受降，郎卡呈獻古佛一尊，銀萬兩。二月初六日，傅恆起程回路。高宗封傅恆爲忠勇公，岳鍾琪加太子少保，授兵部尚書銜，封爲三等公。

是役，因大金川屢次恃強侵奪鄰近土司，其勢日益猖獗。清高宗爲綏靖邊境，命將征討，歷時二年之久，調動七省之師。據總督阿爾泰奏稱自乾隆十二年三月起至十三年三月止，先後調集漢土兵丁共計六萬二千五百六十餘名。乾隆十三年九月傅恆奉命接辦軍務後，陸續增調滿漢官兵不下二萬名，前後合計約八萬餘名。至所用軍需銀兩據阿爾泰奏稱報銷核實銀七百一十二萬七千五百餘兩。另據舒赫德等奏稱自大金川用兵以來，川省舊管新收軍需銀共七十七萬二千九百餘兩，部撥及外省協濟已解川省銀計八百七十九萬一千一百餘兩，合計銀九百五十六萬四千餘兩，實存銀一百五十萬三千餘兩。惟此次用兵，適值清廷普免天下錢糧數千餘萬兩之後，又值江南水災，賑濟撫卹，故令兩淮蘆東閩浙等處各商捐輸報效，故合計是糜費一千餘萬兩以上，乾隆三十七年十二月，高宗諭稱「兩年之間，所用幾及二千萬。」此役雖因大金川恃強劫掠而起，惟尚不敢侵犯內地，在性質上仍是一種「蠻觸相爭」，由來甚久。清高宗輕於嘗試，興師征討，實屬小題大作。且因天時地利所限，實際上是密令岳鍾琪宣諭招降，大金川乞降，並非震於天朝威德，大金川自是益加藐視天朝，日漸桀驁難制，故是役實係飾非文過之舉，不足言功。

三 清軍再定大金川與初定小金川之原因

乾隆十八年十二月，四川總督黃廷桂奏准將小金川歸新設理番同知管轄。乾隆二十年六月，孔撒喇嘛徹木本投入麻書地方藏匿，兩土司因此搆釁，大金川、綽斯甲布袒護麻書土司，革布什咱、德爾格忒則袒護孔撒土司。大金川聯合綽斯甲布首先發兵攻打革布什咱格羅寺。是年九月，黃廷桂派遣遊擊宋元俊前往邊外傳集各土司秉公剖斷，並令各土司宰牛瀝血，頂經立誓，永無殘害，其事暫寢。乾隆二十三年二月，大金川與革布什咱復因結親起釁，大金川郎卡以女阿什諾妻革布什咱土司色楞敦多布，並令其女掌管土地，意圖吞併。革布什咱丹東番衆勾結大金川進攻革布什咱，小金川土司澤旺子僧格桑領兵來援㉓。三月初十日，大金川聯合布拉克底及庸中旺嘉勒土司帶兵三千名分四路圍攻丹東及吉地官寨，並擾及小金川地方，色楞敦多布與僧格桑俱被圍困。三月十五日，色楞敦多布率同妻小奔赴泰寧請求安插，革布什咱全境遂爲大金川所佔踞。總督開泰諭令鄂克什、雜谷、丹壩各土司派兵助小金川防守，復令綽斯甲布土司乘虛邀擊大金川，並允以火藥砲位相助，所得大金川地方即行賞給各土司，但各土司與大金川相持二三年之久，始終未得大金川一碉半卡。

大金川土司莎羅奔因係以喇嘛承襲土司職務，惟其地方一切事務，實係由其兄子郎卡管理。郎卡之父就日吉卒於乾隆十二年八月初五日。案郎卡之名，西番語作納木喀濟雅勒布，漢文譯音或作那木卡牙，其原意即天汗，足見大金川自矜得意悖逆情狀。乾隆二十五年五月十一日，莎羅奔病故，由郎卡承襲大金川土司。乾隆二十七年九月初十日，大金川勾結丹壩頭人乘夜發兵攻圍丹壩官寨。總督開泰飭諭各土司速派土兵往助丹壩，清高宗據奏後諭令開泰斷不可有先事部署，官兵協力資助之計，番蠻俠仇攻擊，正可聽其各自爲計，不必官爲應援，地方文武駕馭各土司必須出以光明正大。開泰向於卡郎遣赴省城時每許進見，且常加慰撫，而陰縱綽斯甲布等乘虛攻擊，此等行爲固不能掩郎卡耳目，即綽斯甲布見此依違兩可，亦必竊笑，實非天朝開示誠信駕馭番夷之道。乾隆二十八年六月，高宗以開泰庸懦無能，奉旨革職，命阿爾泰補授四川總督。阿爾泰欲令各土司聯爲一氣，以爲合縱之計，併力進攻大金川。但高宗鑒於郎卡不安住牧，屢侵鄰封，獲罪天朝，即當聲罪致討，豈可假手各土司，從中挑搆取事，故改授工部尚書阿桂署理四川總督事務，決意大張撻伐，旋因中緬糾紛已起，其議遂寢，以番攻番，仍不失爲辦理夷務之一策。惟各土司心力不齊，觀望遲疑。因鄰近大金川各土司，如巴旺、革布什咱地小兵單，鄂克什、梭磨、從噶克、卓克采地勢遙隔，丹壩土司原係雜谷土舍於乾隆二十四年始行分設土司，民戶無多，小金川、綽斯甲布兵力較強，但均與大金川非姻親即同族，固可因一言不和而仇殺攻劫，亦可因一言而重歸舊好。四川督提利用各土司仇殺報復心理，從中鼓舞，諭令環攻大金川，固屬不動聲色之舉，然實難責效於旦夕，各土司惟恐大金川不滅，則官兵一撤勢必先受報復。乾隆三十年二月，阿爾泰遣員諭令各土司退兵，並令大金川拆碉還人。郎卡雖覆稟恪遵諭令交還丹壩人戶五十名，其實僅拆去穆爾津岡戰碉三座。同年十二月二十五日，大金川甫受約束未及一年，復不安住牧，發兵圍攻丹壩額碉及格藏官寨。三十一年正月初二日，巴旺土司頭人陸塔爾弟兄勾引大金川與布拉克底番衆攻破巴巴卡卡角碉寨。是年六月，高宗命阿爾泰會同提督岳鍾璜出口查辦夷務，傳集各土司宣示天朝威德，以完其局。八月十二日，阿爾泰等自省城起程，經維州雜谷親赴大金川康八達地方，傳見土司郎卡及土舍頭人等，郎卡表示願意退兵還人，但要求准其保留博嚕古戰碉五座，以守門戶；請求朝廷新頒印信；請准許與綽斯甲布連姻；大金川赴藏學經喇嘛前爲打箭爐地方官拘捕，亦請求放還，阿爾泰皆一一面許。高宗據奏後頗不以爲然，惟事已至此，只可「將錯就錯，以完此案。」郎卡退兵還人後，阿爾泰亦將所拘喇嘛七人派員由維州送還大金川，其請頒新印亦由郎卡派遣頭人齎領。郎卡得寸進尺，懇求准許將其女得什爾章許配小金川土司澤旺之子僧格桑。大小金川地界毗連，本爲同族，今復連姻，親上加親。兩金川互相勾結，狼狽爲奸，又伏一釁端。阿爾泰誤以此舉爲大金川與各土司和睦相處之證，其姑息一時，貽禍無窮，實與朝廷治番政策大相背馳。

小金川土司澤旺兄弟共四人，其中良爾吉於乾隆十三年因暗通大金川爲經略傅恆所誅，大郎素與小郎素亦曾附和良爾吉，相助爲虐。官兵進駐美諾後，小郎素悔罪投誠，乾隆十四年八月，於進京途中病故。大郎素原患瘋疾，安挿四川省城喇嘛寺內，因肉食過度，患痢身亡，兄弟四人中祇澤旺一人。土司澤旺年老懦弱，不理政務，由其子土舍僧格桑掌管印信，居住美諾官寨，澤旺則退居底木達官寨，小金川番衆皆稱僧格桑爲新土司，然其承繼土職，未得清廷同意，故文書上俱稱僧格桑爲土舍，意即土司繼承人。小金川西南接大金川，南接明正、章谷，北連鄂克什、木坪等土司地方。乾隆三十五年三月間，鄂克什土司色達克拉因信用喇嘛，將小金川澤旺、僧格桑父子年庚姓名寫在咒經上，埋藏在鄂克什官寨內外，咒詛僧格桑父子，遂致患病。僧格桑年輕好鬥，藉口搜取咒經，發兵攻掠鄂克什寨落人戶及牲畜。據小金川稟文稱「如今沃日與我兩家鬧出來，並不是我大土司要遭踏小土司，皆因沃日土司起不好的心，咒我父子兩個，我兒子生的一個兒子被他咒死，把我們後代的根子都斷了。我想只要我在萬歲爺跟前忠心，這一件事沒有我的罪。我又慢慢的想，不好的土司在暗地裏敢咒我，難道我在明地裏打不得他嗎？萬歲爺是不怪我的，死到陰間裏去也沒有我的罪，我才還仇打了他。」㉔僧格桑後來將「咒我的轉經，畫我的影人」進呈督提判斷。大金川土司郎卡具稟時亦稱「我本家小金川的土司自古以來是萬歲爺底下的舊大土司，他鄰封鄂克什土司心地不好，暗地裏咒僧格桑。我本家僧格桑他心裏想來我又沒得生長，若被他咒死，就同拏刀來殺我是一樣，因爲這麼著，所以不得不報仇。」㉕僧格桑在另一稟文中又稱「沃日的事情，他們的心狠不好，行事狠不端，我包管教他連住處都沒有得。因爲他們不好，我故此想要報仇。我在萬歲爺地方上原沒有做過一點錯事，我必要把沃日連根子都不留他的，總要報了仇才消我的氣，他有本事只管來還手，以後不論到那里，總是這個話，再沒有別的說了。」㉖由此足見小金川報仇心理的激烈與態度的強硬，已非口舌所能化誨。鄂克什人少力弱，允割三寨地方，以爲禳解之資，由小金川耕獲作抵。總督阿爾泰屢次諭令撤兵，僧格桑一再藉口推諉。其後員弁抵達鄂克什後，土司色達克拉倚恃朝廷官員在內，因而背約，不肯割地，轉而請求內地發兵攻勦小金川。僧格桑見色達克拉翻悔，復發兵圍攻鄂克什官寨。清高宗諭令總督阿爾泰會同提督董天弼出口查辦，傳集小金川土司土舍等面爲開導。乾隆三十五年七月二十日，阿爾泰等起程，自汶川出口，由瓦寺前往鄂克什所轄達木巴宗（又作達圍），命遊擊宋元俊傳調小金川土司澤旺，但澤旺以病不克行動，轉令其子僧格桑前往領諭。阿爾泰出口時又諭令三雜谷、明正、巴旺、瓦寺、木坪等土司共派土兵三千名分往小金川邊界地方駐守，意在勦撫兼行。八月十九日，僧格桑叩見阿爾泰，允將所搶達木巴宗附近的墨穆爾吉、日古嚕等處及所搶土司母舅生格等番民二十四名一併交出。惟鄂克什官寨及其以西地方，小金川番兵不奉約束，拒不撤兵，轉而請照蠻家罰服規矩，自行清理，即默認將鄂克什官寨等處割給小金川。阿爾泰見辦理非易，欲早日完局，因循誤斷，擅允其請。其後官兵征討小金川時，僧格桑父子以官斷爲辭，聚衆拒守，堅不撤兵。乾隆三十七年九月，小金川稟文稱「鄂克什這不好的土司咒了我的根由，前年在二位大人跟前備細都是回過的，因此，鄂克什的地方百姓賞給我了。」㉗阿爾泰後來因其誤斷割地奉旨革職後亦供稱「小金川恃強侵佔鄂克什地方，我親往查辦，原想嚴切飭諭，使逆酋心知畏懼以輯邊圉。詎僧格桑強橫不馴，止退墨木爾吉、日古落及搶去人口，其尚有未退官寨等處，求照夷例歸巢自行清理，我一時糊塗應許。」㉘小金川既不奉約束，旋復勾結大金川，聲勢更加猖獗。

大金川土司郎卡生有五女五男，前四女分別嫁小金川僧格桑、綽斯甲布、丹壩、革布什咱等處。其五子，據大金川番民幹布魯等供稱「我金川土司索諾木是老土司郎卡第四個兒子，住在刮耳崖官寨。他還有三個哥子，大的叫楚勒赤木旺丹，第二叫索諾木盆錯，第三叫甲勒瓦沃色爾，又有一個兄弟叫鄂爾斯雜斯丹巴什，都是住在勒歪官寨做囊素的，囊素是金川地方稱呼出家人的話。」㉙清代官書將郎卡長子作莎羅奔岡達克、次子作索諾木朋楚克、三子作莎羅奔甲爾瓦沃雜爾，四子即索諾木，五子作斯丹巴。兄弟五人同父異母，據巴旺、布拉克底番人供稱「郎卡有五子，長二三係前妻所生，其索諾木及第五子係後妻所生。聞從前郎卡欲以索諾木承襲土司，大頭人中有言不應立者，郎卡置之於死。」惟據伺候莎羅奔的番民布爾底阿庫魯供稱「小的在家裏頭日久伺候甲爾瓦訛雜爾，他與岡達克、斯丹巴三人是同母生的，索諾木、索諾木彭楚克又是一母生的。」㉚乾隆三十五年四月，土司郎卡病故，據大金川頭人庸仲供稱「郎卡被革布什咱土司咒死，現有咒經可證。」由四子索諾木承襲土司職務，索諾木時年十九歲。據大金川番民昆布木僧格供稱「索諾木兩個妻子，一個是卓克基的女兒，一個是布拉克底的女兒，金川的人叫他做阿什敏，平日出來時，我們見過他一遍，頭上是戴帽子，帽邊用黃毛織就，上面鑲著珊瑚，身上掛的數珠，也有珊瑚的，也有硨磲的。我們見了土司土婦，只在道旁蹲下，讓他過去就是了。」㉛索諾木承襲土司後，仍由其生母阿倉及其姑阿青管事，大金川印信號紙亦由其兄莎羅奔掌管。據索諾木的頭人阿木魯綽沃斯甲供稱「索諾木年紀小，阿青及莎羅奔們同巴沃雜爾在勒烏圍商量停當了，然後才通知索諾木辦事。」大金川一切事務皆由索諾木及其頭人向阿青等請示辦理。郎卡病故後，索諾木兄弟恃強劫掠，屢滋事端。乾隆三十六年四月初五日夜間，革布什咱土舍郎卡瓦爾佳勾結大金川乘革布什咱土司色楞敦多布因病前赴黨裏山溝熱水塘坐湯時發兵戕殺色楞敦多布，佔據革布什咱官寨。其起釁經過，據當時跟隨土司頭人哇耳台逃出後稟稱「四月初五日半夜，該處頭人跟隨革酋在黨裏山溝熱水塘共帶有三十餘人，我哇耳台跟隨土司在帳房裏，忽聽亂放鎗響，土司說聲不好，隨喚不應，知已受傷。我隨拏身帶蠻刀趕出帳房，不想賊來甚衆，將帳房已圍緊，刀鎗亂下，我也就拏刀亂砍衝出逃走，土司已被殺害，黑夜間來的人聽是金川連我們本處人說話的聲音。」㉜大金川與革布什咱疆界毗連，夙有仇隙。其起釁根由，據大金川番民沙拉供稱「聽見二十三年上，金川有一個女兒要與革什咱做親，土司拉旺斯布登不肯，因此做下仇，還把革什咱官寨圍過一次，沒能打得開。過了幾年，革什咱的土舍郎卡瓦爾佳投到金川，配了女兒，去年打發他回到革什咱，囑咐他，若是土司待你親近，就把土司殺了，那時把你放爲土司。不想郎卡爾佳到革什咱，土司不叫他進官寨。到五月裏，郎卡瓦爾佳打發人來告訴現在土司拉旺斯布登往熱水塘洗澡去了，快打發兵去殺他，金川就派了阿布策妄帶兵去，到了熱水塘，把土司拉旺斯布登殺了。」㉝總督阿爾泰節據打箭爐文武稟報，其搆釁原因係「革什咱土司索諾木多布丹與金川土司郎卡夙有仇隙，凡與金川連界要隘俱設兵嚴守。自上年四月郎卡故後，革酋遂漫無防範，該酋待人苛刻，頭人等率多含怨。又該酋曾與表妹私通生子，遂與正妻土婦不和。本年正月，土婦突然身故，其土婦所管頭人，以革酋暗害，愈加忿恨。」㉞革布什自土司正妻就是大金川老土司郎卡的女兒，其表妹爲霍爾章谷之女。大金川大頭人阿木魯綽沃斯甲亦稱「革布什咱娶了土司的女兒，因夫婦不睦，退回到金川，郎卡心上恨他，勾引革地頭人謀害他的土司索諾木多布丹。」㉟乾隆三十六年六月，遊擊宋元俊飭諭大金川罷兵，索諾木覆稱「革布什咱土司，因要害他叔子敦珠汪札爾，他叔子求我發兵救援，我才發兵的，殺死革布什咱土司是他正地的人，並不是我們殺的。」㊱革布什咱頭人甲噶朋勒爾悟太等稱土司係被頭人甲木參先行動手用刀殺死。甲木參原係正地頭人，乾隆二十八年往投革布什咱，其土司給與田地安置在格爾格普地方，乾隆三十六年逃歸大金川，仍充正地頭人。大金川向以革布什咱爲其舊有土地，久欲收回。據大金川大頭人丹沃雜爾供稱「從前郎卡吵鬧，各土司因聽見老人傳說，革布什咱、明正等處原是金川舊地方，後來才分做衆土司的，要想恢復過來，原是要開拓土地，得一處是一處，並無別的想頭。」㊲質言之，邊外各土司連年尋釁仇殺，與清初衆建少其力的治番政策，實有極密切的關係。由於大小兩金川狼狽爲奸，聲勢猖獗，而打破各土司之間的均勢，以番攻番的政策，已難收效。

乾隆三十六年五月初八、十一等日，總督阿爾泰、提督董天弼、遊擊宋元俊、參將鄭國卿等先後出口查辦，宋元俊等前往革布什咱連界章谷地方，諭令索諾木呈繳印信號紙，退地獻兇，索諾木拒受約來，堅不退兵，轉而要求將革布什咱地方百姓賞給大金川當差。小金川聞風效尤，竟乘明正土兵派赴革布什咱交界防守時，發兵搶佔明正納頂等寨。是年六月初五日夜間，小金川復發兵一千多名由頭人蒙固阿薩拉率領再度進攻達圍、木耳、熱籠（又作日隆），並佔據瓦寺斑攔山（又作巴朗拉），添修碉卡，阻扼援兵。在達圍寨內坐汛的官兵把總洪廷瑞、綠營兵二十名、土練二百名、土千總阿吉等俱被圍困。是時，中緬戰爭已告結束，大小金川藐視天朝提督大員，肆無忌憚，實難以口舌化誨。高宗鑒於以番攻番政策的失敗，決心懾以兵威，大加懲創，永靖邊圍。七月二十四日，高宗於寄信上諭中稱「小金川因金川與革什布咱相仇，敢於效尤滋事，其情甚爲可惡。即兩處情形而論，亦判然不同，朕意總宜先辦小金川，擒其兇渠，治以重罪，則金川自然聞風畏懼，斂跡歸巢，斯爲一舉兩利，阿爾泰何竟見不及此。且小金川介衆土司之間，勢非強盛，又非若金川有險可憑。前此進勦金川時，我師曾取道小金川經行，並無艱阻。況自用兵至今不過二十餘年，從前隨征弁兵必有存者，路徑自所熟識，即可用爲嚮導，官兵更無難深入。」十月初一日，高宗在明發上諭中又稱「小金川以內地土司敢作不靖，暴侮鄰疆，弁髦國法，此而不聲罪致討，朝廷威令安在。況撫馭番蠻，懷畏自當並用，若於梗化之人，不大加懲罰，則懦弱無以自存，而獷悍者必致效尤滋甚，漸至徼內土酋，跳梁化外，何以綏靖邊圉。至於佳兵之戒，朕所深知，豈肯稍存好大喜功之見。」

四　清軍初定小金川之經過

乾隆三十六年六月十五日，提督董天弼自打箭爐馳赴西路。七月初二日，董天弼帶領漢土屯練兵丁五千名抵達瓦寺臥龍關，總督阿爾泰由南路夾攻。小金川先已在斑攔山砌碉修卡，鄂克什達圍等寨位於斑攔山西南，阻斷官兵進援路徑。是時西、南兩路官兵人少力單，火器缺乏，阿爾泰茫然無措置。清高宗以阿爾泰素未嫻軍旅，且年齒已老，體復肥笨，督兵攻勦非其所長。雲貴總督德福從前曾在阿克蘇等處辦事，於調度軍務甚爲諳悉，乃於七月二十五日降旨調德福爲四川總督，令其馳往打箭爐，副都統鐵保帶領成都滿洲駐防兵前往備用。又以副將軍溫福從前在烏魯木齊辦事認眞，且曾隨兆惠打仗，閱歷較深，於八月初八日命其統領滿洲勁旅及黔兵自雲南馳赴川西軍營，代阿爾泰統兵。德福旋以陳奏緬甸軍情，識見乖謬，高宗不悅，奉旨革職，命文綬補授四川總督員缺。董天弼在斑攔山受阻後改由山神溝前進，總兵福昌由斑攔山下鄧仍地方誘敵相機進勦，七月十二日，董天弼攻佔得爾密地方，八月十六日，守備袁國璉帶領屯兵七百名，漢兵二百名攻佔別蚌山（又作畢旺拉）。但在同月二十日夜間，別蚌山復爲小金川番兵奪回，千總韓世貴等被俘。二十二日夜，小金川番兵乘霧雨迷漫之際奪回得爾密地方。八月二十七日，遊擊宋元俊密約巴底土舍、巴旺土婦派兵由納頂山後下壓，宋元俊則帶領都司李天佑等用綿簾遮船渡過甲楚河兩面夾攻，因宋元俊善於駕馭土兵，遂收復小金川所佔明正納頂、邊谷、仲濃等處番戶碉寨八百餘所，乘勝攻佔小金川噶中等四處，高宗據奏後即賞給副將銜。九月初二日，阿爾泰移駐小金川美諾南方章谷，九月初七日，董天弼撤回山神溝帶領西路官兵二千五百名改由美諾東邊木坪、堯磧進攻達圍。因甲金達與堯磧相近，阿爾泰另遣遊擊陳聖矩帶兵八百餘名前往接應董天弼。九月十一日，高宗命在軍機處行走戶部侍郎桂林馳赴川邊，協同阿爾泰辦理軍務，又命參贊大臣五岱、副都統常保住、莽喀察會同副將軍溫福籌商進兵事宜。十月十六日，桂林前往打箭爐，十月十八日，溫福馳赴章谷軍營。是時所調滿漢官兵及屯土兵丁共一萬六千餘名，分兵三路：阿爾泰駐兵南路，督兵進攻約咱，有兵七千餘名；福昌在西路，由山神溝進攻，僅帶兵一千七百餘名；董天弼進攻達圍，是爲中路，有兵五千三百餘名。十月二十七日，董天弼一路攻破甲金達，奪佔牛廠地方，但在十一月初七日，仍爲小金川奪回，搶去大砲四位，千總俞啓龍、王文忠、余耀祖、路仕貴四員及把總漢土兵丁近百人陣亡。高宗降旨將董天弼革職，其提督員缺命阿桂署理。桂林抵達南路後奏陳阿爾泰調度失宜，貽誤軍機。十一月二十日，高宗降旨將阿爾泰革去大學士銜，留於軍營效力贖罪，並命桂林補授四川總督。是日，南路方面，副將宋元俊、參將薛琮等分路攻取約咱地方，據報殺死番兵百餘名，高宗賞給宋元俊總兵銜。十一月二十二日，溫福、五岱馳抵西路後帶兵攻佔斑攔山右側碉卡。是夜，小金川番兵吶喊衝殺，綠營兵丁甫聞鎗聲，即退縮潰散，碉卡得而復失。溫福等於馬上將奔逃兵丁箭射刀砍十餘人後，軍心始稍鎮靜。巴圖魯委署翼長占鬫納陣亡，巴圖魯前鋒參領納蘭圖中鎗重傷回營後不治身故，參將關泰年踰六旬，於忙亂之際由山崖滾落雪中不知下落。十二月十四日，董天弼進攻達圍，被困在內的官兵及土兵同時殺出，內外夾攻，擊退小金川番兵，搶獲九節大砲及劈山砲各一位，救出鄂克什土司及兵丁三百餘人。達圍被困七月之久，據千總洪廷瑞稱城中缺糧以至煎食牛皮。十二月十七日，桂林、宋元俊督兵攻克卡了西面山溝內喇嘛寺碉寨，寺東墨壟多山爲小金川土司每年奉祀封禁之所，桂林命官兵將山頭樹木盡行砍伐，縱火焚燒。十八日，溫福克服熱籠寨奪回前董天弼所失劈山砲一位。二十八日，宋元俊等分兵四路攻克卡了地方大小碉寨二百餘座。二十九日，官兵乘勝攻佔郭松、甲木等處。

溫福自達圍前進後，所遇阻力甚大。僧格桑藉口阿爾泰已將達圍以西地方斷給小金川而聚衆堅守，增修碉卡。小金川鑒於乾隆十二三年攻勦大金川時官兵每用大砲轟摧石碉，故將達圍以西各碉內排紮木植，貼護石牆，使砲彈不能直透內層，而且自過達圍以後，山勢更險，一線羊腸，冰雪凍滑，軍營所鑄大砲，重達三四千斤，實難抬運。溫福改鑄七八百斤砲位，必須擊中數百砲始能摧破碉牆，因此自十二月二十五日至二十九日經五日四夜進攻始進抵日耳（又作資哩）附近地方。是時，各路官兵已深入小金川境內，僧格桑漸感不支，乃屢遣頭目前往大金川請兵援助。

據大金川番民沙拉供稱「小金川土司打發三個頭人到大金川說如今沃日地方都被官兵取了，我們小金川地方只剩登達、占固、美諾官寨三處了，要求借些兵幫我們才好，小的土司索諾木說我原不叫你打沃日，如今大兵來了，抵擋不住，要我幫兵，我是不能發兵的。小金川來借過三遭，大金川總沒有發兵，到第四遭又來求借，我土司索諾木才打發六寨的人來幫他，帶兵頭人叫三特爾三登，後來又借了三寨的人給他，帶兵的頭人叫達什策旺納木拱申二個，通共九寨的人，約有七百多人。」㊳僧格桑甚至表示願意將小金川獻給大金川以求援。據大金川番兵彤錫供稱「小的又聽見僧格桑差人到金川去說，我雖有兩個女人，並沒養兒子，我是無後的人，將來小金川地方無人承管，你打發一個兄弟來，就是你的地方了，我攻打鄂克什也是爲你佔地方。現今官兵來打我，你若不多多幫兵，我就把地方讓給官兵，我就逃往你們金川去。金川聽了這話才發兵來幫的。」㊴鄂克什番民札木喀從大金川脫出後亦供稱「大金川的人說，我們是不得不幫小金川的。小金川地方別的土司佔不住，就是官兵打到沒法的時候，總是要完事的，將來小金川地方終久是歸我們大金川的，我們幫小金川，就是幫自己的一樣。」㊵大金川番兵幹布魯等又供稱「金川與小金川本是一家，如今小金川土司僧格桑是索諾木姐夫，又成親戚，想來土司因此幫著他。」大金川平日已派兵在小金川防護其姐，官兵進勦小金川後，索諾木曾屢次遞稟表示願意替小金川與鄂克什說和，希冀朝廷撤兵，但遭溫福等峻拒，大金川土司索諾木遂藉口保護其姐而派兵援助小金川。大金川番兵彤錫供稱大金川土司頭人等說，大金川滅了鄂克什，再打到木坪、瓦寺北邊，打到維州橋去也是不難的。溫福奏報軍情時已指出官兵未得早定小金川的主要原因係大金川幫兵駐守。高宗據報後決心勦滅大小兩金川，永除邊患，「金川一日不辦，小金一日不滅，金川辦而小金易滅，小金滅而金川其勢已孤。」

乾隆三十七年正月初八日，桂林一路攻克甲木附近的噶爾金地方。同日，溫福一路兵數逾萬，進攻日耳寨山梁，但小金川的番兵乘夜間風大天黑吶喊衝殺，官兵敗退，都司黃壯略隊中失砲二位，守備黃廷玉隊中失砲一位。侍衛三達爾（又作三達勒）陣亡，都司富敏泰身受重傷。小金川番兵恃有堅厚碉牆，貯糧充足，誓死抗拒。溫福命官兵用砲晝夜轟摧，但據小金川番民色克佳供稱「他們怕大砲利害，都刨了地坑，把木頭排在坑口，又鋪上石片、泥土，大砲只能打在寨子牆上，打不著地坑裏的人。」溫福見從前所鑄砲位子輕力薄，不能徹底摧毀碉根，即令趕鑄三千餘觔大砲。溫福奏稱每晚令官兵於砲內裝放群子，竟夜轟擊，使番兵不能乘間修補石牆。二月二十五日以後，碉牆已摧毀過半，似有可乘之機，溫福即分兵進攻，但番兵在日耳寨外掘有深溝，並以荊棘亂石橫豎塞斷，官兵不易越濠而過，連日衝殺，三等侍衛哈爾久等陣亡。據溫福稱「賊人所掘地窖堅厚深曲，竟同鼠穴，砲子實有不能直透之處。」「今攻勦多時而賊寨猶未潰破，賊匪狡猾異常，深挖地窖，於地窖之上壘蓋木石數層，從旁穴出入，又如砲在北邊從上擊下，賊即於地窖之靠北躲藏，砲子即不能全著。」在日耳寨對河南面有特雨爾山梁，溫福令官兵自上至下排列拏卡直抵河邊，繞圍日耳寨東西南三面，然而小金川番兵仍從河北往來於阿喀木雅之間。爲截斷小金川外援，溫福與阿桂商定從北山西側順坡而下，令參將成德於南山添築砲台一座，安設大砲正對河北大卡轟擊，另又改鑄一千斤至四千斤砲位分安各處，日夜轟摧，三月初九日，官兵分路攻撲，小金川番兵以外援已斷，乘風雪大作之際棄寨而遁，官兵即於十一日黎明佔

事之將難上峻山
事之將易下順水
旬日全定小金川
幅員五百有餘里
回思六月僨事時
猖披賊氛迅若此一
朝失亦一朝得
天道好還原定理
整兵直進討促浸
雪嶺險滑仍如
彼擬欲持以久困
之復賞師老設為
康賞勇及鋒而用
壯一月三捷心焉念
我非黷武頗佳兵
撻伐由來不得已
將軍阿桂奏報
官軍收復小金川
全境詩以誌事

阿桂奏報收復小金川圖

據日耳寨。同日黃昏，阿喀木雅碉寨番兵亦舉放號火，乘夜竄逸，溫福一路自是年正月初八日進攻日耳寨，經二個月之久，至是始攻克，桂林一路於三月初五日與革布什咱土兵裏應外合攻克木巴拉博租等寨，十九日，復分兵四路攻取阿仰地方，二十日，克復達烏，搶佔碉房六百餘座，殺死番兵五百餘名，官兵傷亡尤重。二十二日，宋元俊令官兵各攜利斧，攻撲丹東寨，砍奪碉門，番兵乘碉奔逃，官兵乘勝攻佔角洛喇嘛寺，至此克復革布什咱三百餘里，番民二千餘戶。官兵往攻僧格宗，惟自達烏至僧格宗中隔大河一道，僧格宗位於河西山梁下，番兵沿河排列碉卡二十餘處，其東山梁樹木叢雜，設有木城一座，周圍排列巨木，重疊數層，內復壘立石牆，四面刨挖深濠，排釘木樁，與河西各卡互相援應。四月初六日，桂林派侍衛等帶領兵練由郭舟山乘夜分路潛進，攻撲木城，巴圖魯藍領侍衛六十一、參領普寧俱中鎗陣亡。四月十三日，桂林據報小金川番兵一千餘名截斷官兵後路後即派總兵王萬邦、候補遊擊馬應詔、都司廣著等抽調墨壟溝防守兵丁前往策應，因桂林調度失宜，以致參將薛琮中鎗落崖陣亡，兵丁傷亡甚衆。據宋元俊奏稱「桂林於四月初六日夜大雨如注之時，催迫薛琮同侍衛章京將備千把帶領漢土官兵千餘名裹帶五日口糧，從墨壟雪山進發，約定繞至前敵山梁即行接應夾攻，至初八日，桂林始與都統鐵保，提督汪騰龍等行至前敵，略一進攻即行退守。其墨壟山所發之兵於初九日已到前敵山梁，因賊番碉卡堅固，拒守甚力，未能壓下，而桂林等祇令前敵官兵隔河施放鎗砲虛爲聲勢。至初十日正當用兵緊急之時，而桂林止圖安逸，先回卡了軍營，於十二日並將明亮、鐵保、汪騰龍等均各撤回。適薛琮等被圍，差人越險來營稟稱糧盡請兵救援，桂林惟言餓了自會出來等語，並未商及作何救援。至十三日，薛琮求救之信又至，始令都司廣著領兵往救，而險要已爲賊番所據，萬難仰攻，隨見我兵浮屍蔽河而下，內中救活數人，詢知侍衛章京八員、副將二員、參將一員、遊擊一員、都司三員、守備一員、千把三十餘員、兵丁三千餘名，始與賊番拒敵，繼而糧盡饑餒，力不能支，或被賊番拏去，或被賊番鎗傷石擊，落水墮崖，全行覆沒，連日脫圍而出，僅有官兵二百餘名，布拉克底、巴旺、明正司等處土兵數百名而已。」即如章京普寧、巴圖魯六十一俱係派在墨壟山上，乃揑稱攻打木城而亡，廣著往救不及，乃揑稱合兵一處佔據甲爾木山梁。且桂林自到卡了後，不以軍務爲重，一味狂妄驕縱，不住帳房，修立房屋居住，勒取屬員供應，終日與鐵保、汪騰龍酣飲歡聚。」宋元俊於四月二十六日具摺奏參桂林㊶。高宗據奏後即差福隆安前往審訊桂林，並命阿桂馳往南路接辦進兵事宜。案墨壟溝被困陣亡帶兵將弁爲參將薛琮、侍衛額爾金、和山、拉翰保、伊爾蘇拉、西蘭保、副將松德、巴格、參領額林普爾等員，其餘被俘官兵多被綑縛丟入河中淹死。

乾隆三十七年六月初四日，阿桂抵達南路軍營後，奏稱「各隊兵丁多屬零星湊撥，不但有別營之將弁管別營之兵丁，抑且有隔省拚員令其帶領，而兵丁亦從各營雜湊，既至什伍不能相習，而輾轉調撥本營之官甚至有不知本屬兵丁之去向者。」同時因「南路山勢自約咱迤北逐漸偪仄，兩山一河之間，大率層巒陡起，石壁峭立，臣阿桂看來比西路更爲險窄。至達烏則兩山環繞東面山根至此橫出其旁，絕壁萬仞，沿山有賊人石卡，其下紆迴至逕賊人設立木柵在山根水滸之間，甚爲堅固，其西亦係陡崖。」營中侍衛鎭將土弁等亦稱「賊人占盡地利，若進攻東山梁，賊人即於石壁上滾石擂木，我兵已不能站立，而前面木柵並西山梁卡內施放鳥鎗均可及此，我兵三面受敵，傷損必甚。」因此南路官兵自墨壟溝失事以後兩個月之久，未敢再發動攻勢。但此距打箭爐甚近，官兵既克復明正土司地方，必須於約咱駐兵防範，且由此路進攻僧格宗直搗美諾較為便捷，不宜改道進兵。福隆安覆奏時亦稱「南路一帶雖稱地險碉堅，然業已由約咱卡了進至達烏，距美諾不過七十餘里，雖目下急切無破險長驅之策，而另覓間道一俟兵力厚集，分路進攻，則兩金川疲於支守，不久當必日潰。」㊷故南路仍不失為進兵捷徑。至於西路方面，提督李煦等於五月十四日自阿喀木雅進兵瑪爾底，牛天畀於是月十九日從得爾密繞至拉布木楚，因山勢綿長，林箐深險，每隔十數里即需安設柵卡一處，每處派備弁一員，兵丁數十名駐守，故西路官兵雖有一萬餘名，其實際打仗者只有二千餘名，因兵力單薄，李煦等攻打數月之久，始終未能沖壓而下奪據木闌壩，以進取美美卡，西、南兩路同樣阻滯不前。據丹壩土婦阿日噶稟稱「金川人說以後我金川家在自己地方同大石頭一樣不動的，漢兵來也是再進不來的，你丹壩後來做得土司做不得土司由我金川等語。」㊸足見金川負固頑抗，聲勢猖獗。七月初十日，雲南提督哈國興奉旨馳赴西路軍營，與溫福、海蘭察籌商進兵事宜。是年八月，小金川僧格桑屢次遣人在軍營外叫喚遞稟，略謂「鄂克什地方，並非我們敢於私自佔據，原係總督大人親到鄂克什將資哩寨以西各地方斷給小金川。今將軍大人統領大兵來殺我們，我土司就該早早詣營請罪，直挨到如今，實在罪無可解。今情願將總督大人斷給的地方，全行交官，求大人轉求將軍饒我們土司性命。」㊹提督哈國興等認為兵不厭詐，惟期實在於事有益，為將計就計，將南北山梁美美卡、木闌壩、鄂克什舊寨，瑪爾底等處誑其全行退出，可以大省兵力。哈國興等遂諭令僧格桑以空說無憑，必須先將番衆悉數撤回，交出各寨，始允代稟將軍，饒其性命。八月二十五日，小金川頭人允諾定於次日將各碉卡全撤，不敢失信。八月二十六日，果見各處卡柵俱放號火，紛紛出碉，退守龍登、兜烏等處，官兵亦不追擊，分兵佔據鄂克什舊寨等地方。官兵經數月圍攻，毫無寸進，今竟以「用計而得」。小金川老土司澤旺父子在稟文中亦稱「溫將軍到的時候，又打發頭人通事送禮投稟帖去了，那時申飭我的諭帖上說要把我們小金川的地方百姓連根都要勦滅了，這樣吩咐來，為此我父子二人實在害怕，那時候頭人百姓們把地方上碉卡把守了，後來想要保全我的性命，把木闌壩的寨子以下連鄂克什的大官寨，八月間都交還上去了，河兩邊山梁上的木城都拆了，在海、李、哈三位大人上也磕了頭，求替我轉求溫將軍在萬歲爺上求恩的話也回過，後來溫將軍在萬歲爺跟前也是要替我們奏的，如今我土司頭人百姓們的造化好，聽見傅公爺高陞到這邊來，我實在狠喜歡，從前乾隆十三年我大小金川兩家打仗時候，替我們完了事。」㊺據此稟文似哈國興等誑騙小金川時曾詐稱傅恆又奉高宗諭旨赴川辦理小金川納降事宜。當番兵全行撤退後，哈國興等仍不許小金川求和，失信者為天朝將弁，一方面說明歷來督撫提鎮辦理邊外番蠻案件，每多類此，缺乏光明正大的態度，另一方面則充分表示天朝寧失信於蠻夷，仍決心徹底勦滅大小兩金川。

乾隆三十七年八月二十四日，阿桂令明亮帶兵進攻甲爾木山梁迤北碉卡，惟因山上山下寒燠懸殊，官兵上山時秋暑未退，奮力攀援，正患炎熱，不料仰攻至山巔距大碉僅一鎗之地，因風雪雨雹甚大，官兵衣履濕透，手足僵凍，被迫放棄已得山梁，撤回大營。九月初旬，向為番夷所信服的撫夷大員宋元俊病故。九月二十八日，大金川送出前於墨壟溝所俘滿洲遊擊寧祿，並呈遞稟文乞降。當寧祿自噶拉依經美諾官塞時，僧格桑向寧祿說「僧格桑就像雞蛋一樣，丟在地下就破了，只求將軍大人賞一條生路。」惟溫福等卻置之不理。小金川放棄鄂克什舊寨等處後，險要盡失，官兵遂得以長驅深入。溫福派海蘭察等分路攻克路頂宗、哈木色爾各寨，搶佔大小碉五十餘座，番戶碉房二三百間，奪獲大砲三位，九節砲、小鐵砲各一位，哈國興等從哈木色爾北面繞道襲取兜烏、猛古寨等要隘。阿桂一路則連克咱瑪山、木陽崗、木了、甲爾木、甲魯、宜喜、翁古爾壟、得里、札角、邦甲、拉宗、赤耳丹思喇嘛寺、納圍、納札木等處碉寨，相距僧格宗祗有數里。僧格宗爲小金川南路緊要官寨，位於突起崖頂之上，四面峭削，僅有螺旋細路可通，僧格桑派頭人噶爾木阿思黨把守。十一月十九日，阿桂令李植善帶領漢土官兵用皮船渡河潛至碉下由正面進攻，都司劉俸帶兵繞至後路，前後夾攻。番兵拆毀石牆順溝竄逸，遂克僧格宗，搶獲大戰碉一座、平碉一百五十餘間，劈山砲一位。官兵乘勝攻佔河東耆壟三寨，番民紛紛投誠。十二月初五日，復克尺木、美獨喇嘛寺。番兵於美諾官寨對岸魯爾八寨沿河以排鎗攻打官兵，明亮等帶兵由喇嘛寺中路進攻，三保帶兵由寺西進攻，德赫布帶兵由寺東進攻，番兵見官兵三面合圍，乘夜棄碉遁走，官兵遂於十二月初六日將美諾各寨全行攻克。據老土司澤旺聽差番民薩爾甲供稱美諾官寨約二三里大，中間是土司官寨，兩旁都是百姓人家，周圍住著，外邊係砌的石牆，官寨戰碉有十八層高。官寨內有七十來戶，其中三十來戶是派出當兵的，其餘都是伺候當差，不派出兵㊻。官兵在美諾官寨內查出物件包括印記三個：一係美諾官寨收藏物件圖記；一係美獨喇嘛寺圖記；一係妙悟廣善國師之印，上鐫明朝正德四年鑄造，其餘大小砲位十三尊，大小銅佛畫像珊瑚琺瑯及各種銅製器皿數量極多。溫福一路亦於十二月初五日夜分兵四路乘敵不備攻取明郭宗（又作密郭宗），並焚燬其西南念經樓一座。初六日，溫福抵達美諾官寨，西、南兩路會兵於此。僧格桑先已於初五日夜由美諾官寨坐船過河逃往八角碉。初八日，溫福等分兵兩路追擊僧格桑，但僧格桑於八角碉略爲休息後即帶同小女人等逃往布朗郭宗。初十日，官兵抵達岱多喇嘛寺。此寺立於河岸，四面石牆，周圍三四里，高厚堅固，僅有傍牆一線細路。大金川番兵二百名在寺內拒守，官兵層層圍攻，寺內一名喇嘛手捧銅佛像一尊脫出投誠，懇求溫福發給令箭，約定衆喇嘛從中殺出，裏應外合，遂克喇嘛寺，連下木布多、達克羅等寨，距布朗郭宗只有五里。布朗郭宗大寨立於山腰，周圍五六里，碉房千餘間，惟無城牆，僅砌戰碉三座，高約十層。溫福分兵四路，佔據要隘，金川番兵舉放煙火潰圍而出，遂克布朗郭宗。僧格桑已於前日將寨內所有貲財細軟，兩個女人，心腹頭人伴當等令大金川番兵二百餘人由美臥溝小路送往大金川，僧格桑本人則於初十日聞知官兵攻克八角碉後即逃往底木達官寨求見其父老土司澤旺。據被俘大金川番兵供稱其父閉門不令進見，僧格桑憤恨，將澤旺所差傳話三人當場殺死在門外，仍由美臥溝小路翻山逃往大金川勒烏圍官寨。底木達有戰碉三座，高度自十二層至十五層不等。十二月十一日，官兵由布朗郭宗過河圍攻底木達，澤旺等出城乞降，遂克底木達，並將澤旺押解入京。官兵在布朗郭宗官寨內所查獲物件，包括銅印三顆：一鐫崌州長官司印，洪武十一年造；一鐫楊塘安撫司印，永樂四年造；一鐫別思寨安撫司印，宣德十年造，在《四川通志》內均查無此三土司之名。溫福訪詢土番後據稱小金川地方，原係五土司之地，俱被小金川併吞，故印信均爲所得，其別思寨一印即係土舍安堵爾祖上物件，除此印信外尚有銅鐵圖記八方，文字漫漶難辨，未書明鑄造年月，據稱係土司自造分給頭人掌管夷務的圖記，至於康熙五年所頒小金川演化禪師印信則於底木達官寨查獲，其餘銅佛、銅瓶、銅壺、銅盤、銅罐、銅鑼、銅鈸、銅鍋、銅燈、銀塔、珐瑯、珊瑚、博朗鼓、孔雀石、碎松石、琥珀、犀角杯、琉璃朝珠、香朝珠、象牙根、水精球、蟒袍、烏雲豹馬褂、猞猁猻馬褂及木砲、彈藥等數量極夥。十二月十七日，阿桂率南路大軍由布朗郭宗返抵美諾駐箚，至是小金川全境蕩平。

五 木果木之敗與小金川得而復失

乾隆三十七年十二月十三日，清高宗明發諭旨，授溫福爲定邊將軍，阿桂與豐昇額俱授爲副將軍，各統領一路官兵進勦大金川。溫福一路命舒常爲參贊大臣，由控喀山進攻卡撒以直搗噶拉依，阿桂一路命海蘭察爲參贊大臣，從納圍、納扎木、當噶爾拉進取噶拉依，豐昇額一路命出身綠營的漢員哈國興爲參贊大臣，由綽斯甲布、俄坡進攻勒烏圍。乾隆三十八年正月初一日夜間，因山高雪深，碉內鎗石如雨，官兵屢進屢卻。此次攻碉時，有四川馬兵臧應龍首先撲碉，大金川番兵因善於使用長矛，即以其矛直戳藏應龍，然而臧應龍從容奪取其矛，反擲番兵，甚稱奮勇。因功噶爾拉堅碉難克，溫福乃於二月初十日取道固木卜爾山鑿冰開路繞過功噶爾拉前往木果木，擬從昔嶺進攻噶拉依。據小金川通事虎兒稱若攻克昔嶺，分路而下，從右路可抵勒烏圍，由左路可抵噶拉依，進兵最便。溫福將大營移駐木果木後，即派提督李煦、副都統常保住帶兵在木果木北面防守，派侍衛德爾森保、副將多隆武帶兵在簇拉角克一帶駐箚，提督董天弼奉旨革職後打仗出力仍令其以提督銜帶兵駐箚大板昭。昔嶺碉卡極多，其正面自東而西排列大碉十座，碉座之下復築石卡數座，溫福屢次分兵數隊於山巒冰雪之中往來攻撲各碉，惟因山高雪深，碉堅牆厚，官兵仰攻，饑渴交併，傷亡極重，只得晝夜施砲轟摧。阿桂一路官兵自納圍納札木起程前往當噶爾拉，其路程僅二十餘里，因步步仰攻，官兵疲憊不堪。當噶爾拉山梁綿亙二十餘里，除堅碉十四座外，又有橫牆石卡，互為聯絡。正月二十四日夜，阿桂派撥侍衛章京將弁分五路進攻，然而各碉外均築有石牆，牆外護以木柵，木柵之外掘有深濠，濠中松簽密佈，潑水凝冰，難以逕越，而且愈近碉卡，山崖愈陡，官兵自下仰攻，路滑雪深，難以施展。阿桂以新鑄大砲，晝夜施放，惟因山勢高聳，雲霧迷漫，雨雪紛紛，距碉雖近，卻常不見其碉。二月二十六日，略見晴霽，阿桂即分兵四路潛至西山梁第五碉下，拔開木柵，躍過深濠，推倒石牆。大金川番兵在碉牆上放鎗下擊，官兵貼近碉根以避鎗彈，番兵擲石下擊，官兵則舉長矛上戳，兼用弓箭仰射，將碉根挖開洞穴，拋入火彈，但碉高三層，火彈所及，僅在下層，官兵從碉角攀登而上，將火彈拋上碉頂，惟碉頂排有橫木，鋪設石板，塗以泥土，火彈不能燃燒，官兵將將碉根刨挖拆毀，始克此碉。大金川番兵於第四碉外增添卡座，彼此應援，且編結柳條，中實泥土，以為卡牆，又於碉卡內深掘地窖，地窖之旁斜上穿眼，藏身既固，放鎗尤便，故官兵自正月進攻以來至三月二十二日始克復第四碉，但其餘碉卡因皆設在峰巒之上，碉外溝濠之底，比官兵攀越之路還高，大金川番兵將所刨出石土堆積如牆，其上復挖有鎗眼，番兵不必露出頭目，即可攻擊官兵，而且一線細徑，陡峭險仄，僅能魚貫而登，難於進攻。豐昇額一路於正月初十日分兵進攻達爾圖山梁大碉，亦因濠溝寬深，難以跨越，寸步難進。豐昇額見仰攻無益，乃選派官兵砍伐樹木，趕挐木寨，外刨深溝以防偷襲。三月初二日，豐昇額督兵進攻日旁，因濠塹極深，即用蜈蚣梯垂下，但深不及底，即命官兵將所備柴棞排立溝沿，以禦鎗石，然後用噴筒火彈攻擊溝中潛匿番兵。三月二十三日，官兵再度進攻日旁，仍未得手，都司釋迦保等陣亡。

官兵三路並進，溫福在昔嶺距噶拉依官寨固然很近，但必須攻上昔嶺，克獲碉城，始能直搗巢穴，豐昇額從綽斯甲布進兵，若能攻上宜喜、日旁山梁，越山而下，即係人衆田多地方，官兵至此，大金川必失其所恃，勒烏圍雖在隔河，勢將動搖，阿桂在當噶爾拉，官兵營壘橫截山梁，若能連營而下，不難乘勢深入，但此山梁延袤二十餘里，兵力不敷分佈，故始終未能下壓，而溫福與豐昇額兩路官兵亦皆未攻上山梁，平定大金川尚需時日，大金川番兵則藏匿各處密林內窺伺官兵動靜，每夜四出劫營，或衝犯砲台，或搶掠糧站，官兵不堪其擾，防不勝防。由於大板昭一帶董天弼疏於防範，大金川番兵從大板昭正南山口潛至底木達，擲石放鎗，攀開官兵營盤木柵，一擁而進，所有山頭官兵帳房俱遭焚燬。提督董天弼見事危急，令其子同屯練二名背負印信逃出求援，董天弼則從所駐營盤前赴底木達官寨，路遇番兵，右脅中鎗，走至碉房附近菜園傷重身死。初二日辰，番兵搶佔大板昭一帶卡倫，是夜，喇嘛寺糧台被圍，於初三日晨失陷，溫福後路已被截斷。番兵四處攻撲，連搶木波、帛噶爾角克碉、布朗郭宗、科多等處，溫福與阿桂音訊中斷。初八日，海蘭察欲將官兵撤回防守溫福所駐木果木大營，綠旗兵丁見大小金川番兵聲勢猖獗，風聲鶴唳，紛紛潰散，番兵搶佔軍營砲局。溫福下令將大營四門關閉，運糧等民戶三千人不得入，乃自相踐踏爭先恐後連夜潰出，奔赴劉秉恬所駐登春站所。初九日夜，木果木大營東北山上木柵，俱爲番兵奪踞。初十日黎明，溫福大營後面山上木柵亦被搶佔。是日卯刻，溫福帶兵出營向後路番兵木柵突圍衝殺，綠營兵丁畏葸不進，紛紛鳥散，高峰上番兵千餘名直犯溫福大隊，溫福胸左中鎗，子彈穿透其胸，墜馬而亡，鎗殺溫福的兇犯是金川番兵得烏木魯克塔爾。溫福之子侍讀永保左腿被石所傷，滾山昏迷，軍營大火燃燒。海蘭察見大勢已去，不敢戀戰，先令領隊大臣福興等帶領官兵沿達扎克角山越過山溝而出，海蘭察則帶領滿洲兵殿後，且戰且走，於初十日夜半，始至功噶爾拉軍營。劉秉恬所駐登春站，先已被圍，實難久守，海蘭察令其覓道衝出，副都統阿爾素訥、總兵張火經、富伸等同時撤出，十二日，海蘭察等行抵美諾。十三日晨，美若西北木柵內，番兵數次來衝，綠營兵丁紛紛逃向明郭宗而去，禁之不止，海蘭察、烏什哈達趕至渡口，射殺數人，軍心稍定。木果木之敗，溫福軍營官兵將近二萬名，陷沒者四千餘名，其潰出經海蘭察等收集者尚有一萬多人，其陣亡文武各員據軍機處《金川檔》海蘭察、劉秉恬先後所奏，可知官兵將弁文員傷亡之衆。「海蘭察等奏到木果木軍營陣亡文武官員：副都統巴朗、戶部主事趙文哲、刑部主事王日杏。劉秉恬、富勒渾奏到續行查出被害陣亡文武各員：喇嘛寺站員潼川府通判汪時，八角碉站員候補同知鍾邦任，澤耳多站員營山縣典史吳鉞，登春站員降調漢州知州徐諗，內江縣知縣許椿，布朗郭宗經理支放秀山縣石堤司巡檢郭良相，刑部主事特音布，候補從四品王如玉，候補直隸州知州吳璜，候補知州彭元瑋，候補知縣張維龍，候補知縣張世永，西昌縣縣丞倪霖，大竹縣知縣程蔭桂，納谿縣典史許濟。未經沖出各員，革職越雋通判吳景，布政司照磨倪鵬，候補遊擊李棟綿，候補都司札魯。海蘭察奏到續經查出陣亡各員：副都統阿爾素納，御前頭等侍衛德爾森保，前鋒參領觀音保，護軍參領德保、額爾塞、阿哈達，副鳥鎗參領常興、明德保，副鳥鎗參領兼佐領五爾泰，委署護軍參領花尙阿、福祿，前鋒校富森布，護軍校德福、德祿、明智，驍騎校邁斯翰，拜唐阿空翎雅秉阿，成都協領額塞，防禦德祿，滿洲翎長及護軍前鋒共二十名，成都滿兵三十二名。未經沖出各員：委署護軍參領尼三泰，署驍騎校崇起，滿洲兵十名，成都滿兵五十五名，隨營辦事及辦理糧餉官員內陣亡重慶府知府吳一嵩，重慶州知州常紀，新繁縣知縣徐瓚，未出秀山縣典史周國衡。乾隆三十八年六月初十日起，自昔嶺控喀達扎克角至美諾沿途與賊打仗陣亡未出各員官內陣亡：四川提督馬全、署貴州提督牛天畀，陝西興漢鎮總兵張大經，陝西靖遠協副將二達色，甘肅河洲協副將多隆武，重慶鎮屬綏寧營參將曹永言，西安提標城守營參將珠蘭泰，貴州平越營遊擊李顯祖，興漢鎮標左營遊擊韓慶春，陝西華林營都司馬世華，貴州上江協都司七十一，貴州台拱營守備五達色。未出各員：候補副將趙琮，效力參將惠世溥，四川建武營遊擊沈寬，陝西興漢鎮屬漁渡營遊擊胡國英，四川提標左營遊擊王滇，貴州黔西協都司劉宏達，四川永寧協右營都司阿金泰，陝西邠州營都司洪文紹，松潘茂州營都司邢天培，甘肅涼州鎮屬張義營都司馬良棟，涼洲鎮屬安遠營都司巴克唐阿，安西提標右營都司高仁，貴州安龍鎮標右營守備羅文元，效力守備李品先，松潘右營守備瑪什泰，松潘漳臘營守備譚世俊，陝西提標右營守備哈文虎，陝西提標興武營守備史可久，涼州鎮屬鎮番營守備左文龍，陝西七里關守備都云成，西寧鎮後營守備巫泰，涼州鎮屬松山營守備查洪，寧夏鎮屬玉泉營守備楊文舉，延綏鎮標中營守備張玉，候補守備鄔翼麟，陣亡千把外委四員，未出外委一百零六員，貴州省陣亡兵丁十三名，未出兵丁三百一十六名，陝甘省陣亡兵丁九名，未出兵丁一千九百五十四名，四川省陣亡兵丁三名，未出兵丁一千六百一十二名。」㊼乾隆四十一年二月，阿桂續查出所有未出守備哈文虎、都司高仁、總兵效力參將惠世溥等二十五員及千總楊海、把總趙興基、外委孫洪緒等一百十五員俱已陣亡。在木果木所失米糧計一萬七千餘石，銀五萬餘兩，火藥七萬餘觔，大砲五位，九節砲七位。據大金川番民安卜嚕供稱番兵殺死官員內「那裏頭有穿的體面些的，他們就害了，將衣服銀兩搶去了。」溫福的翎頂亦獻給索諾木。

當溫福在木果木失事時，阿桂一路由於鎮靜嚴防，得以全師而出，於保存戰力貢獻至鉅。原來在當噶爾拉後路色木則地方，大金川約定小金川降番於六月初七日夜間同時叛變，阿桂以色木則爲僧格宗至當噶爾拉必由之路，爲先發制人，即令委署前鋒參領西當阿帶兵前往佔據色木則，另派奎林帶領黔兵前往相機攻打，又鑒於僧格宗山後大小金川番兵可往來於河南河北之間，阿桂命官兵預將皮篙收起，使河南河北番兵不能交通往來，以杜其牽連並發之局，且爲先除內應，以免返顧之憂，阿桂另派明正、巴旺、布拉克底各頭人帶領土兵會同官兵將當噶爾拉以西各寨投降男番盡數調離碉寨之外，收繳軍器，其稍有桀驁者，或登時殺死，或捆縛抛入河流，其餘押送至章谷及打箭爐，分賞明正等各土司，阿桂後路得以無虞。六月十五日起，海蘭察曾三次發兵派額森特等統領前往接應，俱被番兵截斷。六月二十一日，美諾、明郭宗相繼失守，海蘭察欲將官兵撤往鄂克什地方，但番兵圍攻益急，難以據守，即將官兵撤往熱籠地方。當木果木大營失陷後，大金川土司索諾木差遣大頭目丹巴沃雜爾至阿桂軍營，請求官兵讓出大金川地方，並表示不敢抗拒兵官，阿桂將計就計，允其所請，即整暇退兵，全師而出，番兵守信，並未追擊。西南兩路官兵既已撤出，小金川、鄂克什地方官兵經年餘所攻克者俱被奪回，豐昇額一路亦難據守。據大金川番民供稱「索諾木差人到

綽斯甲布卡子上喊叫說，你們原先幫助天朝打我們，如今你們這一路官兵想不久也要退出去，退出之後，我們就發兵打你們。」㊽

大小金川番兵在木果木攻破溫福大營的經過，據喇嘛捫集爾供稱「儹拉番人反的緣故，是底木達頭人阿噶爾甲打發他的人到促浸與他叔父七圖安都爾送信去，促浸隨派了頭人等來搶布朗郭宗，又未里失咱與阿噶爾商量明白，促浸又派頭人等來搶曾頭溝地方。」據七圖安堵爾的姪兒七圖甲噶爾思甲布（又作阿噶爾甲）供稱「聽說我母親已經投順了大兵，我就投到馬大人跟前，馬大人把我送到溫將軍大營。溫將軍叫我剃了頭，賞我戴了白頂兒，吩咐我好好的出力，就派我在控喀打仗。後來我告了個病，到了擦斯木地方養病。聽見儹拉降人紛紛的說，我們原是小金川的人，如今跟官兵只管打仗，將來有何好處，不如仍舊投奔舊土司僧格桑去罷。那時恰好僧格桑同我叔子七圖安堵爾打發家人磴朋來叫我抽空兒勾引番人叛回去，我看溫將軍占固一帶只有一個董提督，兵力單薄，可以截斷將軍後路，就叫磴朋回去告知了（中略）。約定僧格桑及各大頭人帶領番子分五六處進來，是那個帶兵，從那一路進來，那個日子都預先通知我的。那日僧格桑等分頭領兵打來，占固一路是頭人達什策妄蒙固阿申來的，小金川番子綽沃董開了占固營門領衆番子殺進來，先將董提督殺了，截斷將軍後路四五天後，索諾木、僧格桑及各大頭人等就從木果木山梁打進來，得了將軍營盤。」又供「占固登達防兵雖少，也還有卡子，自將軍調兵到控喀打仗，把這些兵都調了去，只剩了我們番兵看守。」「因見衆番子在將軍營裏約有一千五六百人，大家都想念舊土司，所以拚命商量幹這事的。」㊾乾隆三十八年七月，據革布什咱土舍所拏獲小金川番民納木塔爾供稱「僧格桑於一月前差其頭人蒙固阿什咱到美諾代都喇嘛寺聚集各寨頭人百姓商量，後來僧格桑亦往令寺內喇嘛同兩金川賊人都穿紅黃衣裳，暗藏兵器往防守南山通金川溝裏漢兵營盤內猝然動手，所以漢兵不敵。」足見董天弼疏於防守，任其頭人潛入糾衆圖謀不軌。顎克什土司管下頭目安卜嚕於官寨失陷後，小金川仍將安卜嚕放爲頭人，據安卜嚕供稱「今年五月，金川差頭人星格到曾頭溝去了二十天，又差小金川頭人暮塌兒往底木達去了十天。小的在勒烏圍的聽見回來的人傳說是與各寨小金川人講明要招誘番衆仍投小金川的話，隨後金川派了頭人桑家太與小金川頭人未里阿失咱帶兵往曾頭溝去，又派頭人達失策妄與小金川頭人蒙固阿失咱帶兵往底木達去，莎羅奔與僧格桑同大頭目阿魯克楚帶兵在木果木，索諾木帶兵親往當噶打仗的，後來官兵撤出（中略）。僧格桑於六月初一日到木果木，初十邊，大頭目木得木克楚帶了五百多人攻打官兵的木寨，也叫小的跟同了去打仗的，索諾木、僧格桑帶領五六百人從山後溝裏繞出攻打將軍營盤，到早飯時，我們得了那個地方，就在那裏住了一夜。第二日，小的就跟了索諾木、僧格桑往刮耳崖去了，其餘的人還在那裏收拾東西。」㊿由此可知大金川預謀已久，溫福未能嚴密防範，以先發制人。

木果木失事主要原因，清高宗認爲是「皆因美臥溝之未能嚴密防守」，其罪在劉秉恬、董天弼二人。金川降番，不盡駢誅，仍留安處，未收其兵器，降番各據原寨，各擁械杖，「轉資逆酋據脅之用，此則溫福、阿桂從前急於進勦，以致失算。」而且營中無滿洲兵，綠營兵難以倚恃，遂致兵潰，「此實溫福等從前倡議不調滿洲兵以致自誤。」至於「索諾木弟兄之意久思呑併各土司地界，雄踞一方，及見官兵攻克小金川全境，其心稍阻。昨知我兵防守甚竦，復萌覬覦之想，又料及小金川番非彼所能號召，遂借僧格桑之力前往誘脅，番人見其舊土舍復來，自必一呼而集，索諾木因乘其便利，糾衆往擾木果木軍營。」兩金川番兵甚至有穿喇嘛衣，混入溫福營盤者，官兵始終未發現，官兵亟於收降，不辨其誠僞，貽誤軍機。阿桂於「晝夜思維」後指出「各路大兵進討，彼即竭力負嵎，不過自救其死，何能乘虛軼出，猖獗轉至於此，實由董天弼本係衰庸，疏於防範，且不守碉卡，另立營盤。賊番窺伺已久，而各處台站，兵本無多，又皆怯懦，是以底木達等寨一經失手，各處軍台望風奔潰。至該督等查拏夾壩，並不於賊番出沒之處督兵擒勦，轉照內地緝捕之例，分派兵丁於降番各寨逐一搜查，以致番衆驚疑生怨，賊匪得易於勾引，一處煽動，各處皆因而滋擾。至於木果木一路，每次進攻，未曾得利，徒致損傷，而所拏卡柵，零星分布，其中僅有十餘人及二三十人者，賊番窺破，併力於一二處，則其餘各處相繼潰散。至木果木失事時，登春、牛廠賊衆尚屬無多，惟因散出客民兵夫，從此經行，兵丁即已不戰而逃，而美諾、鄂克什，相繼失守，覈其潰敗之由，實因兵丁自行逃散，並非賊番之力能至此。」㊿，易言之，當金川番兵出擾時，溫福不及收納民夫，而將四面營門緊閉，民夫驚恐潰逃，亦即民散在前，兵潰在後。乾隆三十八年九月，周煌由四川審理案件回至熱河行在，高宗曾召見周煌，據稱「該處人言木果木軍營失事之前，小金川降番曾告知溫福僧格桑現又出來，他是我舊土司，如來傳喚，我等只得就去了等語，又凡有賊放夾壩掠去兵役之事，營中官員稟知溫福，不但不即爲嚴辦，轉將其人嗔斥，以爲造言生事。」溫福漫不經意，坐致敗衄。阿桂又奏稱「木果木軍營將軍參贊向來失於體恤，從不察看機宜，以定攻勦之局，惟於五六日、七八日後將屆奏摺之時輒派兵丁硬撲碉座以爲塞責之計，其實每次進攻，未曾得利，皆有損傷。」高宗據奏後，仍不置信，並稱溫福人口吃性躁，尋常言論，動輒著急，衆人見其疾言遽色，遂疑其自爲而不恤下。巴雅爾抵達熱河行在時，高宗詢及木果木軍營致潰情形，據稱溫福性情偏愎，參贊以下之言，概置不聽，又不察地勢以險易，不知士卒甘苦，安營之處，距水復遠，平時既不得人心，臨事又全無措置，以至於潰散。高宗以巴雅爾是厄魯特人，仍不信其言。不久，富興自川西軍營馳赴行在，高宗復面加詳詢，所言相合，因此木果木失事，溫福實難辭其咎。《嘯亭雜錄》引副將軍明亮之言稱「明參政亮謂余曰，兵宜於乘銳直進，若不審敵勢坐失機宜，兵氣衰竭，欲復振不易也。往昔溫將軍木果木之敗，可爲龜鑑。宋總兵元俊乘勝直擣美諾，當時厚集兵力一鼓殲滅，金川可定，溫乃狃於易勝，不復調檄各路兵馬，惟日與董提督天弼輩置酒高宴，額駙色布騰巴爾珠爾屢勸阻，溫反劾其煽惑軍心，高宗召還額駙。護軍統領伍岱，遼東驍士也，見溫所爲，歎曰，吾聞速拙，未聞遲巧焉。有屯兵賊境而日以宴會爲務，吾固遼海健兒，未審有若此能致勝者，溫大怒，以他罪遣戍。綠營兵三十五人取碉卡有致傷者，溫反責之，人心益懈。海超勇公蘭察至扣刀誚溫曰，身爲大將軍苟安旦夕，非夫也，今師雖老，使某督之猶可致勝，溫拂袖起，遷延月餘。賊偵我兵弱，乃整旅數千來攻，我兵不戰自潰。海公初對敵，即咤曰，雲氣已頹散，不可戰。余馬首欲東，與諸公期會於美諾寨，因馳馬破圍去。溫方雅服督戰，爲賊所擒，董公天弼、牛公天畀、張公大經等皆死之，師遂大潰。我兵自相踐踏，終夜有聲，渡鐵鎖橋，人相擁擠，鎖崩橋斷，落水死者以千計。吾於大營至美諾見潰兵如蟻，往來山嶺間。」㊷溫福一路，軍紀不嚴，防範不周，金川番兵乘其不備，四出襲營，以致官兵望風潰散。

六　清軍再定大小金川之經過

木果木失事後，西路官兵已潰不成軍，一時難望其振奮，阿桂一路雖整暇而出，然已失犄角之勢，孤軍難進，阿桂乃奏請添調各省綠營兵一萬二千名，並挑撥滿洲勁旅一萬名。清高宗在木果木失事以前，原已派定京兵數千備調，因溫福等奏稱京兵較綠旗兵費多至數倍，高宗爲其言所游移，遂爾中止。木果木之敗既爲綠旗兵所誤，爲重振軍威，徹底懲創大小金川，乃降旨添派京中健銳、火器二營、吉林、黑龍江、索倫、伊犁、厄魯特及成都、荆州、西安駐防滿兵九千五百名，並添調貴州、雲南、湖南、湖北、陝甘各省綠營兵一萬一千名，合之舊調各省綠營三萬八千名及四川屯土兵練共計七萬四千九百餘名，命色布騰巴爾珠爾以固倫額駙即國婿爲參贊大臣，同時選派長於帶兵侍衛章京數十員馳赴川西軍營。爲欲首先收復小金川，分兵三路並進，南路進攻美諾，以明亮爲副將軍，富德爲參贊大臣，滿漢屯土兵丁計二萬餘名，西路進攻鄂克什、底木達、布朗郭宗，以阿桂爲將軍，色布騰巴爾珠爾爲參贊大臣，兵丁計二萬五千名，北路由綽斯甲布前進，以豐昇額爲副將軍，以海蘭察爲參贊大臣，兵丁計一萬五千名，三路兵丁合計六萬餘名，其餘各兵則於革布什咱、丹壩及後路糧台分處防守。總督文綬奉命在四川省城鑄造劈山等砲，分送各路，其中解往西路劈山砲計五十五位。乾隆三十八年七月初七日，頭起京兵起程，各路齊集，應在十月底。高宗以行軍選日爲一要事，詢之章嘉胡土克圖，據稱「十月二十三日不宜進兵，早或二十一日，遲或二十七、二十九，皆大利之日，進攻可迅得全勝。」高宗命阿桂於十月二十七、二十九兩日擇吉進兵。

乾隆三十八年十月二十七日，阿桂派海蘭察等帶兵由達圍北山前進，二十九日，分兵三路連克斯達克拉、阿噶爾布里、資哩、阿喀木雅、美美卡、木闌壩，收復鄂克什官寨，大小金川番兵退守路頂宗。所有克復地方如阿喀木雅、木闌壩，地勢絕險，從前攻打至五六月之久，始行克取，今竟於兩日之間盡行克復，勢如破竹。明亮一路於二十九日督兵攻獲河南得布甲、河北喇嘛寺、策爾丹色木等處。十一月初一日，海蘭察將別斯滿大小碉寨十餘處全行攻佔。同日，官兵進抵路頂宗，次日，克之，乘勝連下兜烏、木波、帛噶爾角克、明郭宗、美都喇嘛寺，隨於初三日克復美諾官寨、底木達官寨。官兵自十月二十九日進兵以來至克復美諾等寨僅五晝夜。十一月初六日，明亮一路克復僧格宗，至是將小金川地方全行克復。兵行神速，所至克捷，高宗認爲皆由「滿洲勁旅奮勇絕倫，綠營兵皆得有所效法。」乾隆三十八年十二月，軍機大臣詢問番人安卜嚕謂「從前大兵攻勦小金川費了許多工夫，至去冬始攻破美諾，今年十一月，大兵一到美諾，兩金川頭目兵衆即行逃遁，」其故安在。據安卜嚕供稱「從前美諾未破時，小金川安設碉卡，竭力防備，是以天兵攻打不能一時勦滅。自去年攻破後，大勢殘敗，不似從前處處整頓，今年十一月，天兵一到，先至龍登耳打了一仗，小金川敗了，又趕至阿卡木雅，小金川又敗了一仗，美諾已是守不住，七圖安都爾等就各自逃遁了。」阿桂等清查小金川降番共有八千餘人，除逃往大金川千餘名外，其餘西路降番分賞瓦寺土司六百七十餘名，顎克什土司二百餘名，撥往雜谷鬧屯弁管轄者五百十九名，其南路降番賞給巴旺、布拉克底、明正各土司共一千餘名，其他已降復叛小金川番民約四千名經阿桂等派兵四出誅戮殆盡。至於美諾、底木達、美都喇嘛寺等大小碉寨亦飭將弁帶兵一併拆毀，其高大碉寨若用人力削平，既需多兵，且稽時日，故乘冬令乾燥舉火焚燒，其火力所不及者，始令兵丁拆除，小金川舊日莊稼，盡化為荒山空壤，美諾等寨落，俱成一片廢墟。番兵既無口糧可覓，又無碉卡可依，勢難復出搶佔，官兵進勦大金川已無後顧之虞。

乾隆三十九年正月初十日，各路官兵約定同時進攻大金川。阿桂一路，額森特帶兵搶通谷噶了口，乘夜霧迷漫進兵喇穆喇穆及償巴拉克，十一日夜間，海蘭察帶兵搶佔拔海極高的登古山。明亮一路則於知十日從河北馬奈正面進兵，攻克拉窠地方，富德統兵截出馬奈之後，攻克埡口戰碉，和隆武攻克卡卡腳後與明亮會合，都司陳世庚攻佔木底要隘，奎林帶兵以皮船渡河攻佔思底博堵木城，馬奈一帶全行攻克。豐昇額一路由卓克采進兵攻取凱立葉，索倫親軍羅羅攻佔達爾扎克，是時官兵深入大金川境已有一百餘里。二月初三日，明亮一路攻克穆谷，搶佔大小碉寨四百餘間，據明亮奏稱「健銳營前鋒興善保、四川守備田藍玉二員於峭壁懸崖萬難容足之處駕空絕跡而行。」二月二十三日，阿桂分路繞攻羅博瓦，官兵超越險徑，連克大碉八座，殺敵二百餘名。三月二十三日，因官兵分隊進攻，領隊需人，高宗降旨派乾清門三等侍衛富寧、治儀正格勒爾德，藍翎侍衛泰斐英阿、御前親軍十五等馳往軍營，並將年邁領隊大臣侍衛更換回京。六月二十二至二十五日，阿桂派額森特、烏什哈達、福康安、海蘭察等分路攻克喇穆喇穆附近日則了口等處要隘，奪佔戰碉三十六座、木城五座、平碉百餘間，殺敵百餘名，搶獲劈山砲一位。七月初四日，明亮一路攻克達爾圖、俄坡、格勒古一帶地方，搶獲劈山砲四位、牛腿砲二位。為求早日勦滅大金川，阿桂等奏請鑄造衝天砲轟擊，高宗即命侍衛阿彌達運帶砲子及砲式並測量之人前往，高宗以測量之法，西洋人較內地人員尤為精熟，又命舒赫德於蔣友仁、傅作霖二人內擇其一人前往。七月十三日，侍衛班長德保帶領三品京堂傅作霖自京起程馳赴阿桂軍營。七月十四日以後數日間，官兵連克木克什、該布達什諾、甲得古、色溯普、格魯瓦角一帶碉寨，殲滅大金川男婦三四百人，官兵圍攻遜克爾宗官寨。七月二十一日，官兵首先掃除官寨屏蔽日爾底碉卡木柵，二十五日，焚燬遜克爾宗左右寨落二百餘間，適東風忽作，火勢奔騰，在煙焰中番民老幼及牛羊豬狗號哭之聲慘不忍聞。是時據降番供稱索諾木為保全性命，將僧格桑屍匣，差頭人綽窩斯甲帶領僧格桑妾側累及大頭人蒙固阿什咱阿拉至阿桂軍營乞降，阿桂不允所請，將綽窩斯甲拘留不放，並遵旨將僧格桑首級交文綬暫存省域，俟俘獲索諾木後一併獻馘。八月十七日，阿桂復將小金川大頭人七圖安堵爾「誑誘獻出」，即同綽窩斯甲管解入京。據七圖安堵爾供稱「聽見大頭人說如今格魯角宜喜兩路官兵打得狠緊，怕我們攩不住。從前大兵進來，原是為儹拉土司的緣故，今將僧格桑屍身及其妾側累並其大頭人七圖安睹爾等送出，再拏些金銀東西出去，想來可以完事。綽斯甲布、布拉克底、巴旺、三雜谷如今雖打得利害，但都是我們親戚，若是大兵出去，過幾年還可以好得。」大金川始終深信官兵必將知難而退，允准納降，惟高宗認為「國家費如許力量以期永靖邊疆，豈可虧於一簣，若此時准其求降完事，則禍根不除，仍貽後患，且賊酋等明言若大兵出去過幾年與各土司還可以好得的之語，其野性難馴更屬顯然，若不徹底妥辦，則大兵一撤，數年後賊人故智復萌，又將聯絡諸番，強吞弱併，抗逆鴟張，勢不能不再興師問罪。」清廷既不准大金川乞降，乃加強遜克爾宗的防禦工事。阿桂將近日所鑄「二將軍」、「三將軍」、「四將軍」等砲位晝夜轟擊官寨，番兵則將寨牆所塌土石堆積牆下，形成漫坡，又於漫坡中間深挖溝濠以遏官兵前進，其溝沿上面遮以木植板片以禦官兵射擊，復將石塊堆於寨牆上面，一俟官兵逼至牆根，即力推而下，勢如雨點，並將木果木所得噴筒向官兵猛射，以致官兵屢撲屢卻。九月初七日，護軍校烏爾袞泰陣亡，護軍校德布陞額、副參領巴圖魯興奎、頭等侍衛巴圖魯佛倫泰及海蘭察等大員均先後受傷。大金川喇嘛每日打卦，欲俟佳兆，以截斷官兵後路，其頑抗態度，實出高宗意料之外。阿桂見遜克爾宗官寨難期得手，即於十月十六日抽派官兵令海蘭察、額森特分路攻取日爾八當噶與榮噶爾博中間的墨格爾山梁各碉寨。十月十九日，明亮派奎林攻克日旁山後碉寨。是時明亮與阿桂軍營祇隔一河，阿桂在東南，明亮在河西，彼此俱可望見，兩路距勒烏圍皆不過二十里，莎羅奔及索諾木等將勒烏圍官寨糧食等項用皮船撤往噶拉依官寨。

乾隆四十年正月。大金川索諾木遣頭人斯丹增具稟乞降，送出所留漢土官兵二十六名，高宗仍不准其投降，據官兵所盤獲大金川奸細郎木太供稱「聞得索諾木等說若不准求降，便把金銀物件連寨子都燒了，我們也都燒死，不肯便宜官兵。」正月十二日，阿桂一路攻克空薩爾山梁，十六、七日復克堪布卓甲爾納碉寨。惟自入春以來多雨雪，官兵攻勢受阻。據七圖安堵爾供稱「若得了勒烏圍，這孫克爾宗不攻也佔不住了。」阿桂等為搗其要害，即與明亮會商廓清進攻勒烏圍正路，是年七月十四日，兩路會合夾攻勒烏圍官寨。勒烏圍官寨前面臨河，後面靠山，且與轉經樓各寨落互為綺角，地勢最險要，牆垣尤為堅固。其規模與小金川美諾官寨相仿，但更加華麗，官寨四角各有戰碉，其高度有高達二十四層者，官兵攻克此寨後曾繪其式樣進呈御覽。七月十五、六等日，阿桂令官兵由托古魯山腿趕拏木柵而下，以橫斷番兵往來路徑，十七日，普爾普等攻克托古魯山腿隆斯得三寨。

此處爲大金川貯藏彈藥之地，據阿桂奏稱其彈藥庫內所貯鎗彈堆積在地上自數寸至二尺之高，火藥一百餘簍，劈山砲子一萬一千餘顆、鎗子十四萬三千餘顆。是役，三等待衛穆哈納陣亡，其餘領兵滿洲將領如三等侍衛托爾托保、索倫佐領森保、護軍校八十一等十餘人俱身受重傷。七月十八日，海蘭察等分兵三路進攻轉經樓左側科布曲山腿碉寨，十九日、二十日復接連發兵攻佔勒烏圍至轉經樓中間各寨落，拏柵三十餘座，築成砲台七座，福康安另帶兵於冷角喇嘛寺前面用大砲自北而南合轟勒烏圍官塞，衝天砲位亦運往施放，其擊中官寨者十居七八。在七月十八日，大金川索諾木弟兄五人具稟乞降，願交出勒烏圍官寨，「我們想著將軍臉也要好看，請一位大人來把我勒烏圍官寨交到他手裏，我們誠心伺候。」㊼據大金川齎稟番民供稱「五月裏不記的日子，頭人將我叫去見了丹巴沃雜爾說，如今大兵直逼勒烏圍，土司具了稟帖十二件，叫你同拉爾結送到將軍營前去求饒，並告訴我們說天朝如肯開恩求照西藏一例，派一位大人來駐箚，管理我們，我們也差大頭人到成都輪班値宿，再我促浸犯了法情願受罪，又地土原是天朝的，情願上納青稞，這四條你們好好稟明將軍大人。」㊽大金川所提議和四款，與乾隆十四年乞降內容相似，高宗深悔「彼時係朕過於姑息，准其投降，至貽今日之患。」阿桂在檄諭中指出索諾木等罪已無可逭，「你們促浸原與革布什咱是一樣的土司，你們把土司拉旺策布登殺了，又將他們的土婦拏來，你索諾木已經有了土婦，又硬要把扎什納木做土婦，扎什納木不依，你又說天朝的公爺將軍都是我促浸殺的，你若不依就丟在河裏，強逼成親，幹這樣天誅地滅的事，說這樣蔑天大膽的話，你們的罪愈發重了，愈發饒不得了。」㊾惟據大金川覆稟稱「我促浸是個小人，這樣得罪的話，不但不敢說，想也不敢想。」官兵圍攻勒烏圍日緊一日，索諾木等「教人起誓，取下頭髮指甲，每人各封一小包，上面寫了名字，交給都甲喇嘛，盛在匣內，有那個逃走的，就咒那一個。」索諾木因阿桂等不准投降，又派達固拉僧格喇嘛等入藏求見達賴喇嘛，向高宗求情，饒其性命，並「寫信與相近土司求他們轉向將軍大人們前討饒。」㊻各路官兵仍陸續將勒烏圍附近碉寨逐一焚燬，使其盡失屏蔽，兼以斷其外援。七月二十一日，阿桂派普爾等乘夜進攻，以截斷官寨大碉後通路。大金川深恐此路一斷，非但勒烏圍必難再守，即官寨內大小頭目亦將無逃生之路，因此調集番兵誓死頑抗，官兵連日進攻，仍未得手，阿桂等亦歎稱金川番兵「凶悍堅忍實為自來所罕見」。富德一路進攻噶咱普，於七月二十三日挖通地道，運貯火藥，於二十五日黎明前點放引線，將山腿下河灘石碉一座、木城一座、石卡兩卡，立時轟塌，據稱「飛起沙石木魂蔽天，轟斃賊匪甚衆，並有數賊轟至半空支解而下者。」七月三十日以後，明亮一路先後攻克琅谷、克爾瑪、斯當安各寨落，阿桂一路亦攻破勒烏圍至轉經樓中間各碉寨，並挖溝而進，至八月十三日將八層高磡逐一攻克，勒烏圍已岌岌不保，據大金川番民鄂克立等稱莎羅奔們每日啼哭。八月十五日夜間，官兵經三旬層層密圍，晝夜攻打，終於攻克勒烏圍官寨。阿桂具摺奏明官兵攻克勒烏圍之經過云「查勒烏圍碉寨高堅，牆桓鞏固，其南為轉經樓，又過甲爾日磉橋而南為科布曲山腿，與官寨互為犄角，鎗砲俱可以相及，其間寨落木城石卡又皆鱗次櫛比，聯絡接應。前阻大河，後負高磡，對河札烏古、阿爾古一帶之鎗砲既能隔水救援，而其後之高磡層層，每層丈餘至數丈不等，磡上均有卡柵碉座，備禦甚嚴，且自轉經樓而甲爾日磉橋以達於科布曲，陸路既可通行，而用皮船過渡，來往亦為便易，是以賊人希圖死守。奴才等自壓至勒烏圍之上，分兵攻繞，既用大砲轟摧，復將衝天砲擊打，惟恐尚需時日，因從勒烏圍轉經樓碉卡密排之中，一面攻搶佔據，一面拏柵橫截而下，以斷其後路，並令冷角寺一帶官兵由西北合轟官寨，沿河向南拏柵，以斷賊人下水之路，但榮噶爾博以及喇嘛科爾等處遁回賊人全聚於此各碉寨內，而賊酋等復悉噶喇依一帶番人均於此合力抗拒，鎗砲倍為緊密，且高礮陡削，兵力難施，因又令官兵砍伐樹林作為柴捆攩牌，並將口袋裝盛沙土，令官兵匍匐地上，頭頂柴捆土袋，以手扳轉而行，一至礮沿，層層堆起，趕運木植，連起三層高柵以擊礮下之賊，並於地道中運往砲位轟擊，從礮下挖溝抗拒之賊，共計高礮八層，均被官軍連日逐步搶佔，僅餘高礮一層，小礮三層與沿河向南而東所存木柵，其尚未合圍者相距不及一箭之地，賊人不惟白日難行，即夜間爬越往來亦殊艱窘，而節次攻奪碉卡，又殲斃賊人無數。至甲爾日磉橋更為賊人要路，此橋一斷，賊人往涉更難，奴才等排列大砲轟摧，漸多塌卸，復於楚兵內募得善於泅水者，令其潛由水底縛巨索於橋柱之上，合力扯拽，是橋亦經坍損（中略）。自佔據第八層高礮而下後即令侍衛額爾特、岱森保等督率官兵一面仍刨挖地道，以便接拏木柵，但查自勒烏圍至轉經樓，固皆卡柵層次相接，而第三層小礮下賊人排列木城二座最為扼要，尚可由此偷越，一得此地則勒烏圍賊人必益驚惶無措，因於十五日申刻分派官兵先為埋伏，預備攻搶勒烏圍，而奴才海蘭察同額爾特等帶兵從礮而下攻其靠南木城，烏什哈達等帶兵從河灘而上，攻其靠北木城，各官兵奮勇力攻，而賊人施放鎗石悉力抵拒如故。維時轉經樓等處之賊攢集二百餘人前來，拚死救援，官兵奮迅迎擊，殲戮過半，而為滿洲索倫兵弓箭所斃者最多。但外援之賊雖經擊敗，而柵內之賊仍伏於溝濠之中，施鎗擲石堅守不動。是時額爾特等遂乘勢又拏木柵二座，已至所餘高磡一層之上。奴才等思此際賊人將屆合圍，衆心益爲窘迫，若即在此夜分頭攻搶，必能得手，遂於亥刻，額爾特、烏什哈達等復帶兵夾攻靠北木城，官兵一齊湧進，賊人出其不意，頗露驚惶，官兵扳折踴入，先將此處木城攻克。維時預備攻打勒烏圍官寨之兵，奴才海蘭察率同納木札格勒爾德自官寨東南進攻，普爾普、泰斐英阿自南進攻，福康安、特成額、明仁從西北進攻，而五岱攻其東北，奴才豐昇額帶兵爲各處策應，其額爾特、岱森保於攻得木城之後又併力前往攻打，官兵四面合攻，呼聲動地，拋擲火彈，誠如流星閃電，官兵乘勢各自攀援上登，賊人始猶抗拒，及見我兵四圍蜂湧而入，膽落欲逃，被我兵殲戮者更爲不少，遂於十六日子刻將勒烏圍官寨攻克。」㊼是夜所克碉寨木城共六十餘座，官兵殲戮番兵不計其數，此時適因連夜天降大雨，勒烏溝山水漲發，番兵負箭墮河者絡繹不絕。據阿桂稱「賊屍縱橫遍滿，穢惡之氣官兵至不可聞。」在黑夜中砍殺番兵，多斃倒泥淖之中，及至次晨割取首級時則已血肉模糊。八月十六日，阿桂馳奏紅旗捷報，是月二十四日遞至木蘭行在，計沿途僅行七日。高宗得此捷音在喜悅之餘，「幾欲墮淚」。

阿桂等爲欲迅速直攻腹心進搗噶拉依官寨，於八月十七日夜令官兵起程向噶拉依進發。是時明亮一路官兵計二萬五千人，從北路碾占一帶進兵，阿桂一路官兵計三萬二千人，從西路達烏達圍繞進，富德等駐兵絨布以爲牽綴。各路官兵先後攻克達噶木、扎烏古、日斯滿、訥木迪、斯底葉安、耳得谷、乃當、雅瑪朋、阿爾古、科思果木、格隆古、科布曲、獨古木、甲雜、瑪爾古當噶、得爾隴、舍齊喇嘛寺、雍中喇嘛寺等處大小碉塞千餘座，殲戮番兵將近千人，噶拉依後路及其屏蔽至此全行肅清，惟官兵方面傷亡亦重，副章京常通、七十八、訥亨、雲騎尉多爾濟、護軍校芬品、驍騎校阿什克舍爾洪額、副前鋒參領登色保、二等侍衛寧珠、薩爾吉岱、總兵曹順等先後陣亡。十二月十八日夜間，阿桂與明亮兩路大兵進抵噶拉依官寨，層層圍困。阿桂等恐索諾木等從水路逃竄，即命官兵於官寨上下游地方緊貼水面以竹索麻繩合力趕造浮橋，又在橋兩頭各築卡座，派兵日夜巡查，官寨水陸俱斷，索諾木等實已逃死無門。索諾木之母姑姊妹等遣頭目出寨乞降，十二月二十日，阿倉、阿青、僧格桑之妻得什爾章，索諾木之妹得什安木楚及大頭人阿卜策妄、丹巴僧格等至軍營投誠。阿桂欲因母以招子誘擒索諾木等，故命阿倉差人往諭其子出降。十二月二十八日，長子莎羅奔岡克達投出，據稱「昨日我母親阿倉打發喇嘛進來，我兄弟商量，因我居長，是以叫我出來，求將軍大人恩典，容我與母親商量，再差人去叫兄弟們出來。」噶拉依官寨高大堅厚，官兵勢難硬撲，因此設法誘擒索諾木兄弟頭目出降。乾隆四十一年正月初三日，阿桂用阿倉、阿青、岡達克圖記，遣額魯喇嘛等賫諭前往官寨，勸誘索諾木等出降。諭中略謂若將小金川頭人七圖甲噶爾思甲布等綑縛獻出，並稟明從前抗拒大兵皆係此數人唆使，汝兄弟及頭人自可免罪。次日，索諾木遞稟請求「大皇帝施恩准我土司兄弟仍在噶拉依居住，算個頭人，若是不准，求把我們屍首，留在噶拉依官寨。」正月十三日，索若木彭楚克及大頭人達爾什桑卡爾、雅瑪朋阿庫魯三人續行投出，索諾木則托病不出。官兵四面開砲轟打，不但日間無片刻歇手，即夜間亦乘月色不斷環擊，噶拉依遂成一片土石。二月初四日晨，索諾木跪捧印信，帶領其兄弟莎羅奔甲爾瓦沃雜爾、斯丹巴，其妻布拉克底土女、章谷土女及大頭人丹巴沃雜爾、阿木魯綽窩斯甲、都角喇嘛、聶壟喇嘛男婦老幼二千餘人出寨乞降，遂克噶拉依，大金川全境至是蕩平58。二月初四日，阿桂自軍營馳發紅旗，同月十二日遞至桃花寺行在，沿途僅行八日，高宗特解親御黑狐腿黃馬褂隨報賞賜阿桂。軍機大臣先已擬就諭旨，封阿桂爲誠謀英勇公、海蘭察爲毅勇侯、和隆武爲果勇侯、明亮爲襄勇伯。索諾木兄弟及大頭人丹巴沃雜爾等重犯由內大臣戶部侍郎福康安督率火器營翼長訥音與健銳營官兵一百人作爲頭起，於二月初六日起程押解入京，僧格桑首級亦一同送京，至索諾木幼弟斯巴丹、其母阿倉、姑阿青、其妻妾子女及都角喇嘛等作爲第二起派副都統德赫布於二月初七日押送進京。豐昇額、阿桂亦分別於二月二十一日、二十四日起程回京。四月二十七日，舉行郊勞大典，獻俘廟社，次日，舉行獻俘禮，高宗龍袍袞服，御午門樓受俘。高宗旋幸豐澤園，親訊索諾木及莎羅奔岡達克後降旨將各重犯凌遲處死，其家口年未及歲者永遠監禁，其餘婦女分賞厄魯特、索倫三姓功臣之家爲奴。是役，以阿桂列爲首功，授爲協辦大學士尚書，仍在軍機處行走，並准其在紫禁城內騎馬。大小兩金川既已平定，高宗又命比照從前平定準噶爾、回部之例，於紫光閣圖畫功臣像，掄其功績最著者爲前五十功臣，由高宗親手製贊，並錄其較次者爲後五十功臣，命大學士于敏中等擬贊，以紀實銘勳，同時勒碑太學及兩金川地方。

七　清廷善後措施與新疆之整理

大小兩金川蕩平後，據將軍阿桂奏稱三路節次投出番眾共計二萬多人。其投降番眾內「稍有可疑可惡情節，現即隨時正法，斷不肯稍存姑息。」其餘番眾俱分別安插於綽斯甲布、革布什咱、梭磨、卓克采、從噶克、丹壩、明正、木坪、布拉克底、巴旺、鄂克什、瓦寺等十二土司地方，各土司又分安各寨，各有頭人為之管束，且有册檔可稽，大小金川番民遂勢散力單，已無滋事可虞。至於鄰近大小金川各土司土舍頭人俱定期於年終進京朝覲，與蒙古土爾扈特王公、扎薩克回城大小伯克等齊集京師，隨班朝覲，一方面令其得見「王會輻輳，益生震疊」，一方面使之目睹「幅員之廣闊，人民之富饒」，而同心向化，永沐聖朝鴻庥，長享太平之樂。

崇尚佛法信奉喇嘛，原屬邊外番人舊俗，但因所奉多係奔波爾教。高宗詔諭各土司秉承黃教，誦習經典，皈依西藏達賴喇嘛、班禪額爾德尼修持行善，為衆生祈福，並令章嘉胡土克圖將詔諭譯成西番文字，寄往各土司，以統一宗教信仰。在大小金川境內以雍中喇嘛寺的規模最為可觀，是邊外番地最大廟宇。番地喇嘛居住廟宇，原無須過於華麗，如概行燬棄，又覺可惜，故高宗諭令阿桂將雍中喇嘛寺銅瓦及裝飾華美什件拆運京師，擇地照式建蓋，以紀武功盛績。高宗又諭四川總督文綬等在金川建造廣法寺，裝塑佛像，奉旨派班第達堪布喇嘛桑載鄂特咱爾前往住持，以振興黃教。堪布喇嘛抵達廣法寺後，見寺內舊供塑像及畫像形狀詭異，即令撤毀，改塑黃教所奉佛像。後於乾隆四十三年七月十三日開光，是日番衆相率瞻仰，鄰近各土司均差頭目來寺熬茶禮拜。高宗又命特成額在番地選派通習經典誠謹喇嘛為小金川美諾喇嘛寺住持，量招徒衆，仍歸廣法寺堪布喇嘛管轄。堪布十五名隨帶前往，乾隆四十四年七月十八日抵達美諾，擇期於七月二十六日興工塑佛，包括大佛三尊，侍立小佛二尊，是年十月初九日，工竣開光。據松潘鎮總兵劉倖稱遠近番民莫不尊敬歡躍，「堪布喇嘛上座講經，番人環集聳聽，懽喜無量。」番民踴躍受戒，敬奉黃教。特成額亦奏稱「兩金川番子素來敬奉佛教，今蒙皇上天恩，復於美諾寺選派喇嘛住廟焚修，與廣法寺互相聯絡，加以堪布喇嘛管領化導，往來講經，番人信心崇奉，皈依日衆，黃教益加振興，於新疆地方甚爲有益。」㊾綽斯甲布、布拉克底、巴旺土司先後稟稱興建廟宇，改奉黃教。巴旺土司共有三子，據土司稟稱「內一子應襲土司，其幼子二人本係喇嘛，現懇赴廣法寺學習黃教經典。」高宗鑒於官兵進勦金川時，山川助順，屢著靈應，故能平定其地，大功告蕆，永奠蠻荒，爲示報功之意，又命禮部頒發祝文八道及番帛等物，派員賫送口外，設壇致祭，乾隆四十二年十二月十九、二十等日致祭告竣，嗣後每歲春秋二季定期致祭山川。

大小金川既已平定，與內地無異，爲加強治理新疆，高宗屢降諭旨設鎮安營，令兵丁屯種駐守。乾隆四十一年二月，軍機大臣議定提督駐美諾，成都將軍移駐雅州。是年三月，授明亮爲成都將軍，桂林爲提督，以節制綠營，控馭番地。高宗於諭旨中指出「該處所以設將軍之意，原因此次逆酋抗拒不法，皆由歷來地方官釀成，向來管理番地各員，於土司漫無經理，惟附近之明正土司等數人引而親之，加以禮貌，其餘則視同膜外，番衆已久懷不平，且於軟弱者縱胥吏肆其魚肉，而於強橫者畏如虎狼，益爲番衆所輕，遂致毫無忌憚。」因此高宗降旨令成都將軍兼轄文武，除內地州縣營汛不涉番情者，將軍無庸干預外，其管理番地之文武各員，並聽將軍統轄，凡番地大小事務，俱一稟將軍，一稟總督，酌商妥辦，然後咨報理藩院。至於所有邊外文武各員陞遷調補及大計舉劾等事宜，亦皆以將軍爲政，會同總督題奏，使屬員有所顧忌，不敢妄行，而番地機宜庶歸畫一。旋軍機大臣議覆阿桂會商兩金川設鎮安屯善後事宜，原議將軍駐箚雅州，但將軍、總督兩地相懸，遇緊要番情，不獲立時商搉，而且雅州城地勢偪仄，滿兵難於挈眷，乃定議令將軍仍駐成都。同時於大金川安設綠營兵三千名，在勒烏圍設總兵、遊擊各一員，都司、守備各二員，駐兵一千名。噶拉依設副將一員，都司二員，駐兵七百名，噶爾丹設遊擊、守備各一員，駐兵三百名。茹寨設參將、守備各一員，駐兵四百名。馬爾邦設遊擊、守備各一員，駐兵三百名。曾達設守備員，駐兵一千名，其餘分駐於底木達、大板昭、僧格宗、翁古爾壟、約咱等處。又因大小金川地土瘠薄，在授田之初，平均兵丁三人給地一分，兩人當差，一人耕種，以一人所耕，供兩人之食。惟番地雪大風高，若照內地建蓋房屋，不能經久，故令分建大小碉寨，以資官兵居住。旋明亮等奏請將屯防兵丁以一半種地，一半當差，並以總兵五福、高琮分別在美諾、勒烏圍駐箚，將所撥兵丁逐一安營設汛，兼管屯田事宜。所有安插於兩金川降番屯練亦遵旨賞給口糧籽種牛具，撥地開墾耕種。久遭兵燹的兩金川地面上又再度揚花吐穗，綠野平疇，一如往日。乾隆四十三年七月二十六日，特成額由西路桃關出口巡視大小金川地方，據稱所有「安插之土弁降番等均各守法力耕，比戶相安，莫不歡忻感激。所設營汛聲勢聯絡。其稞麥收成分數，統計促浸約有五分，儹拉三分半有餘。」至於各土司及降番俱屬安靜嚮化，不虞其再滋事端。

大小兩金川於康熙、雍正年間接受朝廷册封後，其番衆向不薙髮，自大功告蕆以來，沿邊各土司皆隸版宇，所有番民即與內地民人無異，所以高宗又諭令兩金川降番一律比照丹壩、綽斯甲布、德爾格忒各土司遵制薙髮。據總督文綬、將軍明亮奏稱「兩金川蕩平後，安插種地降番，當即概令薙髮，然後分派各屯，且現在新疆番衆皆自詡爲天朝百姓，不特久經薙髮，並半已穿載內地民人衣帽，不屑更服蠻服，其力未能換製者，咸以爲恥。」⑥⓪大小兩金川既已設鎮安營遵制薙髮，已非王化所不及的化外之區。

八　結　論

有明一代，於西南邊區廣置土司，以綏服遠人，捍衛邊圉。黃開華氏於〈明代土司制度設施與西南開發〉一文中稱「明代土司制度設施，於西南蠻夷初期開發大業，極能發揮作用。不論於軍事勦撫，政治改進，文化培植，交通開闢，農業屯墾，經濟繁榮諸方面，均有顯著成效，而開此後中國之新基運。」㊶清初踵明故事，於川滇黔各省土司，因仍舊俗，頒授印信號紙，俾之世守其地，以示羈縻，且其建制規略，較之明代，益見完密。惟各土司每因承襲土職或疆界糾紛，日尋干戈，仇殺不已，邊境治亂，恆視土司是否安於住牧。川西邊境，土司尤衆，或稱九土司，或稱十八土司，地方文武撫馭番蠻，向採以番攻番之策，乘釁邀功，遇難而退。惟自大金川接受清廷册封後，每假天朝名號，恃強劫掠，日益鴟張，邊境遂無寧日。清高宗爲求一勞永逸之計，於乾隆十二年二月，興師進勦大金川，但因番地重山疊嶺，堅碉林立，天造地設，兵力難施。四川總督桂林後來奉旨進勦小金川，據稱「查口外番蠻，並無房屋，均係住居碉樓，隨處皆有，或少或多，各成寨落，棲身於此，拒敵於此。」乾隆十四年正月，高宗知難而退，降旨班師，淺嘗輒止。大金川自是益輕天朝，勾結小金川，狼狽爲奸，屢侵鄰封，肆意吞併。高宗深悔姑息，決心大加懲罰，不惜人力物力，乃於乾隆三十六年六月復議加兵，至乾隆四十年二月蕩平大小金川止，前後歷時四年又四個月，統計不下數百次戰役。清代內府寫本《平定兩金川方略》，計一百三十六卷，共一百五十三册，據是書所載各路官兵攻克碉寨不可勝數。總督阿爾泰自乾隆三十六年八月至同年十二月止，共克碉寨八百五十餘座，殲戮番兵三百餘名。副將軍溫福自乾隆三十六年十二月起至三十八年六月止，共攻克大小戰碉一百七十餘座，大小石卡二百五十餘座，焚燬寨落四百五十餘間，殲戮番兵二千四百餘名。總督桂林自乾隆三十六年十二月起至三十七年五月止，共克木城三十餘座，大小戰碉二百餘座，焚燬寨落八百五十餘間，殲戮番兵二千一百餘名。將軍阿桂自乾隆三十七年五月起至乾隆四十一年二月止，共克木城一百二十餘座，大小石卡一百七十餘座，大小戰碉一千一百餘座，焚燬寨落八千五百餘間，殲戮番兵五千一百餘名。副將軍明亮自乾隆三十八年十一月起至四十一年二月止，共克木城四十餘座，戰碉一百三十餘座，焚燬寨落一千餘間，殲戮番兵一千八百餘名。其餘副將軍豐昇額等殲戮番兵一千餘名。以上合計各路克復戰碉二千四百餘座，石卡五百餘座，木城二百餘座，焚燬寨落二萬一千餘間，殲戮番兵一萬二千八百餘名。木果木失事時，阿桂下令屠戮小金川降番，高宗亦諭阿桂等於勦平大金川時，所有抗拒番兵，必當盡殺無赦，即十六歲以上男番均當丟棄河中淹斃，是官兵前後所誅番兵番民實不下二萬人。據番民賡噶供稱「阿將軍心不好，在南路把我們的人殺了許多，又叫布拉克底、巴旺穿了漢人衣裳，在美諾薩木果木橋外卡子上一鳥鎗一箇將我們的人殺了許多。」因番地山高風大，建蓋房屋不能經久，故官兵設鎮安營俱改建碉房。魏源著《聖武記》亦稱「自金川削平，中國始知山碉設險之利，湖南師之以制苗，滇邊師之以制猓夷，蜀邊師之以制野番，而川陝勦教匪時亦師之堅壁清野而制流寇。」

乾隆十四年初定大金川，前後調兵幾滿八萬名，糜費一千餘萬兩。乾隆四十一年再定大小金川，各路所調滿漢屯土練兵幾滿十萬名，按每兵每日所支口糧八合三勺折銀八分計算，以及糧運民夫每名給銀五分至八分，則每月支用軍需銀款約為二百萬兩。

自乾隆三十六年六月至四十一年二月止，前後所撥軍需銀約爲七千萬兩，若益以兩淮、兩浙、山西、長蘆等處開捐商運銀約一千萬兩，合計不下九千萬兩。據總督文綬等於「奏明軍需通案收支分別追賠分賠以清款項」一摺內稱「查此次軍需先後撥過部庫並協撥鄰省及本省備貯等項共銀六千二百七十萬內，除口內口外新舊二案正銷共八百七十一案共請銷銀五千二百五十八萬四千九百七十六兩一錢二分八厘（中略）。後因平餘銀兩不敷，即於摺內聲明將修理橋道過站馬匹等款奏請改歸軍需報銷，又兩次欽奉恩旨名省官兵名下應還各路墊支夫價等項俱准作正開銷，共計補銷六案，請銷銀九十三萬一千六百二十五兩六錢六分八厘三毫，以上共正銷銀五千三百五十一萬六千六百一兩七錢九分六厘三毫，尙應存銀九百一十八萬三千三百九十八萬二錢五厘七毫。」62

大小金川跬步皆懸崖峭壁，利於步戰，不利馬兵，川黔兵丁雖稱得力，因用兵多年，俱皆疲弱，故越險撲碉，專責土兵，綠營在後跟進，官兵幾同虛設。乾隆四十年八月，高宗於寄信上諭中飭責明亮云「何以明亮此次進勦仍專選土兵四百名獨當一面，並不派索倫、吉林及綠營之精銳兵丁合力前往，殊屬非是。」但各土兵反覆貪利，必須賞以重金或酒食方肯出陣，據奎林奏稱「每次打仗，土兵中有派出前往者，將軍等必親喚至前，各賞酒一碗，以示鼓勵。」同時邊外各土司多與大小金川誼屬姻親，駕馭爲難。據番民措爾甲勒等供稱「綽斯甲、丹壩兩土司都是金川親戚，綽斯甲娶的是索諾木妹子，丹壩娶的是索諾木姊姊。」乾隆三十八年十月，綽斯甲布土司卒，其子綽爾甲木燦擁中汪爾結稟稱「金川不知從何得知土司病故，近差頭人到卡子上喊叫，按蠻家規矩送緞子一疋，餑餑一盒，以盡親情。」綽斯甲布甚至差人告知索諾木稱「我們綽斯甲布與你促浸不要生外心，我們打仗都是空鎗，若你們拏住我們的人也不要殺害纔好。又聽見三雜谷也有人來對索諾木說他們也是空鎗等。」索諾木亦派生根至巴底巴旺「向土婦說我們兩家原是親戚，你因何隨天朝大人各處散給字帖，將我們百姓的心都惑亂了，此時若不為顧我們，將來大兵撤了去，是要打滅你們的。」莎羅奔等復寄信給綽斯甲布稱「如今的世界不好，刀兵四起，血水成漂，這是神差鬼使弄出來的事，我心裏實在坐臥不安，也無法可施。我促浸與你綽斯甲布遵奉的是桑結靈巴楞則恩喇嘛袞珠爾佛爺所傳的遺教，兩家修的廟宇供的佛像都是一樣，你想我們促浸要是滅了的時候，你綽斯甲布還能得好麼。漢人們在你綽斯甲布跟前給體面說好話，後來是信不得的，這些話你要不信，上有三寶佛爺鑒察，為何說此話呢？我們捉來的漢人與屯練的頭人們說滅了我促浸的時候，止留下布拉克底、巴旺與梭磨三家，雜谷與你綽斯甲布家都要帶到內地去的，前後說的話如出一口，是真的。我們失的幾個寨子都是僨拉這些不好的人勾引了親戚逃出去纔失的，我促浸土司頭人百姓是一個心，如今雖然失了一點地方，幾個碉寨是無妨的，日久耐乏了漢人是堵擋得住的。當日桑結靈巴楞則恩喇嘛袞珠爾佛爺傳下的話，說我促浸有十三輩土司做，與火一樣的興旺，中間有三次刀兵之事，自土司德爾日甲爾起到十三輩纔該完，未到十三輩之前滅亡的事是沒有的，這是經書上所傳，上有三寶佛爺鑒察。我說的這些話求你綽斯甲布耳朵裏聽著，眼裏看著，與我促浸有什麼不好的事，你當時不能幫助我，稍稍的常打發人來給我送個信兒是你的好處，後來我是再不忘的。傳這雍中奔布爾的教就只是我促浸與你綽斯甲布兩家，我們兩家要是滅了的時候，這雍中奔布爾教就完了（下略）。」㊸綽斯甲布、丹壩等與大金川既屬至親，其土兵雖頗勇往，實難倚恃，其他弱小土司因懾於大小金川兵威，惟恐金川不滅，官兵一撤，勢必首先遭遇報復，身受荼毒，故皆首鼠兩端，遲疑觀望。各土司民戶原多敬奉佛教，畏懼神譴，大小金川喇嘛善用「札達」，每當撲碉吃緊之際，疾風暴雨，雷電交作，倏來倏止，土兵深信喇嘛有呼風喚雨、下雪降雹的邪術，俱怯而不進，必俟晴霽始肯進兵。總督桂林等皆稱邪術在番地山中用之頗效，必以札達回阻。高宗鑒於大小金川詭施札達，爲破其邪術，即降諭旨令溫福、阿桂等於番地訪求能回風止雪喇嘛隨營聽用，並祭山祈神，以求助順。番地喇嘛復善於念咒，番民每因此而仇殺不已。據堪布喇嘛色納木甲木燦供稱，「擄去的人交與都甲喇嘛問領兵的大人名字記下念咒，所咒教人心裏迷惑，打仗不得勝，至於下雪下雹子起雷打人他們都是會的。」都甲喇嘛亦供稱「索諾木曾令在噶爾丹寺率領徒弟念綽沃經，詛咒大兵。彼時莎羅奔曾差來一個畫匠，畫了一條蛇、一隻豬、一隻鵰、一匹馬、一個狐狸，又差來一個寫字人寫了咒人的咒語捲成紙捲，將五個牛角各填入一分，埋在地下做鎮壓。」其後蕩平大小金川，高宗降旨將所埋物件刨挖焚燬，足見喇嘛咒語迷惑兵心影響士氣之深重。

小金川番兵總數，據阿桂奏報約七千名，大金川約八千名，合計不過一萬五千名，何以竟能以寡拒衆，據溫福覆奏稱「賊人所恃，只在地險碉堅，我攻彼守，形勢既殊，而道路之夷險遠近，賊匪較爲熟悉，故以少拒多，是其慣技，每遇碉寨所踞地勢危峻，官兵非但不能四面合圍，即攀援一線亦不能排列多兵而上，及經攻破，賊兵多從後一面滾山鑽箐逃竄無蹤，總緣此地跬步皆山，並無平地，賊番生長習慣，其善於穴地藏躲，與兔鼠相類，其便於履險竄走，與豬猴無異，臨陣之殲戮無多，實由於此。」㊹撲碉不可，繞碉而進，後路可虞，端賴火力制勝，以大小砲位環攻碉寨，逐一克服，層次而進。大小金川番兵稱爲門戶兵，並無額兵，凡遇打仗，「各寨頭人挨著門戶每家派一人去出兵的，如各家有成丁的人，就是十三四歲的小孩子也要派去充數，器械是各人家裏自己帶去，土司並沒得給他，至所需口糧土司也沒得給發，都是出兵的人家自己預備起身時候先帶著十五六天的糧前去，隨後是各寨頭人另行派人替他背送到打仗地方去接濟的。」其軍火來源，據番民供稱「硝是各處都有的，硫磺是在刮耳崖寨對過過甲兒擦克角地方出的，鉛子是煤礦裏出的。」番兵所用武器主要爲攩牌、兩頭尖捧捧、腰刀、長矛、鳥鎗、大砲、劈山砲、小砲、母子砲、牛腿砲，其有番兵自造者，亦有從官兵搶獲者，亦有明清督撫撥往援助俾供以番攻番者。官兵方面，滿兵長於使用弓箭，番兵亦甚畏懼，惟番地堅碉石卡，弓箭不能得力，每當番兵潰竄追殺時，拾回弓箭，半已折損，克碉殲敵，端賴大小砲位。據溫福奏稱「番地皆山，賊人憑恃地險，每於陡峻逼窄之處築有堅碉大柵，阻阨要路，潛伏死守，雖有多兵驟難抄越，故歷次攻勦，鳥鎗之利十居一二，砲位之利十居八九。」官兵大將軍砲位重達三四千斤，食子二十餘斤，二將軍、三將軍等重亦一千餘斤，威力強大，其噴火筒殺傷力亦大，番兵尤爲畏怯，但各式砲位中，實以衝天砲最爲得力，高宗特命西洋人前往大金川測量施砲，命中率甚高，卒能蕩平兩金川。是役，朝廷糜費至鉅，成功亦遲，爲永杜後患，高宗屢諭不必復存大小金川之名。大兵撤回內地後，於大小金川設鎮安營，其後於小金川設美諾廳，大金川設阿爾古廳，旋將阿爾古廳併入美諾廳，並改美諾廳爲懋功廳，駐同知掌理屯務，至此大小金川的地理名詞遂不復存在。

【註　釋】

① 《平定兩金川方略》，卷五一，頁 11，清阿桂等奉敕撰，內府寫本。

② 《金川檔》，乾隆四十一年夏季分，頁 86，是年四月，軍機處錄聶壟喇嘛供詞。

③ 《大清高宗純皇帝實錄》，卷一〇五，頁 20，乾隆四年十一月壬申，據署四川巡撫方顯奏。

④ 《金川檔》，乾隆四十一年春季分，頁 185，二月十三日，劉秉恬奏稱金川因產金得名，惟據番民阿木魯綽沃斯甲供稱「金川本地不出金子，所有的金子都是從前在藏裏及打箭爐買來的。」

⑤ 《金川檔》，乾隆四十一年春季分，頁 185，二月十三日，寄信上諭。

⑥ 《平定兩金川方略》，卷七八，頁 13，乾隆三十八年十月乙巳，摘錄阿桂奏摺。

⑦ 《軍機處檔・月摺包》，二七六五箱，八七包，〇一五八九三號，乾隆三十七年正月十三日，溫福奏摺錄副。沃日急讀爲顎什，清代文書據藏語譯爲滿洲語，再譯爲漢語作顎克什。

⑧ 《金川檔》，乾隆三十七年冬季分，頁 66，十月初八日，番民昆木僧格供詞。

⑨ 《軍機處檔・月摺包》，二七六五箱，九五包，〇一九二〇五號，乾隆三十七年十二月，生擒小金川頭人通事清單。

⑩ 《軍機處檔・月摺包》，二七六五箱，八六包，〇一五五四〇號，乾隆三十六年十二月初六日，溫福奏摺錄副。

⑪ 《軍機處檔・月摺包》，二七六五箱，八九包，〇一五七五五號，乾隆三十六年十二月二十三日，溫福奏摺錄副。《大清高宗純皇帝

實錄》及《平定兩金川方略》俱將嘉爾泰利坡作湯鵬，趙翼著《平定兩金川述略》，作嘉勒塔爾巴，魏源著《聖武記》作嘉勒巴。

⑫ 汲修主人著《嘯亭雜錄》，卷三，頁 25，九思堂藏本。

⑬ 《年羹堯奏摺專輯》，上册，頁 1-2，雍正元年二月二十七日，年羹堯奏摺，民國六十年十二月，國立故宮博物院出版。

⑭ 蕭一山著《清代通史》（二），頁 109。民國五十一年九月一版，臺灣商務印書館印行。

⑮ 《軍機處檔・月摺包》，二七六五箱，八六包，〇一五五七九號，乾隆三十六年十二月初九日，桂林奏摺錄副。

⑯ 《軍機處檔・月摺包》，二七六五箱，九四包，〇一八六五八號，乾隆三十七年十一月十一日，阿桂奏摺錄副。

⑰ 《軍機處檔・月摺包》，二七六五箱，八八包，〇一六四六四號，乾隆三十七年三月二十一日，溫福奏摺錄副。

⑱ 《平定兩金川述略》、《嘯亭雜錄》、《清史稿》俱將莎羅奔誘執澤旺一事誤繫於乾隆十一年。

⑲ 《平定金川方略》，卷三，頁 21，乾隆十二年九月庚子，摘錄張廣泗奏摺。

⑳ 《平定兩金川述略》、世界書局印行《聖武記》、《清史稿》、《清代通史》等書俱將參將買國良誤作賈國良。

㉑ 黎東方著《細說清朝》，上册，頁 182，誤以良爾吉等爲訥親所誅。見傳記文學叢刊十四，民國五十九年二月出版。

㉒ 《軍機處檔・月摺包》，二七四〇箱，二六包，〇三八五五號，乾隆十四年正月，和碩莊親王允祿奏摺錄副。

㉓ 《大清高宗純皇帝實錄》，卷五五七，頁 41，色楞敦多布作四朗多博登，丹東作丹多，僧格桑作色剛桑。案革布什咱土司地方文武奏摺作拉旺斯登布，後因高宗御製碑文作色楞敦多布，《平定兩金

川方略》等書皆據此改正。

㉔ 《軍機處檔・月摺包》，二七六五箱，九四包，〇一八三三七，乾隆三十七年九月初七日，四川直隸雜谷理番府小金川演化土司澤旺稟。

㉕ 《軍機處檔・月摺包》，二七六五箱，八八包，〇一六二六九號，乾隆三十七年二月二十七日，溫福奏摺錄副引大金川稟文。

㉖ 《軍機處檔・月摺包》，二七七一箱，八四包，〇一四七五二號，乾隆三十六年八月，小金川土司稟文。

㉗ 《軍機處檔・月摺包》，二七六五箱，九三包，〇一八二三八號之四，乾隆三十七年九月十六日，譯出小金川土司澤旺番稟。

㉘ 《軍機處檔・月摺包》，二七六五箱，九五包，〇一八七九二號，乾隆三十七年十一月二十二日，文綬奏摺錄阿爾泰供詞。

㉙ 《金川檔》，乾隆三十七年冬季分，頁 57，十月初八日，大金川噶凌噶寨番民供詞。

㉚ 《軍機處檔・月摺包》，二七七六箱，一五六包，〇三七七一五號，乾隆四十一年四月，布爾底阿庫魯供詞。

㉛ 《金川檔》，乾隆三十七年冬季分，頁 65，十月初八日，大金川番民供詞。

㉜ 《軍機處檔・月摺包》，二七七一箱，八三包，〇一四二五八號，乾隆三十六年五月二十七日，阿爾泰奏摺錄副。另據大金川番民彤錫供稱郎卡瓦爾佳又作郎爾吉。

㉝ 《軍機處檔・月摺包》，二七六五箱，九一包，〇一七七一五號，大金川夷犯沙拉供詞。

㉞ 《軍機處檔・月摺包》，二七七一箱，八三包，〇一四一〇五號，乾隆三十六年五月初二日，阿爾泰奏摺錄副。

㉟ 《金川檔》，乾隆四十一年夏季分，頁 115，是年四月，夾訊阿木

魯綽沃斯甲供詞。

㊱ 《軍機處檔・月摺包》，二七七一箱，八三包，○一四三○八號，乾隆三十六年初十日，阿爾泰奏摺錄副。

㊲ 《金川檔》，乾隆四十一年夏季分，頁 147，是年四月，丹巴沃雜爾供詞。

㊳ 《軍機處檔・月摺包》，二七六五箱，九一包，○一七七一五號，大金川夷犯沙拉供詞。

㊴ 《軍機處檔・月摺包》，二七六五箱，八八包，○一六二九○號，乾隆三十七年三月初一日，溫福奏摺抄錄大金川番兵供詞。

㊵ 《軍機處檔・月摺包》，二七六五箱，九三包，○一八○六五號之一，乾隆三十七年八月二十二日，脫出鄂克什番人供詞。

㊶ 《軍機處檔・月摺包》，二七六五箱，九○包，○一六八七○號，乾隆三十七年四月二十六日，宋元俊奏摺錄副。

㊷ 《軍機處檔・月摺包》，二七六五箱，九一包，○一七四二五號，乾隆三十七年七月初七日，福隆安奏摺錄副。

㊸ 《軍機處檔・月摺包》，二七六五箱，九三包，○一八○六六號，乾隆三十七年九月初三日，溫福奏摺錄副。

㊹ 《軍機處檔・月摺包》，二七六五箱，九三包，○一八二九五號，乾隆三十七年八月二十九日，溫福奏摺抄錄小金川稟文。

㊺ 《軍機處檔・月摺包》，二七六五箱，九三包，○一八二三八號之四，乾隆三十七年九月十六日，譯出小金川土司澤旺番稟。

㊻ 《金川檔》，乾隆三十七年冬季分，頁 463，乾隆三十七年十二月，番民薩爾甲供詞。

㊼ 《金川檔》，乾隆三十八年秋季分，頁 75、83，七月初十日，木果木失事文武官員清單。

㊽ 《金川檔》，乾隆三十八年秋季分，頁 385，八月十七日，寄信上

諭。

㊾ 《金川檔》，乾隆四十一年夏季分，頁151-155，是年四月，七圖甲噶爾思甲布供詞。

㊿ 《金川檔》，乾隆三十八年冬季分，頁395-397安卜嚕供詞。

51 《平定兩金川方略》，卷六八，頁10，乾隆三十八年七月癸丑，摘錄阿桂奏摺。

52 汲修主人著《嘯亭雜錄》，卷三，頁45-46，木果木之敗。

53 《軍機處檔・月摺包》，二七七六箱，一五六包，〇三七四六三號之一，乾隆四十年七月十八日，索諾木弟兄稟文，是月二十一日，譯出漢文。

54 《金川檔》，乾隆四十年秋季分，頁 119，八月十一日，于朋供詞。

55 《軍機處檔・月摺包》，二七七六箱，一五六包，〇三七四六三號之三，諭莎羅奔岡達克等檄。

56 《金川檔》，乾隆四十年秋季分，頁167-168，八月二十一日，達固拉僧格供詞。

57 《軍機處檔・月摺包》，二七七六箱，一五六包，〇三七五一三號，乾隆四十年八月十六日，阿桂奏摺錄副。

58 《聖武記》、《清史稿》等書俱將官兵攻克噶拉依官寨蕩平大金川全境及獻俘廟社日期誤繫於乾隆四十一年正月。

59 《軍機處檔・月摺包》，二七〇五箱，一一五包，〇二五九三三號，乾隆四十四年十一月二十五日，特成額奏摺錄副。

60 《軍機處檔・月摺包》，二七六五箱，一一八包，〇二六五八二號，乾隆四十五年三月初九日，文綬、明亮奏摺錄副。

61 黃開華撰〈明代土司制度設施與西南開發〉，見《明代土司制度》，頁217，學生書局，民國五十七年初版。

⑫ 《軍機處檔・月摺包》，二七六四箱，一〇七包，〇二三三五七號，乾隆四十四年四月初一日，文綬、富勒渾奏摺錄副。

⑬ 《軍機處檔・月摺包》，二七七六箱，一五六包，〇三七六九三號，譯出莎羅奔等致綽斯甲布函稿。

⑭ 《軍機處檔・月摺包》，二七六五箱，九五包，〇一八八九六號，乾隆三十七年十二月初一日，溫福奏摺錄副。

十全武功——清高宗降服廓爾喀之役

西藏是青海滇蜀的屏藩，在國防上處於重要地位。自拉薩東行可經西康而入四川、雲南，北行則可越青海、甘肅而達蒙古。唐宋以來，西藏與中原的歷史關係已極密切。清朝入關後，屢平藏亂，藏地久隸職方。且西藏爲歷輩達喇嘛與班禪額爾德尼住錫的聖地，素爲唐古忒及蒙古所崇奉。清高宗乾隆年間，廓爾喀崛起後，蠶食鄰部，統一尼泊爾，以後藏相距內地窵遠，清廷鞭長莫及，兩次入寇藏界，而嚴重地威脅到中國領土主權的完整。高宗爲永綏邊圉，對廓爾喀大張撻伐，命大將軍福康安、參贊大臣海蘭察統率巴圖魯侍衛索倫達呼爾及降番屯練等勁旅赴藏進勦，屢敗廓爾喀，深入其境七百里，直逼加德滿都。廓爾喀進表乞降，接受册封，五年一貢，雖至清末，「仍極恭順」。因此，高宗對廓爾喀的用兵是保疆衛土的對外禦侮戰爭，而非好大喜功窮兵黷武的表現。是役，清軍不僅收復西藏失地，而且更鞏固了清廷在西藏的統治權，在政治上提高駐藏大臣的地位與權力，在宗教上則採用金瓶掣籤的辦法，解決了此後宗教首領爭繼的問題。魏源著《聖武記》問世後，曾經三次重訂，其於〈乾隆征廓爾喀記〉雖全篇修改，但紕繆之處仍多。本文撰寫之目的，即在就國立故宮博物院典藏軍機處廓爾喀檔暨宮中檔奏摺等有關史料以探討廓爾喀入寇藏界的背景及清高宗降服廓爾喀的經過與意義。

一　廓爾喀之崛起及其與中國之早期關係

廓爾喀（Gurkha）位於後藏西南，其疆土與西藏犬牙相錯。在十八世紀以前，廓爾喀祇是尼泊爾（Nepal）的一個部落。西元前六世紀，喬達摩佛陀（Gautama Buddha）降生前後，在尼泊爾的加德滿都山谷（Katmandu Valley）已有不少的居民定居於此。加德滿都是一個周圍約三百方哩的沼澤地帶，諸山羅列，後因地層變動，其積水向南流注，而形原一個肥腴谷地，耕牧咸宜，氣候溫和，物產豐富，「春天收麥，秋天收稻」①，其餘棉花、豆類、花果、丹參等作物都能自給自足②。西方史學家認爲最早定居於加德滿都山谷的是尼瓦人（Newars），清代官方記載則稱之爲巴勒布人。在廓爾喀勢力興起以前，尼泊爾即受尼瓦族王的統治。尼瓦人富於組織能力，曾建立良好的農業制度，且對尼泊爾早期的藝術與建築有過極大的貢獻。在印度孔雀王朝時代，佛教文化已輸入加德滿都，阿育王（Asoka）在位期間，曾在加德滿都南方的巴丹（Patan）建立了四座浮圖（Stupas），加德滿都遂成爲北印度的藝術、宗教與學術中心。不過尼泊爾一詞是遲至西元後第四世紀始見諸記載。西元三三五年，印度笈多王朝沙姆陀羅笈多（Samudragupta）繼承王位後，黷武好戰，先後征服各鄰邦，尼泊爾亦在其保護之下③。在印度宗教聖地阿拉哈巴（Allahabad）石碑上所刻各屬邦呈獻給沙姆陀羅笈多的頌詞中已列著尼泊爾王（King Nepal）之名。西元六〇六年，哈薩（Harsha）即戒日王即位，於次年征服尼泊爾後派遣總督前往治理，但不久即爲尼泊爾的土酋阿姆蘇瓦曼（Amsuvarman）所逐。六二〇年左右，阿姆蘇瓦曼統一了尼泊爾，自立爲王。他對科學與文學、藝術都有濃厚的興趣，在他積極獎勵下，尼泊爾首次出版了梵文文法（Sanskrit Grammar）的辭書，並建立新貨幣制度，由於他統治的成功，使他成爲第一個贏得「萬王之王」

（Parama Bhattaraka Macharaja Dhiraja）最高尊號的尼泊爾國王④。第七世紀初葉，吐蕃勢力興起，唐太宗貞觀十五年（六四一），唐室以宗女文成公主下嫁土蕃贊譜棄宗弄讚即西藏人所稱松贊崗普（Srong-Dtsan Sgam Po）。約在同時阿姆蘇瓦曼亦以其女妻之，因兩后都篤信佛教，棄宗弄讚受其影響，遂棄舊日本教，而皈依佛教，並由漢土及印度禮聘僧伽赴藏宏法⑤。貞觀二十二年（六四八），戒日王卒後因無嗣君，其臣阿羅那順（Arjuna）篡位，唐使王玄策率領吐蕃兵來討，尼泊爾亦奉命派遣騎兵七千名赴援，終於大破叛衆，平定內亂，將阿羅那順擒送長安。

十三世紀時，由於回教徒入侵印度，印度人紛紛避居尼泊爾西部山丘，並先後建立了無數小邦，廓爾喀就是由印度拉加普族（Rajputs）所建立的王國⑥。雖然和加德滿都都一直是尼泊爾的政治、文化中心，但部落林立，其環繞谷地一帶就有二十四部之多⑦，廓爾喀即此二十四部之一，位於加德滿都西北，相距約六日路程⑧。清世宗雍正十年（一七三二）八月，雅木布、菲楞、庫庫木三汗遣使納貢⑨。雅木布又稱陽布，即加德滿都⑩。乾隆三十四年（一七六九），廓爾喀王博赤納喇（Prithwi Nwrayan）乘尼泊爾內訌，舉兵征服各部，遷都加德滿都，建立新的王朝，取得尼泊爾的領導權⑪。自廓爾喀勢力興起後，因連年戰亂，尼泊爾與藏印間的貿易頓趨衰落，英國東印度公司爲發展北印度的商業利益，曾應巴勒布部長的請求，派遣金羅治（Captain Kinloch）率領一支遠征軍赴援，由於瘴癘盛行，無功而返⑫。乾隆三十八年（一七七三），英國東印度公司又遣瓊斯（Captain Jones）領兵擊敗不丹，因而引起廓爾喀的驚疑，廓爾喀王遣使至後藏謁見班禪額爾德尼，指出英人佔領不丹的嚴重後果。一七七四年三月，班禪額爾德尼致書東印度公司居間調解。乾隆五十二年（一七八七），廓爾喀遣使赴藏呈請進表納貢，駐藏大臣慶林（又作慶麟）等因其表文言詞倨傲不遜，報而不奏⑬。

廓爾喀與巴勒布地界毗連，但其種族語言風俗實不相同。乾隆五十三年（一七八八），廓爾喀入寇藏界時，駐藏大臣仍僅知有巴勒布，而不知有廓爾喀⑭。乾隆五十四年（一七八九），廓爾喀人退出後藏，駐藏大臣巴忠經「留心查詢」後，始知廓爾喀實非巴勒布，但於其歷史與地理背景仍十分模糊。是年八月，巴忠奏稱「現投誠之科爾喀者即係巴勒布地方，其部落在後藏西南一隅，幅員相距三千餘里，西南至緬甸界，西北至大西天，又通回疆界，大小部落總共三十處，戶口二十二萬七百有零。由宗喀至該部落皆係大小狹路，向來崇信紅教，其間惟有從巴勒布之陽布、庫庫木、易隆三處番民尊奉黃教。科爾喀原係一小部落，因節次侵佔陽布等處地方，勢力愈加，隨將附近之達納隆等小部落又共佔取二十七處。」⑮博赤納喇卒後傳位其子西噶布爾達爾巴克，是時「不常與人打仗」。約在乾隆四十年，西喇布爾達爾巴克傳位給年僅四歲的王子喇特納巴都爾，因沖齡即位，由其叔巴都爾薩野攝政。廓爾喀遷都加德滿都後並未大興土木，據咱瑪阿爾曾薩野供稱「陽布地方舊有城垣是巴勒布王子建蓋的，城是圓形，用磚砌就。城墻約有二丈高，並沒垛口，周圍約寬十數里，城門原有二十四處，如今屯砌了幾處，還剩十六七個門。各處的門有十個，門狠大，容象出入，上有城樓，其餘的門都不甚大，城外並無護城河，只有出水的溝眼。城南離河有二里多路，城西離河不及一里，城東離河有五里，城北離河更遠些。若囊、廓庫木兩處都有城垣，與陽布大小相仿，其餘地方我也不能全知道。至喇特納巴都爾與巴都爾薩野同住官寨，頭人辦事的公所俱在官寨內，四面有四個碉樓，南面高十一層，東西兩面都高五層，北邊高二十層。官寨南面兩個門，係王子同辦事大頭人出入的，別人不准行走。東面一個門時常關著不開，西面三個門，北面沒有門。除官寨外，人戶約有一萬餘家。」⑯至於廓爾喀政治及軍事組織方面，阿爾曾薩野述之甚詳。據稱「巴都爾薩野總管一切，沒有官名。辦事的大頭人最大的叫做鄒達爾，只有一個，現係巴喇巴都爾薩克野充當。又有噶箕四個，如藏裏噶布倫一樣。噶箕之下有噶朗管收錢糧，並放賞項，又有達薩爾管鑄銀錢。再下一等是喀爾達爾管辦王子的信字，並行文書等事，其餘寫字管賬的叫做喀益斯達。管兵的大頭目叫做噶布黨，又有薩爾達爾，也是管兵的。薩爾達爾之下有九個蘇巴，每人各管兵丁自一千餘名至三千餘名不等。蘇巴之下有五六十個蘇必達，每人管兵自二百名至三百餘名不等，分駐各處。〔蘇〕必達之下是咱瑪達，再下一等是哈瓦達，再下一等是阿木爾達，不知道數目。其噶布黨共有四個，一個名雜答爾興，一個名朗幾爾幫烈，一個名廊烈，一個就是瑪木薩野。至薩爾達爾及蘇巴等頭目記不清名字了。陽布城裏給錢糧的兵約有三千多名，不給錢糧的兵又有三千多名。東南西三面邊界都有大頭人各帶兵丁前往把守地方，各處統共有兵六萬餘人，遇有出兵的事就把各處的兵調到陽布來。分派兵丁的隊長叫做果奔，各管一二百兵不等，每果奔一名即有噶幾黨一名，教習兵丁技藝，果迭哈哇達爾一名，運送兵糧。奮勇的兵叫做第凌噶巴，奮勇兵的隊長叫做別哩哇爾，每月錢糧多寡不等，也有給幾十個銀錢的，也有免交田地錢糧的。初挑的兵丁每月不支錢糧，跟差頭人打仗出力的纔賞銀錢，間或賞些地方百姓作為屬下，搶得別處地方時由噶布黨經理，稟明王子派人管理。至兵丁用的武器多有鳥鎗、藤牌，亦有刀矛等，弓箭較少。」⑰

廓爾喀地當印藏往來孔道，西藏雖久列中國版圖，因距內地極遠，而距廓爾喀較近，故與廓爾喀的宗教、商務關係較爲密切。西藏僧侶前往印度求經，途中多停留廓爾喀，先學習印度語文，然後再往印度。留居西藏的巴勒布商人多信奉黃教，故當廓爾喀興起以後，西藏與尼泊爾的關係並未中斷。印度氣候炎熱，西藏商人視爲畏途。廓爾喀人能適應高地嚴寒與孟加拉酷暑的變化，所以印藏之間的貨物多由廓爾喀人從中轉輸。西藏所產食鹽及運自內地的茶葉是由廓爾喀人輸入本國或運銷印度。因藏內物產稀少，一切日用所需如布疋、米穀、銅、鐵、紙張、藥材、海螺、果品、蔗糖及藏人戴用的裝飾品如珊瑚、蜜蠟、珠子等項多由廓爾喀人經加德滿都等處販運入藏。乾隆五十四年八月，巴忠奏稱廓爾喀「人心鄙陋，惟利是圖，騎射平常。該處素無鹽茶，並無銀兩、馬匹，所產惟米、荳、牛、羊、布帛、銅、鐵、珊瑚、瑪瑙、孔雀，其有象者即稱富戶，然西藏素產鹽觔，及內地販運銀茶實濕科爾喀必需之物，故向來藏屬夷民往來駝運，彼此通商相安已久。」⑱不過與其說廓爾喀人「惟利是圖」，毋寧說廓爾喀人多以經商爲業，廓爾喀亦因此成爲印藏交通的橋樑。

二　廓爾喀初次入寇後藏原因之探討

清高宗末年，廓爾喀兩次入寇後藏，第一次在乾隆五十三年（一七八八），第二次在乾隆五十六年（一七九一）。因此，清廷對廓爾喀的用兵是出於被動的自衛措施。關於廓爾喀初次侵犯藏界的原因，異說紛紜，莫衷一是。禮親王昭槤稱「有丹津班珠爾者，本班禪部下頭人，以罪被黜，竄入廓爾喀，結其酋喇特木巴珠爾。後復以通商事，後藏人倚班禪勢不與值，遂相結怨，突入後藏，據之，此乾隆五十三年事也。」⑲趙翼著《皇朝武功紀盛》亦持此說。但丹津班珠爾是於廓爾喀第二次入寇藏界時被裹送加德滿都，而不是「以罪被黜」，其竄入廓爾喀從中唆使者實係班禪額爾德尼之弟沙瑪爾巴。魏源另持一說稱「初後藏班禪剌麻以四十六年來朝祝高宗七旬嘏，中外施舍，海溢山積。及班禪卒於京師，資送歸藏，其財皆爲其兄仲巴呼圖克所有。既不布施各寺廟與唐古特之兵，又擯其弟舍瑪爾巴爲紅教，不使分惠，於是舍瑪爾巴憤愬廓爾喀，以後藏之封殖，仲巴之專汰，煽其入寇。」⑳乾隆五十六年，駐藏大臣保泰巳奏稱「廓爾喀地方有紅帽喇嘛沙瑪爾巴呼圖克圖，係仲巴呼圖克圖之弟。訪聞伊弟兄彼此相仇，此次賊匪至藏侵擾即係沙瑪爾巴陷害伊兄之意。」㉑沙瑪爾巴與仲巴呼圖克圖何以兄弟竟若仇讐？清高宗初據保泰具奏時深感疑惑。班禪額爾德尼西人稱之爲塔席喇嘛（Tashi Lama）或巴登一喜（Pal-den Yeshe），或譯班蟄伊喜，其入京的原因，除祝高宗聖壽外，主要是「一七五〇年，中國駐藏大臣殺西藏攝政，其人民亦殺拉薩之中國人，乾隆帝再派軍往，恢復中國勢力，增長駐藏大臣之威權。班禪喇嘛班蟄伊喜（Pal-den Yeshe）素爲西藏蒙古人所敬服。一七七九年，清帝請至北京，欲藉勢力以輔助中國政策之進行，班禪亦欲爲西藏及黃帽教稍得自治權。」㉒班禪額爾德尼自後藏扎什倫布起程時，高宗命散秩大臣、副都統等攜帶御用朝珠鞍馬等物，沿途宴勞，並命皇六子率同章加呼圖克圖等迎往賞賚，乾隆四十五年七月二十一日，班禪額爾德尼抵達熱河行宮時，清高宗親自出迎，萬壽節日，班禪額爾德尼率領呼圖克圖等誦經祝釐。是年九月初二日入京後，高宗疊加賞賜，備加禮遇，每逢朝見時，免行跪拜禮㉓。高宗甚且「皈依教下，親受教義，皇族大臣及妃嬪大監等亦都敬班禪明如神明。」㉔同年十月二十九日，班禪額爾德尼身體開始發高熱，高宗即遣御醫診視，其花豆已見苗，高宗又親臨探視，忽於十一月初二日圓寂。高宗不勝悼惜，因商卓忒巴忠克呼圖克圖仲巴呼圖克圖是班禪額爾德尼之兄，高宗特賞給額爾德尼木圖諾們汗之號，並在京師豎立大理石寶塔，其頂上安置黃金所製的喇嘛寶冠㉕。乾隆四十六年二月十三日，百日誦經事畢，仲巴呼圖克圖護送班禪額爾德尼靈櫬回藏，高宗命理藩院尚書博清額、乾清門侍衛伊嚕勒圖等同行照料。仲巴呼圖克圖原管後藏商上事務，復將高宗疊次賞賜及班禪額爾德尼遺產如金袈裟、小晶鉢、白玉鉢之類價值數十萬兩，皆據爲己有㉖，其弟沙瑪爾巴及其弟子均未分享。乾隆四十九年，沙瑪爾巴藉朝塔爲名前往廓爾喀。仲巴呼圖克圖敘述其離藏經過頗詳，據稱「沙瑪爾巴與班禪額爾德尼他兩人是同父生的，我又是前父生的。我們的規矩，同母生的就爲親兄弟。因沙瑪爾巴生來即係紅帽呼圖克圖呼必勒罕，是以就爲紅帽喇嘛。因他生性狡黠，不服教訓，所以我們弟兄自幼俱與素不相睦的。他向來就不與我們同住，總在達賴喇嘛所屬的羊八井地方另有廟宇居住，平日亦無書信來往，惟四十九年班禪坐床時，他到後藏道喜來過一次。那時達賴喇嘛諾門罕都在後藏，他當面向達賴喇嘛諾門罕阿旺楚勒提穆跟前告假說要到廓爾喀去，彼處地方有塔一座，甚屬利益，要他那裏朝塔去。達賴喇嘛就向說廓爾喀不是好地方，你要去朝塔可即速回來爲是，不可在彼久住。」㉗清高宗亦稱「仲巴與沙瑪爾巴同爲前輩班禪弟兄，仲巴係扎什倫布商卓特巴，坐享豐厚。沙瑪爾巴居住廓爾喀，未能分潤，唆使賊人搶掠。」但沙瑪爾巴與仲巴呼圖克圖弟兄不和，唆使廓爾喀搶犯藏界，藉報私仇，僅是廓爾喀入寇後藏的導火線，實非主要的原因。

廓爾喀與後藏毗連，聶拉木、濟嚨兩處距加德滿都甚近，爲通商要口，至於絨轄、定結、薩喀等處，地方雖小，卻與廓爾喀相通，雙方貿易往來，易啓爭端，其結怨已非一日。據在後藏邊境充當烏拉替廓爾喀兵丁背負糧食的濟嚨人倫柱供稱廓爾喀興兵犯藏的原因是「前藏人不用巴勒布新錢，又因彼地乏鹽，常有人來藏買食，被藏兵將不堪之鹽售給，故此不合興兵。」㉘所謂「不堪之鹽」即指食鹽內攙和砂土。廓爾喀地方素不產鹽，全賴西藏所出之鹽易回食用。藏鹽是從山谷沙土中刨出，隨即背負行銷，其鹽本不潔淨，更有攙假朦混者㉙。至於藏人不用廓爾喀銀錢則是因其銀錢低潮拒絕使用。藏人又向廓爾喀商人增收高額貨物入口稅，因而引起廓爾喀的不滿。乾隆五十四年五月，廓爾喀大頭目噶登嘛撒海、哈哩烏巴第哇等稟稱「我巴勒布之人遠在邊外，與唐古忒本是和好，常來西藏營生，彼此交易。近因西藏的人將我們不照先年鄰封看待，凡販來貨物任意加收稅項，並以食鹽內攙和砂土與我巴勒布地方百姓多有不便。他們噶廈之人又嫌我們銀錢低潮，駁回不用。我們管事頭人屢次與西藏寄信講理，他們都不以爲事，我巴勒布邊野無知，故此侵犯藏地。」㉚藏人與廓爾喀人通商貿易，向來即不用銅錢，皆鑄大小銀錢以便市羉。其主要原因實係由於藏地素不產銅，山上又缺乏林木，即使偶有些微柴枝，卻因炭質脆薄，不能燒煉生銅，故不易設爐鼓鑄銅錢。廓爾喀人崛起以前，藏人所用銀錢，原係巴勒布人所鑄，其銀錢多攙雜銅觔。廓爾喀人納朗密瑪供稱「廓爾喀鑄造銀錢，向係令巴勒布商人自藏帶回元寶，攙雜銅鉛鑄錢，復將所鑄之錢來藏易換銀兩往來換兌，從中巧取重利。」㉛其舊鑄銀錢每個重一錢五分，九個銀錢共重一兩三錢五分始換得銀一兩。後因廓爾喀新鑄銀錢改用純銀鑄造，其成色較巴勒布舊鑄銀錢爲高，故將一圓抵舊錢兩圓行用。乾隆五十三年初，廓爾喀國王曾寄信西藏噶布倫等講論兌換銀錢升值問題，欲專用新錢，而將所有舊錢全行停用。另有稟帖給駐藏大臣慶林、雅滿泰，因慶林等不諳廓爾喀文字，未予覆信。噶布倫丹津班珠爾等回信時稱「銀錢的事，若一個當做兩個使用，我們太吃虧。」㉜噶布倫等既堅持不允，廓爾喀遂藉詞尋釁。

廓爾喀自博赤納喇即位後，蓄志既大，又暴虐好戰，積極向外發展，因此，廓爾喀入寇後藏，不過是其「征服政策的運用與擴大」㉝。清朝入關後，雖逐漸加強對西藏的統治權，但仍未改變傳統的放任態度，而且藏人久不習兵，畏葸怯懦，政務廢弛。廓爾喀疆土褊狹，戶口蕃繁，其人身強多力，勇敢善鬥。十八世紀以後，廓爾喀勢力既盛，遂逐漸蠶食鄰部。西方史學家柏爾（Charles Bell）亦曾指出廓爾喀商業利益特別重要，「蓋國小民衆，繁殖甚速，幾與全藏人口相埒，其疆域既小，而人口反與相埒，自不得不發憤以冒險圖存。國內之民難於自給，亦必別覓出口以便懋遷有無，西藏爲其最好之出口。」㉞質言之，廓爾喀入侵後藏主要是由於恃強剽掠之心所驅使，也是廓爾喀「領土擴張主義者的天性」㉟。喇特納巴都爾繼位後，仍繼續向外擴張，但當其勢力受阻於錫金及英人後，好戰的廓爾喀人遂將其注意力轉向西藏。

三　廓爾喀第一次入寇後藏之經過

廓爾喀第一次入寇後藏的時間，各書說法不一致。魏源稱廓爾喀「自古不通中國，其與中國構兵，則自乾隆五十五年內犯西藏始。」是年「三月，廓爾喀藉商稅增額，食鹽糅土爲詞，興兵闖邊。」㊱蕭一山著《清代通史》亦持此說。《嘯亭雜錄》、《衛藏通志》、《清朝全史》、《清史稿》等書則繫於乾隆五十三年。對照現存原始檔案，應以後說爲是，不過在乾隆五十二年九月西藏已得到闊爾喀欲犯藏界的信息㊲。西藏公班第達稟稱「巴勒布之闊爾喀王手下頭目素喇巴爾達布調集人衆欲西往搶奪阻瑪朗部落，又欲搶附藏交界之濟嚨等處。」㊳乾隆五十三年六月，素喇巴爾達布率兵三千名搶佔聶拉木及濟嚨等處㊴。駐藏大臣慶林即派駐藏綠營兵五百名，另抽調察木多兵二百名、達木兵五百名，合計一千二百名分路堵禦。因藏兵爲數甚少，又不甚得力，七月十九日李世傑接到慶林等會咨時即於成都駐防滿兵內挑撥五百名，交佛智統領，又於綠營備戰兵丁內撥出一千三百名，屯練降番內挑撥一千二百名，俱交提督成德協同總兵穆克登阿帶領，並命副將那蘇圖、署軍標副將札爾杭阿、候補副將哈豐阿、遊擊張維、關聯陞等自七月二十二日按起間日行走，由打箭爐出口，取道裏塘、巴塘、察木多馳赴後藏。清高宗據慶林奏報後即降滿文諭旨令雅滿泰移駐後藏彈壓。成都將軍顎輝、總兵張芝元至熱河陛見，俱奉命兼程馳返四川。七月二十八日，慶林已將班禪額爾德尼自後藏起身接赴前藏。廓爾喀兵圍攻第巴碉樓，藏兵不敵。八月初四日，成德行抵打箭爐，同月十六日，帶領漢土兵丁一千二百名抵達裏塘，二十四日，鄂輝返回成都。因成都距藏較遠，於籌辦軍需等事宜鞭長莫及，打箭爐爲內地兵丁糧餉出口，地當適中，高宗又命總督李世傑移駐打箭爐，就近調度。駐藏綠營官兵定例折支口糧，於藏地轉購糌粑麥麵食用。但自廓爾喀入寇藏界後，商販裹足不前。因此，李世傑奏請「自察木多以東計程五十五站，籌運米麵，沿途應付。察木多以西至藏計程三十八站，即當隨地採買供支，迨行抵西藏以後，自應就近買食。」但自察木多以西碩板多、拉里、江達等處，地小人稀，夫役既少，官兵就地買食，仍虞缺乏。成德經「悉心籌酌」後，即將所帶官兵一千餘名分爲兩起前進，除自打箭爐至察木多所需口糧即於現運米麵及沿途台站內支給外，復於打箭爐趕辦青稞炒麵一萬觔，運往察木多。因採買糧石腳價及官兵鹽菜等項費用，即於四川撥銀二十萬兩，陝西、山西各撥五十萬兩，復於楚省工賑銀內解銀五十萬兩備用。易言之，清廷係採取「買運兼行」的政策。

八月十四日夜間廓爾喀於脅噶爾掠奪一陣後退回至相距一站路程的墨爾模地方駐箚。脅噶爾地方只有喇嘛三四百人，廓爾喀兵志在搶掠，故所有卡寨碉樓皆未被攻破。八月十七、十八等日，藏兵追勦廓爾喀兵，據慶林奏報，先後斃敵二十餘名。廓爾喀兵另由木魯班折帶領先後搶掠宗喀、薩喀等處。八月二十七、九月初一等日，藏兵與廓爾喀兵接仗。據戴綳（即戴琫）巴載等稱在薩喀斬殺二十餘名，生擒二名；一名倫柱，一名阿褚，俱係後藏人，被廓爾喀裹去充當烏拉，背負兵糧。廓爾喀兵退駐第哩浪古，九月初六日，又撤往通拉地方。佛智所帶滿兵五百名於是日起程出口，九月初八日，鄂輝、張芝元、穆克登阿等先後行抵打箭爐。同月初十日，穆克登阿帶領漢土屯練起程出口。鄂輝又於屯練內挑出健壯而善於登陟土兵二百名交張芝元帶領於次日起程，十六日，維州協副將那蘇圖管領後起屯練五百名接續前進。

九月二十二日，成德帶兵行抵前藏。次日，鄂輝趕上頭起滿兵，挑撥二百名，同張芝元所帶屯練二百名率領先行。自後藏至脅噶爾計程十站，因廓爾喀滋擾後，人煙稀少，官兵原定分作二起行走，甚屬擁擠，應付困難，且自脅噶爾至宗喀、濟嚨、聶拉木均有廓爾喀兵往來探信，官兵行動易爲敵方偵知，成德隨將先到綠營屯練五百餘名內率同張占魁，散秩大臣銜屯備木塔爾及丹比西拉布二人帶領屯練二百五十名兼程前進，次令遊擊關聯陞等帶領綠營兵丁二百五十名隨後繼進。遊擊張維、署副將札爾杭阿等所帶官兵四百餘名行至瓦合山時遇雪受阻。十月初一日，慶林抵達後藏，同月初八日，成德亦至，帶兵由脅噶爾一路進勦。是時，防守脅噶爾等處藏兵共有二千餘名，其有戰鬥能力者不及半數，其餘都是老幼殘弱，未經訓練，不知紀律，領兵之噶布倫、戴綳等亦未經兵戎，不諳指調。藏兵作戰時係乘騎馬匹，背負弓箭鎗刀，但因空山瘠土，柴鮮草枯，缺乏飼料，馬匹疲瘦倒斃。自脅噶爾至第哩浪古一帶都是荒山野徑，絕少人煙，自第哩浪古至聶拉木、宗喀、濟嚨等處，多係山道溝橋，層岩亂石，這是廓爾喀兵「俱係步行，並無馬匹」的主要原因。

廓爾喀兵搶佔聶拉木係由錯什木絨斜而來，宗喀與濟嚨兩處的廓爾喀兵則是取道巴嗎納撒。但因前往聶拉木的通拉納斯巴多及前往宗喀的甲納別菇工達拉一帶，山峻溝深，第哩浪古山勢高險，並有寨落，雖有藏兵四百名駐守，但兵力仍嫌單薄，成德即添派噶布倫丹津班珠爾會同札什敦珠布帶領原駐兵丁加強防守。宗喀一路，駐防兵丁只有三百餘名，成德又令署副將札爾杭阿、遊擊張維等帶領綠營兵四百名督率戴綳巴載帶領藏兵四百名由甲納別菇工達拉倚山覓路繞往宗喀以牽綴敵兵，成德則親率遊擊關聯陞、屯備木塔爾丹比西拉布帶領漢屯兵丁五百名及戴綳江籍統領藏兵四百名由通拉前往以進取聶拉木㊵。成德行抵第哩浪古時因雪大封山，前進困難。十一月初五日，鄂輝馳抵前藏，同月二十二日，率同總兵張芝元、副將哈豐阿帶領滿漢屯練官兵四百餘名行至札什倫布，十二月初九日，抵達第哩浪古與成德會合。成德停留第哩浪古期間，屢次遣人探尋路徑，覓得第哩浪古迤北山下有小道，雖有冰雪，尚可先用牛隻踹過跟步行走，繞由甲納別菇倚山而進，至工達拉即可進取宗喀、濟嚨，再由濟嚨山澗覓路前往襲取聶拉木。成德部署既定，即親率漢屯官兵由第哩浪古迤北倚山傍澗從積雪稍薄地方蜿蜒前進，至十二月二十六日始行抵工達拉山麓。

乾隆五十四年正月十三日，鄂輝、成德率領官兵齊抵宗喀，廓爾喀兵在宗喀搶佔月餘之久後，先已撤回。宗喀在兩山夾峙之中，地勢低窪，僅有喇嘛寺一座，官寨一所，碉寨十餘間，其餘藏人都在山坡搭架黑帳房遊牧散居。自廓爾喀入寇後，藏人遷往拉子、札什倫布等處躲避，因此，當官兵收復宗喀時已成一片荒山。因宗喀原有碉寨已殘缺不全，鄂輝即派兩金川土弁木塔爾丹比西拉布帶同戴綳額珠拉旺相度地勢於險要處所修砌碉寨，並派藏兵駐守。是時，因春雪連綿難以進取，官兵即在宗喀暫駐。是年二月以後，天氣漸晴，鄂輝即率同張芝元等統兵向濟嚨、聶拉木推進。同時在宗喀西南二百餘里的絨轄有藏人二三十戶居住，亦遭廓爾喀人所掠奪，鄂輝另派穆克登阿帶兵前往安撫。鄂輝督率官兵由「積雪微薄處所迤邐而進，並派將弁帶領善能登陟漢土兵丁在前開挖路徑，翻山深入。」因廓爾喀兵先已自行退回，官兵於收復濟嚨後乘勢直趨聶拉木，廓爾喀兵亦已遠颺。濟嚨雖係荒山瘠土，寨落稀疏，但逼近廓爾喀邊境，鄂輝等於二月二十八日前往箚營。至於絨轄一路，亦不見廓爾喀兵蹤跡，穆克登阿安撫藏人後亦趕赴濟嚨會合。廓爾喀兵搶佔後藏邊界達半年以上，官兵抵藏後，長驅直入，將失地逐一收復，並未遭任何堅強抵抗，其主要原因實由於西藏方面先已私下議和，許銀贖地，廓爾喀兵丁遂飽掠而歸。

四　欽差大臣巴忠赴藏與許銀贖地之眞相

廓爾喀入寇藏界後，清廷即命鄂輝、成德前往查辦。因理藩院侍郎巴忠熟悉藏情，「通曉番語」，而以御前侍衛欽差大臣名義赴藏會辦。乾隆五十三年九月初九日，巴忠帶領札薩克喇嘛格勒克納穆喀、筆帖式慶德、永福等自京起程，是月二十四日過西安，十月十六日抵打箭爐。十二月初四日高宗以駐藏大臣辦理錯謬，而將慶林降爲藍翎侍衛，在章京上行走，交鄂輝、巴忠差遣委用，雅滿泰降爲頭等侍衛，前往後藏專辦糧務，其駐藏大臣印信即交巴忠接管辦理。十二月十九日，巴忠行抵脅噶爾。乾隆五十四年二月二十八日以後抵達濟嚨軍營，與鄂輝、成德會商一切善後事宜。

巴忠赴藏後爲速了其局，遷就議和。不過在巴忠抵藏前，藏中已先與廓爾喀私下進行和議。乾隆五十三年八月，當廓爾喀兵由脅噶爾退往第哩浪古時，薩加呼圖克圖與宗克巴呼圖克圖即仲巴呼圖克圖已私相差人與廓爾喀頭目說和。據仲巴呼圖克圖稱，其差人議和的動機是「因見興兵傷害生靈，故與薩甲胡圖克圖差人齎字前去，令其安分守己，不可多事爭競。」㊶九月十九日，後藏派往脅噶爾的札薩克噶隆札什敦布稱前差說和的喇嘛二人抵達廓爾喀營取具印結，廓爾喀領兵頭人表示，「如今我們因與西藏不睦，今撒甲、札什倫布兩差喇嘛前來替我們說和，我們尚屬情愿。我們兩邊亦曾相好，既然如此前來替我們說和，即令商上速派妥實人，務於十月初八日以前來至聶拉木地方，我們共議擬定立字，所搶你們商上地方百姓，俱行仍舊還給你們。」㊷經慶林等商之公班第達告知達賴喇嘛，即差堪布倫珠巴勒噪及濟仲碟巴（又作第巴）前往立字完結。但成德見其所辦草率，於九月二十日會同慶林商之達賴喇嘛將前差去的堪布倫珠巴勒噪及濟仲碟巴追回。

乾隆五十四年三月，鄂輝等廓清邊界後，仲巴薩迦兩喇嘛遣往廓爾喀傳話的喇嘛諾勒聶勒巴勒卓二人來營代稟乞降，鄂輝令張芝元，穆克登阿帶同隨營辦事的噶布倫丹津班珠爾、班襌額爾德尼之父巴勒丹敦珠布、戴綳巴載由諾勒聶勒巴勒卓帶往廓爾喀地界傳見其頭人。當穆克登阿等行至甲布嚕地方時，廓爾喀亦遣大頭人哈哩烏巴第哇及同行喇嘛自加德滿都起程赴藏。五月二十五日，穆克登阿等帶領廓爾喀大頭人哈哩烏巴第哇、噶登嘛撒海及小頭人哈哈達爾等十餘人抵達濟嚨軍營。據鄂輝稱當時廓爾喀使臣「環跪營門，悔罪求恩。」是時，清廷既將從前多事的西藏噶布倫索諾木旺札勒父子并加收稅銀的第巴桑阿等革退治罪，且將兩位駐藏大臣更換，又准廓爾喀人申訴情由，秉公剖斷，因此表示願與西藏照舊和好，不敢再犯藏界。鄂輝等將天朝聲勢向廓爾喀使臣一一曉示後，據稱廓爾喀人均「各各吐舌流汗，以頭搶地。」雙方議和時，鄂輝令廓爾喀使臣會同噶布倫、第巴等將減稅售鹽及銀錢等事逐項說明，訂立條規，並派能事將備帶同滿漢屯土員弁暨噶布倫、第巴頭人勘明邊界，於濟嚨、聶拉木、宗喀等處緊要隘口堆砌鄂博碉卡以定界限，又設立佛座，飭令雙方代表對衆頂經立誓，廓爾喀頭人等即「免冠伏地摧頭，喁喁不已。」鄂輝面詢通事後始知頭人番衆所說誓詞係「極大誓咒，實非泛語」。但據乾隆五十七年二月廓爾喀國王寄給濟嚨呼圖克圖的信中所稱當時的誓言內容原說「各守疆界，不可失信此立誓，若定約之後再生事相爭，便同畜類。」㊸當時立誓既竣，即取具廓爾喀永不滋事圖記甘結交由噶布倫等收存備案。鄂輝等隨後賞給廓爾喀大頭人噶登嘛撒海等紬緞煙茶銀牌等物。此時，軍營已無應辦事宜，鄂輝即令鎮將等將所有漢土官兵分起撤回，噶登嘛撒海等一行人亦返回加德滿都，將辦理經過稟告國王，喇特納巴都爾即遣王叔瑪木薩野「星夜來藏」，鄂輝等則於拉子地方暫駐，並命穆克登阿、張芝元由薩喀轉往莽卡木地方，紅帽喇嘛沙瑪爾巴已帶領廓爾喀頭人到彼，先向瑪木薩野通款，穆克登阿等將所立條約交換簽名畫字鈐用圖記，並當衆照繕番結二份，即用藏文兼用漢字譯出，以一份咨送駐藏大臣備案，鄂輝收執原結譯漢恭呈御覽㊹。瑪木薩野復遣頭人札薩喇木塔巴巴克森巴呢等十餘人由穆克登阿等帶領於六月初六日前往拉子面見鄂輝等謝恩並請安，表示願進表納貢。瑪木薩野與沙瑪爾巴等返回加德滿都後即加緊催辦表文貢禮。札薩喇木塔巴巴克森巴呢於拉子居住一宿，六月初七日，鄂輝加賞綢緞銀牌，又帶賞廓爾喀國王大緞錦綢荷包朝珠等物，另差委守備嚴廷良賫諭伴同前往加德滿都。六月初十日，國王喇特納巴都爾暨其叔巴都爾薩野率領大小頭目等數百人至距加德滿都三、四十里以外的地方擺列旗幟鼓吹，並用象隻備置錦鞍排隊迎接。當嚴廷良於謁見國王回駐行館時，廓爾喀大小官員爭先到來叩謁，呈送米麵瓜果食物，款待甚周。嚴廷良亦將原帶綢緞煙茶等物，按名給賞。六月十三日，國王將貢物辦齊，遣派大頭人哈哩薩野及巴啦叭第哇（又作巴拉叭都爾喀哇斯）二人及隨從二十三名押送貢物，由嚴廷良護送赴藏。七月十五日，貢使抵達札什倫布，鄂輝等按名傳見，並呈驗黃毯包裹表文一匣及廓爾喀土儀貢品十一種，俱用箱隻裝貯，包紮堅固，其所呈進貢物單計開：珊瑚珠子一百九顆，蜜蠟大小五十顆，金絲沙緞二疋，卡契花緞十疋，千里鏡一個，大腰刀一把，小腰刀一把，九龍套全副鳥鎗一桿，丁香一包，唵叭香二包，吉吉香二包，阿魯喇（即橄欖干）二包，叭嚕喇（即橘子干）二包，烏斯尼二包㊺。廓爾喀貢使又呈遞鄂輝等請安稟帖及表文底稿，據鄂輝稱其表文文氣「雖屬粗淺，而詞句極爲誠敬，字跡紙張亦頗端莊。」因札什倫布無深通廓爾喀文字者，鄂輝乃將表文貢單底稿攜赴前藏以備繙譯，並命守備嚴廷良及遊擊關聯陞等護送貢使進京。七月二十九日行抵前藏，八月初九日起程，經由江達、拉里、碩板多前進，九月初九日抵察木多，同月二十九日抵巴塘時，提督成德亦來照料。十月初十日抵打箭爐，同月二十二日抵達成都，李世傑、鄂輝、巴忠等俱至省城，排演戲劇招待貢使，且賞給衣帽，犒以羊酒，十月二十八日起程入京，巴忠隨後亦起程回京。十二月三十日，高宗御保和殿，賜朝正外藩筵宴，廓爾喀貢使哈哩薩野等亦在座，乾隆五十五年正月元旦起一連數日，高宗疊次賜宴，他正式册封廓爾喀喇特納巴都爾王爵，其叔巴都爾薩野則特封公爵，廓爾喀遂成爲中國屬邦。是月，嚴廷良護送貢使由京返國，是年八月，回抵加德滿。

巴忠奉命赴藏會辦軍務，但並不等候沙瑪爾巴等妥協辦理定界事宜，私自匆促回京，「竟棄而逃，甚屬非是」，奉旨「不必在奏事處行走」㊻。鄂輝等收復後藏失地，廓清邊界，成功雖速，但非一勞永逸之計。巴忠以欽差大員名義赴藏查辦，將就了事，擅自允許西藏與廓爾喀私下解決紛爭，許銀贖地，而以廓爾喀向中國上表朝貢爲交換條件，巴忠卻揑稱廓爾喀退地請降以居功，此舉與國史上的「歲幣」實無兩樣，鄂輝、成德亦隨同附和。禮規王昭槤稱「巴忠自恃近臣不復爲鄂、成所統屬，自遣番人與廓爾喀講和，願歲納元寶一千錠贖其地。廓爾喀欲立劵約爲信，達賴喇嘛不可，而巴忠欲速了其局，遂如約而歸。」㊼不過立意講和者實非巴忠一人。廓爾第二次入侵時，福康安甫抵西藏交界的多倫巴圖爾地方即詢問達賴喇嘛隨從堪布桌尼爾等關於許銀贖地的經過，據稱「巴大人到藏說要札知沙瑪爾巴令其曉諭廓爾喀投順，廓爾喀就遵奉投誠，立具甘結，永不侵犯邊界。聞得廓爾喀投誠時聲稱聶拉木等處是其搶得，現雖投順天朝，仍須藏裏多用銀兩取贖方肯退還，藏人等希圖完事，定議許給元實三百個。」⑱因此，廓爾喀初次上表進貢，不是誠心向化天朝，而是出於被動的，歲內喇嘛等固然希圖完事，巴忠催和尤急。乾隆五十七年正月，福康安札詢鄂輝、成德遍加訪察，復質詢在事說和各喇嘛，並於達賴喇嘛接見之次詳細問明，於是眞相漸白。據稱廓爾喀入寇時，鄂輝、成德俱以用兵爲是，但戴綳巴載寄字到藏意在講和，希圖目前完事，公班第達即轉稟達賴喇嘛未經應允，及巴忠過前藏時，達賴喇嘛亦以應行進勦爲言，巴忠回稱且至脅噶爾面見鄂輝、成德再行相機酌辦，旋即會銜札知沙瑪爾巴曉諭廓爾喀，令其投順。廓爾喀遵奉檄諭情願投誠，經巴忠一面寄信達賴喇嘛，一面令廓爾喀立具甘結永遠不犯邊界，而所佔之聶拉木等三處地方廓爾喀人尙未全行退還，公班第達之子噶布倫丹津班珠爾、班禪額爾德尼之父巴勒丹敦珠布、玉陀噶布倫札什敦珠布、濟仲喇嘛羅布藏卓尼爾、喇嘛敦珠布彭楚克、薩迦廟歲琫喇嘛索諾伊錫等人前往說和，尙未向達賴喇嘛及巴忠、鄂輝等預行稟明，私與廓爾喀頭人商議許銀贖地，沙瑪爾巴從中主持代寫合同，雙方定議之人一一列名鈐用圖記，內開每年許給元寶三百個，合銀一萬五千兩，按年付給，倘有反悔，神佛必降咎災。丹津班珠爾等以年年給與元寶三百個，無力償付，復向沙瑪爾巴講論，沙瑪爾巴另寫合同一紙，自五十四年爲始給付三年後再行商議，丹津班珠爾即向扎什倫布、薩迦呼圖克圖廟內及後藏貿易舖戶湊借元寶三百個如數交清，巴忠急欲蕆事，見噶布倫等業已和息，廓爾喀又已乞降，遂任其私議定案⑲。福康安雖指出達賴喇嘛不贊同許銀贖他，但此絕非實情。據仲巴呼圖克圖供稱廓爾喀搶佔聶拉木等處後「係達賴喇嘛噶廈處起意向彼說和，也與大人們說過，俱說是說和的好，又遣穆克登阿、張芝元先往邊界去講的。廓爾喀就每年要三百個元寶方肯還地，丹津班珠爾等起初原因藏內無此多銀不肯應允，後來班禪之父巴喇丹敦珠卜及薩甲卓尼爾他們出來說我也差了阿克巴卓尼爾一同去的，止圖一時了事，就許給他每年三百個元寶，回了大人們一同立給合同圖記。」質言之，定議許銀贖地是「衆人商量」的結果㊿。噶勒桑丹津供詞所述亦復相符。當丹津班珠爾寫信告知巴忠等，據稱「那時大人們吩咐說你們若願打仗即便出兵，若要講和亦須速速完事，銀子是你們藏裏的，你們許銀與否，我都不管，丹津班珠爾便照數許他元寶。我們寫立合同一張給與廓爾喀，他們也寫了合同一張交與商上，他們又與丹津班珠爾寫立合同一張，交在丹津班珠爾處。」㉛丹津班珠爾是藏方主要議和代表，其供詞內容更有助於了解此次許銀贖地的眞相。據供「那時巴大人到藏，沙瑪爾巴帶信與藏內噶布倫說廓爾喀王子聽見大人們帶領多兵到來，情願與我們說和，噶布倫們就回了巴大人，請示作何辦理。巴大人就兩次寄信與我，叫我快快將此事完結。我於次年二月內就到宗喀住了些天，聽見沙瑪爾巴有到濟嚨的信，那時班禪額爾德尼的父親巴勒丹敦珠布因藏內打發他先到邊界講論。我於四月內也就前往濟嚨，住在邦杏地方，同巴勒丹敦珠布見了沙瑪爾巴說如今要廓爾喀退還地方，每年須給廓爾喀一千個元寶。我想唐古忒兵丁懦怯，恐不能與他打仗，若要每年給一千個元寶，藏內又斷給不起，當下沒有依他。隔了幾天，沙瑪爾巴又打發卓尼爾並他親信的跟役格里來說你們若不肯給一千個元寶，廓爾喀的人本來就要把你拏到陽布去見王子，現在沙瑪爾巴已寫字與王子說情，看來此事每年總要給他七八百個元寶不能少的。我當時也沒有依允，後來沙瑪爾巴再三說合，達賴喇嘛叔叔阿古拉前曾寄信叫我酌量辦理，我因廓爾喀不肯退還地方，唐古忒人又懦怯，巴大人在脅噶爾又連次寫信催我完結，我與巴勒丹敦珠布商量，想要速完此事，就講定了三百個元寶，沙瑪爾巴就寫了合同，用了圖書，合同上說的每年永遠給付，也是沙瑪爾巴作主寫的。我因每年要給三百元寶，力量實在不能，所以當下又替沙瑪爾巴商量。他說你如今只管許，我另寫一張小合同，你只要再將三百個元寶分作三年交清了，我替你向廓爾喀王子說情，以後可以不必給付。我一時糊塗就應許的，那時慶大人、雅大人都已革職，我就一面稟知達賴喇嘛，一面就向穆大人、張大人稟過，兩位大人說你們與廓爾喀照舊和好，這合同上的事，你們怎麼講，我們也不能管了。我因沒有帶得銀子，若到藏內去取，又路遠趕不上，當下就向札什倫布，在宗喀做買賣的人湊了三百個元寶給付完畢。」㊾

巴忠入藏前，西藏呼圖克圖、噶布倫等不僅已醞釀和議，且亦見諸行動，其主要原因實由於唐古忒兵丁怯懦成性，缺乏抵抗能力，因此，廓爾喀兵遂得如入無人之境，先後搶佔聶拉木等處。是時，英國東印度公司與西藏關係雖日趨密切，但孔華利斯（Cornwallis）致書班禪額爾德尼表示嚴守中立。清廷據駐藏大臣慶林奏報廓爾喀後，因內地距藏路途寫遠，鞭長莫及。雖命成德帶領漢土屯練進勦，然而因軍情不實，對廓爾喀實力缺乏認識，官兵忽調忽止，進退無據，貽誤軍機，藏界遂坐視廓爾喀人搶佔擄掠。噶布倫鑒於外援既絕，唐古忒兵丁見敵輒退，清軍觀望不前，遂起意私與廓爾喀遷就議和，許銀贖地。由於所辦非一勞永逸之計，不久又導致廓爾喀的第二次入寇。

五　廓爾喀索欠與第二次入寇後藏

巴忠等赴藏辦理軍務，遷就議和，但已糜費兵餉達一百餘萬兩之多。因西藏方面未能如期付清元寶數目，終於又導致更大的紛爭。乾隆五十六年三月以後，通拉大山的積雪已開始融化，噶布倫丹津班珠爾向駐藏辦事大臣保泰等呈請會同噶布倫扎什敦珠布帶領戴綳等分路前往後藏邊界各口岸查閱並訓練唐古忒兵丁技藝。達賴喇嘛亦遣人告稱因前年廓爾喀侵犯邊界，聶拉木等處寺廟殘毀不堪，欲乘噶布倫等查邊之便，派遣地穆呼圖克圖卓忒巴扎薩克喇嘛噶爾藏丹津隨同噶布倫前往修理寺廟，保泰俱一一允准。是年六月初六日，噶布倫等齊抵聶拉木，寄信給廓爾喀商議舊債事宜。六月二十八日夜間，噶勒桑丹津等被廓爾喀人二十餘名擄去，是月三十日，廓爾喀兵千餘名與藏兵發生衝突，藏兵寡不敵衆，聶木拉遂被搶佔，丹津班珠爾及教習漢兵王剛等十餘人俱被圍困裹去。

廓爾喀此次構釁，實因債賬未清，西藏爽約，不肯如期付給元寶，沙瑪爾巴、瑪木薩野逼凌噶布倫勒令償債所致。堪布卓尼爾稱「藏內人等希圖完事，定議許給元寶三百個。五十四年所給銀兩不知細數，聞得尙未交清。五十五年秋間，廓爾喀差兩個頭目前來，即係五十四年進京納貢之巴啦叭都爾喀哇斯、哈哩薩野二人。伊等以查看銀錢爲名，來到前藏，其實索取未清銀兩，住至十一月尙未付清。聞得阿旺簇爾提穆奉旨來藏辦事，廓爾喀兩個頭目不敢停留，即行起身回去。十二月內，阿旺簇爾提穆到藏，得知許銀說和之事，即言此事不成體制，未清銀兩毋庸找給。」㊸乾隆五十五年秋間，廓爾喀差人至藏索取銀兩，達賴喇嘛本屬不願，又因阿旺簇爾提穆來藏不允續付，達賴喇嘛因而翻悔，並欲撤回合同，永斷葛藤。至於藏兵與廓爾喀兵發生衝突的原因，據廓爾喀國王隨從噶勒塔則西供稱「廓爾喀爲西藏賬目一事預約噶布倫丹津班珠爾講話，派出頭人達薩勒克德哩等前往聶拉木理說。因丹津班珠爾欲將廓爾喀人逐名點驗，聲言賞犒衣物，廓爾喀人開始生疑，旋又派人將後路橋索拆斷，廓爾喀人即將拆橋的唐古忒人殺散，並寄信回國，廓爾喀國王遂派兵千餘人來藏將丹津班珠爾等圍困帶走。」㊿但據第巴博爾東稱「我們在錯克沙木地方過橋時，橋索一概完整，我們的人實無拆斷橋索及在山放哨等事。」㊿同時，丹津班珠是被廓爾喀人誘往聶拉木，裏去作人質。仲巴呼圖克圖供稱「廓爾喀遣人來討取銀兩時，達賴喇嘛曾打發前藏的商卓忒巴戴琫前往廓爾喀去與他講論，要他讓些銀兩。他們在他那裏地方住了半年，廓爾喀也有相讓的意思了，後來又說你們的職分小，叫原來說合之丹津班珠爾、玉托噶布倫來當面講論方可應允，戴琫就依他寄信來說事已講妥，叫丹津班珠爾等快去，就可完事，此信我也看見過的，不料丹津班珠爾等到那裏被廓爾喀扣住不放，後藏格嚨那木札爾到彼即已病故，其扎薩克喇嘛等係先放回來的原係叫他們出來告訴我們現在丹津班珠爾等扣住作當，催取銀兩快些送去。」㊿至於丹津班珠爾等被廓爾喀兵丁圍裹的經過，噶勒桑丹津曾作詳盡的敘述，據稱乾隆五十六年五月間，「仔琫第卜先帶了元寶一百五十個前往邊界，我隨與小噶布倫丹津班珠爾、玉托噶布倫扎什敦珠卜、戴琫江羅解、第巴博爾東、醫生擦嚨帶了元寶二百個一同起身，還約會了扎什倫布喇嘛第巴扎結巴卓爾色爾圭巴二名，第巴陽瑪一名，薩甲喇嘛策楞轍穆丕勒一名，各帶跟役均於六月初六日到了聶拉木，在那裏住了二十多天，並沒有見廓爾喀的人來，亦無信息，因將元寶一百七十個寄存在脅噶爾廟宇內，祇帶元寶一百八十個隨身，至六月二十八日我們接著沙瑪爾巴的信字說他在錯克沙木地方，叫我們去說話。我就帶了博爾東起身到了那裏見沙瑪爾巴，他向我說你來了要把這些銀兩的事講明白了纔好，我說這件事要回去與噶布倫商量的。那一日晚間，我就回來走到半路上忽有二十多個人趕來把我拏住去見瑪木薩野。見了他也並沒說甚麼話就把我關在房子裏住了好幾天，又將我搬在札木地方上去，忽看見丹津班珠爾、扎什敦珠卜、江羅解、博爾東、擦嚨、第巴扎結巴、卓尼爾色爾吉巴、陽瑪、策楞轍穆丕勒並教習兵丁王剛、馮大成，一共十一個人連各家的小孩子都被廓爾喀的人拏住了。據小噶布倫告訴，三十日這一天，廓爾喀的人說我們帶的人在山放哨，又拆他們的橋索，其實我們並無此事，不由分說，就同我們打仗，大家傷了些人，我們兵少都被他們拏住，隨帶的元寶一百八十個也被他們搶去了。」㊼乾隆五十六年八月二十三日，駐藏辦事大臣保泰奏報廓爾喀興兵犯藏一摺抵京，清高宗批覽之後，將奏摺交給巴忠閱看，並未加以責斥，次日，巴忠在軍機大臣前告稱「此事係我等辦理不善，祈將我或革或降，趕赴藏地效力贖罪。」經軍機大臣等代奏，高宗因已遣鄂輝往辦，未令巴忠前往，不意巴忠即於是夜潛出投河淹斃。

廓爾喀的第二次入寇藏界固然是由於巴忠等辦理不善所致，但也是因紅帽喇嘛沙瑪爾巴從中唆使挑撥而引起的，沙瑪爾巴欲搶掠後藏寺廟作爲藏內爽約負欠的補償。乾隆五十六年十一月，保泰奏稱「沙瑪爾巴唆使科爾喀，以伊與仲巴呼圖克圖俱係前輩班禪額德尼弟兄所有，扎什倫布廟內貲財等項均屬有分，可以到彼搶掠。」㊽由於沙瑪爾巴屢次從中簸弄，廓爾喀遂藉口債務未清，再犯藏界。乾隆五十七年五月，廓爾喀國王喇特納巴都爾於乞降稟文中稱「上年有唐古忒之噶布倫到邊界上來說話，我們打發了頭目同沙瑪爾巴去見他，到了聶拉木，沙瑪爾巴向衆人說唐古忒不照乾隆五十三年說的話了，帶了兵來害我們，我們衆人聽見了這些話纔把兩個噶布倫四個漢兵裏進來，就去搶扎什倫布，這全是沙瑪爾巴從中挑唆主使叫我們動的兵。」⑲同年六月，喇特納巴都爾又稟稱「上年搶扎什倫布的事情，是沙瑪爾巴叫我們去的。他又說已經向扎什倫布商卓特巴說過了，你們一到，扎什倫布的人必定逃走，你們只管去搶，況且管事的噶布倫已經裏進來了，藏內的兵斷斷不能擋住的。我們說唐古忒的人就算不能擋住，但恐搶了扎什倫布，天朝降下罪來，如何當得起呢？沙瑪爾巴說諸事有我一力擔當，斷斷不怕的，我們說唐古忒的光景我們還知道，天朝的規矩，我們實在不曉得。沙瑪爾巴說我是轉過十輩的人，有一輩在天朝住過了七年，狠知道天朝的規矩，你們去搶後藏是無妨的。我們聽他這些話，信以爲實，才往扎什倫布去的。」⑳

乾隆五十六年八月初二日，廓爾喀兵六百餘人圍攻宗略，教習漢兵陳謨與潘占魁率領唐古忒兵丁堅守碉寨，廓爾喀兵久攻不克，尋即退走。八月初四日，都司徐南鵬稟報脅噶爾地方第巴頭人濟仲喇嘛噶沖等帶兵防守定日，因廓爾喀陸續添兵達一千多人，燒燬各處寨落後即將定日搶佔，唐古忒兵被迫退守脅噶爾官寨。八月十三日寅刻，廓爾喀兵數百人猛攻宗喀，不避鎗砲，其中有十餘人各用木梯爬上外城，欲攻內城。陳謨與第巴薩木珠、小第巴朗結登珠防守東南一帶，潘占魁與小第巴策結防守西北一帶，廓爾喀兵再度敗退，於十四日向濟嚨原路退回。是役，割取廓爾喀兵首級四十六顆，宗喀城內陣亡唐古忒兵八名、鄉兵十一名、喇嘛四名㉑。在濟嚨方面，唐古忒兵爲防止廓爾喀兵渡河攻擊而將熱索橋拆斷，廓爾喀兵卻伐木搭橋搶佔濟嚨，唐古忒兵民紛紛逃竄。八月十六日，遊擊烏爾公阿與前藏戴綳帶領綠營漢兵、達木官兵及唐古忒兵施放一二鎗後即行退走，達木兵雖較奮勇出力，但只有三百名，衆寡懸殊，以致陣亡過半，其協領澤巴結亦遇害，唐古忒公扎什納木扎勒騎馬打仗，但一聞鎗聲即行墜馬而被廓爾喀兵所擒殺，廓爾喀兵乘勝進逼薩迦溝廟前，廟內喇嘛爭先投遞哈達」㊷，薩迦廟宇遂被佔據。當廓爾喀兵由脅噶爾南方繞道濟嚨前進時，沿途唐古忒人聞風竄逃，其派往脅噶爾堵禦的各路兵丁都躲避不前，而駐箚脅噶爾官寨的唐古忒兵三四百名惟知株守，不敢出擊，至於催赴春隊各地援兵，已到者遇敵輒卻，未到者屢次飛催仍耽延不前，駐藏辦事大臣保泰鑒於唐古忒兵民懦怯性成，即家產亦不知顧惜，廓爾喀又已逼近春隊地方，相距扎什倫布祇有四日路程，乃於八月十六日將班禪額爾德尼由羊八井一路移送前藏，當時護送的是都司嚴廷良所帶領的一百五十名達木兵。仲巴呼圖克圖雖仍留在扎什倫布廟內，由都司徐南鵬帶領綠營兵一百二十名護守，但仲巴呼圖克圖已有出廟過河之意。八月十九日，將廟內要緊細軟財物連夜搬至東噶爾地方藏匿，清高宗據報後即命鄂輝等將仲巴呼圖克圖解京安插。同日早晨，濟仲喇嘛羅卜藏丹亦起意占卜，告知仲巴呼圖克圖後未受阻止，八月二十日，羅卜藏丹等在吉祥天母前占卜，「寫作打仗好，不打仗好兩條，將糌粑和爲丸，放入磁碗求卜」，結果占得「不打仗好」龍丹一丸，一面稟知仲巴呼圖克圖，一面令小喇嘛將占卜結果告知衆人毋庸打仗，人心因此更加渙散。是日，廓爾喀兵進逼扎什倫布，八月二十一日，輕易攻佔扎什倫布，肆行搶掠，並揚言欲分兵三路直趨前藏。八月二十五日，保泰護送班禪額爾德尼行抵前藏。保泰與雅滿泰商議欲將達賴喇嘛及班禪額爾德尼移往泰寧居住，但達賴喇嘛認爲布達拉廟位在山頂，地勢險峻，四面皆設垛口，可以固守，若移泰寧，前藏喇嘛民衆必致驚散，故未遷移。九月初七日，廓爾喀兵丁將扎什倫布廟內供奉器具及鑲嵌物件搶掠一空後始行退走。九月十二日，廓爾喀兵三千餘名由興薩一路前往搶佔定結。

廓爾喀第二次侵犯藏界時，鄂輝已擢任四川總督，清高宗據報後，以鄂輝距藏較近，又係總督大員，聲名較大，由鄂輝帶兵前往，則廓爾喀自必「聞風膽落」，另命孫士毅往署四川總督事務。但鄂輝心存推諉，僅派成德帶領滿洲綠營官兵三百餘名起程赴援，高宗再命鄂輝所屬各營內續帶二三百名前往。清高宗鑒於藏兵懦怯畏葸，濟嚨等處先後失陷，復命鄂輝飛飭維州懋功二協在五寨屯番內挑選勇健兵丁二千名赴援，其中屯番五百名令崇化營遊擊額爾恒額管帶，先由章谷至打箭爐出口，並令總兵張芝元由成都趕赴打箭爐統領前進，其餘屯練一千五百名則令署維州協副將五十一分起帶往。乾隆五十六年八月二十二日上距廓爾喀兵搶佔聶拉木已兩月有餘，成德始帶兵起程，三十日，行抵打箭爐。保泰屢次飛催內地速派官兵赴藏，但因自打箭爐至後藏，路途窵遠，又時值深秋，雪霰交作，官兵前進遲緩，九月初六日，廓爾喀兵已將扎什倫布廟宇財物搶掠一空，鄂輝始自成都起程。是時，保泰與雅滿泰「心慌膽落」，竟欲棄前藏於不顧，高宗以其所辦無異「開門揖盜」，命將其革職留任效力贖罪，另命奎林補授正紅旗蒙古都統前往西藏辦事，舒濂源在軍機章京上行走，熟悉藏情，亦賞給副都統銜前往協辦。其後因保泰種種謬誤，奉旨改名「俘習渾」即漢語下賤之意，屢受杖責，並在前藏枷號示衆。但奎林自臺灣取道赴藏，尙需時日，福康安素嫺軍旅，識見較優，聲勢亦大，且奎林係其堂兄，令其同辦軍務，必能和衷協力。因此，高宗命其兼程赴京，面授方略，以便統率大軍前往藏內征勦。

清高宗爲求一勞永逸，永杜邊釁，遂決心對廓爾喀大張撻伐。乾隆五十六年十月，高宗指出勢在必行的原因云「此事初起之時，朕並非必欲大辦。如賊匪祇因索欠啓釁，搶掠聶拉木等處邊境，尚可爲之剖斷曲直，責令清還欠項。朕之初意原不欲勞師遠涉，今賊匪肆行侵擾，竟敢搶佔扎什倫布，是其罪惡貫盈，不得不聲罪致討，大示創懲，非彼乞哀可完之事。若因賊匪已遁，遂思就事完結，使賊匪無所畏懼，將來大兵撤歸，賊匪復來滋擾，又將作何辦理，豈有堂堂天朝轉爲徼外番賊牽制之理，此事勢在必辦，竟無二義。」⑥③易言之，廓爾喀人若因貿易細故，或在邊界滋擾，不侵略中國領土，則清廷無意興師問罪，但當廓爾喀大隊兵丁侵佔後藏扎什倫布時，不僅侵犯宗教聖地，而且更威脅到中國領土主權的完整，爲「安邊境而懾遠夷」，則必須聲罪致討。十月十八日，高宗又諭云「一俟明年春融雪化即會集兵力大舉深入，殲其醜類，使之震懾軍威，不敢再萌窺伺方爲一勞永逸之計。朕臨御五十六年，平定準部回部大小兩金川，拓地開疆，遠徼悉入版圖。況衛藏爲我皇祖皇考勘定之地，久隸職方，僧俗人等胥沾醲化，百有餘年。況該處爲歷輩達賴喇嘛、班禪額爾德尼住錫之地，蒙古番衆素所崇奉，若任小醜侵凌，置之不問，則朕數十年所奏武功，豈轉於此等徼外公廨不加撻伐，是此次用兵實朕不得已之苦心，並非好大喜功窮兵黷武也。」⑥④十月十一日，保泰奉命將軍機大臣代寫諭帖作爲己意，以廓爾喀字樣譯出令綠營兵丁范忠由聶拉木、濟嚨持往廓爾喀。十月十二日，都司嚴廷良率領唐古忒、漢兵及達木兵七百餘續至定結，廓爾喀兵佔據山寨。是月十六日以後，官兵與廓爾喀兵接仗幾次，但廓爾喀兵仍佔據定結官寨，負險死守。

保泰先後咨調內地官兵，包括漢屯兵二千三百名，滇兵二千名，察木多兵二千名，及先期挑派赴藏換班兵丁一千二百餘名，共計七千五百餘名，由成德、鄂輝統領。但成德行走濡滯，日行一站，稽遲時日，至於鄂輝自九月十五日從打箭爐出口後，至十月十八日始抵察木多，按站行走，觀望不前，坐失事機。鄂輝初次接到保泰咨調滇兵之信以爲尙可停止，及續得咨會復行紛紛催調，然當廓爾喀攻勢稍緩，又稱滇兵可以不用，忽調忽止，進退無據，徒費糧餉。十月二十六日，高宗命軍機大臣傳諭黑龍江將軍都爾嘉於索倫達呼爾兵丁內挑選呼倫貝爾兵六百名，打牲兵四百名，照例發給馬匹路費，其中呼倫貝爾兵從多倫諾爾行走，打牲兵從巴溝行走，齊赴京師。同時又派巴圖魯侍衛章京等一百名由海蘭察、烏什哈達、岱森堡等分起帶領。九月二十九日，福康安自京起程，由山西青海一路馳驛赴藏。海蘭察率領巴圖魯侍衛及索倫達呼爾兵丁因人數衆多，由河南陝甘分起行走。十一月初二日，清廷正式授福康安爲將軍，海蘭察、奎林授爲參贊。又因山東巡撫惠齡向在軍機處司員行走，辦事穩妥，又係那延泰之子，熟悉藏情，十一月初六日，命其隨同前往辦事。十一月初十日，將鄂輝革去總督之職，賞給副都統銜駐藏辦事，成德革去將軍，改由奎林補授，仍在參贊大臣上行走，四川總督員缺由惠齡補授。十一月二十六日，福康安行抵西寧，十二月初一日，起程，輕裝減從，自當噶爾東廓爾一帶經過阿什罕喀爾噶圖賀爾差吉口各臺，地勢漸高，路徑崎嶇，並有山嵐瘴氣，官兵早晚行走，每致頭暈氣喘。西寧口外，俱係草地，並無樹林，時値隆冬，冰雪甚厚，馬草牛糞，俱被雪壓，炊爨困難。每日寅初動身，行至戌刻始行駐牧，併站前進，其一日所行路程相當於喇嘛番子行走兩日程途。十二月十六日，過瑪楚喀以後，雪山層疊，駝馬俱形疲乏，尤其駝隻一至夜間即不能放牧。十二月二十四日，經過鄂林察林諾爾星宿海白爾齊爾喇嘛陀羅海等處黃河發源地方，行走更加艱難。據福康安稱「數百里內溪澗交錯，泉水甚多，冬令處處凝冰，遠近高下，竟無路徑。且該處多係溝坳沙灘，亂石縱横，與冰魂相間層積，馬足傾滑，行走維艱。」十二月二十八日，過巴顏哈拉，地勢更高，瘴氣最大。據福康安稱「雖不比雲貴煙瘴傷人，然人行寸步氣喘頭目眩暈，肌膚浮腫，冬間冷瘴較之夏間尤甚。」福康安雖年富力壯，但自出口後即「冒寒患病，茲復觸染瘴癘，略形困頓，而隨從人等亦俱頭暈氣喘，未能速行。」乾隆五十七年正月初二日過多倫巴圖爾後始抵西藏交界，前後共行二十五日之久。鄂輝遣鹽茶道林儁自前藏帶領烏拉馬匹至交界地方迎接福康安，正月二十日馳抵前藏。自西寧至前藏共計四千六百里，西藏喇嘛平日行走至少亦需一百二三十日，但福康安等除途中先後耽延十一日外，實際行走只有三十九日。至於後起官兵，海蘭察於乾隆五十六年十二月二十五日行抵西寧，十六、十八兩日，巴圖魯侍衛等亦抵西寧。十二月二十一日，海蘭察帶領巴圖魯侍衛官兵由西寧出口。乾隆五十七年正月二十四日，烏什哈達帶領官兵陸續抵達西寧，分作五起，自正月二十七日起每隔三日起程行走，官兵每名以二匹馬輪流乘騎，因時值隆冬，牧草缺乏，中途倒斃甚多，高宗又命勒保等將青海扎薩克馬匹按每兵一名給馬三匹之數備齊分發騎用。至於兵糧方面，烏拉先後由川省運送出口糧石及西藏採辦糌粑等共七萬四千五百餘石，其索倫達呼爾兵丁食用牛四千二百隻，羊二萬五千餘隻，足供官兵萬餘人一年口糧。至於所需餉銀先後降旨撥解三百萬兩，俱交川省備用，並於四川附近省分續撥二三百萬兩。

六　清軍第二次收復後藏失地之經過

乾隆五十六年十二月初一日，成德抵達後藏，隨即帶領官兵一千名由拉子、脅噶爾一路向第哩浪古前進。是月初六日，頭起屯練五百名行抵前藏，初八日，由張芝元帶領起程赴後藏。第哩浪古緊接通拉山根，其前有拍甲嶺，可通聶拉木。聶拉木爲廓爾喀兵入藏要道，且距第哩浪古較近，必須首先收復。成德即帶同總兵穆克登阿領兵由通拉山取道向拍甲嶺前進。十二月二十七日行抵距聶木拉三十餘里的拍甲嶺，成德即揀派兵丁一百名令協領九鼐管帶於扼要地方駐防，遊擊張占魁，屯備木塔爾色木哩雍忠、巴塘副土司成勒春丕勒帶領漢屯弁兵二百餘名及代辦戴綳事務的烏珠那旺所率唐古忒兵七十名由西北迤山而進，都司張志林、屯備阿忠思丹巴帶領漢屯弁兵二百餘名與第巴密魯甲壩所領唐古忒兵六十名由西南迤山而進。十二月二十八日，官兵乘夜急進，抵達距拍甲嶺前里許的河岸。廓爾喀兵已先將橋板抽去，經官兵抬負木條搭橋濟渡，成德由西北進攻，穆克登阿由西南進攻，黎明時兩路會合齊抵寨前，遊擊張占魁率領各屯弁兵首先衝入寨內，拋擲火彈，廓爾喀兵猝不及防，被殺二百名，生擒七名。

成德等既克拍甲嶺官寨，乃乘勢直撲聶拉木官寨。因官寨寬大，墻圍高債，廓爾喀兵在寨內暗放鎗砲，固守不出，官兵傷亡甚重。成德令滿漢屯土將弁以西北官兵牽綴誘敵，西南官兵多備柴薪火彈，於乾隆五十七年正月初一日潛行運至寨門堆積，用火引燃，各兵復拋擲火彈，燒燬外墻寨房，廓爾喀兵退守墻內。正月初二日，乾清門侍衛阿呢雅布、永德單騎馳至。成德即與阿呢雅布、張占魁、屯備色木哩雍忠、郎爾結色木郎、巴塘副土司成勒春丕勒等帶兵在西北截殺，總兵穆克登阿與永德、都司張志林、屯備阿忠思丹巴等帶兵在西南截殺。是日申刻，風勢大作，各兵紛紛拋擲火彈，遂將東首寨房所存火藥引燃轟發，寨房坍塌，廓爾喀兵冒火衝出者俱被擒殺，其中呢瑪叭噶嘶係大頭人，

「身穿黃緞皮襖，外穿紅氈片褂，手執藤牌腰刀，」冒火衝出後被屯備色木哩雍忠用鎗擊倒，屯把總角布上前割下首級。但西北寨房距東寨稍遠，墻圍更高，火勢不能透過，寨內房屋二十餘間，由廓爾喀咱瑪達阿爾曾薩野等帶兵百餘名在內恃險死守。在西南墻角另有平房五間，堆放糧食。成德密遣張占魁、色木哩雍忠選派勇健屯兵於西南墻腳乘夜掘挖，正月初八日，挖開一洞，拋入火彈，墻內屯糧倉房雖被燒燬，但外圍墻垣仍巍然不倒。正月初九日，張芝元、鄂輝先後趕到。官兵屢次掘挖地道，俱被墻根大石所阻，成德等商議先燒開東邊門洞，乃於正月十一日起命兵丁先挖濠溝，搬運柴薪，堆積門口。正月十二日午後，大雪繽紛，連降三日，積雪三尺有餘，正月十四日夜間，防卡屯練凍死一名，手足凍裂成殘疾者多達二十三名。十六日，天色稍暗，成德即令漢屯弁兵續運乾柴潛至洞口，刨去積雪，引燃柴薪，燒開洞門，廓爾喀兵仍退守內層碉寨，於墻眼內施放自來火鎗，官兵傷亡甚衆，成德急令官兵撤回。因西面墻角溝道直通寨內，鄂輝於正月二十日派都司什格蒲益章率領巴塘土兵晝夜刨挖，另命張占魁領兵於東南兩面施放鎗砲並作挖墻放火之勢。二十三日，西面地道挖進三丈餘，將火藥密運四十包裝入地道，在洞口安接火繩，二十四日午刻，地道內火燃藥發，遂將西面墻垣寨房轟倒，廓爾喀兵「屍骨俱飛，半成灰燼」，官兵乘勢拋入火彈，撲上碉寨。廓爾喀兵搶佔聶拉木，負嵎固守，經官兵圍一月之久，至是始被克復，可見碉寨之堅固難攻。聶拉木官寨內廓爾喀兵共一百餘名，或被殺，或被擒，其中咱瑪達阿爾曾薩野是瑪木薩野之侄。至於漢土官兵陣亡者亦達二十九名，受傷者共五十名。是時，聶拉木營官滿漢屯土官兵一千三百餘名，除傷亡病故外，實僅一千二百名。鄂輝、成德於木薩橋、拍甲嶺等處分兵防守，星散四佈，胸無成竹，調度失宜，「衹圖自守之計，不爲進勦之謀」，高宗降旨申飭。二月十七日，福康安自前藏起程，同月二十七日，馳抵後藏。清廷爲謀攻敵腹心搗穴擒渠，於是年三月命福康安統領勁旅進勦，並詔爲大將軍，各路官兵俱受節制，岱森堡、烏什哈達帶領索倫達呼爾等兵抵禦，諸神保所帶屯兵二千名亦陸續抵達。閏四月初四、初五等日，遊擊關聯陞等帶領頭起德爾格土兵一千名行抵前藏，初六、初八等日，重慶鎮總兵袁國璜統領二三起綽斯甲三雜谷土兵二千名亦先後到齊。在廓爾喀西北的作木朗，東北的宗木、哲孟雄、布魯克巴，南境的南甲噶爾披楞等各邦均與廓爾喀相鄰，曾受廓爾喀蠶食，爲配合官兵大舉進勦，福康安分別發給檄諭，令其同時出兵，一方面可以藉機報復，收回失地，另一方面可以牽綴廓爾喀的軍事行動，使其腹背受敵，疲於奔命。福康安在後藏等候各路官兵歷時二月有餘，廓爾喀大頭人瑪木薩野一方面於濟嚨、絨轄等處砌卡築墻添兵拒守，一方面遣人於附近的婁日山等處潛探官兵進勦信息，閏四月二十五日，福康安，海蘭察率領勁旅約六千人自拉子起程前往絨轄、聶拉木等處。五月初六日，行至轄布基地方，距擦木只有數十里。擦木地勢險峻，兩山夾峙，中亙山梁，路徑逼仄，廓爾喀兵在高處瞭望，可及遠處，爲出敵不意，必須乘夜進攻。是日適值陰雨綿密，福康安即於雨夜發兵，分爲五隊，哲森保、翁果爾海等帶領兩隊分由東西兩山進至擦木碉寨左右山梁實施側面攻擊，墨爾根保、阿哈保等帶領兩隊亦由東西兩山梁繞至敵後截其歸路，海蘭察、額爾登保、珠爾杭阿等帶領一隊由正面攻擊，福康安督率台斐英阿往來截殺，惠齡則帶同張芝元等在後路接應，部署既定，各路官兵涉水濟渡，五月初七日黎明，大兵抵擦木寨前。擦木地方，前後石碉兩座，大河環繞山梁，三面臨河砌築石墻，高約二丈，寨門北向，祇有一路可通。福康安督令各隊疾速登山，潛至塞墻外，直前攻撲，屯兵踏肩登墻，先開寨門，官兵蜂擁衝入，鎗箭齊發，殺死廓爾喀兵百餘名，遂克前座碉寨。其後座石碉更堅固，位於高礅之上，裏外墻垣兩層，俱用石塊堆砌，上留鎗眼，密排木樁鹿柴。福康安命西面官兵先攻碉座，廓爾喀兵調往西面抵抗，東面官兵乘虛撬開墻腳石塊，奮勇衝入，殺死咱瑪杜抗爾木等三名，兵丁九十餘名，生擒十八名，遂克擦木要隘。

乾隆五十七年五月初八日，福康安等乘勢進抵瑪噶爾甲地方，該處形勢陡峻，後倚峭壁，山前深林密箐，路徑叢雜。廓爾喀兵三百餘名從濟嚨方向沿密林內潛至山麓，巴圖魯侍衛章京分路下壓，廓爾喀兵亦由山麓發起衝鋒，雖陣亡數十名，仍前仆後繼，持刀撲上。福康安急令官兵繞至半山石礅後埋伏，廓爾喀兵執紅色大旗蜂擁上前，福康安帶兵由橫腰衝擊，巴圖魯侍衛章京同時壓下，鎗箭併施，廓爾喀兵不支，官兵追趕十餘里後始停止，廓爾喀兵僅剩二十餘名遁往濟嚨，官兵進駐幫杏。是役，廓爾喀方面，其被殺領兵頭目共計蘇必達二名，咱瑪達一名，哈瓦達與別哩哈哇各二名，士兵二百三十餘名，生擒三十餘名。官兵方面，巴圖魯侍衛定西爾於衝鋒時胸前中鎗受傷，海蘭察所乘馬匹左腿亦中鎗。五月初九日，福康安等偵察濟嚨形勢，見官寨高大寬厚，係在山崗上砌築石墻，週圍疊石爲壘，高約二丈，密排鹿柴，在官寨西北臨河砌大碉一座，直通官寨以便取水，官寨東北在巖石上砌築大碉一座，倚石而立，官寨東南山梁陡峻，另砌石碉一座，各處碉卡互相援應，而成犄角之勢。福康安令巴圖魯侍衛章京屯弁各督官兵分路進攻，五月初十日，下令同時並進，哲森保等搶上東南山梁爭先上碉，廓爾喀兵冒死衝出，海蘭察率領台斐英阿往來突擊，遂據山梁，蒙興保亦同時攻取山下喇嘛寺，巴彥泰進至臨河碉卡，廓爾喀兵恐官兵斷其水道，誓死抗拒，在山梁上官兵亦撤下助戰，用大砲轟擊碉座，廓爾喀兵紛紛跳下大河淹斃，其登岸逃生者俱被索倫騎兵截殺殆盡。其石磡碉座距官寨較近，桑吉斯塔爾帶兵攻撲，拋入火彈，官兵攀援登磡，但石塊陡滑，廓爾喀兵猛施鎗砲，官兵屢登屢卻，至日暮時，火勢延燒，燒塌下層碉座，廓爾喀死亡殆盡。阿滿泰、珠爾杭阿一路進攻官寨，一連數次猛撲，仍未得手，官兵縱火焚燒寨下房屋，乘勢進攻，廓爾喀兵退守內寨，放鎗投石，負嵎堅守。福康安急調各路官兵合攻官寨，並於臨河碉座及砌碉巨石上架砲對準官寨砲眼及瞭望牌口轟擊，另縛大木爲梯，令屯兵等蟻附而登，將官寨外石壘拆毀，自是日丑刻進攻直至亥刻攻戰一日，始將官寨東北嵎攻破，廓爾喀兵向西南石崖滾山逃竄，俱被官兵截殺無遺，遂克復濟嚨。是役，廓爾喀兵陣亡六百四十七名，被擒一百九十八名，但乾清門侍衛桑吉斯塔，遊擊劉懷仁等俱受重傷，參將長春陣亡㊿。福康安進取濟嚨之前已先遣成德、岱森堡等帶兵三千名以偏師由聶拉木南行以牽綴敵軍，於五月十二日五鼓攻克德親鼎山下石卡木柵，於是自擦木至濟嚨邊境全行廓清。

七　清軍深入廓爾喀與喇特納巴都爾之請和

自濟嚨西南行八十里有熱索橋一座，過此橋即入廓爾喀國界。福康安等既克濟嚨，將官兵略加整頓後即於乾隆五十七年五月十三日起程前進，沿途山勢險峻，高山夾峙，石崖壁立，俯臨大河，緣山一線窄徑，步步難行，每遇兩岸陡立不相連屬時即橫架獨木橋攀援而過。是日起程後，適値大雨，泥濘溜滑，人馬多有傾跌落崖者。五月十四日黎明步行一晝夜後始抵達距熱索橋十餘里的擺嗎奈撒地方箚營。熱索橋大河自東向西流，廓爾喀兵於北岸三四里外索喇拉山砌石卡一處，南岸臨河砌大石卡二處。福康安帶領巴圖魯侍衛及索倫屯土兵丁攻撲索喇拉山，廓爾喀兵棄卡奔逃，甫上熱索橋，其南岸守橋兵丁見官兵來勢勇猛，倉卒斬斷橋板，橋上廓爾喀兵俱落河淹斃。屯兵伐木搭橋，但河面寬闊，水深流急，廓爾喀兵在對岸阻河放鎗，官兵難以濟渡。五月十五日寅刻，福康安派兵於正面佯攻，而密遣阿滿泰、哲森保、墨爾根堡、翁果爾海等帶領屯土兵丁由東面峨綠大山繞過兩重大山，抵達熱索橋上游，距橋六、七里，隨即砍伐大樹紮成木筏，渡過南岸，直撲石卡，正面官兵乘勢搭橋同時並濟，連克二卡，廓爾喀守卡兵丁拋棄鎗刀倉惶潰亂，自相踐踏，紛紛滾跌落河。五月十七日，官兵行抵密哩頂地方，山徑更加逼仄，陡巖高磡，亂石叢積。福康安命烏什哈達、張芝元督兵修路。五月十八日，行抵旺噶爾地方，自藏流出的瑪爾臧大河，傍山南注，官兵於大河東岸緣山順河而行，沿途幾無駐足之處，官兵深入廓爾喀境一百七十里，未見一兵一卒。五月十九日，福康安前往旺噶爾西南協布嚕一帶地方察看形勢，其前有橫河一道，向西注入瑪爾臧大河，原有橋座已被拆毀，廓爾喀兵在南岸高磡上豎立木城，外築城墻，堵住正路，又於木城西南約里許的協布嚕地方臨瑪爾臧河築卡據守，在協布嚕克瑪山東三十餘里沿橫河上游有寨房數處，其中克堆寨在兩山中間石岡之上，地勢高峻險要，守兵甚多。五月二十日，福康安帶領兵丁至橫河北岸的旺堆地方砍伐巨木前往搭橋，廓爾喀兵居高臨下在木城內施放排鎗，官兵不能架橋，福康安隨派官兵在山上用砲轟擊，木城石墻隨破隨修。五月二十一日，官兵架橋再度受阻。次日，惠齡帶同額爾登保由正面牽綴，福康安、海蘭察往取克堆寨，二十三日黎明越過伯爾噶臧輿三重大山，繞至橫河上游北岸，因河道寬深，連日大雨，山洪漲發，水勢甚大，廓爾喀兵隔河放鎗，官兵搶渡十餘次，仍未得手。日暮大雨，福康安佯令各兵撤退，潛伏於石磡樹林內，候至半夜，架縛巨樹緣木過河，派遣桑斯塔爾守橋，另分兵三路，其中鄂尼保、克昇額等繞至寨後山梁，哲森保、翁果爾海等前往接應，阿滿泰、珠爾杭阿、定西鼐順山進攻，海蘭察帶領巴圖魯侍衛潛越山溝，繞至對面山梁。五月二十四日黎明，出敵不意，各路官兵同時進攻，廓爾喀兵不支，被殺三百餘名，焚燬寨落五處，台斐英阿一路亦由薩木那翻山而來，從西面夾攻，官兵乘勝直取布嚕克瑪及協布嚕，廓爾喀兵放棄木城石卡而遁，復被官兵邀截斬殺二百餘名，由旺堆正路進攻的官兵亦乘勢搭橋過河佔據卡座。

福康安帶領官兵攻克協布嚕等處後續向噶多地方推進。自噶多正路至作木古拉巴載山梁二十餘里山下有大河一道，隔岸爲東覺大山，廓爾喀部署周密，聲勢聯絡。自噶多東越山至雅爾賽拉博爾東拉一帶大山係屬間道，與東覺正路互爲犄角。海蘭察領兵分三路進攻雅爾賽拉博爾東拉山，以桑吉斯塔、翁果爾海爲頭隊，先行進發，阿滿泰、哲森保爲第二隊，珠爾杭阿、墨爾根保及屯備木塔爾爲第三隊。六月初三日，海蘭察督催各隊向前推進。其東覺一路亦於同日由福康安帶領進勦。廓爾喀兵於東覺山巔廣佈營寨，半山以下木城石卡林立，俱臨河砌築，兩山南北夾峙，壁立數千仞。福康安命台斐英阿等據守作木古拉巴載山梁，以大砲晝夜轟摧，作正面牽制。福康安則帶領額爾登保等由山巔潛往大河上游噶多普山，且伏且下，於六月初六日下至山麓，浮水渡河奪據碉卡，直趨頭座木城，屯兵奮勇攀登，各兵繼進，連克二三座木城。廓爾喀兵從樹林內吹號吶喊，乘高下撲，木城兩側石卡內各守兵亦傾巢出擊，官兵分投迎戰，短兵相接。台斐英阿探知福康安一路已由噶多普渡河得勝後亦由正路下山搭橋過河，連下木城石卡，追逐二十餘里。是路共計攻克大小寨落十一處，兵營三處，石碉四處，木城五座，石卡二十餘處，廓爾喀陣亡蘇必達二名，哈瓦達三名，咱瑪達二名，兵丁四百餘名，生擒七十六名。至於海蘭察一路自起程後晝夜遄行，冒雨登陟，行抵博爾東拉前山，六月初六日黎明，大隊官兵徑登山巔，前隊翁果爾海由上向下壓，阿滿泰、珠爾杭阿隨後繼進，往返衝突，廓爾喀兵陣亡蘇必達一名，咱瑪達二名，兵丁二百餘名。海蘭察將木城三座、石卡七處一一拆毀後復進兵瑪木拉地方，驅逐廓爾喀伏兵。是役，官兵方面，侍衛翁果爾海、納巴保等右臂中鎗，鄂尼保右肘中鎗，乾清門侍衛哲森保左膝中鎗，侍衛富永左足中鎗，索倫佐領多爾濟、四川都司伊魯爾圖俱中鎗陣亡，其餘傷亡官兵約百餘名。成德、岱森保於六月初三日由果達哩山梁前進，永德由交奈山梁前進，齊至多洛卡會合，攻克隴岡後向利底推進。海蘭察由博爾東拉山趕下山麓與福康安會合，於六月初九日抵達雍鴉地方，廓爾喀兵已在對面噶勒拉山梁上據險設防，恃險固守。

索倫屯土官兵因晝夜行軍，中經數次激烈戰役，已形疲憊。據海蘭察等稱「履襪擦損跣足徒行，爲石稜擦傷，螞蝗噆嚙，兩足多已腫痛，且賊境天氣陰雨，最多每日惟辰巳二時稍霽，交午即雲霧四合，大雨如注，山巔氣寒，入夜雨皆成雪，兵丁昏夜登山，遇有數丈石磡攀援樹枝始能跳越上下，一經雨雪，尤屬溜滑難行，隨帶弓箭多致跌折，鑼鍋帳房更不能攜往，裹帶糌粑又已食完，必須休息數日，稍養兵力並嚴催糧石鉛藥弓箭到來分別散給方可整兵進剿。」但廓爾喀兵則「頗識攻戰」，「未形畏懼」，各處碉卡營寨木城據險密佈，「甚得地勢」，而且廓爾喀兵丁俱係「壯大兇橫之人」㊅。自後藏邊界進入廓爾喀境內，其大山皆係東西對峙，中夾大河，官兵屢次攻奪，皆先繞道登上東面山巔，從上壓下，勢若建瓴，敵兵無不紛紛潰退。惟自過雍鴉以南，其山勢都是南北相向，層疊橫亙，更加陡峭，官兵由山北登陟步步均須仰攻。福康安帶領桑吉斯塔爾、墨爾根保、張芝元、德楞泰等由中路向噶勒拉山麓誘敵下山，另派額爾登保、七十五等由左一路進攻，珠爾杭阿、張占魁等由右一路進攻，乘夜進兵，由樹林內潛進。七月初二日，左右兩路同時前進。因噶勒拉山巔有木城兩座，福康安即督率官兵分爲數隊佯作覓路登山狀，廓爾喀兵從高處壓下，來勢潑猛。是時，左右兩路官兵已於樹林內分趨東西各卡，官兵驟至，廓爾喀兵陣勢大亂，福康安由中路前進，左右夾擊，乾清門侍衛墨爾根保、侍衛圖爾岱、參將張占魁於攀援木城時中鎗陣亡，官兵前仆後繼，各兵分投火彈，焚燒木城，先後攻克木城二座，廓爾喀兵陣亡三百餘名，官兵乘勝追至堆補木、象巴宗等處。福康安令桑吉斯塔、英貴等由正面衝鋒，阿木爾塔、成勒春丕勒等分攻各卡，廓爾喀兵陣亡百餘名，巴圖魯三等侍衛索多爾海、都司魏玉龍於奪卡時因鎗傷落崖喪命。因恐廓爾喀兵由堆補木繞出官兵後路抄襲，福康安連夜分兵兩路，命珠爾杭、安祿、七十五等由帕朗古橫河上游進攻集木集，阿滿泰，棍德依等由帕朗古奪取橋座渡河進撲甲爾古拉大山。七月初三日，官兵行抵橫河北岸。廓爾喀兵於橋座南北兩岸圍砌石卡與木城不下數十處，福康安帶兵從北岸高磡上以鎗砲向下轟擊，自辰至午，鎗聲不絕，廓爾喀兵因站立不住過橋退卻，並以排鎗數層交替射擊，掩護其兵丁拆橋，阿滿泰奮不顧身直前爭奪，官兵乘勢擁上搶渡，結果阿滿泰與屯備色丹巴等中鎗落水淹斃，廓爾喀兵陣亡百餘名。福康安等渡過南岸後往攻甲爾古拉，珠爾杭阿一路於橫河上游亦乘勢搭橋渡河進攻集木集，兩路同時冒雨並進。廓爾喀兵居高臨下，鎗砲齊施，官兵仰攻困難，毫無巨石密林可以藏身，福康安急將官兵撤至山麓，廓爾喀兵乘高撲下，集木集山梁廓爾喀兵從旁抄出接應，下游廓爾喀兵又隔岸放鎗，三路敵兵合計不下七、八千名。福康安親率台斐英阿、張芝元、德楞泰、七十五等往來衝殺，雙方傷亡甚重，激戰兩日一夜之久，官兵連克兩重大山木城四座、大小石卡十一處，廓爾喀兵帶兵頭目十三名及兵丁百餘名陣亡，官兵方面，護軍統領台斐英阿、二等侍衛英貴、索倫佐領棍德依等俱中鎗陣亡。魏源稱當廓爾喀三路來攻時，官兵「且戰且卻，死傷甚衆，賴海蘭察隔河接應，而額勒登保扼橋力戰乃退賊。」㊵昭槤亦稱「七月庚子，裹糧再進，歷噶勒拉、堆補木、特帕朗古橋、甲拉古拉、集木集等處七百餘里，六戰皆捷，殺四千餘人，至熱鎖橋。福以爲勢如破竹，甚驕滿，擁肩輿，揮羽扇督戰，我兵皆解櫜鞬負火槍以息，賊乘間入，遂敗。」㊸易言之，福康安志得意驕，自比於諸葛武侯，輕敵致敗。

初福康安抵藏時，曾遣巴勒布商人納齊納朗潛往廓爾喀，令其離間西爾噶斯納薩野與巴都爾薩野、沙瑪爾巴等人，當納齊納朗抵達加德滿都時，巴都爾薩野已向其打聽「藏裏可有差人來講和的信」。乾隆五十七年三月，廓爾喀國王喇特納巴都爾呈遞福康安稟帖一封及金花緞布疋、氈子、千里鏡等物件，交給納齊納朗及前由西藏前往加德滿都的漢兵范忠攜回藏地，請求天朝將廓爾喀與西藏的糾紛「剖斷明白」，並指出第哩巴察（即英國東印度公司）窺伺西藏，虎視耽耽，而廓爾喀爲西藏屏蔽，建議清廷共同抵抗英人的侵略，其稟文內稱「再南甲噶爾的第哩巴察地方，有心要搶藏裏地方，虧我們與藏裏相好擋住了他，如肯施恩於我，將來第哩巴察有甚麼事情，還擋得住，如不肯施恩於我，就管不得了，現在該當如何辦理之處懇祈即給回諭。」㊾但福康安認爲「此等詐妄之言，更不足信」，而加以逐層駁斥。福康安於檄諭中云「來稟言南甲噶爾之第哩巴察邦落向思搶佔藏地，爾部落爲藏地屏蔽等語，所言實屬狡詐，第哩巴察離藏甚遠，不但與唐古忒無隙，並且未通往來，安得有搶佔藏地之意。本大將軍聞得爾部落從前與作木朗打仗，第哩巴察激於義憤，曾經協助作木朗擊敗爾之匪衆，是第哩巴察部長久與廓爾喀爲仇，一聞大兵進勦，自必仰藉聲勢爲我先驅。今爾詭稱第哩巴察圖佔藏地，希冀天朝及第哩巴察可得藉報私仇，是以一味撰辭聳聽，不自知其毫無情理，本大將軍燭照情僞，斷不能爲爾等所愚。」⑳當官兵長驅深入時，廓爾喀深恐國都不保，其鄰邦如錫金、不丹等在中國檄諭鼓舞之下，勢必俟機報復，喇特納巴都爾乃遣使印度，請求孟加拉英國東印度公司以武力支援，並與英人訂立商約㉑。但孟加拉總督康華利斯（Lord Cornwallis）以西藏爲中國的領土，又欲維持其在廣州的商業利益，並未以武力援助㉒，康華利斯僅應允派遣代表克爾克派特里上校（Col. K. Patrick）前往調停。廓爾喀外援既絕，遂轉而向中國請罪求和。乾隆五十七年五月二十八日，喇特納巴都爾命將上年在聶拉木所裹進去的兵丁王剛、第巴塘邁、丹津班珠爾跟役多爾濟諾爾及第巴跟役果畿四人遣送回藏，並呈遞福康安及官兵稟帖各一件，指出沙瑪爾巴唆使誘執漢兵等人，惟西藏方面「從沒有給我們一個信說沙瑪爾巴是個壞人，我們也不知道，今奉大將軍賞來檄諭纔知道他是個壞人。」但當廓爾喀奉到檄諭時，沙瑪爾巴已病了三個多月，延至五月中就病死了，因此，請求中國允准廓爾喀再遣大頭人謝罪請降，並表示願意遵奉中國方面所提議和條款，福康安卻斥其「卸罪巧言，實爲狡詐。」不過據兵丁王剛等稱沙瑪爾巴確於「五月十五日身死，十八日，經賊目達薩爾約同丹津班珠爾、扎什敦珠布及王剛等四名前往神塔廟內驗看屍身，右眼下有痣一點，痣上生毛，左手背當食指之下偏右有瘊子一點。」因天氣炎熱，恐怕腐朽，於五月十九日燒化，六月初三日撿回骨殖。六月十五日，福康安再檄諭喇特納巴都爾，指斥其「不親來請罪，又不遣大頭人前來，僅止將上年誘執之兵丁王剛、第巴塘邁及跟役等送出」，附呈一稟，而「妄想乞降，可謂愚妄已極」，若果如安南阮光平束身歸命，親覲闕廷，自當赦原前罪。且廓爾喀於誘執諸人內僅先遣數人前來嘗試，尚不肯全行送出，是其「心存藐忽，愚懵無知，毫無悔懼」之意，其稟文「一味支捂搪塞，藉爲緩兵之計」，全非出於至誠。廓爾喀奉諭後續將兵丁盧獵麟、丹津班珠爾、跟役丹津堪覺及濟嚨藏民二十餘名送出。六月十八日，廓爾喀又遵諭派噶布黨普魯爾邦哩、噶箕朗穆幾爾邦哩、達薩爾乃爾興、巴拉巴都爾哈瓦斯等詣營遞稟乞降。福康安又增列幾項議和條件，六月二十八日，檄諭內略謂廓爾喀國王及其叔既不敢親身詣闕，亦當來營叩頭認罪；沙瑪爾巴既係罪魁，必當將其焚餘之軀送出呈驗，併將其眷屬徒弟跟役按名送出；廓爾喀所搶去扎什倫布金銀及各種物件，必須全行交還；從前在濟嚨邊界所立大小合同兩張亦應一併交出查銷；同時官兵已至雍鴉，山坡狹窄，不能容駐多兵，廓爾喀守兵全數撤回，以便移營前進，駐箚受降。

廓爾喀兩次滋擾藏界，罪不容誅，爲求一勞永逸，必須搗穴擒渠。當福康安統領精兵長驅深入時，清高宗欲仿太宗崇德六年鄭親王睿郡王駁飭祖大壽故事，命福康安於廓爾喀「因勢窮蹙希圖哀懇乞降倖免誅戮」時，即「照此嚴詞斥駁，拘其來使，不可遽准所請。」惟當福康安進至雍鴉山時，官兵攻勢已受阻而按兵不動。後藏以外地方崇山峻嶺，節氣較早，九月間冰雪封山已在所不免，清高宗恐福康安冒險深入，轉瞬冬令，若非及早蕆事撤兵回藏，則進無可取，退無可守，故屢降諭旨令其受降完事。福康安奉旨後審時度勢經通盤籌畫後稱官兵節次打仗攻撲，間有陣亡帶傷，現存兵丁除分防後路外，已不及五千名之數。又因廓爾喀水土惡劣，霖雨不止，觸染嵐瘴患病者甚多，呈報病故，日有數名，總兵彭承堯所帶增調頭起瓦寺等處土兵五百名始到大營。後路糧餉因衛藏至宗喀濟嚨一帶道路險遠，不能源源接濟，而且由雍鴉至加德滿都尙有大山數重，大河數道，險阻更甚，廓爾喀復調集大軍處處佈防，體察天時地利，自量兵力糧運，勢難立時直搗巢穴。福康安等幾經思維後指出「與其懸軍深入，難以計出萬全，莫若宣示恩威，尙可永綏邊境。」因此，欲俟喇特納巴都爾再遣辦事大頭人前來乞降時即擬旨納款受降，但清高宗以廓爾喀「狡詭多端」，而命福康安一面具奏「一面即行撤兵，不必待其大頭人到營致需時日。」七月初八日，福康安接到喇特納巴都爾來稟表示願意接受福康安所提各款，福康安即准其乞降納款。廓爾喀既列藩封，爲維持體制，必須如朝鮮、安南，暹羅、緬甸國成例定以納貢之期，並遣大頭人赴京具表進貢，而且藏內既已設爐鑄錢，廓爾喀銀錢不許再行使用。七月十七日，巴拉巴都爾哈瓦斯遞呈稟帖，呈繳大小合同二份，送出沙瑪爾巴骨殖，扎什倫布物件，沙瑪爾巴徒弟接嚨屍身一具，喇嘛拉布結等二名，沙瑪爾巴之女喇嘛布哩一名，跟役羅布藏等二名，沙瑪爾巴妻室索諾木及其子噶爾瑪拉布塞等二名。八月初八日，喇特納巴都爾遣辦事大頭目噶箕第烏達特格巴蘇巴巴爾底曼喇納甲察布拉咱音達薩野喀爾達爾巴拉巴達爾等四名恭齎表文進京，並備樂工、馴象、番馬、孔雀、甲噶爾所製番轎、珠佩珊瑚串、金、銀、絲緞、金花緞、氈、呢、象牙、犀角、孔雀尾、鎗刀、藥材等二十九種，隨表進呈。據貢使第烏達表示，「廓爾喀服屬天朝，本應年年納貢，但道路過於遙遠，每至五年即差辦事噶箕一名朝貢一次」，同時又稱聶拉木邊外扎木地方，雖係巴勒布之地，五輩達賴喇嘛時曾劃歸藏內管轄，從前私立合同內所寫扎木歸廓爾喀之語，實屬「不知分量」，「情愿仍屬西藏」，不復提及。廓爾喀所貢象隻共五隻，因藏地向無象隻，清高宗命福康安傳旨賞給達賴喇嘛、班禪額爾德尼各一隻，其餘三隻則緩程送京。八月十三日，喇特納巴都爾遣蘇必達巴依喇巴忻喀瓦斯及隨人瑪泌達拉喀瓦斯赴營呈送水牛一百隻、豬羊一百隻，食米二百石、果品糖食一百筐、酒一百簍備犒官兵。八月二十一日，福康安等自帕朗古帶領各兵分起撤回，並派乾清門侍衛珠爾杭阿、侍衛德全、額爾金保、舒靈阿等護送廓爾喀貢使。九月初三日，自濟嚨起程進京，其使團包括噶箕第烏達特塔巴等四名，隨員三十名，樂工十三名。十二月二十三日抵京，即於是日謁見和珅。次日，朝覲高宗，高宗分別賞給頂帶衣物。三日後，重華宮朝覲高宗時，高宗賞給喇特納巴都爾王爵，巴都爾薩野亦賞給公爵銜，又賞錶二個、念珠、瓷器、水晶、東西、大緞、金絲緞等物。貢使住處緊鄰宮門，高宗屢賜宴食，並曾於瀛台謁見高宗，高宗又常攜貢使陪看「玩意」（即冰技）。據貢使抵悟達德他巴等稱「每逢大皇帝拜廟看玩意的時候，皇上見了恩典甚重，總是問廓爾喀。又大皇帝到圓明園下旨意，亦叫我們上圓明園，叫我們看有火的玩意，還有別的玩意，又賞吃食，又奉中堂們吩咐，叫我們告訴王子在自己的地方安分，皇上待你們的恩典重，你們若要仗著皇上的恩典多事，使不得。」⑺廓爾喀貢使留京期間備受高宗禮遇，廓爾喀與中國的關係遂日益密切。

八　清廷善後措施與駐藏大臣權力之提高

康熙四十八年正月，因青海衆台吉與拉臧汗不和，西藏事務不便仍令拉臧汗獨理，經議政王大臣議准派侍郎赫壽前往西藏協同拉臧汗辦理事務，是爲清初設置駐藏大臣的濫觴。雍正年間復議定常川設置駐藏大臣二員辦理前後藏事務。乾隆十五年，廢除藏中汗王貝子稱號，設噶布倫四名以分管政事，增設駐防兵一千五百名，西藏政治遂由集權制度轉變爲分權制度，然而駐藏大臣仍舊居於軍事上的監督地位，對於藏內的用人行政尚無指揮行使之權㊹。清廷派往駐藏辦事各員，多係中下之材，祇圖班滿回京，於藏中諸事並不與聞，達賴喇嘛遂得率意逕行，噶布倫等營私擅權，縱滋妄爲，駐藏大臣形同虛設。因此，廓爾喀入寇藏界，固非因細故起釁，但藏政不良實有以致之。乾隆五十四年二月，高宗爲防微杜漸曾命鄂輝等於大兵撤回後，即酌定善後章程俾令永遠遵行，鄂輝等即遵旨妥議善後事宜十九款。如：駐藏大臣與賴達喇嘛辦理事件妥定細則；駐藏大臣每年親往後藏巡查防兵；駐藏理藩院司員、遊擊頒給關防；派駐台藏文武官員三年期滿後即援兩金川屯員邊俸成例量予陞擢；噶布倫每年定期親往各處巡查；戴琫、第巴等缺無論美惡必須親往辦事；西藏與外國貿易由噶布倫公舉妥實第巴善爲撫馭稽查，抽收貨物入口稅量予減輕，銷售鹽觔分別高低妥定價值；後藏酌撥綠營官兵，於拉子、薩喀、脅噶爾添設唐古忒兵戍守，宗喀、聶拉木、濟嚨等處修築戰碉；各處兵丁定期操演技藝等，雖係針對藏政弊端妥籌具奏，惟於駐藏大臣的職權範圍仍無明文規定，而且當時議而未行，廓爾喀已二次興兵犯藏。

廓爾喀兩次入寇滋擾後，清高宗深感有徹底整頓藏政的必要，因而屢降諭旨，命軍機大臣及福康安等妥籌議奏。福康安等首先指出藏政種種弊端，向來駐藏大臣惟知坐鎮，從不預聞藏內事務，積習相沿已非一日，噶布倫等因達賴喇嘛清淨焚修，不能留心政務，遂假借達賴喇嘛聲勢營私舞弊，諸事擅專。歷任駐藏大臣不諳大體，一切委之達賴喇嘛轉付噶布倫等任其爲所欲爲，以致藏務日就廢弛。噶布倫、戴琫等缺向來雖由駐藏大臣奏補，但實係由達賴喇嘛酌定補放交駐藏大臣具奏，其餘商上仔琫、商卓忒巴及各寨落大小營官亦均由噶布倫等酌擬數人，然後由達賴喇嘛挑定，駐藏大臣俱不過問。達賴喇嘛親屬族人管理事務，倚仗權勢，妄爲滋事。噶布倫之缺本應以戴琫陞補，但事實上常徑由世家子弟補放，雜亂參差，不成體制，甚或營求賄囑，弊竇叢生。不僅戴琫一項徒爲虛設，即其下之如琫、甲琫、定琫等員亦空有其名，每遇出兵即另派第巴管領，結果第巴與兵丁彼此各不相識，其餘積弊不勝枚舉。軍機大臣阿桂與福康安等遵旨籌酌解決西藏問題善後章程，自乾隆五十七年七月起先後提出一百零二款之多，茲歸納其要點如下：

一、 駐藏大臣除上山瞻禮外，其督辦藏內事務應與達賴喇嘛、班禪額爾德尼平等，自噶布倫以下，各員及管事喇嘛等分係屬員，事無大小均應稟命駐藏大臣辦理，至扎什倫布諸務，亦令一體辦理。

二、噶布倫辦理藏內一切事務，戴琫管領唐古忒兵丁，商上仔琫、商卓忒巴總司出納，以上各缺均應定立等級，統歸駐藏大臣會同達賴喇嘛秉公揀放。

三、所有大小各員及前後藏管事喇嘛一概不准以達賴喇嘛等族屬挑補攙越。

四、西藏地方與廓爾喀、布魯克巴、哲孟雄、宗木等處壤土相接，向來外人來藏布施，講論事務，喇嘛發給書信，原無禁例，惟立言不能得體，故遇外國稟請事件，均須由駐藏大臣主持，與達賴喇嘛商同妥辦，其餘關係通問布施書信亦應報明駐藏大臣查驗。

五、外國差人來藏布施瞻禮須由邊界營官查明人數稟報駐藏大臣驗放進口，到藏瞻禮後，其呈達賴喇嘛等稟帖，須呈送駐藏大臣譯出查驗，與達賴喇嘛將諭帖酌定發給，查點人數再行遣回。

六、噶布倫係達賴喇嘛管事之人，不得與外國私行通信，各國寄信給噶布倫時亦須呈送駐藏大臣，與達賴喇嘛商同給諭。

七、各大寺坐床堪布喇嘛為一寺首領，其遇缺出須會同駐藏大臣、濟嚨呼圖克圖秉公揀選，給予會印執照派往住持。

八、青海蒙古王公等差人赴藏延請喇嘛誦習經典應令西寧辦事大臣行文到藏再由駐藏大臣發給執照，並咨明辦事大臣。

九、達賴喇嘛賞給噶布倫、戴琫等房屋莊田須隨任交代接替，不得私行佔據。

十、藏內戴琫以下各員仍准於東科爾世家子弟內通書算者按等補放，惟不得襲充其祖父職分。

十一、商上收納銀錢數目及採買各物，須照新定兌換數目畫一收放。

十二、商上喇嘛應按期支食錢糧，不得先期透支，濟嚨呼圖克圖隨時查核，嚴禁預領支放。

十三、各寨租賦應按年徵收清交商上，不得違限拖延，亦不准先一年預徵租賦，並查明逃亡絕戶隨時豁免。

十四、駐藏大臣每年應於春秋兩季輪流親往後藏巡查邊界，乘便檢閱藏兵。

十五、駐藏大臣衙門向設理藩司員一名，筆帖式一名，前藏設糧員一名，後藏未設文員，須於前藏添設糧員一名專管監造銀錢事務，後藏添設縣丞一名支放藏兵口糧，繕寫清字滿兵除原設四名外再添派四名。

十六、駐藏大臣衙門應差兵丁每人三十名，司員四名，筆帖式二名，千把總每員一名，前藏糧員看庫兵丁八名，統計不過百餘名，以實操防。

十七、藏內各寨藏民供應烏拉牛馬，達賴喇嘛等不得私給富戶世族或親屬免差照票以均傜役。

十八、達賴喇嘛應將所管大小廟宇喇嘛名數開造清冊，並令噶布倫將後藏所管地方及各呼圖克圖等所管寨落人戶一體造冊，於駐藏大臣衙門及達賴喇嘛處各存一分以備稽查。

十九、駐藏大臣衙門向設譯字房通事各一名，譯寫唐古忒文字，另添設認識廓爾喀文字人役一名，通曉其語言通事一名。

二十、廓爾喀五年一貢，每遇貢期，其國王將貢使跟役人數行經路線預行稟報駐藏大臣後，即委糧員一名會同定日守備親赴邊界查明人數預備烏拉送至前藏由駐藏大臣酌派文武官員護送入京。

廿一、前後藏各設唐古忒兵一千名，定日、江孜地方各安設五百名，額設三千實兵，即在各處就近挑補，前藏原設戴琫三人，以二人駐箚後藏，以一人分駐定日，各管該處新設兵丁，再添設戴琫一人，分駐江孜，俱歸都司統轄，所造清冊二份，一呈駐藏大臣衙門，一交噶廈公所備查。

廿二、核定管兵各員，原設戴琫五名，添設一名，其下設如琫十二名，每名管兵二百五十人，如琫之下設甲琫二十四名，每名管兵二十五人，俱由駐藏大臣會同達賴喇嘛揀選充補，發給委牌。

廿三、額設唐古忒兵丁三千名，每名年給青稞二石五斗，遇有徵調每名每日於商上支給糌粑一觔，其管兵如琫每名每年酌給銀三十六兩，甲琫每名每年酌給銀二十兩，定琫每名每年酌給銀十四兩八錢，由前藏商上交發，於春秋兩季備文送交駐藏大臣轉發各將備會同戴琫等按名散給以杜糧盡而逃之弊。

廿四、唐古忒兵丁發給軍火常川訓練，各處駐防將備就近督同如琫等按期教演。

廿五、藏民爭訟及犯人命竊盜等案應將罰贖多寡，按照舊例譯寫一本交駐藏大臣衙門存案，並嚴禁私議查抄家產。

廿六、商上鑄造銀錢純用紋銀，每圓重一錢五分，另鑄重一錢之銀錢一種，正面用漢字，背面用唐古忒字鑄「乾隆寶藏」四字。

廿七、關於定立地界，原應以熱索橋迤西爲後藏邊界，高宗因廓爾喀「悔罪投誠」，仍行賞還，而以濟嚨外之熱索橋、聶拉木外之鐵索橋及絨轄邊界等處設立鄂博，廓爾喀商人及藏民零星負販不許私相往來，所立鄂博隨時派人堆砌石碑。

廿八、達賴喇嘛、班禪額爾德尼係宗喀巴大弟子，世爲黃教宗主，衆蒙古唐古忒人素相崇奉，惟因吹忠降神作法徇情妄指，或出自族屬姻婭，或出自蒙古汗王公，已與八旗世職承襲相似，甚至噶布倫丹津班珠爾之子亦出有呼畢勒罕，以致衆心不服。清高宗爲整飭流弊特製金奔巴瓶，派御前侍衛賫往，設於前藏大昭寺，嗣後藏內出達賴喇嘛、班禪額爾德尼及大呼圖克圖等呼畢勒罕時，即將報出幼孩內擇選數名，將其生年月日姓名各寫一籤放入瓶內交達賴喇嘛會同駐藏大臣在衆僧前掣籤決定。又於京城雍和宮內設一金奔巴瓶，若蒙古地方所出呼畢勒罕報明理藩院時即將其姓名年月繕寫籤上，放入瓶內交掌印扎薩克喇嘛呼圖克圖等在佛前念經與理藩院堂官公同掣籤。

前列各端實包括政治、軍事、財政、外交、司法與宗教各方面，說明清廷對西藏的政教制度，無論在形式上或實質上都有重大的改革，不僅確定與擴大駐藏大臣的職權，更鞏固清廷在西藏的統治權。至此，駐藏大臣遂由康熙、雍正兩朝的監督官提高爲與達賴喇嘛平等地位的欽差大員，也是西藏政教分離的開始。

九　結　語

清高宗運際郅隆，揆文奮武，開疆拓宇，四征不庭。在位六十年間，二平準噶爾，一定回部，再掃金川，一靖臺灣，降緬甸、安南各一，二受廓爾喀之降，合爲十功，其武功之盛，實僅次於有元一代。姑不論其用兵是否「得其道，合於天」，然而其於中國版圖實質上的擴大卻有極大的貢獻。乾隆五十三年，廓爾喀初次入寇藏界後，由於巴忠、鄂輝與藏內喇嘛遷就完事，許銀贖地，尋又爽約負欠，廓爾喀人去而復來，終於導致第二次大規模的入犯。高宗爲護衛黃教，永綏邊境，動員精銳，大張撻伐。廓爾喀悔罪投誠，進表納貢。高宗知進知退，允降班師，於是十功告成，御製十全記，譯爲四體文字，立石於布達拉聖祖御碑之側，石碑正面刊滿文，碑陰刊漢文，左刊蒙古字，右刊唐古忒字，「奎文睿藻，照耀邊隅」，眞是所謂「藩服星拱」了。

廓爾喀滋擾藏界時，西藏駐防兵丁全無抵抗的能力，其綠營兵打仗時畏葸不前，不能得力，唐古忒兵怯懦性成，見敵輒退，只有達木兵尙稱奮勇。達木兵原係厄魯特人，從青海撥赴西藏，安置達木地方，以遊牧爲主，其體格狀貌較唐古忒兵倍爲勇健，但爲數祇有五百名，而且數十年來戍守一隅，素未經歷行陣。福康安等收復西藏失地深入廓爾喀時，其所節制的官兵是藏內原駐官兵四千名，四川屯練降番二十餘名，索倫達呼爾兵一千名，及巴圖魯侍衛章京等一百名，合計七千餘名，除分防後路及病故外，實不及六千名，其中眞正的精銳勁旅是屯練降番，索倫達呼爾與巴圖魯侍衛章京。屯練降番生長山陬，陟雪登高，向稱矯健，步行越嶺，毫無勞狀。雖然「惟利是趨」，但屢經行陣，素爲廓爾喀人所畏懼。至於大將軍福康安則爲滿洲鑲黃旗人，大學士傅恆之子，參贊大臣海蘭察及巴圖魯侍衛等多係東三省人，素耐寒冷，勇猛善戰。索倫達呼爾兵尤係生長邊塞，衝鋒陷陣，所向克捷。鍾呂恩氏於〈索倫族與鄂倫春族〉文中稱索倫族近似鄂倫春族，爲興安嶺原住民之一種，係契丹遺裔，清朝入關前與西伯利亞之達呼爾族相率歸附滿洲，移住嫩江沿岸，曾參加征羅之役，身軀高大，骨格粗壯堅強，頭爲橢圓形，黑髮少鬚，面圓額廣，眼細而黑，鼻低口大，顎寬唇厚，性情勇猛，狩獵遊牧爲生，擅長騎射。康熙三十四年，索倫達呼爾族均依滿洲八旗制度編爲布特哈（滿洲語狩獵之意）部，於黑龍江將軍下設置布特哈總管，統轄索倫五族四十七佐領及達呼爾三族三十九佐領㉟。清軍征討廓爾喀時，其武器雖略遜於廓爾喀，但由於索倫達呼爾兵勇猛善戰，有進無退，故能長驅深入，攻城奪寨，每戰必勝。直至清末，張之洞仍主張練索倫勁卒以對抗俄國軍隊。

清高宗對廓爾喀的用兵是出於被動的，廓爾喀人入犯之初，未能採取主動先發制人，竟坐視廓爾喀人大掠後藏飽欲而歸。乾隆五十七年九月，高宗亦稱「總之，辦理此事，朕亦自悔失之稍遲。若於賊匪滋事之初即行欽派將軍大臣並多調索倫達呼爾兵數千，預籌糧餉，及早前往征勦，必可掃穴犁庭，蕩平賊境。」結果因孤軍深入，天寒雪阻，補給困難，中途撤兵。同時在福康安與海蘭察之間也存有畛域之見，乾隆五十七年四月十九日寄信上諭云「本日據福康安等奏到各摺俱係覆奏接奉諭旨及查辦事件，朕逐加閱看，內惟代穆克登阿等謝恩及奎林途次患病情形係與海蘭察、惠齡會銜，其查奏後藏邊界至賊巢道路情形及糧運事宜兩摺均不列海蘭察之名。軍營中將軍參贊同在一處領兵，一切陳奏事宜自應不分界域，彼此會商，聯銜具奏。即福康安以海蘭察不識文義，亦何妨將摺內所敘情形詳晰告知，一同列名奏牘。前於三月二十三日福康安奏到各摺未與海蘭察列銜，已兩經降旨詳細指示（中略）。但行軍之道全在將帥同心，和衷共濟，方能收指臂之效。況海蘭察久膺軍務，前在金川時已為參贊，彼時福康安尚係領隊大臣，係其所屬。今福康安豈以身為將軍、職分較大，即於海蘭察心存歧視，更不足以服其心。此等畛域之見，最為滿洲大臣陋習，福康安不應如是。設使海蘭察見惠齡同係參贊稍涉芥蒂，或將來進兵緊要之時不無觀望留難。」誠然，將帥不和，互存畛域，策應不靈，已犯兵家之忌。清軍未能掃穴犁庭，直搗加德滿都，福康安亦不能辭其咎。

十八世紀以後，英國屢次遣使來華，嘗試改善中英關係。乾隆五十八年（一七九三），英使馬戛爾尼（George Lord Macartney）到北京，因覲見禮節發生爭議，中英關係未獲改善。西方史家每謂和珅以英人助兵廓爾喀而從中阻撓。但就現存檔案而言，福康安與和珅等似不知第哩巴察即係指在廣州貿易的暎咭唎。當馬戛爾尼回國後英王曾致書清廷稱「從前有一次天朝差大將軍帶兵到唠嚓地方，我的兵總也曾相助。前貢使到京時，未得我們咽嘟吐哵地方音信，是以未曾將此事奏明大皇帝。」⑯但高宗在給英王「敕諭」中已指出「天朝從前征勦廓爾喀時，大將軍統領大兵深入，連得要隘。廓爾喀震懾兵威，匍匐乞降，大將軍始據情入奏。天朝仁慈廣被，中外一體，不忍該處生靈咸就殲除，是以允准投誠。彼時曾據大將軍奏及爾國王遣使前赴衛藏投稟，有勸令廓爾喀投順之語。其時大功業已告成，並未煩爾國兵力，今爾國王表文內以此事在從前貢使起身之後，未及奏明，想未詳始末。」英使改善中英關係無功而返，但英國覬覦西藏的野心並未因此稍戢。清廷乘戰勝之餘威，在大軍尚未全撤時，雷厲風行地改革藏政，一方面提高了駐藏大臣的地位與權力，另一方更確定了清廷在西藏的完整主權。

〔註　釋〕

①《廓爾喀檔》（臺北，國立故宮博物院），乾隆五十七年五、六月分，頁 133，咱瑪達阿爾曾薩甲供詞。

②龔柴著《廓爾喀不丹合考》，《小方壺齋輿地叢鈔》，第三帙，頁 100。

③周祥光著《印度通史》（九龍，自由出版社，民國五十二年二月），頁 108。

④ Pradyumna P. Karan, "Nepal, A Cultural and Physical Georgraphy," Lexington, 1960, P.4.

⑤李鐵錚原著，札奇斯欽譯《歷史上西藏的變遷》，《邊疆論文集》（臺北，國防研究院），第一册，頁 319。

⑥《印度通史》，頁 118，周祥光云：「匈奴族自失去政治上的力量，乃即寄居印度，並與印度人通婚，使印度種族與外族發生血統的混合，而產生新的種姓，所謂今之拉迦普人（Rajputs）也。」蕭一山著《清代通史》（二），頁 141，謂廓爾喀為巴勒布西境克什米爾之一族。《欽定廓爾喀紀略》，卷四六，頁 21，福康安等云「巴勒布與廓爾喀本非一種，克什米爾則另係纏頭回人，別為部落，與

廓爾喀無涉。」

⑦李惟果著《英國侵略西藏之肇端——薄果爾的使命和成績》一文稱1774年12月23日，英人薄格爾（George Bogle）謁見班禪額爾德尼時已指出「尼泊爾一向是由二十四個小王統治。」《中山文化教育館季刊》，春季號（民國二十四年正月），頁235。

⑧《欽定廓爾喀紀略》（臺北，國立故宮博物院，朱絲欄寫本），卷29，頁1，福康安等奏稱，「廓爾喀尚有舊居巢穴，在陽布之西，相距六日路程。」

⑨《大清世宗憲皇帝實錄》，卷122，頁12，雍正十年八月庚午，據軍機大臣議奏。"Nepal, A Cultural and Physical Geography," P.5.亦云，「至十七世紀，尼泊爾仍三國分立：一在加德滿都；一在兩哩外的巴丹（Patan）；一在六哩外的巴德岡（Bhadgaon）。」《衛藏通志》，卷一五，頁12，則稱，「查巴勒布三罕：一曰布彥罕，住末作城；一曰葉楞罕，住莽哈巴城；一曰庫庫木罕，住吉拉魚卜城，三人共管百姓五萬四千餘戶。其地界址，正東自噶爾達地方至巴打罕，計程十日，正南至尼訥特克國，計程七日，正西至廓爾喀地方，計程六日，正北至西藏所管之濟嚨城。」

⑩《大清高宗純皇帝實錄》，卷1310，頁18，乾隆五十三年八月甲午，諭軍機大臣云「令之廓爾喀乃雅木布之呢爾巴也。」

⑪《廓爾喀檔》，乾隆五十七年五、六月分，頁127，阿爾曾薩野供詞於廓爾喀王作博赤納喇。《欽定廓爾喀紀略》，卷1，頁6作「博納喇赤」。但燾譯《清朝全史》，頁101作「甫利啓奈拉揚」。《清代通史》（二），頁141作「布剌蘇伊那拉因」。廓爾喀征服尼泊爾各部之時間，各書記載頗不一致，《欽定廓爾喀紀略》，卷24，頁19，繫於乾隆三十二三年間。柏爾（Charles Bell）著宮廷璋譯《西藏之過去與現在》（Tibet, Past and Present），頁29，及

李惟果著《英國侵略西藏之肇端》，頁 228 等書俱繫於乾隆三十四年。

⑫ W. B. Northey, "The Land of the Gurkhas," Cambridge, 1937, P. 48.

⑬中央研究院歷史語言研究所編印《明清史料》，庚編，第九本，頁 818。

⑭清代官書於廓爾喀或作巴勒布，或作科爾喀。在乾隆五十四年以前，駐藏大臣及高宗起居注册俱作巴勒布。乾隆五十七年正月以後，《廓爾喀檔》始一律書作廓爾喀。《大清高宗純皇帝實錄》修成於嘉慶十二年，故於乾隆五十三年已見廓爾喀之名。

⑮國立故宮博物院典藏宮中檔，第 2727 箱，232 包，58034 號，乾隆五十四年八月初十日，巴忠奏摺。案易隆即葉楞之對音。

⑯《廓爾喀檔》，乾隆五十七年五、六月分，頁 129-130，咱瑪達阿爾曾薩野供詞。

⑰同前檔，乾隆五十七年五、六月分，頁 130-132，咱瑪達阿爾入薩野供詞。

⑱《宮中檔》，第 2727 箱，232 包，58034 號，乾隆五十四年八月初十日，巴忠奏摺。

⑲汲修主人著《嘯亭雜錄》，卷 3，頁 42，文海出版社印行。

⑳魏源著《聖武記》，卷 5，頁 158，民國五十九年六月再版，世界書局印行。

㉑《欽定廓爾喀紀略》，卷 8，頁 1，乾隆五十六年十一月初七日戊寅上諭。

㉒柏爾（Charles Bell）原著，宮廷璋譯《西藏之過去與現在》（Tibet, Past and Present），民國十九年九月，商務印書館印行。

㉓ Tieh-Tseng Li, "Tibet, Today and Yesterday," New York, P.51.

㉔周昆田撰「漢藏兩族的傳統關係」，見中國邊疆歷史語文學會叢書

《西藏研究》，頁 11，民國四十九年八月出版。

㉕陳天鵬撰《喇嘛教簡述》，見《邊疆文化論集》（三），頁 448，民國四十三年七月，中華文化出版事業委員會出版。

㉖黎東方著《細說清朝》上册，頁 227，民國五十九年二月，傳記文學出版社。

㉗《廓爾喀檔》，乾隆五十七年四、閏四月分，頁 211，仲巴呼圖克圖供詞。《宮中檔》，第 2727 箱，223 包，55546 號，乾隆五十三年十一月初十日，鄂輝、雅滿泰奏摺稱沙瑪爾巴於乾隆四十八年竄往廓爾喀。

㉘《宮中檔》，第 2727 箱，223 包，55546 號，乾隆五十三年十一月初十日，鄂輝、滿泰奏摺。

㉙《明清史料》，庚編，第九本，頁 825，內閣抄出鄂輝等奏摺。

㉚《宮中檔》，第 2727 箱，229 包，57224 號，乾隆五十四年五月二十六日，鄂輝、成德、巴忠奏摺。

㉛《欽定廓爾喀紀略》，卷 25、頁 4，乾隆五十七年三月二十三日載福康安、惠齡奏摺。

㉜《廓爾喀檔》，乾隆五十七年十、十一月分，頁 201，丹津班珠爾供詞。

㉝〈英國侵略西藏之肇端〉，見《中山文化教育館季刊》，春季號，頁 228。

㉞《西藏之過去與現在》，頁 150。

㉟"Alastair Lamb," Britain and Central Asia, The Road to Lhasa, 1767 to 1905," London, 1960.

㊱《聖武記》，卷 5，頁 158。

㊲《明清史料》，庚編，第九本，頁 819，內閣抄出欽差赴藏辦事大臣巴忠奏摺。

㊳《宮中檔》，第2727箱，220包，54738號，乾隆五十三年八月初九日，李世傑奏摺。《大清高宗純皇帝實錄》，卷1309，頁48，素喇巴爾達布作蘇爾巴爾達布。

㊴同前檔，第2727箱，219包，54618號，李世傑奏摺。

㊵同前檔，第2727箱，222包，55490號，乾隆五十三年十一月初六日，成德奏摺。

㊶同前檔，第2727箱，223包，55759號，乾隆五十三年十一月二十四日，鄂輝奏摺。

㊷同前檔，第2727箱，221包，55094號，乾隆五十三年九月二十五日，成德奏摺。

㊸《廓爾喀檔》，乾隆五十七年二月分，頁131，廓爾喀國王喇特納巴都爾字寄濟嚨呼圖克圖。

㊹《宮中檔》，第2727箱，230包，57542號，乾隆五十四年六月初八日鄂輝、成德奏片。

㊺《明清史料》，庚編，第九本，頁838，禮部「為內閣抄出將軍鄂輝等奏」移會。

㊻《起居注册》，乾隆五十四年己酉十一月下。

㊼《嘯亭雜錄》，卷3，頁43。

㊽《欽定廓爾喀紀略》，卷18，頁8，載福康安奏摺。

㊾同前書，卷20，頁6，載福康安奏摺。

㊿《廓爾喀檔》，乾隆五十七年四、閏四月分，頁212，仲巴呼圖克圖供詞。

(51)同前檔，乾隆五十七年七、八月分，頁41，噶勒桑丹津供詞。

(52)同前檔，乾隆五十七年十、十一月分，頁201，噶布倫丹津班珠爾供詞。

(53)《欽定廓爾喀紀略》，卷18，頁6，乾隆五十七年正月二十日，載福康安奏摺。

㊾《欽定廓爾喀紀略》，卷15，頁1，乾隆五十七年正月初二日，載鄂輝奏摺。

㊿《廓爾喀檔》，乾隆五十七年七、八月分，頁51，第巴博爾東供詞。

56同前檔，乾隆五十七年四、閏四月分，頁215，仲巴呼圖克圖供詞。

57同前檔，乾隆五十七年七、八月分，頁44，噶勒桑丹津供詞。

58同前檔，乾隆五十六年十一月分，頁93，大學士公阿桂、大學士伯和珅寄大學士將軍福康安。

59《衛藏通志》，卷13中，頁21，乾隆五十七年五月二十八日，喇特納巴都爾稟文。

60同前書，卷13中，頁26，乾隆五十七年六月初九日，喇特納巴都爾稟文。

61《廓爾喀檔》，乾隆五十六年十月分，頁144，寄信上諭。

62陳澄之著《西藏見聞錄》，頁46稱哈達（ks-btags）係絲織紗巾，多為月白色或淡青色，係藏人重要禮物之一，為日常生活中不可或缺者。原書見民國五十八年五月正中書局出版。

63《廓爾喀檔》，乾隆五十六年十月分，頁64，十月初六日，寄信上諭。

64同前檔，乾隆五十六年十月分，頁111，十月十八日，寄信上諭。

65《欽定廓爾喀紀略》，卷33，頁18。案清軍收復濟嚨是在乾隆五十七年五月初十日，《清史稿》，誤繫於六月初六日。

66同前書，卷35，頁10，乾隆五十七年七月十四日載福康安、海蘭察奏摺。

67《聖武記》，卷5，頁159。

68《嘯亭雜錄》，卷3，頁44。

69《衛藏通志》，卷13上，頁32，乾隆五十七年三月，喇特納巴都爾稟帖。

⑳同前書，卷 13 上，頁 33。

㉑〈歷史上西藏的變遷〉，見《邊疆論文集》，第一册，頁 322。

㉒周馥昌撰〈近百年中國邊事史〉謂福康安於乾隆五十七年八月爲廓爾喀軍大敗，「賴披楞部出兵夾擊，得轉危爲安，廓爾喀恐南北受困，遣使議和。」見《邊事研究》，第一卷第二期，頁 49，惟當時英人實未出兵相助。

㉓《廓爾喀檔》，乾隆五十八年正月分，頁 37，正月十四日，廓爾喀貢使噶箕抵悟達德他巴等於圓明園寄廓爾喀國王信。

㉔黃奮生撰〈清代設置駐藏大臣考〉，見《邊政公論》，第一卷第二期，頁 8。

㉕鍾呂恩撰〈索倫族與鄂倫春族〉，見《邊政公論》，第七卷第二期，頁 49。Charles Bell 著"Tibet Past and Present."附錄《十全記》，於註文中誤以索倫爲西藏甲朗省（Province of Gya-rong）上部一地，1865 年併入中國，故征服廓爾喀之軍隊中有西藏人甚明，且稱中國兵約九千其中多半爲西藏人。文中又謂唐朝頡利顯爲英人，西藏稱歐洲血統之外國人爲頡利（Chi Li）等俱誤。是書中譯本譯者宮廷璋氏復誤以頡利爲赤臉，鄂輝誤作葉碩一，唐太宗作桑則簪王。

㉖《文獻叢編》，上册，頁 158，1795 年 6 月 20 日，「原譯嘆咭唎國表文」。民國五十三年三月，臺聯國風出版社印行。

滿文御製《十全記》局部

從故宮現藏檔案談清代民間祕密宗教盛行的原因

一、前　言

祕密宗教是起源於民間的各種信仰，並雜糅儒釋道的思想而產生的教派，是屬於多元性的信仰結構。祕密宗教的傳佈，與社會背景有密切的關係，元明以來，隨著社會經濟的變遷，祕密宗教日益盛行。明初，白蓮教蔓延於湖北、江西、四川、陝西、山東等地，明代中葉以降，流民成為嚴重的社會問題，白蓮教與流民互相結合，對明朝政權構成了極大的威脅。滿洲入關以後，白蓮教的勢力方興未艾，其他教派亦先後衍生轉化，教派林立，舉凡羅祖教、大成教、空子教、儒理教、無為教、收元教、三乘教、青蓮教、紅陽教、白陽教、八卦教、一柱香教、大乘教、清茶門教、長生教、義和門教、天理教、如意教、龍天門教等，各教派或為白蓮教的支派，或由羅祖教轉化而來，或依附民間信仰獨自創立的教派。各教派或以所供奉的教主姓氏而命名，或取寶卷名稱及經文詞句命名，或以宗教儀式及信仰特徵命名，並非都由白蓮教轉化而來，亦非創自一人，或起居於一地。明末清初以來，新興教派的出現，如雨後春筍，各教派的盛衰起滅不同，這種現象正是所謂「經非一卷，教不一名」。清廷雖查辦「邪教」，務絕根株，但祕密宗教仍然屢禁不絕，芟而復生。探討祕密宗教的起源與發展，社會經濟的變遷只是外緣的因素，本文撰寫的宗旨就是現存清代檔案從各教派的社會功能及其思想等內緣因素分析祕密宗教所以盛行的原因。

二、燒香念經　消災除病

祕密宗教的教首常以治病為由，傳習宗教，病人痊癒後，多皈依其教派。教首為人治療疾病的方法，不一而足，或藉燒香念經，祈神保祐，以求早日消災除病。雍正年間，上江南陵縣查禁三乘會，拏獲教首潘玉衡，教中以糍粑等物供佛，又名糍粑教。雍正四年（1726），潘玉衡曾經按察使祖秉圭查拏枷責，但迄未「改邪歸正」，雍正十二年（1734）十二月，潘玉衡又被拏獲，據潘玉衡供稱：

> 小的復捐的監名叫潘懋璣，已蒙斥革了，小的父親叫潘千乘，又名茂芳，是雍正三年死的。那霧靈山碑文是父親手裏遺下來的，今既查有羅祖字樣，小的也不敢辯了。這三乘會是父親行的教名，因用糍粑供佛，外人又傳說糍粑教的，父親在日曾傳過南陵縣人王子玉、侯君耀、余自全，宣城縣人董君瑞，無為州人王子開，合肥縣人郭平言、夏公旭，巢縣人榮得明，銅陵縣人吳彬然，都起有法名。如今這些人都已死了，他們原送過父親種根銀子，教內人送香貲也是看人家有力無力，三錢五錢，原不拘定。父親在日，小的跟著喫齋念經，父親死後，就是小的行教，也有人來念經拜佛施捨，小的沒有給過人的法名。雍正四年，劉第臣把小的在前臬司告了，革去小的監生，打過，取有改過自新甘結。那陳玉秀、夏相九、錢君相、瞿雲九、瞿扶九、瞿紹九，夏弘彩們，小的從不認得，並非同教。只夏公旭是從父親教的，上年二月十八日，夏公旭害病，叫夏玉三接小的去，同夏玉三、王之惠念了一夜經，夏公祥

是夏公旭的兄弟，因他有病，那夜沒有同小的念經，這劉天相、胡宗仁、夏德先是夏公旭的親戚族人，來看夏舒的病偶遇纔認識的。至小的家平日念經就是夏公祥、夏玉三、王之惠，並已死的夏公旭，此外再無別人，只常有來求念經治病的。小的們念經時，都是穿的隨身衣服，是小的站在上首，眾人都在下邊跪拜，供的是笑羅漢，點起火燭，供些茶果、糍粑，黃昏起念到五更時候，把糍粑切開喫了散去，那道衣道巾是教內裝老的，這起來的木劍是念經時挑經用的，也不做什麼法術①。

三乘會中既有羅祖字樣，似與羅祖教有關。初進羅祖教，交六分銀子，就傳一乘經，交一錢二分，就傳二乘經，若交銀三錢三分三釐，就傳三乘經，三乖會似因三乘經而得名，亦即由羅祖教轉化而來的教派，教中喫齋念經為病人療疾。

雍正十年（1732）五月間，直隸趙州隆平縣查獲教首李思義以治病為由，傳習儒理教，收張茂林等人為徒，據張茂林供稱：

我是隆平縣人，今年肆拾玖歲了，我因兒子有病，到城裏去請醫生，遇著張重義，他說有李思義會醫病，就請了李思義來醫，他說今年有災，有個儒理教，每日向太陽叩頭參次，家裏要供三代宗親，早晚燒香，可以免得災難。我原依了他，他叫我每月給他幾個錢，替我上供，保佑闔家平安。我給過李思義貳百個大錢，壹佰玖拾個小錢。我認識的田亮、孫成義，我也叫他如此行，都歸入教中，如今他們已俱自首了，並沒有什麼符咒法術②。

儒理教為人消災除病，教人早晚燒香，可免災病。此外如紅陽教也藉念經消災，通州人桑自雷、桑進魁父子都傳習紅陽教，乾隆二十三年（1758），桑進魁之子桑文之因家中老少均不平安，憶及祖父桑自雷在日，供佛念經，並無災祲，遂與同教吳成順等十人，倣照舊規，每年五月十六日爲紅陽生故日期，各出小錢一百文，上供念經，輪流做會，祈保平安。紅陽教的主要寶卷是紅陽經，流傳甚廣，乾隆年間，山東陵縣人陳學孟因年老多病，自他處攜帶紅陽經卷圖像一箱回家，獨自在家供奉念誦。乾隆四十六年（1781），陳學孟病重，囑咐其子陳謹將經像封鎖箱內收藏，如遇災病，即供像念經，必可消除。嘉慶二十一年（1816）二月，陳謹因染患瘧疾，日久未癒，始開箱取出紅陽經，供像誦經，隨後病痊。同時，有鄰人趙甫性等四人，亦因患瘧不癒，俱央請陳謹代爲誦經治病，不久，鄰人俱痊癒。乾隆四十四年（1779），河南魯山縣紅陽教信徒王辰病故，遺有破爛經本。嘉慶十八年（1813）七月，王辰之子王太平因年荒窮苦，起意與朱全幅等商謀藉念經治病，邀人入教。

直隸人辛存仁，移居關外伯都訥所屬葉子溝地方，嘉慶十七年（1812），其母牟氏患病，適有吉林三道嶺眞武廟住持王慶環遊方至辛存仁門首化緣，天晚留宿，王慶環教以供奉飄高老祖，誦習紅陽教九蓮經，並用黃紙書寫「無生老父，無生老母」牌位，虔誠供奉，日久便能「以無中生有，有中消無，混元一氣」，其母疾病，即可痊癒，辛存仁聽信其言，隨拜王慶環爲師，入紅陽教③。直隸大興人王二樓爲紅陽教的教首，莊中周應麒自幼隨從王二樓習教，嘉慶二十三年（1818），王二樓病故，由周應麒接充教首。莊中有菩薩廟，由道人謝八看管，每逢正月十四、五、六等日，周應麒等人在菩薩廟前殿念誦《源留經》，二月十九日，念誦《菩薩送嬰兒經》，五月十三日、六月二十四日、十二月初八日，念誦《伏魔經》，爲同莊人祈福消災。所念經卷，由周應麒交給謝八收藏於菩薩廟內，每屆念經之期，有信徒李十兒等人到廟內燒香磕頭。

乾隆四十八年（1783），江蘇寶山縣駱敬行，與上海縣人楊遇隆熟識，楊遇隆告以曾拜縣民姚學周爲首，學習圓明會，吃素念經，以邀福消災，駱敬行等被拏獲，起出《金天寶藏經》、《延齡寶懺卷》等經卷，內有無生聖母及收圓明等字樣。據駱敬行供稱教中有成佛的圓明道姥即無生聖母，載在經內，所以稱爲圓明會。各教派念誦經卷的宗旨是在爲徒衆及其家人消災除病，善男信女，趨之若鶩，念經治病消災遂成爲各教首招致信徒的一種手法。

三、念誦咒語　驅祟避難

念誦經卷固然是爲了消災除病，念誦咒語也是爲了降魔驅祟，其宗旨仍在消災除病，避禍致福。雍正年間，山東查禁空子教，其教首爲牛三花子，青州府益都縣人高擇善等入空子教，雍正六年（1728）七月，高擇善等被拏獲，據供稱牛三花子所念咒語是「眞空家鄉，無生父母，現在如來，彌勒我主」四句，相信咒語念熟了就可消災除病。白蓮教也傳授咒語，相信平日如遇水火之災，只要會念咒，災害自然消除，臨陣遇敵時念誦咒語，就不畏刀鎗。乾隆三十九年（1774）八月，山東壽張縣人王倫率清水教徒衆起事，王倫傳授咒語，若遇對敵打仗時，口誦「千手擋萬手遮，青龍白虎來護著，求天天助，求地地靈，鎗砲不過火，何人敢當」等句，就不怕鎗砲刀箭。安徽阜陽縣人張效元自幼拜張榮見爲師，學習白蓮教，乾隆五十一年（1786），張榮見病故，張效元接掌白蓮教，充當教首，綽號張油錘④。嘉慶元年（1796），川陝楚三省白蓮教起事，張效元在阜陽起兵響應，傳誦咒語「天上佛地上佛，四面八方十字佛，有人學會護身法，水火三災見時無作」等句。湖北宜都人張正謨也是重要教首，嘉慶元年（1796）九月，被解送入京，軍機處派人連夜熬訊，據張正謨供稱：

乾隆五十九年四月裏，我拜房縣的白培相爲師，他說山西平陽府樂陽縣王家莊長春觀有個李犬兒，是戊戌年生的，兩手有日月兩字，相貌異人，劉之協是軍師，朱九桃是輔佐。他的那王家莊有大石一塊，忽然迸開，現出經文，有『一日一夜黑風起，吹死人民無數，白骨堆山，血流成海』四句，眾人若念熟了，就可免災⑤。

前引經咒是白蓮教編造的詞句，荒誕不經。劉之協是教中老師父，入教之人，即給黃綾一塊，上書經咒，告以帶在身邊，凡有災難，都可避得過。劉之協被拏獲供稱教中每日所誦經咒是「從離靈山失迷，家住在沙婆苦痛殺，無生父母梢書信，特來請你大歸家」等句。善男信女中有心裏害怕圖免禍的，也有貪心想得好處的，所以聽從入教的人很多。

大乘教也諷誦經咒，其宗旨亦在消災除病。乾隆四十年（1775），山東荷澤縣人張東安拜王有先爲師，學習大乘教，王有先病故後，張東安復拜王有先之師張魯彥爲師。嘉慶十六年（1811），張魯彥病故，縣民孟光柱、季化民等因久瘧不痊，俱赴張東安家供神焚香，拜張東安爲師，張東安即口授四句咒語：「苦海無邊衆生貪，我今渡你登彼岸，一報天地覆載恩，二報日月照臨恩。」四川廣安州僧開恭於乾隆五十四年（1789）在吳家庵披剃爲僧，渠縣人文陽生素信釋教，曾與僧開恭之父楊昇爵習念佛經，楊昇爵故後，文陽生出外貿易。曾遇遊方道人毛清虛傳授大乘教，分給經卷。嘉慶十九年（1814）七月，文陽生歸家，談論大乘教好處，如果皈依大乘教，可以消災獲福，並可與人禳解疾病，有李文漢等人聽信入教，學習大乘教各種經咒，其中六字咒語爲「唵嘛呢叭𠺗吽」，九字咒語爲「上主太老祖太娘眞佛」。

八卦教是因分乾、坤、震、巽、坎、離、艮、兌八卦而得名，各卦皆有教主，教中念誦咒語，以療治疾病，藉此吸收徒衆。嘉慶十六年（1811），山東曹縣人胡成德因病拜徐安幗爲師，入震卦教。胡成德被捕後供稱：

> 十六年二月初間，我因害病，有族叔胡廣向我說有個行醫的徐師傅，名叫徐安幗，在紀大福家住著，治病很好。二十四日，胡廣同了紀大幅並范大皮更把徐安幗請來問了病由，徐安幗要了一股香，在我床前桌上點著，供了三杯酒，徐安幗左手掐著訣，右手用兩個指頭點在我頭上，嘴裏念咒，念完了，叫我喝這三杯酒，過了兩天，我的病果然好了。二十六日，胡廣告訴我說徐安幗說我人還老實，收我做徒弟，治病行好，我當下應允，就同胡廣到紀大幅家。徐安幗叫我洗了臉，喝了茶，點著香，徐安幗左手大指食指小指伸起掐訣，右手食指中指伸著說是劍訣，嘴裏念著『眞空家鄉，無生父母』八字咒語，教我依著他做。還說每日早晨、晌午、晚上念三遍，久之自然有好處，若替人治病，大病念五十六遍，小病念三十六遍⑥。

許多教派皆念誦「眞空家鄉，無生父母」八字咒語，目的是爲了治病，大病時所念的次數多達五十六遍，小病也要念三十六遍，掐訣念咒就是八卦教的治病方法之一。八卦教中的離卦教，其勢力亦頗龐大，教中所念咒語，除「眞空家鄉，無生父母」外，尙有「耳爲東方甲乙木，眼爲南方丙丁火，鼻爲西方庚申金，口爲北方壬癸水」，及「天盤掛號，地府抽丁」等項咒語。

山東安邱縣人馬俊是坎卦總教頭，道光六年（1826），收劉杰等人爲徒，劉杰輾轉收劉日乾等人爲徒。道光十五年（1835）八月間，劉日乾收馬剛爲徒，傳授「眞空家鄉，無生父母，現在如來，彌勒我主」等咒語，每日念誦，喫飯喝水時，口念「供飯全桌，叩請聖衆」等項咒語，信徒們相信入教念咒，可免災病。

嘉慶八年（1803），直隸通州人張二因染患疾病，求城外東關開設木廠的簡三看病，並入紅陽教，每日晚間燒一炷香，磕三十六個頭，念誦咒語「跪蒲草來學好，師發香燒到老」，則其病即可痊癒。乾隆三十四年（1769）正月間，直隸大興人趙美公因不時患病，未得良醫調治，同鄉人屈得興即告以有彌勒佛白陽教所傳八字咒語持誦，可以卻病，必須吃齋入教，趙美公隨拜屈得興爲師，屈得興傳授「眞空家鄉，無生父母」八字咒語，囑令每夜盤膝打坐默念，日久即可消災獲福。同年十一月間，大興縣賣油人丁印赴青雲店買賣，亦與屈得興相遇，屈得興見丁文印有病，亦告以有八字祕傳默誦可痊，丁文印等人聽信入教。道光三年（1823）十月間，直隸獻縣人孫策，傳習白陽教，勸人學好修行，教人念誦「無生父母，先天老爺，未來菩薩」等句咒語，每逢朔望向空焚香叩頭禮拜，則今生可以獲福，來世亦可做官發財。

山東禹城縣人馮萬思等共習一炷香如意教，在院中用磚壘起高方約二尺，稱爲天地台，每逢朔望燒香跪拜，口念「敬重天地，孝順父母，倚天靠天，爲善報天」等句咒語，祈求卻病消災。馮萬思身故後，由其姪馮珍接掌一炷香如意教。嘉慶十年（1805），禹城縣人馮大坤因母病，俱入一炷香如意教。嘉慶十三年（1808），直隸南宮縣人王金玉傳習一炷香教，每逢朔望焚香一炷，口誦「敬天地，孝父母，尊敬長上，和睦鄉里，吃屈忍耐，戒去殺禍」等句咒語，祈求獲福消災。直隸灤州人闞希令流寓吉林，道光七年（1827），闞希令因病求醫，適有親戚熊庭雲前往探望，告以拜師學習一炷香如意教，則病可痊癒，闞希令隨拜熊庭雲爲師，學習點香叩頭，口念「南方離卦透天眞人高老爺」名號，說「替眞人傳道勸人好學」等語，抄寫咒語記誦，則病可痊。據熊庭雲稱一炷香如意教傳自南宮縣人陳鳳，道光十三年（1833）四月間，闞希令等被拏獲，起出抄單咒語數十紙，內有「眞空無生」等語。同年五月，陳恭在遼陽州被拏獲，陳恭供稱「原名陳恭玉，年六十五歲，直隸南宮縣人，嘉慶初年出家，拜房山縣觀音堂道士高彥眞爲師，傳授一炷香如意教，念八仙咒給人治病⑦。」念誦咒語，其目的在驅祟治病，消災祈福，有病之人，多望藉燒香念咒治痊。

四、針灸按摩　療疾治傷

祕密宗教除了藉誦經念咒以消災除病外，有些教派師父也學會某項治療疾病的簡單醫術，雍正年間查禁的儒理教，其教首李思義從小就學看醫書，替人看病，據李思義供稱：

> 我是隆平縣人，今年叄拾陸歲了，從小讀書，因不得上進，就學看醫書。會貳拾肆樣針法，還會揉搯治病。近來因看病的人少，窮的過不得日子，就想出壹個法兒來捏稱儒理教，只說今年災病很多，若禮拜太陽，供養祖先，就無災病，有張茂林、姜承宗聽了我這鬼話，轉收了殷兆祥、孫成名、張重義、田亮、孫成義、李建這幾個人，要他們每月不論多少，各人拿出幾個錢來給我，替他上供，一共有壹千多錢，都是我使了，我原因窮苦不過，想誆騙人家幾個錢，因爲揉搯治病，外邊就都叫我是摸摸教，其實並不是什麼邪教，也並沒有什麼符咒，合傳授我的人。

> 至我到人家醫病，用黑豆皮鞭驅逐邪祟，原是看他病勢將好，故意裝出個像有法術的樣子來哄人信服的意思，其實並沒有什麼法術⑧。

姑不論「災病很多」是否爲李思義的「鬼話」，亦不論傳教收徒是否爲「誆騙」錢財，但是李思義學過針法，也會揉掐治病，則是事實，李思義能療治疾病，接受醫治的病人，遂多皈依其教。紅陽教也利用針灸治病，山西平遙縣人王增元爲紅陽教要犯，曾拜同村王毓山之父王永福爲師，乾隆十七年（1752），王永福病故，乾隆四十四年（1779）冬間，王毓山因買賣折本，窮難度日，王增元亦因年老不能力作，商同復興紅陽教，爲人消災祈福。王增元、王毓山素善針灸治病，近村民人患病者多能治好，遂以紅陽教門能消災獲福，而先後拜師入教。直隸大興人周應麒爲紅陽教的教首，教中李國梁素擅針灸，爲人治病。嘉慶二十年（1815）五月，直隸拏獲傳習義和門教的信徒葉富明，據供稱「每日在家三次朝太陽，燒香磕頭，誦念無字眞經歌訣，練習打坐運氣工夫，並與人按摩治病⑨。」

使用茶葉爲人治病的方法，多見於各教派，乾隆初年，右安門外居住的旗人趙宗普，傳習紅陽教，授持茶葉，與人治病。乾隆十九年（1751），涿州人包義宗因其母董氏患病，憶及紅陽教內有將茶葉供佛禱祝治病的方法，遂將茶葉放在家中觀音佛前供奉禱祝，然後給與母親服用，病適痊癒，乃將奉禁時送歸村中大寺內的經卷取回念誦，並代人治病行善。後來有良鄉縣人霍振山之母董氏患病，包義宗給與茶葉，其病亦痊癒，霍振山隨拜包義宗爲師。嘉慶十四年（1809）四月間，直隸新城縣人賈敬之母因染患癱症，賈敬求同縣人張汶醫治。張汶令賈敬往北磕頭，燒一炷香，求得茶葉，熬水飲服，賈敬即拜張汶爲師，入紅陽教，據賈敬供稱紅陽教又名茶葉教。嘉慶十六年（1811）四月間，鑲白旗滿洲保慶佐領下雲騎富林泰充肅親王府三等護衛，因嘴上長一疙疸，求劉興禮醫治，劉興禮給與茶葉一包，教其嚼爛敷上，不久後病痊，而皈依紅陽教。直隸河間府獻縣人王寡婦是紅陽教首，同縣人王仲來之子王尙春因患心疼病，求王寡婦醫治，王寡婦用茶葉熬水，令王尙春飲服，王尙春病痊後即拜王寡婦爲師，入紅陽教。嘉慶二十一年（1816）十二月，直隸武邑縣查禁紅陽教，拏獲教犯嬰添誠等，據供嬰添誠莊農度日，因父病延請趙堂醫痊，嬰添誠即拜趙堂爲師，學習紅陽教，其治病方法，是令病人將茶葉放在碗內設供，燒香磕頭後煎服。道光五年（1825），直隸霸州六安等州縣查獲李可學等傳習紅陽教，每年兩次在同村張成位家拜師誦經說好話，曾爲劉喜祖母張氏醫治眼疾，焚香供茶⑩。嘉慶九年（1804），直隸宛平縣人孟六等拜同村谷老爲師，入紅陽教，道光十二年（1832）正月，孟六等被步軍統領衙門派人拏獲，據供孟六等各在外爲人治病，祈求佛祖，看病下藥，其治病方法是用茶葉、花椒等物給病人煎服，深州民婦李張氏、宛平縣民婦孟傅氏及王龐氏之姑等治病痊癒，李張氏等即拜孟六爲師，入紅陽教。直隸玉田，薊州、寶坻等州縣，紅陽教信徒頗衆，嘉慶年間，有縣民劉起旺等人，以務農度日，間有從事手藝生理者，或因本人染病，或因親屬患病，曾邀玉田縣人董文魁等醫治。董文魁等人俱係紅陽教信徒，平日茹素誦經，以求消災邀福，並藉授茶看香占病，以收徒傳教，劉起旺等病痊後，即拜董文魁爲師。其授茶的方法是用茶葉一撮，燒香供於桌上，跪誦眞言「虛空藥王到壇中，童子來下藥，急急落茶中」等句，誦畢，將茶葉在香上燻燒數轉，令病人用薑煎服。董文魁除用茶葉外，又用薑煎服，可以驅寒，並使血液暢順，有益健康。玉田縣人王進和自幼多病喫齋，自學習紅陽教以後，亦以授茶看香爲人治病。紅陽教信徒因拜混元飄高祖，所以又叫混元門教，乾隆末年，直隸深澤縣人雷洛培因患病，經同村人陳洛飛爲其畫茶醫治，病痊後即拜陳洛飛爲師，入混元門教，每月初一日做會。嘉慶年間，祁州人李丙辰因患病，經張進忠引進，拜晉州人楊盛堂爲師，入混元門教，每月初一日做會。嘉慶年間，祁州人李丙辰患病，經張進忠引進，拜晉州人楊盛堂爲師，入混元門教，學習畫茶，每月二十四日做會。深澤縣人王得玉傳習混元門教，學習盤坐功夫，藉畫茶治病傳徒習教，每月十四日做會一次。同縣人郭洛孟等多人均拜王得玉爲師，王得玉身故後，由其子王洛增接管教務，仍按期在家擺供做會。其治病的方法，是令病人跪在佛前，由王洛增向北燒香，將茶葉一撮供於桌上，用手掐訣，代爲祈禱，口念「病人左首與中間如有涼氣，俱與醫治，右邊若有涼氣，即不與治」等句，念畢，令病人將茶葉煎服。凡教中人見面，詢問姓名，告知眞姓，必復問究何姓？答稱姓「無」，即知是同教無生老母之徒。道光十三、四年間，深澤縣人張洛正因自身染患疾病，趙大有則因親屬有病，往邀王洛增醫治，但被祁州人張洛德引進，拜張進忠爲師，張洛正等因久病未痊，張進忠令其赴定州拜同教邊洛勝爲師，畫茶治病，每月十六、二十四等日做會一次⑪。茶葉可以供佛拜神，也有消毒清潔作用，教首遂以茶葉爲治病的藥材。

五、坐功運氣　修眞養性

打坐運氣，修眞養性，是祕密宗教常用的一種方法。雍正初年，山東魚台縣查禁空子教，拏獲信徒李萬祿等人，據供稱空子教內教人朔望燒香，編造八卦歌持誦，稱爲運脈，傳授口訣，閉目捲舌運氣，默念「眞空家鄉，無生父母」二句眞言，稱爲內承法，其不能閉目捲舌運氣者稱爲外承法。乾隆初年，步軍統領拏獲紅陽教犯趙王氏、孔芝華等，供稱教中的靜養工夫是教人右手扣著左手，右腳扣著左腳，舌頭抵著上牙根，其宗旨爲療疾延年，教首亦藉此招引信徒。直隸縣人沈吉祥於十四歲時淨身當太監，嘉慶十二、三年間，沈吉祥左腿骨折，前往馬駒橋求劉興禮醫治，劉興禮在沈吉祥腿上按摩，然後令其回家盤膝坐功，沈吉祥隨拜劉興禮爲師，入紅陽教。

大乘教又稱大乘會，直隸新城縣人王忠於嘉慶十五年（1810）間，經程毓蕙引入大乘會，傳授「眞空家鄉，無生父母」八字，教以每月初一、十五日到會中二頭目李榮家燒一炷香，坐功運氣，將氣運到鼻子內，暗念八字眞言，稱爲內轉圓爐一炷香。八卦離字教的入教儀式是先令跪香磕頭，授八字眞言，點香三炷，供茶三碗，跪地叩頭，由師傅口授誓語，並教以合閉口眼，從鼻中運氣工夫。教中有掌心雷訣，其歌訣爲「天火燒太陽，地火燒四方，雷火熱常在燒殺諸不祥」，掌心書寫「敕令」二字，夜行可以解邪。同教見面時，駢食指中指往上一指，稱爲劍訣，作爲暗號。嘉慶元年（1796）三月間，山東城武縣人劉化安因染患時疾，邀同縣人張懷亮至家醫治，或拜張懷亮爲師，學習離卦教，張懷亮即教劉化安尊敬長上，孝順父母，敬天地，修今生，知來生事，存心無歹，燒香磕頭，戒酒色財氣，行好免罪，並令劉化安向太陽兩手垂下，閉眼運氣，告以功成即能替人治病。

乾隆六十年（1795），直隸清河縣人尹資源拜南宮縣人田藎忠爲師，入離卦教。田藎忠傳授閉目運氣的方法：「從鼻孔收入，名爲採清，又從鼻內放出，名爲換濁，統名『而』字工夫，取承上起下之義，並稱用此工夫，生前免受災病，死後不致轉生畜類。」嘉慶十三年（1808），直隸井陘縣人杜玉拜元氏縣人張老沖爲師，學習離卦教，張老沖即傳授採清換濁工夫。次年，山東蘭山縣人凝旺等拜同縣人狄珍爲師，學習離卦教，經狄珍授以盤膝運氣採清換濁之法，稱爲「而」字工夫。滕縣人李成文之叔祖李平，向習離卦教，入教時傳授坐功運氣：「鼻內出氣，口內收氣，早向東方，午向南方，晚向西方，一日三次朝太陽磕頭⑫。」

祕密宗教定期聚會，每年正月十五日爲上元，七月十五日爲中元，十月十五日爲下元，因以三元爲會期，乃有三元教之名。直隸灤州人裴景義平時行醫度日，聽從山東臨清州人鄭攻玉傳習三元教。據裴景義供稱嘉義十三年（1808）其族叔裴元端引領陳攻玉至臨清州雙園村替裴雲布醫治眼疾，不久痊癒，陳攻玉即勸裴景義等人共同學習三元教，聲稱日久功深，可以長生不老。每逢三元會期，上供燒香磕頭念咒坐功運氣，遇事須從仁義禮智體貼，不可爲匪作惡，上等人學成時，可以成仙傳道，中等人學成時，可以卻病延年，下等人學成時，可以消災免難。陳攻玉傳授以眼耳口鼻爲東西南北四大門及運氣的方法，先用手向臉一摸，閉目捫口，氣從胸腹下運行，仍從鼻子放出，因恐被外人窺見，坐功運氣，皆俟至夜晚舉行。江南蕭縣人聶士貞等人聞知耿孜元傳習收元教，擅長運氣卻病，即與陳逢年等人往拜耿元孜元爲師。耿孜元即告以收元教是由離卦教脫化而來，並用黃紙畫一蓮花佛像，焚香供茶，囑令口念「傳彌勒眞法，勸人行善，如心存邪念，此身百日化爲膿血，若正身運氣，修煉養性，免災獲福」等語，向佛像拜祝焚化，並令其每日早、午、晚朝太陽磕頭，盤坐運氣，呼吸三次，必煉成功，可如佛像飛昇，又傳給《掃心集》三本，都是習靜勸善之語。

祕密宗教的信徒們相信坐功運氣，可以消災卻病，延年得道，死後免入輪迴，染患疾病的民人，聽信其言，遂入教學習。各教派傳授坐功運氣時，多有向太陽磕頭的儀式，禮拜太陽雖與拜無生老母或拜四方有關，但其爲坐功運氣的常見方法，更值得重視。八卦教有禮拜太陽的儀式，據直隸長垣人崔士俊供稱震卦教禮拜太陽的儀式是每日早午晚三次朝拜太陽，兩手抱胸，合眼趺坐，口念「眞空家鄉，無生父母」八字眞言十一遍，稱爲抱功，功成可免災難。山東定陶人李興店則稱每日早朝東，午朝南，晚朝西，半夜朝北。嘉慶八年（1803），山東城武縣人沈相人拜張景文爲師，學習離卦教，張景文教以每日早午晚三時朝太陽磕頭吸氣。福建晉江縣人丁跑來曾因駛舡行劫被獲，發遣黑龍江爲奴，嘉慶十九年（1814）四月，向同被發遣的罪犯劉文魁談及病後虛弱，劉文魁勸丁跑來學習三陽教，以求延年除病，每天早向東南，晚向西北，虔心禮拜太陽。義和拳又作義合拳，老天門教傳習義合拳，嘉慶十二年（1815），直隸拏獲教犯葛立業，據供稱：

> 小的年五十二歲，係故城縣青罕莊人，父母早故，並無伯叔兄弟妻子，也沒房屋，向推小車度日，葛文治是小的族叔祖，在景州居住，他是老天門教劉坤的武門徒弟，傳習義合拳腳，十八年七月內，葛文治到青罕莊招小的爲徒，即在伊徒馬十家拜葛文治爲師，教小的念『眞空家鄉，無生父母』八字眞言，每日早上向東，午時向南，下晚向西，朝太陽磕頭，叫小的勾引年輕有錢的人入教習拳⑬。

老天門教傳習義合拳，同時每日按時朝太陽磕頭，在虔心磕拜時，口中還要念「眞空家鄉，無生父母」八字眞言，希望消災除病。據收元教徒稱教中磕頭禮拜的太陽是聖帝老爺，禮拜太陽，早午晚三時分向東南西三面磕頭，就是想面對聖帝老爺虔心磕頭，其目的就是祈求聖帝老爺保佑平安，以免災病。

六、養生送死　解決困難

羅祖教簡稱羅教，供奉羅祖神像或牌位。羅祖著有五部六册經卷，即《苦功悟道卷》、《歎世無爲卷》、《正性除疑無修證自在卷》，《巍巍不動泰山深根結果卷》各一册，《破邪顯證鑰匙卷》上下各一册，合計五部六册，教中所念的就是這五部寶卷。信徒或在庵堂茹素念經，或在家供經念誦，吃素修行，婦女持齋誦經者亦夥，清初破獲的羅祖教案件，各教犯並無不法行爲。羅教在下層社會裏具有宗教福利的性質，入教之人可以享受很多好處。羅教信徒「在城者習手藝，在鄉者務耕作」，有漕省分如直隸、山東、河南、江西、江南、浙江、湖廣等省糧船水手信奉羅教者尤夥，運河兩岸糧船停泊地方，建有許多庵堂。例如江浙地方的庵堂，主要是直隸、山東各屬糧船停泊水手回空棲息之所，其中杭州府北新關外拱宸地方，庵堂更多。閩浙總督崔應階具摺指出杭州各庵的由來，其原摺略謂：

> 杭州府北新關外拱宸橋地方，向爲糧船停泊之所，明季時有密雲人錢姓、翁姓、松江潘姓三人流寓杭州，共興羅教，即於該地各建一庵，供奉佛象，喫素念經，於是有錢庵、翁庵、潘庵之名。因該處逼近糧船水次，有水手人等借居其中，以致日久相率皈教，該庵遂爲水手己業，復因不敷居住，醵資分建至數十庵之外，庵外各置餘地，以資守庵人日用，並爲水手身故義塚，每年糧船回空，其閒散水手皆寄寓各庵，積習相沿，視爲常事，此水手皈教之由來也⑭。

杭州北新關外各庵內寓歇的水手，是以異籍之人爲主，籍隸山東、直隸者尤夥。各庵由駕船出身、年老無依的水手看守管理，以庵堂作爲託足棲身之所，平日皈依羅祖教，茹素誦經，以求精神寄託。庵外置有空地，不識字未能念經者，耕種空地，以資餬口，並利用空地作爲水手身故掩埋的義塚。糧船水手於每年回空時，其無處傭趁者，即赴各庵寓歇，每日付給守庵者飯食銀兩。其無力支給者，則由守庵之人墊給飯食，俟重運將開，水手得有佳價時，即計日償錢，守庵老水手就可以藉沾微利，取資過活。庵堂的設立，其主要目的就是要使生者可以託足，死者有葬身之地，確實解決了流寓外地的糧船水手老年退休、疾病相扶、意外相助及在異地寓歇的切身問題⑮。

養生送死是人生的大事，祕密宗教的宗旨不僅使生者免除災病，也要使死者免受輪迴之苦，各教派的社會功能，實不容忽視。雍正年間，山東青州府益都縣人高擇善等人學習三元會空子教，據供教中超度信徒的三代宗親，是教首傳教時的主要活動之一。乾隆三十四年（1769）二月間，直隸總督楊廷璋任內曾訪獲紅陽教信徒，平日在地方上扮演重要的角色，遇有附近貧民喪葬之事，無力延請僧道時，即邀請紅陽教徒念經發送⑯。直隸石佛口人王忠順，自稱是彌勒再生，收王漢九等爲徒，在杞縣地方開堂傳習紅陽教。湖北咸寧縣人陳萬年等向吃白陽齋，拜王忠順爲教主。據陳萬年供稱在隨州利山店開設煙舖，乾隆二十二年（1757）十一月間，王忠順路過利山店，陳萬年會遇王忠順，王忠順告知是白陽教首，勸令入教，並稱若引他人入教，可以超度父母，自免災難，來世還有好處。陳萬年聽信，同往京山縣素識的黃秀文家邀其入教佈施，應允爲其超度先人，並給紙條上寫有大帶、小帶人數字樣，大帶接引男人，小帶接引婦女⑰。嘉慶年間，直隸大興人周應麒接充紅陽教的教首後，一方面爲同莊人念誦《伏魔經》，以祈福消災，一方面遇有人家喪事，周應麒即前往念經，同教稱周應麒爲紅陽道人。直隸昌平州屯店村外華塔山，有一和平寺，寺內供有已故僧收源塑像，村民張二曾邀徐萬蒼等人前往燒香，念誦《彌勒出細》等經卷，因其供奉收源塑像，所以稱爲收源會。道光六年（1826），張二病故，由徐萬蒼接充教首，將張二遺留的《彌勒出細》等經卷交給村內地藏寺僧幅興收藏，楊寬等隨同幅興及其徒雲峰習念《金剛經》、《華嚴懺》等經卷，村人遇有喪事，俱告知徐萬蒼，轉邀楊寬等同往念經，並未收謝錢⑱。各教派固然念經超度亡魂，亦爲村民兼看風水，這些活動，對於貧苦農村，頗具意義。

七、眞空家鄉　極樂淨土

祕密宗教的產生，主要是依附儒釋道的思想信仰而流佈於下層社會。印度初期的佛教，教義簡單切近，但佛教徒後來一面容納古印度原有的多神教，一面又吸收輪迴與果報的舊說。佛教傳入中國以後，對於禍福休咎、因果報應、生死輪迴之說，已深植人心，祕密宗教的基本教義也是在教人解脫生死，爲人消災除病，祈求神佑。儒家的倫常觀念及生活規範，早已成爲正統思想及道德準繩，祕密宗教的宗旨也是以孝道爲出發點，教人遵守倫常道德。嘉慶元年（1796）三月間，山東城武縣人劉化安拜張懷亮爲師，學習離卦教，張懷亮即教劉化安尊敬長上，孝順父母，敬天地，修今生，知來生事，存心無歹，行好免罪。川陝楚三省教亂期間，教中老師父劉之協被捕後供稱：

> 我傳習的經文記得不全，只記得經文內說天是一大天，人是一小天，人身雖小，配合於天，天道運行，金木水火，人性所學，仁義理智。天有十二時，人有十二相，天有風

雲雷雨，人有喜怒哀樂，天生乎人性，人心不大合於天，今人好善以相而求，皆不得其善。善是學也，學是性也，性是德也，德性者循理而來也，從來有簡明之路，人錯誤了，儒書從新指點出來。天命之謂性，天命者三教之根本也，人性者氣象之源也。孔子曰：非禮勿視，非禮勿聽，非禮勿言，非禮勿動，此四者人身之用也，由乎中而形乎外制於外，所以養其中也。中正之道，人人本有，個個不知，豈不然哉！豈不痛哉！且爲人者，須把性理終窮，不明性理，不明事理，枉爲人矣！道者性理所發也，氣者性之流行也，且學君子之術者，能知生前來路，死後歸結，以下就記不得了，是伍公美、王學瓏從劉松處傳來，我念熟了，就念給人聽，識字的也都念得來，念了這經文，死了不轉四牲六道的是實⑲。

劉之協是重要教首，教中不僅剽竊佛經仙籙，結合民間的迷信思想，同時也從儒家經典內找尋性命學說的依據，以仁義禮智爲道德規範，標榜儒家的倫常觀念。

祕密宗教的寶卷是屬於變文的形式，敷衍故事，鄙俚通俗，並雜糅了佛道經典、各種詞曲及戲文的形式與思想內容，容易爲識字不多的社會群衆所接受。各種寶卷的抄寫翻刻，流傳頗廣，成爲大衆的宗教讀物。其中羅清（1442-1527）所傳的救世福音，主要是源自禪宗與淨土宗的教義，其所著五部六册是珍貴的基本寶卷，是引用各種資料而選編的，包括儒家著述、道德經，以及一些較早的寶卷，五部六册多處提及《金剛經》、《心經》、《涅槃經》、《華嚴經》等佛教經典，由於這些經典及教徒們的沉思與討論，而使羅祖的教義對清代祕密宗教的發展產生很大的影響。五部六册的觀念可以從不同的程度加以討論，而吸引廣大的聽衆。包括識字與不識字者。羅教的基本概念是無極，它是萬物的本源，是眞空與無形。無極一詞，與道家及理學宇宙論的含義是相應的，羅教並不擯斥這些理論，如同早期佛教思想家一樣，羅清反覆指明無極與眞空或虛空的關係。無極是萬事萬物的原始，單一、寂靜、虛空、無所不容，宗教所講的問題就是如何返回單一的國度，如何避免現實世界的苦難。無極也是無極聖祖的化身，而且往往就是指「眞空家鄉」，與淨土有關，是阿彌陀佛的極樂世界，回到淨土的目的是要了解無極，認識自己的本來面目⑳。《苦功悟道經》內云：「參道工夫，單念四字阿彌陀佛，念得慢了，又怕彼國天上，無生老母不得聽聞。」《巍巍不動泰山深根結果經》亦云：「這裏死，那裏生，那裏死，這裏生，生死受苦不盡，既得高登本分家鄉，永無生死。」羅教接受佛教禪宗的空論，以現象之空，參證本體之空，而闡發眞空的道理，以爲世人若悟出眞空的眞諦，便可得道成佛。羅教同時又吸取道家的無爲思想，以無極淨土爲宇宙的本源。羅教就是將眞空、無爲、無極，人人皆可成佛的思想，再加上劫變的觀念，概括出「眞空家鄉，無生父母」八字眞言，而成爲多數教派所接受的基本思想信仰。在佛經中，劫數是一種時空的觀念，將宇宙與人類的歷程分爲若干階段，每個階段就是一個大劫，每一大劫之中又包括若干小劫。劫數與災變有著密切的關係，大則水火風而爲災，小則刀兵饑饉疫癘以爲害，祕密宗教所宣傳的劫數與災變思想，其含義與佛教並無二致。《混元弘揚顯性結經》云：「混元一氣所化，現在釋迦佛掌教，爲紅陽教主；過去青陽，現在紅陽，未來纔白陽。」《混元弘揚飄高祖臨凡經》序文云：「燃燈掌青陽教，釋迦掌紅陽教，彌勒掌白陽教。」各寶卷反覆言及過去、現在、未來三世思想，宇宙即由三世佛輪流掌管，過去佛是燃燈佛，現在佛是釋迦佛，未來佛是彌勒佛。

佛家言輪迴，自東漢已傳入轉生與來世思想，至元明清數百年間，早爲民間普遍習染，彌勒佛轉世之說亦久中人心。所以三劫歷轉的理論，雖然俚俗不經。但一般民衆都深信劫運之說，認定人間實有此種劫數。彌勒佛掌教，雖未知何時可到，但必將到來，世人必須爲未來先作修積準備㉑。世人入教念經，則苦業離身，解脫沉淪，當生淨土。紅陽劫過後，便進入白陽階段，返回眞空家鄉，也就是回到無生父母所住的極樂淨土，這裏是一個美麗的天宮，是永無生死的境界。世人是流落俗世的失鄉男女，盡染紅塵，飽嘗苦難，只有皈依各教派，成爲無生父母的兒女，接受無生父母的召喚與濟渡，始能結束苦難的歷程，達到極樂的彼岸，而獲得永生。在宗教的領域中，眞空與無生是永恆、圓滿、極樂的境界。祕密宗教吸取了禪宗的空，道家的無與淨土宗的彼岸思想，其時間與空間觀念，便是未來千福年理想境界的寄託，用彼岸思想否定了現實世界，其思想信仰頗能迎合下層社會一般民衆的宗教需求，民衆對未來千福年理想境界的憧憬與渴望，也是明清時期祕密宗教盛行的重要原因㉒。

八、結　論

祕密宗教是以下層社會的群衆爲基礎，師徒輾轉傳習，其成員除耕田種地的小農外，尙包括販賣糧食，賣餅餬口、賣布生理、出售膏藥、擺雜貨攤、出售粉皮等肩挑負販的小本生意人，此外也有傭工、木匠、拳腳教師、看風水的勘輿師及自幼吃素的齋公等，各教派容納頗多的婦女，羅教的信徒吸收衆多的漕運舵工、水手，紅陽教的成員除漢人外，也包括旗人及宮中太監等。大致而言，各教派的成員，其經濟地位都較低下，多爲生計窘迫的貧苦民衆，其中大都爲識字不多的善男信女，亦即官方文書所稱「愚夫愚婦」。

祕密宗教的宗旨，主要在勸人燒香誦經，導人行善，祈神保佑，苦業離身，解脫沉淪，求生淨土，其思想觀念與佛教的教義最相切近，一般民衆皈依祕密宗教，與崇信佛教，具有同樣的誠意。當佛法宏揚於中土之際，流行於民間爲人治病的舊有巫覡方術，亦逐漸發展成爲具有宗教形態的道教。其經典儀式，多取法於佛教，其修眞養性的途徑，則多蹈襲易經、老、莊的義理。當佛教與道教盛行以後，發展成爲公開的信仰，獲得官方的承認，也吸收了許多博學之士，文人喜讀佛經，研習佛法，哲理的探求，超過宗教的信仰，遂使佛教更適合於上層社會的信仰。至於一般識字不多的民衆，其所接受的只是佛教輪迴果報的粗淺思想及道教運氣靜坐誦習經咒的方術。

皈依祕密宗教的善男信女，多因身體染患疾病，亟待醫療，各教派的教首頭目，多能爲村民治病，其方法不一而足，或教人念經誦咒，以消災除病，或使用針灸按摩，以療時疾，或將茶葉放在碗內，供佛禱祝，然後煎熬飲用，亦可嚼爛敷在傷口，或教以靜養功夫，傳授盤膝坐功，學習運脈，捲舌運氣。各教派運氣方法，大同小異，一方面禮拜太陽，朝向太陽，早午晚叩拜，一方面兩手下垂，合閉口眼，從鼻中運氣，或上供燒香，磕頭念咒，坐功運氣，先用手向臉一摸，閉目捫口，氣從胸腹向下行運，從鼻孔放出。善男信女偶逢治病痊癒，即皈依祕密宗教。易言之，祕密宗教修眞養性消災治病的方式，與道教頗爲相近。

祕密宗教具有宗教福利的性質，皈依祕密宗教可以享受許多好處。養生送死，多由教首或重要頭目主持，各教派在地方上扮演重要的角色，村中貧民若遇有喪葬之事，無力延請僧道時，即邀請紅陽教等教派的信徒前往念經發送，有時還要兼看風水，近便費省。各教派有時亦爲村鄰超度先人或亡魂。羅祖教庵堂的設立，其主要目的也是在使生者可以託足，死者有葬身之地，這些社會功能都是祕密宗教盛行的內緣因素。㉓

朝廷認爲各教派名稱雖異，然而都是「諱白蓮之名，實演白蓮之教」㉔，認爲各教派既有教名，必有教主，師徒輾轉傳習，勢力龐大，不圖安靜。雍正元年（1723），河南巡撫石文焯陛見時，清世宗即諭以白蓮教行蹤詭祕，令其加意密訪，設法緝拏，旋頒硃筆特諭云：

> 諭河南巡撫，國家整齊風俗，必先詰奸止邪，綏靖人心，尤在防微杜漸，朕聞豫省向有奸民，以白蓮教等名色，誑惑愚民，潛結黨類，今或變名易實，陰相煽誘，鄉愚無知，受其誑誤者，尚所在有人。此等之人，心術奸回，蹤跡詭祕，唯其詭祕，故其奸回愈不可測，地方大僚有澄清風俗之責，豈可苟且姑容，養奸不發，以致滋蔓難圖，爾當嚴飭司道府州縣各官不時密訪，其有妄立教名，夜聚曉散，巧作幻端，誣民惑眾者，即將爲首之人，嚴拿治罪，愚民有先受籠絡，能去邪歸正者，概與寬免，有能出首爲首之人者，即量加獎賞，庶於風俗人心均有裨益，如或姑息苟容，後經發覺，該管各官一併從重議處，特諭石文倬〔焯〕、田文鏡㉕。

除河南外，其他各省亦令其查禁各教派。清廷鑒於直省「民愚易惑」，特諭令各學政就其按試之地，察其民人所易惑者，作爲論說，剴切化導，發交各州縣官刊印，在城鎮鄉村廣爲張貼。嘉慶二十一年（1816）正月，學政劉彬士按試湖南時，曾撰寫辨惑告示，使用里巷俗語，明白曉諭。其所撰辨惑論說稿包括辨正邪之惑及辨利害之惑兩部分，劉彬士指出「做五倫分內的事，就是正教，不做五倫分內的事，就是邪教。」易言之，各教派不以儒家價值觀念爲取向，所以稱爲「邪教」。「邪教」私立教名，「先不過說是念經行善，未必就有無法無天的心思，後來邪教漸漸大膽起來」，不畏王法，不圖安靜。劉彬士又指出：

> 儒教勸人爲善，朝廷尊重他，釋教、道教也有修行懺悔的話，朝廷也不禁他，偏禁這些教是甚麼緣故呢？我今把這緣故說與你聽，釋教、道教雖與儒教不同，卻都是圖個安靜，不敢生事害人，所以朝廷都不禁他。何爲安靜？大凡這三教都是有師徒，只是爲師的不肯往四方去招引徒弟，有願爲徒的，卻也受他，有不願爲徒的，卻不招引他，這將來自然沒有聚眾的根子。這些入教的愚民未必都是思想爲匪的，假若一旦有個匪徒或誘引徒弟爲匪，或脅制徒弟爲匪，也是一人傳十，十人傳百，這就害人不少了，可知道這誘人入教，就是他的邪處，所以朝廷定要禁他㉖。

劉彬士指出信徒入教之初，其教首不過說是念經行善，未必就有無法無天的政治意識，由於轉相招引，人數日衆，勢力龐大，就漸漸大膽起來，在宗教信仰的「煽惑」下，再加上各種方式的「脅制」或「裹脅」，各地徒衆遂「寧駢首以死，而不敢違其教主之令。」直省奉命查禁「邪教」，胥役騷擾地方，株連甚衆，往往因訪拏教犯，激成事端，釀成巨案。有清一代，祕密宗教的案件，層出不窮，滋蔓難圖，不能盡絕根株，正是所謂「野火燒不盡，春風吹又生」。

〔註　釋〕

①《史料旬刊》，第十一期，天三百七十三，雍正十三年五月十二日，

趙弘恩等奏摺。

②《宮中檔雍正朝奏摺》，第十九輯，頁826，雍正十年閏五月初六日，劉於義奏摺。

③《軍機處檔・月摺包》，第2747箱，9包，55254號，道光七年三月二十五日，富俊奏摺錄副。

④《上諭檔》，方本，嘉慶五年九月十四日，張效元供詞。

⑤《勦捕檔》，嘉慶元年九月二十五日，頁209，張正謨供詞。

⑥《軍機處檔・月摺包》，第2751箱，25包，51865號，嘉慶二十二年六月初七日，陳預奏摺錄副。

⑦同前檔，第2760箱，61包，64403號，道光十三年七月初八日，寶興奏摺錄副。

⑧《宮中檔雍正朝奏摺》，第十九輯，頁827，李思義供詞，國立故宮博物院，民國六十八年五月。

⑨《宮中檔》，第2723箱，97包，18583號，嘉慶二十五年五月初七日，那彥成奏摺。

⑩方本《上諭檔》，道光五年十一月分，頁15，十一月初三日，寄信上諭。

⑪《宮中檔》，第2726箱，7包，1210號，道光十八年正月二十六日，琦善奏摺。

⑫《軍機處檔・月摺包》，第2747箱，27包，58215號，道光七年十二月二十一日，琦善奏摺錄副。

⑬章佳容安輯《那文毅公初任直隸總督奏議》，卷38，頁73。

⑭《史料旬刊》，第十二期，天四〇八，乾隆三十三年十一月三十日，崔應階奏摺。

⑮葉文心撰〈人『神』之間——淺論十八世紀的羅教〉，《史學評論》，第二期，頁7，民國六十九年七月。

⑯《史料旬刊》，第十六期，天五七九，乾隆三十四年二月十二日，楊廷璋奏摺。

⑰《軍機處檔・月摺包》，第 2765 箱，86 包，15603 三號，乾隆三十六年十二月十六日，富明安奏摺錄副。

⑱方本《上諭檔》，道光十二年二月分，頁 101，二月十二日，曹振鏞等奏稿。

⑲《勦捕檔》，嘉慶五年八月分，頁 199，劉之協供詞。

⑳ David E. Kelley,「寺廟與貢船——十八世紀羅教與水手的團體」（"Temples and Tribute Fleets: The Luo Sect and Boatmen's Associations in the Eighteenth Centry," Modern China, An International Quarterly of History and Social Science, V. 8 NO. 3 July 1982 Sage Publications, Beverly Hills, California.）

㉑王爾敏撰〈祕密宗教與祕密社會之生態環境及社會功能〉，《中央研究近代史研究所刊集》，第十期，頁 41，民國七十年七月。

㉒拙選〈四海之內皆兄弟——歷代的祕密社會〉，《中國文化新論社會篇》，聯經出版事業公司，民國七十一年十一月。

㉓拙選〈從國立故宮博物院現存檔案談清代的祕密社會〉，《歷史與中國社會變遷研討會論文集》，頁 328，中央研究院三民主義研究所，民國七十一年八月。

㉔《明神宗實錄》，卷 533，頁 18，萬曆四十三年六月庚子，禮部請旨。

㉕《宮中雍正朝奏摺》，第二輯，頁 676，雍正二年五月十八日，石文焯奏摺附件，硃筆特諭。

㉖《軍機處檔・月摺包》，第 2751 箱，3 包，47522 號，嘉慶二十一年，辨惑論說告示稿。

清代臺灣移墾社會的形成與祕密會黨的起源及發展

一、前 言

歷史記載，最主要的是在人物，有人始有歷史。但人類社會包含許多成員，個人只是社會力量的產物。因此，歷史學雖以人作為研究對象，惟其注意力不能僅集中在少數歷史人物身上，而忽略下層社會的廣大群衆。近數十年來，中外史家對清代歷史研究的方向，已經逐漸由上層社會的王公大臣或士紳士大夫轉移到下層社會的市井小民，或販夫走卒，尤其是祕密社會的問題，已經引起頗多人的注意。清朝末年，由於知識分子和祕密會黨的結合，而促成了現代中國社會結構的巨大變化，祕密會黨的起源、發展及其影響，遂引起中外學者的廣泛興趣。早在清末，光復會的重要會員陶成章先生在緬甸期間，已經撰寫了〈洪門歷史篇〉，曾經刊登於仰光《光華日報》，宣統二年（1910）正月間，《中興日報》又轉載了這篇大作。民國初年，陶成章先生把〈洪門歷史篇〉重新改寫，題目改為〈教會源流考〉。日人平山周先生所著《中國祕密社會史》一書，引起中日學者的重視。英國波爾夫人（Mrs. Ball）曾在香港購得晚清粵人手抄天地會文件多種，這些文件多由大英博物館東方寫本暨版本部典藏。民國二十年，蕭一山先生旅遊英國期間，在倫敦大英博物館抄錄若干附有圖像說明的天地會文件，彙編出版《近代祕密社會史料》六卷，此外，又如 Word, J. S. M. & Stirling, W. G.所著《洪門會》

或〔天地會〕(The Hung Society or The Soaiety of Heaven and Earth),都是早期的研究,已經奠定了良好的基礎。近年以來,海峽兩岸,對祕密會黨的研究,投入了更多的人力,研究成果,更引起國際學者的重視。

由於清代史研究方向的轉變,使清代史學研究的領域,比以前更加擴大了。但過去由於時局動盪,文物輾轉遷徙,檔案資料,尚未開放,文獻不足,僅憑後世民間流傳的神話故事,穿鑿附會,影射推論,捕風捉影,對清代的社會經濟背景,又未作進一步的研究分析,尤其是受反清復明思想的影響,過分強調狹隘的種族意識,認爲所有地方案件,都和滿漢衝突有密切關係,都是以反清復明爲宗旨,全是反滿運動,以致對於早期祕密會黨的起源及其發展,各會黨的性質等方面的討論,衆說紛紜,一直未能得到較有說服力的解釋,不能突破前人研究的窠臼。

祕密會黨是由民間異姓結拜組織發展而來的祕密組織,其成員以兄弟相稱,模仿傳統家族的兄弟手足關係,作爲組織形態,但不是以血緣爲維繫的紐帶,而是藉盟誓來維持橫的散漫關係,以發揚四海皆兄弟的泛愛精神。會黨和幫派不同,幫會不可混爲一談。劉聯珂先生所著《幫會三百年革命史》一書,敘述洪門、天地會、三合會、清門、理門的傳說,將幫和會混爲一談。其實,幫和會的性質,並不相同,是兩種不同性質的組織,其生態環境亦不相同。會是指會黨,就是多元性的各種異姓結拜組織,其起源與中國南方宗族結構及人口流動移墾社會結構有密切關係。幫是指幫派,原爲地緣性結合的行業組織。幫,是由船幫而得名,在中國東南沿海的海盜社會裡,有鳳尾幫、水澳幫等各種名稱。在運河湖泊地帶的青幫、紅幫等則是以信仰羅祖教的漕運糧船水手爲主體的祕密組織,都是由糧船幫而得名,各幫水手,因籍貫不同，地域觀念相當濃厚，械鬥案件，屢見不鮮，所謂青、紅幫就是信奉羅祖教糧船水手的祕密組織。例如浙江嘉白幫老水手以紅箸傳號，同夥立聚，遇有鬥毆時，以紅布繫腰，並以朱色塗面，作爲識別，因幫中以紅色爲識認的記號，紅色成爲最顯著的特徵，所以稱爲紅幫。各幫中宗教色彩並不濃厚，而其械鬥性質，又跡近會黨，後世不察，往往將幫和會混爲一談。其實青、紅幫既非由天地會分化出來的幫派，也不是哥老會的正統或旁支，而是屬於祕密宗教的範疇。祕密會黨是下層社會的異姓結拜組織，是屬於多元性的結構，會黨林立，名目繁多，除天地會外，其他會名，指不勝屈。祕密會黨盛行的地區，主要是在南方人口密集已開發區域聚族而居的核心區及地廣人稀開發中地緣意識較濃厚的邊遠地區。本文撰寫的旨趣，即在利用現存的檔案資料，結合區域史研究成果，探討臺灣早期移墾社會的形成，從人口流動的現象，分析祕密會黨的活動，俾有助於了解移墾社會整合的過程。

二、清代臺灣人口的變遷

在內地漢人大量移殖臺灣以前，島上雖有土著民族居住，但當時的臺灣是屬於未開發地區，其生產方式的變化非常緩慢，農業技術十分原始，既無耕畜，又不用犁耜，收割也不用鐮刀。其田良沃，以火燒而引水灌溉，山花開則耕，米穀熟則拔其穗，其所能得到的少量鐵器，多用於製造狩獵工具，生產力極低，且缺乏進取心和儲蓄的觀念，不知開墾超過生活需要的土地，以生產多餘的糧食。臺灣由於土曠人稀，所以可以容納內地的過剩人口。

臺灣與閩粵內地，一衣帶水，隔海相望，閩粵人口的流動方向，除了移入廣西、雲南、貴州、四川外，由於地理上的便利，多東渡臺灣。閩粤內地漢人開始渡海來臺的時間，當不至太晚。明代嘉靖、萬曆年間（1522-1619），閩粤內地漢人渡海來臺者，是以商販爲多。林道乾的勢力曾退居蘇澳，顏思齊、鄭芝龍入臺後，閩省泉州、漳州人移居臺灣者，與日俱增。鄭芝龍獎勵拓殖，招徠閩南飢民渡臺開墾。崇禎初年，鄭芝龍受撫以後，因福建旱災，曾稟請福建巡撫熊文燦招集飢民數萬人，每人給銀三兩，三人合給牛一頭，用海船載至臺灣開墾，這種大規模有組織的移民，對於奠定內地漢人在臺灣的基礎，貢獻至鉅①，在臺灣開發史上有著重要的意義，此後，沿海內地漢人渡海來臺墾地謀生，便成爲普遍現象。荷蘭人入據臺灣之初，臺南一帶，漢人散居於各土著村落之間，從事米鹽的貿易。明末崇禎年間（1628-1643），荷蘭人爲了發展農業，增加蔗糖等作物的生產，於是積極地招徠內地漢人，進行土地的墾種，以臺南爲中心，所墾面積約萬甲左右②，分別上中下三則徵粟，上田一甲需納十八石，中田一甲需納十五石六斗③。此外，還要徵收人頭稅，每丁徵四盾。但當時所墾種的土地十分有限，其生產方面也是由於人力有限，土地未盡其利，據統計，在荷蘭統治末期，臺灣漢人男丁僅有二萬五千人，婦孺九千人，合計三萬四千人④。

清世祖順治十八年（1661），鄭成功驅逐荷蘭人，收復臺灣後，實施寓兵於農的政策，聽民開墾，漢族移民顯著增加，勞力較前充足，開闢日廣。在鄭氏時代的拓墾區域，南至恒春，北至雞籠，所開墾的田地，至少有七千五百餘甲，園一萬餘甲，田園共計一萬八千餘甲⑤，其極盛時期，多達三萬餘甲⑥，其土地開墾面積，超過荷蘭佔據時期的一倍至二倍，土地制度已頗具規模。由於鄭氏時代的大量開墾，正好提供了內地漢人一個適宜安居和落地生根的理想地方。據統計，鄭氏時代移殖臺灣的內地漢人已增至十二萬人⑦。

清初以來，在內地已開發區域的大城市已經停止擴展，人口比重下降，人口增加的壓力，全部由鄉村承擔下來⑧，閩粵沿海州縣，地狹人稠，不能承擔城市過剩人口的壓力。清代的人口問題，從康熙、雍正年間以來，已經日趨嚴重，由於生齒日繁，食指衆多，而引起的耕地緊張及民生艱難，遂日益嚴重，閩粵地區人多米貴的現象，極爲普遍。毛文銓在福建巡撫任內已指出閩省山海多而田疇少，生齒殷繁，歲產米穀，不足以資一歲之需，即使豐收之年，尚賴江浙等省商船運米接濟⑨。廣東地狹人稠，人口壓力日增，米價日昂。常賚在廣東布政使任內指出廣東一省山多田少，即使豐年，其米穀半資廣西販運⑩。孔毓珣在兩廣總督任內亦具摺奏稱「廣東素稱魚米之鄉，然生齒繁庶，家鮮積蓄，一歲兩次收成，僅足日食，而潮州一府，界連福建，田少人多，即遇豐歲，米價猶貴於他郡。」⑪

在我國傳統社會中解決人口壓力的最重要方法，不外是墾荒以增加耕地面積；改良品種及耕作技術以增加單位面積生產量；栽培經濟作物以農業商品化來增加農家的收入；注重家庭副業，使剩餘勞力或倚賴人口得以投入生產⑫。清廷爲了適應社會變遷的需要，先後推行了幾項重要的措施，例如積極推行墾荒政策，以緩和人口壓力；實施丁隨地起制度，將丁銀攤入地糧內徵收，傜役完全由土地負擔，免除了廣大無地貧民及手工業者的丁銀，取消了他們的人頭稅，不但在經濟上免除了丁銀的負擔，而且因爲戶口編審制度的停止，人身依附土地的關係減輕了，在居住方面也獲得了較從前更多的自由，有利於人們向外遷徙⑬，在自然經濟下，農業是主要的生產部門，而作爲純粹農業的糧食生產，又是農業生產中最重要的部門，隨著生產及社會分工的發展，手工業的部門越來越多，其規模越來越大，需要農業供給的原料數量作物如煙葉、茶葉、甘蔗、藍靛、棉花、果樹及其他經濟作物種植的大量增產。閩粵北部山區栽培經濟作物，在改善農家生活及解除人口壓力方面確實產生了相當大的影響力。此外，煙草及各種果樹的種植，在閩粵農經濟中佔著極大的比重，種煙面積既廣，單位面積獲利又多，農戶遂爭相改種經濟作物，這種大量栽培經濟作物的結果，必然大大地影響糧食種植面積日益縮減及糧食供應的不足⑭，富裕農戶多以稻穀利薄，而棄稻穀以栽種經濟作物，以致民富而米少。閩粵地區，生齒日繁，食指衆多，固然是米貴的主要原因，但當地普遍的稻田轉作，也是米貴的原因之一。清初以來，經濟作物的生產面積愈大，其所佔土地愈多，必然出現與稻穀奪地的現象⑮，由於非農業人口的迅速增加，與農業人口的相對減少，使商品糧食的需要量迅速增加，隨著而來的就是糧食價格的日益昂貴，閩粵地區愈來愈多的農民因爲無法獲取土地，而成爲游離分子，無田可耕無業可守的貧苦小民，因生計艱難，或流爲匪盜，或向外遷徙。

康熙二十二年（1683），清廷領有臺灣後，臺灣人口開始顯著增加。這個時期的臺灣是屬於所謂開發中的區域，可以容納內地過剩的人口，內地漢人大量渡海來臺，就是閩粵地區在人口壓力下產生的人口流動，也就是那些爲生計所迫的貧苦小民解決人口壓力的常見現象。從清初康熙中葉以降，臺郡人口，與日俱增，不僅臺郡米價日昂，且將減少接濟內地的兵民糧食之數量，清廷爲了解決閩浙兵民糧食問題，遂嚴禁內地人民偷渡，以限制臺郡人口的增加。康熙五十年（1711）三月，臺灣府知府周元文於〈申禁無照偷渡客民詳稿〉中略謂：

為再請申嚴偷渡之禁，以固海邦事。竊照臺郡乃海外荒區，地瘠民貧，當初闢之始，人民稀少，地利有餘；又值雨水充足，連年大有。故閩廣沿海各郡之民，無產業家室者，俱冒險而來，以致人民聚集日眾。經蒙上憲洞悉情形，設法嚴戢，已不啻至再至三矣。詎意奸頑商艘，並營哨船隻，輒將無照之人每船百餘名，或多至二百餘名，偷渡來臺。其自廈門出港，俱用小船載至口外僻處登舟。其至臺，亦用小船於鹿耳門外陸續運載至安平鎮登岸，以致臺廈兩同知稽查莫及，既間有拿獲通報者，亦不過千百中之什一耳。夫以此彈丸之地，所出地利有，豈能供此往來無盡之人？匱乏之虞，將恐不免。且此輩偷渡者，俱係閩廣遊手之民，其性本非馴良，又無家室顧忌，無怪乎刁悍日甚，而鼠竊之事，日見告聞。倘此輩再為饑寒所驅，則地方隱害，又不知將何底極？似當亟為設法嚴禁者也⑯。

周元文已指出臺郡為彈丸之地，偷渡盛行，地利有限，不免有匱乏之虞。因此，嚴禁無照客民偷渡臺灣，以免人滿之患。鎮守南澳總兵官張天駿具摺時亦稱「臺灣土地雖廣，而出米是有定數，況漳、泉等郡，咸為取資，若查拿稍懈，則偷渡愈衆，不但奸頑莫辨，有擾地方，且慮聚食人多，臺地米貴，所係匪細，是以奉旨嚴禁。」⑰閩浙總督喀爾吉善更指出「臺郡生聚日衆，恐有人滿之患，若不及早限制，不特於臺郡民番生計日虞，更於內地各郡接濟無資，偷渡一事，實為臺郡第一要務。」⑱閩粵濱海地區，山多田少，稻米生產，供不應求，兵民所食，望濟臺粟者甚殷，臺民生聚衆多，則內地兵民糧食必日漸減少。因此，禁止偷渡，以限制臺郡人口的增加，就是清廷解決漳、泉兵民糧食的消極辦法。清廷以臺郡食指衆多，恐有人滿之患，不僅臺民生計日蹙，漳、泉等郡更慮接濟無資，所以頒佈章程，嚴禁偷渡，其主要目的就是想藉朝廷法令的力量，以限制臺郡人口的膨脹⑲。

無照私渡，例禁綦嚴，但官渡必經官府給照，胥役兵丁勒索錢文，而私渡便於官渡，其費亦省，閩粵貧民爲謀生計，遂絡繹渡臺就食。凡欲過臺者，多由船戶客頭招引包攬，每客一人索銀六兩至八兩不等，各客民分匿於荒僻鄉村，俟有一、二百人時，乃將大船停泊澳口之外，乘夜用小船將客民載出外海，再上大船東渡。自廈門至臺灣，必經澎湖，所以澎湖成爲當時臺廈的咽喉，凡一切往來人貨，自廈門至大擔門外，可用杉板小船載運，但自大擔門外至澎湖中間一段洋面，水寬浪大，杉板不敢航行，必用大船方能渡過，泉、漳船戶駕駛橫洋大船，藉口前往澎湖貿易，其實既不到廈門掛號，也不到臺灣掛號，終年逗留澎湖，往來於大擔門外，這種大船，稱爲短擺，廈門客頭所包攬的偷渡客民，就是用杉板小船載出大擔門外，送上短擺大船，渡至澎湖，再用杉板小船載往臺灣，不入鹿耳門，以避巡查，逕至臺灣北路笨港、鹿仔港等處幽僻小港上岸。閩浙總督、福建巡撫屢經嚴禁偷渡，但偷渡案件卻時有所聞，例如雍正三年（1725），船戶林合興等十九船，乘福建巡撫毛文銓初上任，未諳地方情形，藉稱澎湖人民需船裝運鹼魚糧米，呈請開禁。其後又有方永興等十三船，亦由泉州海防同知詳請准許航行，於是短擺大船公然往來於澎湖與大擔門外，專爲偷渡之人作接手。閩浙總督高其倬指出林合興等各船戶內多有從前曾被查拏案件尚未審結的人犯。雍正八年（1730）八月，福建船戶陳榮等招引同安、詔安、龍溪各縣的縣民葉豁等一百二十四名，陸續乘坐小船，從大擔、帽子口、白石頭、湖下等地出口上船，八月十二日在廈門列嶼開船，次日，駛至澎湖口遇風失去桅舵，八月十五日夜間五更飄至廣東碣石鎮青山仔後江灣地方撞石擊碎，被督標中軍遊擊盤獲⑳。因偷渡盛行，臺郡人口成長更加迅速，雍正十年（1732）五月，據廣東巡撫鄂彌達奏稱，閩粵漢人在臺灣立業者，多至數十萬人㉑。

清廷禁止偷渡臺灣的主要措施是取締不法客頭船戶包攬客民，但偷渡人數並未減少。福建觀風整俗使劉師恕具摺時已指出「閩省過臺之禁，遵行已久，然禁者自禁，渡者自渡，究未能絕也。蓋由愚民無知，貪臺地肥饒，往可獲利，故不惜背鄉井，賣房屋，冒風波，干功令，而為偷渡之計。」㉒所謂「愚民」，實即為生計所迫的一群貧苦民衆，他們不惜離鄉背井，冒著波濤，渡海謀生。乾隆年間，偷渡更加盛行，不僅商船攬載客民偷渡，水師兵船亦有私載客民偷渡者，以致偷渡案件層見疊出，據奏報自乾隆二十三年（1758）十二月起至二十四年（1759）十月止，閩省盤獲偷渡客民共二十五起，老幼男婦計九百九十九名，溺斃男婦三十四名。偷渡客民甚至不由商船或兵船搭載，竟相互糾約數人，或數百人，合置船隻，由福建沿海僻靜小口偷渡來臺，棄船登岸，以避免被各汛兵查拏。閩粵漢人偷渡方式既多，防範難周，內地移民不斷湧進，又由於臺郡本身人口的自然增產，島上人口遂迅速成長。

乾隆年間（1736-1795），臺灣府各縣廳的戶口，已經編定保甲，其番戶實數亦另款具報。依據現存清朝《宮中檔》福建巡撫奏摺，可將乾隆年間臺灣人口總數列表於下：

清代乾隆年間臺灣人口總數一覽表

人口數 / 年分	人口數	備註
乾隆二十一年（1756）	660,147	
乾隆二十八年（1763）	666,040	
乾隆二十九年（1764）	666,210	
乾隆三十年（1765）	666,380	
乾隆三十二年（1767）	687,290	
乾隆三十三年（1768）	691,338	
乾隆三十八年（1773）	765,721	
乾隆四十二年（1777）	839,803	
乾隆四十三年（1778）	845,770	
乾隆四十六年（1781）	900,940	
乾隆四十七年（1782）	912,920	
乾隆四十八年（1783）	916,863	

資料來源：宮中檔乾隆朝奏摺。

乾隆二十八年（1763）十二月，巡察臺灣給事中永慶具摺指出「臺地自開臺以來，多係閩廣人民寄居，迄今百餘年，生息蕃衍，占籍陸拾餘萬，番民歸化者柒拾餘社。」㉓是年，據福建巡撫定長奏報臺灣屬實在土著流寓及社番男婦大小丁口共六六六，四〇四名口㉔。由上列簡表約略可知乾隆年間臺灣人口變遷的概況，從乾隆二十八年（1763）起，人口總數每年平均約增加一七〇人，又乾隆三十三年（1768）分，增加四，〇四八人，乾隆四十三年（1778）分，增加五，九六七人，乾隆四十七年（1782）分，增加一一，九八〇人，可以了解乾隆中葉以後，臺郡人口逐年增加的速度極爲迅速。乾隆五十二年（1787），林爽文起事以後，彰化縣境內僅存鹿仔港一處尙爲清軍固守，各村莊男女老幼俱至鹿仔港避匿，據臺灣道永福奏稱，村民至鹿仔港避難者不下十萬餘人。清軍平定林爽文之亂以後，據大學士福康安等奏稱，臺灣府屬一廳四縣內查出難民大口共四四八，八七八人，小口共二一八，九七〇人，大小口難民合計六六七，八四八人。㉕由此可知乾隆後期以來，臺郡人口的衆多。嗣後臺郡人口的增加，仍然是由於本郡人口的自然增殖，以及內地移民的相繼湧進。據統計，嘉慶十五年（1810），臺郡人口共二，〇〇〇，〇〇〇人㉖，至光緒二十年（1894）中日甲午戰前，臺灣人口增至二，五五〇，〇〇〇人㉗。從清初領有臺灣至中日甲午戰前，共二一二年間，臺灣人口平均增加爲十二倍強，就當時的臺灣人口與耕地面積的比例而言，已有人滿之患。

三、臺灣移墾社會的形成

清初領有臺灣後，臺灣隸福建省管轄，在政治、經濟、文化等方面，都與內地保持了極密切的關係。閩粵漢人相繼移殖臺灣後，對臺灣的開發，提供了內地漢人避難和落地生根的海外樂土，逐漸形成移墾社會，其土地制度及租佃關係，經歷了顯著的變化，對臺灣社會經濟都產生了重大的影響，而形成了臺灣獨有的特點。臺灣移墾社會的早期形態，主要表現於當時的開墾組織、土地所有制及鄉村社會結構。周力農先生撰〈清代臺灣的土地制度和租佃關係〉一文已指出康熙二十二年（1683）清廷領有臺灣後，土地制度發生了重要變化，鄭氏時代的官田、屯田及文武官田等名目，都被廢除，准許私人開墾，並佔有土地，而確立了土地私有制。閩粵移民紛紛東渡，爭相開墾土地，從而掀起了墾荒高潮，致使墾區迅速向外擴展。據統計，臺灣縣自康熙二十四年至四十八年（1685-1709），新墾田園共一千九百九十六甲；鳳山縣自康熙二十四年至四十三年（1685-1704），新墾田園共四千一百八十甲；諸羅縣自康熙二十四年至四十九年

（1685-1710），新墾田園共五千九百七十七甲。西部平原地域狹小，康熙年間，漢族移民已逐漸離開臺南的老墾區，而向臺灣南北兩個方向擴展。清初領有臺灣後，臺灣土地所有制形成，主要爲官地、民地及番地，在漢人開發臺灣的過程中，民地發展最快，是臺灣三種土地所有制形式中最主要的一種，民地多由私人開墾官地或番地而來。開墾者可分爲自耕農和地主，他們都是業主，有向官府納賦的義務。自耕農自墾田土自身承種，是清代臺灣土地所有者的一個組成部分，墾戶是地主階層的主體，有大墾戶及小墾戶之分，大墾戶多係獨資墾闢，但也有由富豪資助者。在中小墾戶之中，不少是自籌資本招佃開墾的，他們招募的佃戶，需自備各項生產資料，墾闢後墾戶自己坐享地租。佃戶轉佃土地，收取小租後，墾戶就成爲大租戶。小租戶原爲墾佃制下的佃戶，起初僅擁有土地的使用權，以後佃戶又招到佃人耕作，收取小租，轉化爲小租戶，形成一地兩租的狀況。大租戶承擔官賦，小租戶不負擔官賦，又索取佔收穫物一半的小租，並可處置及更換佃人，成爲土地的實際所有者，而確認了小租戶的業主地位㉘。

在臺灣早期移墾社會中，富豪之戶及各衙門胥役多在所屬地方任意私墾，不納錢糧，任意欺隱。福建巡撫毛文銓曾指出閩省欺隱田糧，惟獨臺灣爲甚，諸羅監生陳天松等首出園地數千餘甲。內地漢人移殖臺灣後，或向熟番租地耕種，或爭墾番界，以致常有生番殺害漢人案件。例如彰化藍張興莊，舊名張鎮莊，逼近生番鹿場，生番不令漢人開墾，自康熙四十九年（1710）臺灣鎮副將張國報墾立戶陞科後，生番擾害不已。康熙五十八年（1719），閩浙總督覺羅滿保檄飭毀棄張鎮莊，逐散佃民，開除課額。該莊舊屬諸羅縣所管，康熙六十一年（1722），諸羅縣知縣孫魯到任後，即立石爲界，不許民人擅自進入。雍正二年

（1724），該莊改屬彰化縣，提督藍廷珍令管事蔡克俊前註招墾，自立莊戶，改名爲藍張興莊。因地方官與百姓爭相開墾番界，以致生番殺害漢人，歷年不一而足，其被殺者，咎由自取。因生番向不外出，皆在番內耕耘度活，內地漢人不知利害，或因開墾而佔其空地閒山，或因砍伐而攘其藤梢竹木，生番發現後，即行殺害。因此，福建巡撫毛文銓奏請嚴禁漢人擅入生番界內，以求息事寧人。然而由於番界廣大，私墾番界，可以隱匿不納租，所以雖遭生番殺傷，仍不惜冒死私墾。

雍正年間（1723-1735），臺灣一府四縣的田土情形並不一致，臺灣府人稠地狹，無甚隱匿，臺灣縣的田土是按照鄭氏所定舊額徵收，諸羅、鳳山二縣頗多隱匿，彰化一縣新設立，荒地頗多，可以開墾。有力之家赴縣衙呈明四至之地，請領墾單，召佃開墾。所開田園，以甲計算，每田一甲，大約相當於內地的十一畝。分爲上中下三則取租，上田每甲租穀八石八斗，中田每甲租穀七石四斗，下田每甲租穀五石五斗。上園每甲租穀五石，中園每甲租穀四石，下園每甲租穀二石四斗。但各田園往往以多報少，業主有以十甲田園僅報四、五甲者。至於佃丁，因自身代耕，且備牛種，如果照甲還租，便少餘利，所以不得不從旁私墾，以欺瞞業主，各佃丁輾轉相矇。各佃丁主要是泉州、漳州、潮州、惠州各府之人，因貪臺地荒涼，可以私墾，因此，冒險渡臺。其東渡墾田耕食之人，起初俱於春時往耕，秋成回籍，隻身來去，習以爲常，其後由於海禁漸嚴，既歸不能復往，其在臺立業者，因不願棄其田園，遂就地居住，漸成聚落。巡臺御史赫碩色曾指出渡臺漢人，在城內者居少數，散處者居多數，成家者少，單丁獨漢者多。

中國傳統社會問題，主要是在於人口，財富分配，權力結構及社會流動方面㉙。漢人社會，越是歷史悠久而社會穩定，越傾向於以本地的地緣和宗族關係爲社會群體的構成法則；越是不穩定的移民社會或邊疆社會，越傾向於祖籍地緣或移殖性的宗族爲人群認同標準㉚。血緣關係是最基本、最直接的社會整合準則，閩粵地區就是以血緣爲聯繫，聚族而居的社會，其村落的地緣社會，與宗族的血緣社會，幾乎是完全一致的㉛。清廷領有臺灣後，臺灣在行政區劃上雖然隸屬於福建省，但因臺灣孤懸外海，其人文景觀卻自成一區，在社會經濟方面，發生了極大的變化。閩粵先民渡海來臺後，缺乏以血緣作爲聚落組成的條件，通常是同一條船渡海來臺的人聚居一處，或採取祖籍居地的地緣關係，依附於來自同祖籍的同姓或異姓村落，而形成了所謂地緣村落，同鄉的人遷到同鄉所居住的地方，並與同鄉的人共同組成村落，各村落之間，則以集資建廟，並經由鄉土祭神的供奉和儀式的舉行，連結成爲一體㉜。基於祖籍的不同地緣，加上習俗、語言等文化特質的差異，早期移殖臺灣的漢人，大致可以分爲泉州人、漳州人及廣東客家人三個人群，其聚落遂形成泉州莊、漳州莊及廣東莊，以雍正、乾隆年間的彰化縣爲例，泉、漳移民分莊而居，其中番仔溝、鹿仔港、快官莊等處爲泉州莊，而過溝仔、三塊厝、大里杙等處則爲漳州莊。泉州人來臺較早，人數衆多，漳州人次之，客家人來臺較晚，人數較少，三個人群都具有強烈的鄉土觀念，形成了所謂移墾社會。由於臺灣社會是屬於移墾型的結構，故其所引發的社會問題，與閩粵內地不盡相同。

閩粵內地漢人移殖臺灣後，泉州莊、漳州莊、廣東莊，以地緣爲分界，生態環境改變，其地緣性的結合，強於血緣性的結合，同鄉的意識很強烈。地緣村落的優點是視同鄉如骨肉，疾病相扶，患難相助，而其缺點則在於不同移墾人群各有畛域，褊狹的地域觀念異常濃厚，各分氣類，各移墾集團之間，因移殖時間先後不同，彼此常有互相凌壓的現象，時常呈現尖銳的對立，巨室豪族勢力強大，往往有以大吃小的事件，社會流動性和不穩定性，十分明顯，人口壓力日增，並因人口的迅速成長，男女的比例懸殊，男多於女，精壯者多於倚賴者，單身男丁、羅漢腳，或遊離分子的比例亦高，動輒走險輕生，遂因人口壓力而引起社會失調，移墾社會的長期不安，社會組織的不夠健全，社會治安欠佳，缺乏高度的公權力，下層社會普遍的貧困，社會福利措施的缺乏，社會問題相對增加，各村落或人群尚未趨於整合，分類械鬥的條件，屢見不鮮，結盟拜把的風氣，方興未艾，有利於祕密會黨的發展，祕密會黨就是早期移墾社會中常見的現象。

四、自力救濟與祕密會黨的源流

社會變遷是指社會的結構與功能的變化，所謂社會結構乃指社會行動與互動的模式，社會功能則指此一社會行動與互動關係如何適應新的環境及如何與新環境整合㉝。核心地區的人口流入移墾社會後，因生態環境改變，個人必須謀求調適，群體亦須與新環境整合。閩粵漢人渡海來臺後，披荆斬棘，墾殖荒陬，使臺灣逐漸形成一個移墾社會，同時建立了十分複雜的經濟關係。臺灣人口的急劇增加，是由內地人口壓力及社會、政治變動所引起，亦即內地人口變遷的派生現象，臺灣地區高度的人口壓力，常引起社會失調㉞。明末清初以來，臺灣富於移墾社的的特徵，自力救濟成爲一種普遍的社會調適方式，結盟拜會，分類械鬥，在性質上而言，就是臺灣早期移墾社會中常見的各種自力救濟行爲。由於地方胥役處理自力救濟事件，操切不當，往往激怒民氣，終於鋌而走險。據《臺灣省通志》、《鳳山縣志》、《彰化縣志》、《淡水廳志》的記載，從康熙二十二年（1683）清廷領有臺灣至光緒二十年（1895）清廷割讓臺灣止二百一十三年間，臺灣發生大規模的分類械鬥案件，共計三十八次：其中康熙朝一次，發生於鳳山縣；雍正朝一次，在鳳山縣；乾隆朝三次，在彰化縣、淡水廳等地；嘉慶朝八次，二次在彰化縣，六次在淡水廳；道光朝十一次，二次在彰化縣，七次在淡水廳，鳳山縣、噶瑪蘭廳各一次；咸豐朝，都在淡水廳；同治朝五次，二次在淡水廳，三次在噶瑪蘭廳，；光緒朝二次，新竹縣、安平縣各一次㉟。以上統計，掛漏雖多，然而可以看出閩、粵或漳、泉分類械鬥是清代臺灣移墾社會的特徵，與閩、粵內地大姓欺壓小姓、小姓結連相抗的械鬥性質不盡相同。臺灣民變的案件，更是屢見不鮮，據統計，臺灣民變的次數，康熙朝共六次，分別發生於臺灣縣、鳳山縣、諸羅縣；雍正共四次，在鳳山、諸羅等縣；乾隆朝共十七次，在彰化、諸羅、鳳山、臺灣等縣及淡水廳；嘉慶朝共十次，在彰化、嘉義、鳳山、臺灣等縣及淡水廳；道光朝共十九次，在鳳山、嘉義、彰化等縣及噶瑪蘭廳；咸豐朝共六次，在鳳山、臺灣、嘉義、彰化等縣及噶瑪蘭廳㊱，臺灣民變就是由於社會失調所釀成的動亂。

臺灣祕密會黨也是早期移墾社會的產物，其發展與移民拓墾方向，大致是齊頭並進的。就現存《宮中檔》、《軍機處檔》、《內閣大庫檔》及官書所見福建文武大吏查辦結盟拜會案件，可將臺灣祕密會黨按其出現先後列表於下：

清代臺灣祕密會黨分佈表

年　月	會名	地點	會首	人數
雍正 6 年（1728）3 月 雍正 7 年（1729）	父母會 子龍會	諸羅縣	湯　完	23

雍正 37 年（1772）1 月	小刀會	彰化縣	林　達	18
乾隆 38 年（1773）	小刀會	彰化縣	林阿騫	6
乾隆 38 年（1773）	小刀會	彰化縣	林六	5
乾隆 38 年（1773）	小刀會	彰化縣	林文韜	4
乾隆 39 年（1774）	小刀會	彰化縣	陳　纏	6
乾隆 40 年（1775）	小刀會	彰化縣	林　達	10
乾隆 40 年（1775）	小刀會	彰化縣	盧　佛	4
乾隆 44 年（1779）	小刀會	彰化縣	盧　講	
乾隆 45 年（1780）	小刀會	彰化縣	林　水	4
乾隆 46 年（1781）11 月	小刀會	彰化縣	林文韜	7
乾隆 47 年（1782）8 月	小刀會	彰化縣	黃　添	
乾隆 47 年（1782）12 月	小刀會	彰化縣	林阿騫	
乾隆 49 年（1784）3 月	天地會	彰化縣	嚴　煙	
乾隆 51 年（1786）6 月	添弟會	諸羅縣	楊光勳	75
乾隆 51 年（1786）6 月	雷公會	諸羅縣	楊媽世	24
乾隆 51 年（1786）8 月	天地會	彰化縣	林爽文	10
乾隆 55 年（1790）7 月	天地會	諸羅縣	張　標	10
乾隆 56 年（1791）2 月	天地會	彰化縣		
乾隆 57 年（1792）3 月	天地會	彰化縣	吳光彩	9
乾隆 59 年（1794）	小刀會	鳳山縣	鄭光彩	54
乾隆 60 年（1795）	天地會	鳳山縣	陳光愛	109
嘉慶 2 年（1797）	小刀會	淡水廳	楊　肇	
嘉慶 3 年（1798）	小刀會	嘉義縣	徐　章	
嘉慶 5 年（1800）	小刀會	嘉義縣	陳錫宗	
嘉慶 6 年（1801）11 月	小刀會	嘉義縣	白　啓	8
嘉慶 7 年（1802）	小刀會			
道光 6 年（1826）4 月	兄弟會	貓　裏	巫巧三	420
道光 30 年（1850）	小刀會	彰化縣	林連招	
咸豐 3 年（1853）	小刀會	臺灣縣		
咸豐 3 年（1853）	小刀會	鳳山縣		
咸豐 4 年（1854）	小刀會	淡水廳	黃　位	
咸豐 8 年（1858）5 月	小刀會			
同治 1 年（1862）3 月	添弟會	彰化縣	戴萬生	
同治 6 年（1867）2 月	太子會	彰化縣	何萬機	
同治 6 年（1867）	銃　會	嘉義縣	陳清水	4
同治 6 年（1867）	白旂會	彰化縣	林海瑞	9

資料來源：宮中檔、軍機處檔、內閣大庫檔、清實錄

如上表所列，臺灣祕密會黨的名稱包括父母會、子龍會、小刀會、天地會、添弟會、雷公會、兄弟會、太子會、銃會、白旂會等。各會黨案件，雍正朝共二件，乾隆朝共二十一件，嘉慶朝共五件，道光朝共二件，咸豐朝共四件，同治朝共四件。就現存檔案、官書的記載，康熙年間，並無會黨的活動，雍正年間始破獲父母會、子龍會，乾隆年間先後查辦小刀會、天地會、添弟會、雷公會等。連橫先生著《臺灣通史》謂「延平郡王入臺之後，深慮部曲之忘宗國也，自倡天地會而爲之首，其義以光復爲歸。延平既沒，會章猶存，數傳之後，遍及南北，且橫渡大陸，浸淫於禹域人心，今之閩粵尤昌大焉。」㊲陶成章先生撰〈教會源流考〉謂「何謂洪門？因明太祖年號洪武，故取以爲名。指天爲父，指地爲母，故又名天地會。始倡者爲鄭成功，繼續而修整之者，則陳近南也。」㊳溫雄飛先生著《南洋華僑通史》引述天地會流傳的神話故事後認爲天地會起源於臺灣，成立於康熙十三年（1674），是輔佐鄭成功的陳永華所創立，後世所稱天地會的大哥萬雲龍，就是影射鄭成功，香主陳近南就是影射陳永華㊴。黃玉齋先生撰〈洪門天地會發源於臺灣〉一文認爲天地會「根據現有文獻來看，鄭成功在日即已組成」。又說「實則朱一貴也是以結天地會起兵的。官書所記載，而小說野史所紀，如彭公案施公案的江湖黑語，都和天地會的隱語相同，可見天地會在康熙年間就已成立了。到戴潮春的時候，雖變名爲八卦會，而香案謂之花亭，上供五祖，以一貴、爽文爲賢而配之，非天地會而何？臺灣亙數代皆天地會的義師，其爲天地會之發源地，似無疑義了。」㊵檢查現存檔案資料，實難支持關於康熙年間臺灣鄭成功倡立天地會的說法。學者已指出「鄭成功爲天地會創始人之說，則更難令人折服，無論檔案史料，還是天地會祕密文件內有關天地會創立的傳說中，皆無鄭成功創立天地會的內容，在有關鄭成功本人的大量文獻資料中，也無一處提到他創立天地會一事。」㊶現存滿漢文檔案中的確並未提到康熙年間臺灣倡立天地會的紀錄。祕密會黨是清代社會經濟變遷的產物，充分運用現存檔案，分析社會經濟變遷，結合區域研究成果，就是探討臺灣祕密會黨的起源及其發展的重要途徑。

臺灣祕密會黨的起源及其發展，與臺灣的移殖拓墾方向，大致是齊頭並進的。臺灣南部，因其地理位置恰與福建泉州、漳州二府相當，所以當漢人移殖臺灣之初，即先在臺灣南部立足，康熙年間拓墾重心即在臺灣南部，結盟拜把及分類械鬥的風氣頗盛，朱一貴起事的地點就是發生在南部鳳山地方。朱一貴的原籍是在福建漳州府長泰縣，渡海來臺後即在大目丁地方種地度日，與廣東莊及泉州莊的移民素不相容，康熙六十年（1721），當朱一貴結盟拜把勢力龐大時，泉、粵移民即向地方官首告朱一貴聚衆倡亂，同年四月二十日，朱一貴在岡山地方正式樹旗起事，其運動形態是屬於一種地方性的分類械鬥，由於地方官的取締苛擾，遂轉而與官兵爲敵。朱一貴的反清運動，規模雖然不小，但並未創立會名，所謂朱一貴以結天地會起兵的說法，是不足採信的。

雍正年間，臺灣拓墾重心是在諸羅一帶，閩省大吏首先正式查辦的臺灣祕密會黨，稱爲父母會，其起會地點就是在諸羅縣境內。在早期移墾社會的村落生活當中，彼此之間常有互助合作的需要，爲了滿足各種社會需要，於是就有許多民間互助團體的產生。早期移殖臺灣的內地漢人，多採取祖籍居地的地緣關係，逐漸形成地緣村落，同鄉意識頗濃厚，村鄰中的婚喪喜慶，彼此熱心參與，「疾病相扶，死喪相助」㊷，是諸羅移墾社會的共同習俗。雍正六年（1728）正月十三日，諸羅縣民陳斌等二十三人在湯完家結拜父母會，歃血爲盟，各人以針刺血滴酒設誓，共推湯完爲大哥。同年三月十八日，諸羅縣民蔡蔭等二十人在蕭養家飲酒結盟，結拜父母會，共推蔡蔭爲大哥。據會員蔡祖供稱「雍正六年正月十二日，陳斌在湯完家起意招人結父母會，每人出銀一兩拜盟，如有父母老了，彼此幫助。」㊸所謂「父母老了」，即指會內成員的父母身故後，各會員資助喪葬費用，可以滿足社會的需要。父母會在性質上而言，是屬於異姓結拜組織，而其宗旨則是爲父母年老籌措互助費用，是屬於地方性的民間互助團體，亦即一種自力救濟的民間組織。後世流傳的祭五祖詩中的前二拜爲「一拜天爲父，二拜地爲母」，因父天母地，遂以父母會爲天地會的變名㊹。但臺灣父母會的出現實早於天地會，父母會的成立是爲父母年老籌措基金，性質、宗旨俱不相同，父母會爲天地會變名的說法，仍待商榷。福建總督高其倬奏摺內所稱「福建風氣，向日有鐵鞭等會，拜把結盟，奸棍相黨，生事害人，後因在嚴禁，且鐵鞭等名，駭人耳目，遂改而爲父母會，乃其奸巧之處。」㊺鐵鞭會是因會中成員各執鐵鞭而得名，是一種械鬥組織，父母會並非由鐵鞭會改名而來，彼此各不相統屬，兩者並非一脈相承，所謂「鐵鞭等名，駭人耳目，遂改而爲父母會」的說法，並不足採信。

由於諸羅縣人口的膨脹，移墾方向逐漸向北發展，乾隆年間，彰化縣遂成爲拓墾的重心。但彰化平原的墾戶及佃農，多爲泉州人，漳州移民頗受凌壓，益以民兵雜處，軍紀敗壞，兵民糾紛，屢見不鮮。乾隆中葉以降，彰化縣小刀會案件，層出不窮。乾隆三十七年（1772）正月間，大墩街民林達因賣檳榔，被營兵強買毆辱，乃起意邀同林六等十八人結盟拜會，相約遇有營兵欺侮，各帶小刀幫護㊻。三十八年（1773），彰化縣民林阿騫邀約黃添等人，結拜小刀會，相約各備小刀防身，如遇營兵及外人欺侮時，則各執小刀幫護。林達所領導的小刀會，後因會員林水等人先後身故，自行散去，由會中林六另邀林媽等五人，另結小刀會。縣民林韜又邀得林踏等四人，另結小刀會。三十九年（1774）以後，又查獲小刀會多起，會員中如黃尾是彰化縣衙役，陳遠生是縣書，林柏、陳尙等爲理番廳衙役，會員彼此相約如遇營兵欺侮，彼此即攜帶小刀幫護。四十年（1775）十月，林達等十餘人，被拏解彰化縣城審究，小刀會首領盧佛等四人被淡防同知馬鳴鑣訪拏。四十四年（1779），彰化縣民盧講等人結拜小刀會。四十五年（1780）七月二十九日，興化營兵丁洪標等七名，齊抵彰化濘田地方，公祭遠年平番陣亡兵丁。因舊時設祭之處已被縣民楊振文新蓋房屋，其舊時設祭之處適在門口，兵丁洪標即在門口擺列祭品。楊振文率衆攔阻，搶散祭品，兵民互毆，兵丁鄭高等負傷後回營攜鎗施放，誤傷販賣果物的街民林水腿肚，林水赴縣城控告，鄭高等被革糧後，屢次騷擾百姓，以致百姓怨恨兵丁。四十五年（1780）九月，林水糾邀孫番等四人，復結小刀會，亦相約如遇營兵欺侮，彼此即帶刀幫護㊼。四十四年（1779），漳州鎭左營兵丁吳成赴臺換班，派撥彰化縣城守汛後，即與同伍兵丁張文貴夥開估衣店。四十六年（1781）十一月，吳成與小刀會首領林文韜互相鬥毆，仇隙日深。四十七年（1782）六月，兵丁曾篤、楊祐、吳成等將林文韜擒入營房，剜瞎右眼，身受重傷，兵丁肆虐，欺壓百姓。張樊原籍在福建晉江縣，其父張標向在臺灣鹿仔港賣米爲生。四十七年（1782），張樊曾到過臺灣一次，聽其父張標說，「彰化地方向來有一班人，身帶小刀，叫做小刀會，遇有人家打架，他們會齊拏了小刀去相幫。」㊽張樊又稱「前在臺灣，聞父親張標說，漳、泉匪類，名爲羅漢腳，還有三五成群，結盟拜把，遇事和人打架，大家就拏了小刀相幫，因此叫做小刀會，人皆怕他，都說他們是王爺一般，不敢輕惹。」㊾由此可知臺灣小刀會，確有其組織，且相當普遍，會中有拜把結盟的儀式，其成員多爲羅漢腳，無家恒產的流動人口，結會後如遇打架，即持小刀幫護，所以叫做小刀會。

乾隆年間，彰化小刀會的盛行，主要是起因於營兵的欺壓百姓，爲了抵制營兵，遂三五成群，各結小刀會。彰化地方，番漢雜處，又多僻靜荒山，罪犯易於藏匿，清廷爲了彈壓番民，所以多設兵丁，但各營兵丁多爲漳、泉之人，其將弁亦多本地人，瞻顧鄉情，不能嚴加管束，營伍廢弛，驕縱擾民。各兵丁與彰化居民，言語相通，武弁竟聽其經營生理，貪黷弁利。兵丁原無資本，多在街市售賣檳榔、糕餅，或編織草鞋，或在皮貨鋪中幫做皮箱。又因臺灣賭風甚盛，羅漢腳游手好閒，多以聚賭爲樂，兵丁從中分潤，兵民爭利，兵悍民強，以致滋生事端。福建水師提督黃仕簡奉旨查辦彰化小刀會案件後指出「彰邑城內，兵民雜處，兵悍民強，各不相下，由來已久，而小本經濟之人，歷被營兵短價勒買，遂各聯同類，藉以抵制。」㊿營兵欺壓小民，小民爲圖抵制，以求自保，遂爭相結拜小刀會。多羅質郡王永瑢等議覆臺灣小刀會滋事原因時已指出「查臺灣一府，地居海中，番民雜處，是以多設兵丁，以資彈壓，乃兵丁等反結夥肆橫，凌辱民人，強買強賣，打毀房屋，甚至放鎗兇鬥，以致該處居民，畏其強暴，相約結會，各持小刀，計圖抵制，是十餘年來，小刀會之舉，皆係兵丁激成。」(51)兵丁強暴，動輒放鎗傷人，公權力蕩然無存，百姓結拜小刀會，就是一種自力救濟的表現。質言之，彰化小刀會就是軍紀敗壞民間爲謀抵制營兵的自力救濟組織。福建水師提督黃仕簡具摺時稱：

> 彰化縣城西南門外有王爺小刀會名目，查係匪徒藉名父母會，三五成群，遇有會內人父母身故，各助銀一圓，米一斗，以資喪費。該匪徒又各置小刀一把，隨帶防身，凡會內與人爭鬧，即持刀群相幫護，鄉愚畏威驚避，是以指小刀會人爲王爺，謂其大如王爺，不敢相犯，非小刀會之外另有王爺會，此等棍徒，即係流匪，俗呼羅漢腳，多係遇事持刀逞兇，亟應嚴拏究辦盡絕㊷。

父母會是爲了會員父母年老身故籌措喪葬費用而成立的民間互助團體，具有正面的社會功能，小刀會的宗旨，與父母會不同，小刀會的倡立不必藉名父母會。小刀會與父母會並非一脈相傳，小刀會與父母會固然各不相統屬，就是彰化縣各小刀會之間，也是多元性的組織，各不相統屬。

諸羅縣九芎林山地方，有捐職州同楊文麟，其收養的兒子楊光勳與親生的兒子楊媽世兄弟二人因爭奪家產而彼此不睦，楊文麟溺愛楊媽世，而將楊光勳分居相隔數里外的石溜班地方，每年分給定額的銀穀。但楊光勳不敷開支，時常與楊媽世爭財吵鬧。乾隆五十一年（1786）六月，楊光勳糾邀數人至養父楊文麟臥室搬取財物，被楊媽世率衆逐散，楊光勳更加懷恨，乃起意結會樹黨，欲俟秋成搶割田間稻穀，於是邀約素好的何慶爲主謀，糾衆結拜添弟會，意欲弟兄日添，則爭鬥必勝，所以取名添弟會，會中設立會簿一本，登記入會姓名及地址。從是年七月初一日起陸續糾集會員七十五人，每人分給番銀二圓，並允諾於搶割事成之後另行分潤㊸。楊媽世聞知楊光勳結拜添弟會後，亦起意結會樹黨，於是商同素好的潘吉爲主謀，糾人結拜雷公會，以防楊光勳搶鬥。楊媽世以楊光勳兇惡不肖，不顧倫常，忤逆不孝，必被雷擊斃，所以取名雷公會，先後糾得二十四人，每人各分給錢五百文㊹。楊光勳倡立添弟會的宗旨是冀圖搶割養父楊文麟田園稻穀，並預備與其弟楊媽世鬥毆，惟就添弟會內部組織而言，就是一種異姓結拜組織。雷公會倡立的宗旨是爲了反制添弟會，所以雷公會與添弟會都是械鬥組織，惟雷公會本身而言，就是一種異姓結拜組織。在林爽文領導天地會起事以前，添弟會與雷公會的械鬥已極激烈。蕭一山先生撰〈天地會源流〉一文中認爲「添弟會即天地會及天帝會之轉音，有曰，先入會爲兄，後入會爲弟，故名。」㊺添弟會的含義，是希冀弟兄日添，則爭鬥必勝，意即增添弟兄的簡稱，所謂「先入會爲兄，後入會爲弟」，似非添弟會的本意。「添弟」與「天地」，讀音相同，但從而斷定添弟會是天地會的轉音，是不足採信的。當林爽文起事以後，清高宗認爲楊光勳案內所稱添弟會，明係天地會名目，署彰化縣知縣事同知劉亨基等將「天地」二字改爲「添弟」字樣，換了同音的字意，欲化大爲小，有心取巧，希圖規避處分㊻。清高宗諭令軍機大臣寄信閩浙總督李侍堯查明地方官將天地會改作添弟會，究竟是何人的主見？李侍堯遵旨細查楊光勳械鬥案件，在文書原卷內有臺灣鎮總兵官柴大紀、臺灣道永福奏稿一件，及臺灣府知府孫景燧稟文一扣，俱書明「添弟」字樣。後來永福被革職拏交刑部治罪時，亦堅稱原案文稟，俱係「添弟」字樣，並非擅改。添弟會與天地會讀音相同，當屬巧合，其實是不同會黨。過去以諸羅添弟會爲天地會的轉音，這種說法固然不可信，至於認爲乾隆年間天地會除用本名外，還使用「添弟會」等名稱㊼，而把乾隆年間的臺灣添弟會列入天地會系統，是由天地會轉化而來的說法，並不符合歷史的事實。張菼先生撰「臺灣反清事件的不同性質及其分類問題」一文中認爲「楊光勳、楊媽世兄弟械鬥事件中已經有天地會組織的官方記載，清室官書將之改爲『添弟會』，所以改稱，是爲了避重就輕。」⑱文中所稱楊光動組織天地會，官書改爲添弟會云云，恰與歷史事實相反。其實楊光動所倡立的會黨一開始就取名爲添弟會。後來欽差大臣福康安進勦林爽文，於奏摺中將楊光動所倡立的添弟會改爲「天地會」⑲，以致清高宗誤以爲地方官有心取巧，將「天地會」改爲「添弟會」，換以同音字意，後人不察，據以論證史事，遂與事實不合，不足採信。

閩粵地區，異姓結拜的風氣，向極盛行，大姓欺壓小姓，小姓結連相抗，以抵敵大姓，往往因械鬥而結會樹黨。天地會也是由異姓結拜組織發展而來的一種祕密會黨。近年來由於檔案資料的陸續整理與公佈，已有學者根據新出現的檔案資料，將天地會的成立時間追溯到乾隆二十六年（1761），福建巡撫汪志伊指出「閩省天地會起於乾隆二十六年，漳浦縣僧提喜首先倡立。」⑳閩浙總督伍拉納亦指出提喜於乾隆二十六年（1671）倡立天地會名色。據福建漳浦縣人盧茂供稱提喜於乾隆二十七年（1762）在高溪觀音傳佈天地會，盧茂、陳彪等人即於是年入會。乾隆二十八年（1763），趙宋拜陳彪爲師，入天地會，改名趙明德㉑。福建巡撫定長抵任以後，訪察泉、漳二府結會樹黨的風氣已極盛行。乾隆二十九年（1764）十月，定長具摺稱：

> 閩省各屬向有結會樹黨之惡習，凡里巷無賴匪徒，逞強好鬥，恐孤立無助，輒陰結黨與，輾轉招引，創立會名，或陽托奉神，或陰記物色，多則數十人，少亦不下一二十人。有以年次而結爲兄弟者，亦有恐干例禁而並無兄弟名色者，要其本意，皆圖遇事互相幫助，以強凌弱，以眾暴寡，而被侮之人，計圖報復，亦即邀結匪人，另立會名，彼此樹敵，城鄉效尤㉒。

定長已指出乾隆二十九年（1764）以前；閩省結會樹黨的風氣已極盛行，各會黨就是由異姓結拜組織發展而來的械鬥團體，並未含有反清復明的政治意味。

乾隆三十二年（1767），漳浦縣人陳丕、張破臉狗拜提喜爲師，入天地會㊸。福建平和縣人嚴煙，向來賣布爲生。乾隆四十七年（1782），嚴煙聽從同村行醫的廣東人陳彪的勸說，加入天地會。次年，嚴煙渡海來臺，在彰化縣開張布鋪。四十九年（1784），嚴煙在溪底阿密里莊傳授天地會。由此可知在此以前，臺灣祕密會黨案件，雖屢有破獲，但並非天地會，臺灣天地會是從乾隆四十九年爲始首先由嚴煙傳入。天地會的宗旨，據嚴煙供稱：

> 天地會名目，因人生以天地爲本，不過是敬天地的意思。要入這會的緣故，原爲有婚姻喪葬事情，可以資助錢財；與人打架，可以相幫出力；若遇搶劫，一聞同教暗號，便不相犯；將來傳教與人，又可得人酬謝，所以願入這會者甚多㊹。

天地會的宗旨，主要就是在於成員內部的互助問題，加入天地會後，弟兄互相照顧，視同骨肉，在家可免偷竊，出外行走，可保平安，路遇攔搶，但伸三指關會，便可無事，大樹可以遮蔭，享有某些現實社會小我的利益。在移墾社會治安欠佳，公權力薄弱，普遍貧困的生態環境中，倡立會黨，人多勢衆，自力救濟，也是企圖自我解決困難的一條途徑。

林爽文是福建漳州府平和縣人，乾隆二十二年（1757）生，三十八年（1773），林爽文隨其父林勸徙居臺灣彰化大里杙，趕車度日，素喜結交。四十九年（1784）三月二十五日，林爽文見天地會人多勢衆，要求入會，嚴煙允從，設立香案，在刀劍下鳴誓，遇有事情，大家出力，公同幫助。因恐人數衆多，不能認識，又相約見人伸三指，並有「洪」字暗號，口稱「五點二十一」等隱語。五十一年（1786）八月十五日，林爽文與林泮等人在大里杙山內車輪埔歃血飲酒，結拜天地會，互相約誓，有事相助，有難相救。是時，諸羅縣添弟會與雷公會因爭產械鬥，殺害把總陳和，地方兵役嚴緝會黨，張烈、葉省、蔡福、張員等逸犯，紛紛逃匿大里杙莊內，更助長了天地會的聲勢。由於地方官查辦過激，兵役肆虐，凡有拏獲，立行杖斃，又藉端索詐，焚燬民房，牽連天地會，人心不服，大里杙漳州莊爲求自保，遂聚衆抗拒官兵，於是添弟會、雷公會、小刀會與天地會遂合而爲一，形成了聯合陣線，在官逼民反的號召下，擴大成爲大規模的反政府群衆運動，政治意味很顯著。

林爽文起事失敗以後，天地會的逸犯潛匿各地，企圖復興天地會。乾隆五十三年（1788），天地會逸犯陳信逃至南投，借住於素識的廣東客家人謝志家中，陳信的衣包內藏有天地會誓章，並將天地會的盟誓儀式傳授給謝志。福建漳州人張標移居南投後，因與當地泉州籍移民不睦，仇家甚多，欲糾人結會，以抵拒泉州人㊿。五十五年（1790）七月，張標會遇謝志，起意結會樹黨，兩人分投邀人備會，並刊刻圖記一個，上有「福忠興萬合和」六字，凡入會者，即將圖書印給紙片，以爲憑據。同年九月初二日，張標等十人在南投虎仔坑結拜天地會，公推張標爲大哥，舉行歃血盟誓儀式，誦讀天地會舊誓章，其誓詞爲：「有福同享，有禍同當，一人有難，大家幫助，若是不救，乃走漏消息，全家滅亡，刀下亡身。」讀畢，將誓章在神前焚化，衆弟兄分飲血酒，謝志又傳授天地會用左手伸三指朝天的暗號66。其後張標、謝志、張阿秀等人被拏獲正法。乾隆五十七年（1792）四月，有張阿秀素好的吳光彩，企圖爲張阿秀復仇，與張標案內逸犯王都等人結拜天地會，因人數不多，先後被拏獲正法。

林爽文起事以後，加速了天地會及其他會黨在臺灣和內地的傳播與發展，各種會黨爭相模仿天地會的儀式及隱語暗號，邀人結會。鄭光彩原籍在福建漳州府龍溪縣，自幼生長在臺灣南路鳳山地方，向來與陳旺等四人交好，俱無恒業。起初靠著替人看守田園度日，後來竟勒令附近各莊每年湊給工錢，收取保護費，如不依從，即率衆強搶財物，村鄰畏懼，不敢告官，惟廣東客家莊不服，聲言欲行告官法辦。鄭光彩慮及結仇甚多，恐被告發查拏時無人幫助，而於乾隆五十九年（1794）五月糾邀五十四人結拜小刀會，在莊外僻靜荒埔拜天立誓，公推鄭光彩爲大哥，誓詞內容規定會內之人都要齊心，如一人有事，衆人協助相幫，背盟之人，死於刀下。會中由鄭光彩爲首，挨次用刀將左手食指割破，滴血入酒分飲，每人各置備小刀一把，用牛角作柄，隨身攜帶，作爲同夥暗號及防身之用，其後兵役拏獲鄭光彩等四十九名被拏獲正法，其餘沈連等六年逃逸未獲。嘉慶二年（1797）十二月，臺灣淡水港人楊肇糾人結會，仿照天地會儀式結拜小刀會。嘉慶三年（1798）七月，臺灣嘉義縣民徐章，與胡杜猴相遇，各道貧難，商謀糾伙搶劫，又恐兵役查拏，於是邀人結拜小刀會，相幫拒捕㊼。嘉慶五年（1800）三月，嘉義縣人陳錫宗等人結拜小刀會，相約於五月間早稻收成時舉事，旋因會員被捕事洩，遂提前於四月初舉事，陳錫宗率衆攻打鹽水港，擊斃巡檢姜文炳，因會黨人數有限，不久即告失敗。嘉慶六年（1801）十一月初五日，陳錫宗案內逸犯郭定自內山逃出，潛匿嘉義縣屬許秀才莊白啓家，懇求設法救援。十一月初七日夜間，白啓糾邀林烏番等八人結拜小刀會，歃血盟誓，公推白啓爲大哥，王諸爲軍師，因人數尚少，不敢起事，被拏獲三十六名，俱凌遲斬梟㊳。

道光年間，閩粵分類械鬥案件，仍然層出不窮。道光六年（1626）四月間，臺灣彰化縣廣東客家莊被閩人焚搶，淡水廳所屬各客家莊憤圖報復，遂與閩人發生大規模分類械鬥，銅鑼灣客家莊巫巧三以客籍移民勢孤力單，爲強化組織，於是糾衆結拜兄弟會，又名同年會㊴。祕密會黨在性質上而言，原本就是一種異性結拜組織，會中俱以弟兄相稱，故就會黨名稱而言，兄弟會或同年會就是最能代表祕密會黨的異姓結拜組織。兄弟會倡立的原因，主要是由於客家莊屢受閩人欺侮，客家移民遂結會樹黨，同心協力，冀圖報復。因此，兄弟會就是道光初年淡水廳閩粵分類械鬥的產物。

道光三十年（1850），彰化縣民林連招等人倡立小刀會。同年八月，林連招被拏獲法辦，小刀會尋仇報復，率夥攻莊，焚搶擄掠，爲害地方。咸豐初年，廈門小刀會經官兵擊敗後，下海潛逃，窺伺淡水廳、雞籠港口，並在噶瑪蘭廳蘇澳、龜山等處脅迫商船或漁船入夥，並勾結盜賊滋擾沿岸居民，經義民首領林文察等率領壯勇攻勦，始告肅清。

同治初年，臺灣彰化地方有戴潮春結盟拜會案件。戴潮春的原籍是福建漳州龍溪縣，《臺灣通史》有戴潮春列傳，略謂「戴潮春，字萬生，彰化四張犁莊人，籍龍溪。祖神保，樂善好義，有名鄉黨中，生四子，長松江。松江有子七人，潮春其季也。家素裕，世爲北路協署稿識。兄萬桂，與阿罩霧人爭田，不勝，集殷戶爲八卦會，約有事相援，潮春未與也。咸豐十一年，知縣高廷鏡下鄉辦事，潮春執土棍以獻。北路協副將夏汝賢以其貳於己，索賄不從，革其籍。時萬桂已死，潮春家居，乃集舊黨，立八卦會（下略）。」㊵引文中的「八卦會」，清朝《月摺檔》作

「添弟會」。各會黨的會員證，習稱腰憑，又作腰平，因內畫八卦數層，所以腰憑又稱八卦⑪，或添弟會以八卦爲憑，外人稱其爲八卦會，並非初倡的會黨名稱。據閩浙總督慶端奏稱，同治元年（1862）三月間，彰化縣戴萬生倡立添弟會，糾集夥黨多人，肆行搶掠。據署理臺灣鎮總兵曾元福具摺指出臺灣地方兩姓因怨糾鬥，多有藉端搶劫之事，其大姓向於冬收刈割之時，往往有霸租強收之事⑫，添弟會起事，就是地方械鬥規模的擴大。同治六年（1867）二月，彰化縣民何萬機倡立太子會，希圖聚衆斂錢。嘉義縣斗六門地方不靖，縣民陳清水倡立銃會，以求自保。此外，彰化縣民林海瑞倡立白旂會，俱因人數有限，結會後不久即被鄉勇兵役勦滅。

五、結 語

人口的流動，是清代社會變遷的顯著特徵之一。閩粵地區，因地狹人稠，人口壓力日趨嚴重，沿海地方的人民，迫於生計，紛紛出外謀生，除了遠渡南洋外，也大量渡海到一衣帶水的臺灣，披荆斬棘，墾殖荒陬，臺灣逐漸形成了早期的移墾社會。閩粵地區，是宗族社會，聚族而居，血緣與地緣，彼此一致，明末清初以來，由於宗族勢力的加強，社會經濟的變遷，人口壓力的日益嚴重，大姓凌壓小姓，小姓結連相抗，異姓結拜的風氣，十分盛行。臺灣早期的移墾社會，缺乏以血緣關係爲紐帶的條件，宗族制度並不發達，形成了地緣社會，因移民來臺先後不同，人數多寡懸殊，彼此互相凌壓，分類械鬥、拜把結盟的風氣相當盛行，有利於祕密會黨的發展。臺灣分類械鬥、結盟拜會案件，大致而言，是與拓墾方向齊頭並進的。康熙年間的拓墾重心在臺灣南部，朱一貴拜把結盟起事的地點，就是在南路鳳山。雍正年間的拓墾重心在諸羅一帶，湯完、陳斌等人所結拜的父母會就是出現於諸羅縣境內。乾隆初年，彰化平原已成爲拓墾重心，人口的增加和耕地面積的擴充也是同時並進的，但社會組織不夠健全，治安不良，公權力薄弱，自力救濟成爲解決紛爭的普遍方式。乾隆年間的小刀會、添弟會、雷公會、天地會等案件，層見疊出，由於官方處理不善，激起民變。林爽文起事雖然失敗，卻加速了臺灣和內地祕密會黨的發展，天地會傳佈更廣，滋蔓難圖。其後臺灣拓墾重心逐漸北移，北部平原可種植稻米，山區可生產茶葉、樟腦，移殖人口日增，泉州、漳州、客家各莊的地緣聚落，益常明顯，分類械鬥，屢見不鮮。嘉慶年間，淡水廳也出現了小刀會，道光年間貓裏客家莊出現了兄弟會，臺灣結盟拜會的盛行，是早期移墾社會中常見的現象，是地緣社會尚未整合以前民間訴諸自力救濟的組織，其起因與閩粵內地宗族社會的異姓結拜組織不盡相同。

臺灣祕密會黨是屬於自力救濟的各種異姓結拜組織，其名稱固然不同，各會黨的宗旨及性質亦有差異，天地會是後人耳熟能詳的會黨，除天地會以外，舉凡父母會、小刀會、添弟會、雷公會、兄弟會、太子會等等，都是探討祕密會黨時不可忽視的民間組織，各有其特徵，有的是民間互助團體，有的是自衛組織，有的是分類械鬥團體，有的是竊盜詐組織，例如雍正年間諸羅縣查禁的父母會是屬於民間互助團體，具有正面的社會功能。乾隆年間彰化縣查禁的小刀會是民間抵制營兵的自衛組織，諸羅縣的添弟會、雷公會、天地會，道光年間的兄弟會或同年會，俱屬於械鬥團體，各會黨的宗旨主要是在於內部成員的互助問題，除了父母會，其他各會黨對社會形成了嚴重的侵蝕作用。楊光勳爲了搶奪養父楊文麟財物，欲俟秋成搶割田間稻穀，並預備與其弟楊媽世鬥毆而倡立添弟會，當會員張烈被兵役拏獲後，楊光勳竟糾眾劫囚，殺害石溜班汛把總陳和。林爽文聞知天地會人多勢衆，利於糾搶，即要求入會。林爽文起事以後，天地會夥黨攻城掠地，到處裹脅，焚燬泉州、客家各村莊，農村遭受重大的破壞。鄭光彩，原籍在福建漳州龍溪縣，自幼生長在臺灣鳳山地方，向來與陳旺等人交好，俱無恒業，起初靠著替人看守田園度日，後來竟公然勒令附近各莊每年給付工錢，代其保護田園，收取保護費，訛詐錢財，如不依從，即強割偷竊，附近居民畏懼允從，惟廣東客家莊不服，公然對立。鄭光彩慮及結仇衆多，恐被告發，無人相助，於是起意結拜小刀會，因此，鄭光彩所領導的小刀會，就是腐蝕社會的訛詐組織。嘉慶年間，嘉義縣人白啓倡立小刀會後，搶劫蔡廷光家中的馬匹，這個小刀會就是一種竊盜集團。道光初年，貓裏客家莊巫巧三倡立兄弟會，閩粵分類械鬥益趨激烈，嘉應州移民竟牽引中港溪上游內山生番助鬥。巫巧三率衆報復，在中港街殺斃男婦三命，在後壠擄獲素有嫌隙的泉人朱雄、趙紅二名，綑縛樹上，用刀斷其手足，砍下頭顱，剖開肚腹，挖取心肝，撩棄滅跡，同時到處肆行焚殺，搶奪財物，殘殺泉人。道光末年，彰化縣民林連招倡立小刀會，糾黨強派，焚搶擄勒，閭閻受害，被擄之人，動輒斬首分形，燒屍滅跡，甚至殺傷兵役，私造火器，強佔民田，荼毒地方，小刀會竟成爲欺壓善良的犯罪集團，對社會造成了嚴重的侵蝕作用。同光年間，北部地區成爲經濟重心，開放通商岸口後，對外貿易緩和人口的壓力，行政區劃重新調整，文教工作的積極推行，使褊狹的地域觀念逐漸消失，社會治安日益改善，又由於臺灣的自然環境較特殊，孤懸海外，宛如海外孤舟，較易產生同舟共濟的意識，使臺灣社會漸趨整合，結盟拜會的風氣，並不盛行。

〔註　釋〕

①郭廷以，《臺灣史事概說》（臺北，中正書局，民國七十年七月），頁16。

②伊能嘉矩，《臺灣文化志》（東京，刀江書院，昭和四十二年十月），卷中，頁614。

③周鍾瑄，《諸羅縣志》（臺北，國防研究院，民國五十七年十月），卷6，頁81。

④陳紹馨，《臺灣的人口變遷與社會變遷》（臺北，聯經出版公司，民國七十年），頁31。

⑤高拱乾，《臺灣府志》，（臺北，國防研究院，民國五十七年十月），卷5，〈賦役志〉，頁111。

⑥陳文達，《臺灣縣志》（臺北，國防研究院，民國五十七年十月），卷10，〈藝文志〉，頁227。

⑦陳紹馨，《臺灣的人口變遷與社會變遷》，頁453。

⑧趙岡，〈中國歷史上的城市人口〉，《食貨月刊》，復刊13卷，第三、四合期（臺北，食貨月刊社，民國七十二年七月），頁30。

⑨《宮中檔雍正朝奏摺》，第六輯（臺北，國立故宮博物院，民國六十七年四月），頁144，雍正四年五月十四日，福建巡撫毛文銓奏摺。

⑩《宮中檔雍正朝奏摺》，第五輯，頁770，雍正四年四月初二日，廣東布政使常賚奏摺。

⑪《宮中檔雍正朝奏摺》，第六輯，頁73，雍正四年五月二十八日，兩廣總督孔毓珣奏摺。

⑫李國祁，〈由閩浙區域研究看清代解決人口壓力的重要方法——栽培經濟作物〉，《食貨月刊》，復刊四卷，十期（民國六十四年一

月），頁5。

⑬莊吉發，《清世宗與賦役制度的改革》（臺北，學生書局，民國七十四年十一月），頁14。

⑭李之勤，〈論鴉片戰爭以前清代商業性農業的發展〉，《明清社會經濟形態的研究》（上海，人民出版社，一九五六年六月），頁280。

⑮李華，〈明清時代廣東農村經濟作物的發展〉，《清史研究集》，第三輯（成都，四川人民出版社，1984年），頁142。

⑯周元文，《臺灣府志》，《臺灣叢書》，第一輯，第一冊（臺北，國防研究院，民國五十七年十月），〈藝文志〉，頁124。

⑰《宮中檔雍正朝奏摺》，第二十四輯（民國六十八年十月），頁741，雍正十三年五月二十八日，南澳總兵官張天駿奏摺。

⑱《軍機處檔・月摺包》（臺北，國立故宮博物院），第2772箱，19包，2735號，乾隆十三年七月初五日，閩浙總督喀爾吉奏摺錄副。

⑲莊吉發，〈清世宗禁止偷渡臺灣的原因〉，《食貨雜誌》，復刊13卷，七、八合期（民國七十二年十一月），頁28。

⑳《宮中檔雍正朝奏摺》，第十七輯（民國六十八年三月），頁39，雍正八年九月二十八日，兩廣總督郝玉麟奏摺。

㉑《明清史料》（臺北，中央研究院歷史語言研究所，民國四十七年四月），戊編，第二本，頁107。

㉒《宮中檔雍正朝奏摺》，第十四輯（民國六十八年十二月），頁715，雍正七年十月十六日，福建觀風整俗使劉師恕奏摺。

㉓《宮中檔乾隆朝奏摺》，第二十輯（民國七十二年十二月），頁63，乾隆二十八年十二月十五日，巡察臺灣給事中永慶奏摺。

㉔《宮中檔乾隆朝奏摺》，第十九輯（民國七十二年十一月），頁488，乾隆二十八年十一月初三日，福建巡撫定長奏摺。

㉕《宮中檔》，2727箱，217包，53934四號，乾隆五十三年五月初二日，福康安奏摺。

㉖陳紹馨，《臺灣的人口變遷與社會變遷》，頁18。

㉗伊能嘉矩，《臺灣文化志》（日本東京，刀江書院，昭和四十年八月），中卷，頁241。

㉘周力農，〈清代臺灣的土地制度和租佃關係〉，《清史論叢》，第七輯（北京，中華書局，1986年10月），頁64。

㉙李國祁，《中國現代化的區域研究：閩浙臺北地區，1860-1916》（臺北，中央研究院近代史研究所，民國七十一年五月），頁60。

㉚陳其南〈清代臺灣社會的結構變遷〉，《中央研究院民族學研究所集刊》，第四十九期（臺北，中央研究院民族學研究所，民國七十年一月），頁140。

㉛林衡道，〈臺灣世居住民的祖籍與神明〉（臺北，聯合報文化基金會國學文獻館主辦臺灣地區開闢史料學術座談會，民國七十四年九月），頁8。

㉜許嘉明，〈彰化平原福老客的地域組織〉，《中央研究院民族學研究所集刊》，第三十六期（臺北，中央研究院民族學研究所，民國六十四年二月），頁187。

㉝文崇一，〈社會文化變遷與歷史研究〉，《食貨月刊》，復刊2卷，第十期（臺北，食貨月刊社，民國六十二年十一月），頁511。

㉞王人英，〈宗族發展與社會變遷——臺灣小新營李姓宗族的個案研究——〉，《中央研究院民族學研究所集刊》，第三十五期（臺北，中央研究院民族學研究所，民國六十二年春季），頁100。

㉟黃秀政，〈清代臺灣的分類械鬥事件〉，《臺北文獻》，直字第四十九、五十合期（臺北，臺北文獻會，民國六十八年十二月），頁365。

㊱劉妮玲，《清代臺灣民變研究》（臺北，國立臺灣師範大學歷史研究所，民國七十二年九月），頁 110。

㊲連橫，《臺灣通史》（臺北，臺灣銀行經濟研究室，民國五十一年二月），卷 30，朱一貴列傳，頁 784。

㊳陶成章，〈教會源流考〉，《近代祕密社會史料》（臺北，文海出版社，民國六十四年九月），卷 2，附錄，頁 2。

㊴溫雄飛，《南洋華僑通史》，《近代祕密社會史料》，卷首，頁 8。

㊵黃玉齋，〈洪門天地會發源於臺灣〉，《臺灣文獻》，第 21 卷，第四期（臺灣文獻會，民國五十九年十二月），頁 18。

㊶秦寶琦，〈從檔案史料看天地會的起源〉，《歷史檔案》，1982 年，第二期（北京，歷史檔案雜誌社，1982 年），頁 95。

㊷周鍾瑄，《諸羅縣志》，《臺灣叢書》，第二輯，第二冊（臺北，國防研究院，民國五十七年十月），卷 8，頁 141。

㊸《宮中檔雍正朝奏摺》，第十一輯（民國六十七年九月），頁 67，雍正六年八月初十日，福建總督高其倬奏摺。

㊹戴玄之，〈天地會名稱的演變〉，《南洋大學學報》，第四期（新加坡，南洋大學，1970 年），頁 155。

㊺《宮中檔雍正朝奏摺》，第十一輯，頁 68，雍正六年八月初十日，福建總督高其倬奏摺。

㊻《軍機處檔・月摺包》（臺北，國立故宮博物院），第 2776 箱，140 包，33206 號，乾隆四十八年六月二十六日，福建水師提督黃仕簡奏摺錄副。

㊼《宮中檔》，第 2741 箱，198 包，56876 號，乾隆四十八年十二月十八日，按察使銜福建臺灣道楊廷樺奏摺抄錄孫番供詞。

㊽《宮中檔》，第 2741 箱，179 包，43766 號，乾隆四十八年正月初十日，閩浙總督富勒渾奏摺。

㊾《宮中檔》，第2741箱，177包，40351號，乾隆四十七年十二月初九日，福建巡撫雅德奏摺。

㊿《宮中檔》，第2741箱，181包，44722號，乾隆四十八年四月二十九日，福建水師提督黃仕簡奏摺。

51《軍機處檔・月摺包》，第2776箱，140包，33320號，乾隆四十八年七月初一日，多羅質郡王永瑢奏摺錄副。

52《宮中檔》，第2741箱，178包，43698號，乾隆四十七年十二月二十八日，福建水師提督黃仕簡奏摺。

53《天地會》，（一）（北京，中國第一歷史檔案館，1980年11月），頁80。

54《明清史料》，戊編，第三本（臺北，中央研究院歷史語言研究所，民國六十一年三月），頁228，乾隆五十一年九月二十二日，楊光勳案。

55蕭一山，〈天地會源流〉，《近代祕密社會史料》，卷2，頁15。

56《清高宗純皇帝實錄》（臺北，華聯出版社，民國五十三年十月），卷1274，頁19。

57秦寶琦，〈天地會檔案史料概述〉，《歷史檔案》，1981年，第一冊，頁117。

58張炎，〈臺灣反清事件的不同性質及其分類問題〉，《臺灣文獻》，第26卷，第二期（臺灣，臺灣文獻會，民國六十四年六月），頁95。

59《宮中檔》，第2774箱，215包，53565號，乾隆五十三年三月二十二日，欽差大臣福康安奏摺。

60《皇朝經世文編》（臺北，國風出版社，民國五十二年七月），卷23，頁42，福建巡撫汪志伊奏疏。

61秦寶琦，〈有關天地會起源史料〉，《歷史檔案》，1986年，第一期，頁 38。

㉒《宮中檔乾隆朝奏摺》，第二十二輯（民國七十三年二月），頁 804，乾隆二十九年十月初八日，福建巡撫定長奏摺。

㉓《軍機處檔・月摺包》，第 2778 箱，161 包，38231 號，乾隆五十三年十一月初十日，陳丕供詞。

㉔《天地會》，（一），頁 111，乾隆五十三年六月十六日，嚴煙供詞。

㉕赫治清，〈論天地會的起源〉，《清史論叢》，第五輯（北京，中華書局，一九八四年），頁 251。

㉖《明清史料》，戊編，第四本，頁 395，乾隆五十六年三月十二日，臺灣鎮總兵奎林奏摺移會。

㉗秦寶琦，〈臺灣學者對天地會小刀會源流研究述評〉，《清史研究集》，第二集（北京，中國人民大學，一九八二年六月），頁 312。

㉘《宮中檔》，第 2712 箱，55 包，7396 號，嘉慶七年二月十三日，閩浙總督玉德奏摺。

㉙《軍機處檔・月摺包》，第 2747 箱，25 包，57516 號，道光六年十一月二十五日，閩浙總督孫爾準奏摺。

㉚連橫，《臺灣通史》，卷 33，戴朝春列傳，頁 883。

㉛平山周，《中國祕密社會史》（臺北，古亭書屋，民國六十四年八月），頁 54。

㉜《月摺檔》（臺北，國立故宮博物院），同治四年正月十五日，署臺灣鎮總官兵曾元福奏摺。

隱語暗號：
清代祕密社會通俗文化的特色

一、前　言

清初以來，祕密社會的發展，日趨蓬勃，社會案件，層出不窮。由於祕密社會的生態環境、組織形態、思想信仰及社會功能彼此不同，各有其特殊條件，爲了研究上的方便，可將祕密社會劃分爲民間祕密宗教與祕密會黨兩個範疇。

民間祕密宗教是糅合儒釋道的教義思想而產生的新興混合教派。有清一代，民間祕密宗教，到處創生，教派林立，枝榦互生，衍生轉化，名目繁多。各教派雖然各具特色，但是，長期以來，各教派之間，互相融合，各教派之間的差別，逐漸縮小。

祕密會黨是由下層社會的異姓結拜團體發展而來的多元性祕密組織。祕密會黨的發展，與人口流動有著密切的關係。清初以來，生齒日繁，人口流動頻仍，大量的流動人口爲祕密會黨的發展，提供了極爲有利的條件。

幫會一詞，沿用已久。但是，「幫」與「會」的性質，並不相同；是兩種不同生態下形成的祕密組織，因船幫而得名。青幫、紅幫等祕密幫派是以信仰羅祖教的漕運糧船水手爲主體的祕密組織，都是民間祕密宗教的派生團體，並非由天地會分化出來的祕密組織，會黨與幫派不能混爲一談。

明清時期的社會文化，大致可以分爲上、下兩個層次：上層文化是傳統社會的主導文化，或主流文化，以士大夫階層爲核心，可以稱爲顯文化；下層文化主要是下層社會販夫走卒文化，形成傳統社會的文化潛流，在下層社會裡暗自發展，可以稱爲隱文化。佛教、道教等正信宗教經過漫長的歷史發展及社會整合，而成爲社會上層建築的一部分。相對於正信宗教而言，許多較晚出現，並具有某些新形態和特點的新興混合宗教，則屬於下層社會的民間宗教信仰。民間祕密宗教各教派的創立背景和發展過程，受到下層社會潛文化或隱文化的影響，而具有不同的特點。各教派爲了傳佈其教義思想，多編有寶卷。各種寶卷，多屬於變文的形式，敷衍故事，雜糅儒釋道經典、各種詞曲及戲文的形式與思想，鄙俚生動，凸顯了通俗文化的特點。

祕密會黨的基本成員，主要是下層社會離鄉背井、浪跡江湖的市井小民或販夫走卒。祕密會黨的發展過程，就是起於社會底層的群衆活動。祕密會黨的活動，與下層社會通俗文化的關係，極爲密切，各會黨一方面吸收了傳統通俗文化的許多內容及形式，另一方面廣泛流傳於各會黨內部的隱語、詩句、口訣及暗號等又豐富了清代通俗文化的內涵。

民間祕密宗教及祕密會黨的活動，通俗文化扮演了重要角色，探討清代祕密社會的發展，不能忽視通俗文化在下層社會所產生的作用。從祕密社會的活動過程，有助於了解通俗文化的特色。

二、從寶卷的流傳看通俗文化

明清時期，佛、道等正信宗教，是屬於傳統社會的主導文化，可以稱之爲「顯文化」，民間祕密宗教信仰則屬於傳統社會的文化潛流，可以稱之爲「隱文化」①。民間祕密宗教信仰盛行於社會底層，隱文化是屬於通俗文化的範疇。各教派爲了傳佈其教義思想，多編有寶卷，以供信衆誦習。寶卷的內容及文字，多屬於變文的形式，敷衍故事，雜糅儒釋道經典、各種詞曲及戲文的形式與思想，編成寶卷，通俗生動，容易爲下層社會識字不多的善男信女所接受。各種寶卷的抄寫翻刻，流傳很廣，成爲下層社會裡通俗化的宗教讀物。

有清一代，取締民間祕密宗教，可謂不遺餘力，各省督撫查辦教案時所起出的寶卷，名目繁多。譬如嘉慶二十二年（1817）六月，湖北安陸縣人尹邦熙等赴官自首，承認因惑於求福免禍之說，自祖上以來即信奉大乘教，遺有《苦功悟道經》等寶卷三十五部，其中《血湖經》即俗稱的《血湖寶卷》，計一册，寶卷內有「周素蓮誌藏」字樣。《血湖寶卷》開宗明義就指出「血湖寶卷初展開，地藏菩薩降臨來；善男信女齊來賀，血湖地獄變蓮臺。」故事開端引目連尊者遊地獄尋母時到了羽州追陽縣，看見一個深廣的血湖地獄，池中有鐵樑、鐵柱、鐵枷、鐵索。左有鬼王，右有獄主，前有牛頭，後有馬面鬼族夜叉，三十六司，二十四案監察尊神，善惡二判主，掌管血湖地獄。判官手執文簿，馬面手拿鐵叉，牛頭手持長枷，青面獠牙，硃紅頭髮，捉拿惡毒作孽婦女的亡魂，送到血湖地獄受罪。這些婦女生前不肯持齋念佛，造下無邊大罪。生產之時，又不小心，污血觸犯了一切神祇。又把滾湯潑地，湯死無數諸蟲螻蟻生命。常在灶前譭罵公婆，怨天恨地，呵風罵雨，打僧罵道，欺壓天主，瞞心昧己，將無作有，以直爲非，大秤小斗。姑嫂不和，妯娌不睦，斷絕六親，不尊長上，打男罵女。無故譭罵平人，將身上灶，不先淨手，觸犯灶君。漿洗衣裳，多費漿粉，作賤油鹽醬酒，拋灑五穀粥食家伙什物，費多用少，造罪如山。閻王叫夜叉將一衆婦人上了長枷，剝去衣裳，送在血湖池中受罪。只見牛頭馬面各持狼牙棒來到血湖池邊，叫衆婦人快將血水喝下幾碗。若然不吃，即大棍拷身，小棍拷腳。嚇得婦女個個強將血水吃了幾碗，正所謂「血湖池內千般苦，一日三餐血水吞。」每日三餐將血水灌下喉嚨，何年吃盡血水？哪月脫離火坑？《血湖寶卷》一方面描述血湖池中婦女啼哭不止的景象，一方面敘述目連尊者遊獄尋母的經過。當目連尊者來到血湖地獄時，只見許多婦女披頭散髮，長枷杻手，都在血湖池中飽受痛苦，目連見了受罪婦女，想起了生身老母親，於是合掌長跪，請求我佛大慈大悲救度婦女。佛開金口，給與目連九環錫杖，明珠一顆，晝夜光明，在鐵圍城中將這錫杖一搠三振，將鐵圍粉碎。目連尊者懺母功德圓滿，超生極樂國土，佛放光明，衆苦地獄，化作天堂，血湖池中婦女盡得昇天。《血湖寶卷》的宗旨，主要就是在說明兒女孝順父母，持齋念佛，其母終於脫離血湖之苦。

目連救母故事的基本雛形，主要是出自《佛說盂蘭盆經》，其要點包括目連的孝行、地獄的遊歷、憑藉佛力而解脫因果報應。唐代說唱文學目連變文，就是取材於目連救母的故事。後來的戲曲、寶卷，多據目連變文編造成書。所謂變文，就是指改造佛經，成爲通俗的說教，而以散韻交迭的方式，配合圖繪，來講唱故事②。在敦煌石室的大量變文中，目連變文是其中數量較多的一種。變文消失以後，寶卷繼承了它的系統，繼續在民間流傳。寶卷繼承了變文的內容和結構，以散韻交錯的方式，說唱佛道故事。目連寶卷除了《升天寶卷》、《三世寶卷》外，還有《血湖寶卷》。韻文是寶卷中最突出的部分，除敘述體、代言體外，還有五更調等俗曲。所謂五更調，又稱五更轉，是按五更分段的曲調，其起源甚早。樂府平調從軍行一類的歌曲，其內容多述軍中苦辛生活，曲調一更至五更，遞轉詠歎，所以稱爲五更轉，是民間流行的通俗小曲。《血湖寶卷》中的哭五更，就是屬於五更轉的通俗曲調，道盡了血湖池中的苦難煎熬，其內容如下：

一更慘痛，墮在血湖受苦難，每日河中踏浸的皮肉爛，我的佛呀！不得片時間萬苦千辛幾時扒上岸，銅蛇來吞鐵狗咬。

二更心焦，血水慢慢浸到腰，無處去投告，兒女誰知道，我的佛呀！渾身赤條條受苦難保，空把爹娘叫，生男養女作孽了。

三更無眠，血湖受苦誰可憐，不見親娘面，又無人看望，我的佛呀！血水食三餐當飯充饑，只得開口嚥，若是不吃鐵棍鞭。

四面心憂，血湖池中日夜愁，浸得周身臭，苦痛真難受，我的佛呀！衣破不遮羞，赤體精形上下皮肉露，自己恓惶低了頭。

五更傷悲，自恨前生分娩時，自己全不是，血水潑在地，我的佛呀！又洗穢污衣，觸犯精神造下無邊罪，今日受苦怨誰人③。

哭五更承襲了變文傳統的韻文，句式交錯變化，每句字數，或四字，或五字，或七字，或十字，充分表現了民間通俗文化的特色。哭五更內容中的「我的佛呀！」是五更轉具有相當作用的虛腔，也充分表現了民間俗曲的特色。《血湖寶卷》中演唱的內容，主要是採用三字和四字交迭的句法。譬如報恩的句法結構，就是採用三、四互用的形式，其內容如下：

一炷香，報天地，日月蓋載。運行風，運行雨，萬民安康。虧日月，和天地，生長萬物。腹飽暖，心具足，正好修行。

二炷香，報國皇，皇皇水土。虧我皇，文武將，定國安邦。魔不起，世情平，正好辦道。普天下，持齋戒，報答皇皇。

三炷香，報爹娘，懷胎十月。將惜大，娶媳房，配對成雙。夫婦們，念父母，殺身難報。看血湖，持長齋，孝敬爹娘④。

目連救母的故事，是以目連的孝行爲骨幹，《血湖寶卷》所強調的就是奉勸世人「看血湖，持長齋，孝敬爹娘。」句中三字、四字靈活變化。《血湖寶卷》中七字句的運用，也是演唱的常見句式。《血湖寶卷》開宗明義就指出，「血湖寶卷初展開，地藏菩薩降臨來；善男信女齊來賀，血湖地獄變蓮臺。」句式承襲了變文傳統的韻文，展閱《血湖寶卷》，菩薩降臨，血湖地獄即可變蓮臺。由七字轉接十字句的變化，也是民間流行俗曲的特色。《血湖寶卷》中有一段內容，例如「今朝有緣衆冤魂，幸遇眞僧離盆；目連僧大德行求物懺悔，遶三匝禮四拜合掌當胸；告我佛可怜見生身老母，我情願替我母受苦當形；想我母懷胎十個月日，養我時三年苦費盡心勤」等句，由七字句轉接十字句，在唱腔上的變化，是值得重視的民間文學趣味。勸化是寶卷共有的主旨，勸善懲惡的內容，佔了較大的篇幅。同時對因果報應的警惕，也表現在字裡行間，對善男信女的傾聽福音，也表達了善有善報的祝福。《血湖寶卷》末幅云：「血湖寶卷宣圓满，佛也歡來神也歡；僊歡神喜吉添慶；神歡僊喜保平安。今日宣了血湖卷，增福延壽保長生；仰勞大衆輪珠數，蓮池海會念千聲。」善男信女增福延壽保長生，《血湖寶卷》宣講圓满，至此全卷結束。

江西南昌人李純佑，又名李正顯，他曾在湖北江陵縣學習裁縫生理。乾隆三十年（1765）正月間，李純佑在江西傳習羅祖教。他爲了傳教動人，將《末劫經》改編成《五公末劫經》，加添「戌亥子丑年大亂，刀兵爭奪，寅卯年百姓饑荒，人死無數，辰巳年方見太平」等句，經文末尾加註「李純佑抄寫」字樣，以掩飾其自行編造痕跡。同年八月間，李純佑正式倡立未來教。乾隆三十一年（1766）五月間，李純佑因所改編的《五公末劫經》語句長短不一，難以宣講，又編造增添「躲兵避劫」等詞句，經名改稱《大唐國土末劫經》，並在《定劫經》後尾塡寫「正顯抄寫」四字，並自行裝裱成册⑤，「正顯」就是李純佑的別名。

除《五公末劫經》外，還有《天臺山五公菩薩靈經》，這部經簡稱《五公尊經》，又名《五公救劫經》，又稱《佛說轉天圖經》，習稱《轉天圖經》，全文共二十二頁，計九百八十五句，散文和韻文並用。韻文爲七言、五言雜用，是一部較有系統的經讖寶卷，在它的全部經文中，包括對五公菩薩和觀音大士的崇敬、亂世悲慘的末劫觀，暗示眞命天子下凡的讖語，天下太平的理想世界，寅卯信仰及其宗教道德修養等等。雖然它的篇幅不長，但內容豐富，不僅展示了漢民族的一些傳統觀念、信仰和心態，同時也反映了他們的宇宙觀、政治觀、倫理觀等。就其宗旨而言，雖然《轉天圖經》是爲錢鏐圖王製造輿論，但經文內容也反映了人民的疾苦、希望和理想，具有一定的人民性⑥。

《轉天圖經》詳細敘述五公的故事，其中誌公，又作志公，五公菩薩就是以誌公爲首，稱爲寶誌。《轉天圖經》假托的五公就是誌公、朗公、康公、寶公、化公等五公菩薩。誌公是一位具有靈驗神術好爲讖記的高僧，朗公是一位碩學淵通、明通氣緯的隱逸，康公、寶公都有神異事蹟，化公是傳說中的神仙人物。五公菩薩共撰《轉天圖經》，兼有神符八十一道，以救護末劫衆生。《轉天圖經》散韻交錯，便於宣唱，說唱俗曲，容易爲下層社會的善男信女所接受。經文中兼有神符，可以救護衆生，末劫降臨，轉經七日七夜，即可度過劫難，《轉天圖經》在下層社會流傳極廣，有清一代，因教案層見疊出，《轉天圖經》被官府指爲妖妄悖逆，而屢經禁燬。

民間祕密宗教各教派，爲歌唱或宣講教義，多繼承變文的傳統，編造寶卷或通俗佛曲。例如直隸蠡縣人董敏，他自幼吃齋讀書，其故祖遺存《收圓經》等經卷，董敏粗知文義，他以誦經爲由，欲收徒取財，於是將《收圓經》等經卷抄寫成曲，易於歌唱，先後收段雲等人爲徒，成立白陽會友，共同歌唱佛曲，唪誦經文。村中善男信女布施香錢一、二十文不等，隨同入會，乾隆五十二年（1787），案發被捕。

民間祕密宗教各教派所宣講的寶卷內容，或三字句，或七字句，或十字句，通俗易解，因寶卷流傳日廣，民間遂稱之爲《七字經》，或《十字經》，成爲寶卷的名稱。例如乾隆三十三年（1768）六月間，貴州查獲彌勒教要犯楊光前等人，供出教中藏有《七字經》等經卷⑦。嘉慶二十二年（1817），直隸獻縣取締紅陽教，起出《十字經》等經卷。道光初年，河南涉縣人申老敘傳習白陽教，教中念誦《十字經》等經卷。各教派傳習的寶卷通俗生動，在下層社會裡流傳甚廣，有助於民間祕密宗教的發展。探討清代民間祕密宗教寶卷的流傳，不能忽視通俗文化的傳播作用。

三、從異姓結拜活動看通俗文化

祕密會黨的活動，與傳統通俗文化的關係，極爲密切。它一方面吸收了我國古代通俗文化的許多內容及形式，一方面流傳於會黨內部的隱語、口訣、詩句及暗號，因互相模倣而又豐富了民間通俗文化的內涵。祕密會黨是由異姓結拜團體發展而來的祕密組織，以下層社會的流動人口為基本成員，有其群衆性。異姓結拜團體，一方面模擬家族血緣制的兄弟關係，彼此以兄弟相稱，藉盟誓來約束成員，以強化內部的互助組織；一方面吸收佛家破除俗姓，以「釋」為僧侶共同姓氏的傳統，藉以發揚四海皆兄弟的精神。異姓兄弟結拜後，除了本姓外，另以象徵特殊意義的文字作為義姓，化異姓為同姓，以打破各家族的本位主義，並消除內部彼此的矛盾。各小姓因受大姓欺壓，於是舉行異姓結拜儀式，或以「萬」為義姓，象徵萬衆一心；或以「齊」為義姓，象徵齊心協力；或以「同」為義姓，象徵共結同心；或以「海」為義姓，象徵四海一家。大姓因小姓聯合抵制，而感受威脅，也聯合數姓，舉行異姓結拜儀式，以「包」為義姓，象徵包羅萬民。

明思宗崇禎年間（1628-1643），福建漳州平和縣境內，大姓鄉紳肆虐，以強凌弱，地方百姓，不堪其苦，各小姓謀結同心，聯合抵制。江日昇編著《臺灣外記》永曆四年（1650）五月記事云：「詔安九甲萬禮從施郎〔琅〕招，領衆數千來歸。禮即張耍，漳之平和小溪人。崇禎間，鄉紳肆虐，百姓苦之，衆謀結同心，以萬為姓，推耍為首。時率衆統踞二都，五月來歸⑧。」閩粵地區大小姓之間模擬血緣兄弟關係的各異姓結拜集團，已具備祕密會黨的雛型。郭廷以教授著《臺灣史事概說》認為張禮、郭義、蔡祿等締結同盟，萬人合心，以「萬」為姓，改姓名為萬禮、萬義、萬祿，依照行次有萬大、萬二、萬七之稱，後來的天地會則為其組織的擴大⑨。異姓結拜是模擬血緣的金蘭結義，天地會等祕密會黨就是由異姓結拜發展而來的祕密組織。除了以

「萬」爲姓之外，還有齊姓、同姓、海姓、包姓、洪姓等集團。

福建漳浦縣人鄭開是以「萬」爲義姓集團的成員，他改姓名爲萬提喜。鄭開乳名洪，排行第二，他出家後叫做洪二和尚。乾隆二十六年（1761），洪二和尚創立天地會，入會者都是他的門徒，叫做洪門，又稱洪家，以「洪」爲義姓。洪門的「洪」，並非因明太祖年號洪武而得名。嘉慶六年（1801）二月，福建同安縣人陳姓到廣東新寧縣看相算命，縣民葉世豪邀請陳姓到家看相。陳姓藉機傳授天地會「以洪字爲姓，拜天爲父，拜地爲母」的入會儀式。嘉慶十年（1805）六月，福建建陽縣人陳淑金與杜世明等七人閒談，杜世明起意結盟拜會，述及閩贛交界舊有陰盤教；陽盤教名目，暗存「天地」二字，願入陰盤教者抄存經卷，吃齋念經；願入陽盤教者傳授「開口不離本，出手不離三」手訣暗號。同年六月二十六日，衆人至建陽縣境內空廟結會，寫立合同，開列二十五人名字，並寫明「衆兄弟投進萬大哥洪記麾下」字樣，將「洪」字作爲總姓，「金」字作爲排行，以取同心堅志之意。陳淑金改名爲「洪金鴻」，杜世明改名爲「洪金明」，其餘兄弟俱照式將各姓名前二字，易以「洪金」二字。由此可知所謂陽盤教，就是祕密會黨，亦即「以洪爲姓」的異姓結拜團體。

清代祕密會黨中創造的隱語手勢，可以反映異姓結拜或金蘭結義的性質。隱語手勢是會黨成員祕密溝通信息的暗號，是代替語言文字的手語，它自成一體，其起源甚早，唐代皇甫崧《醉香日月》已有手勢篇。手勢不用書寫，不必發聲，懂得會黨手勢，便可走遍三江四海。乾隆四十七年（1782），天地會首領萬提喜的嫡傳弟子陳彪到福建平和縣傳會，嚴煙等人拜陳彪爲師，加入天地會。次年，嚴煙渡海來臺，在彰化縣境內傳會，因會員衆多，恐難辨認，規定大家相見時，伸三指爲號。嚴煙被捕後錄有供詞，他說：「四十九年上，我在溪底阿密里庄遇見林爽文，與他往來熟識，他向我說也要入會。我就將從前陳彪傳我入會的話告訴他，說凡要入這會，須設立香案，在刀劍下鳴誓，遇有事情，同教之人大家出力，公同幫助。又恐人數太衆，不能認識，相約見人伸三指，並有洪字暗號，口稱五點二十一，便是同教之人⑩。」乾隆五十一年（1786）六月，廣東饒平縣人林功裕經同宗林三長引入天地會，傳授「用三指接遞茶煙，如路上有人搶奪，把三指按住胸膛，即可無事⑪。」同年七月間，饒平縣人賴阿恩加入天地會，傳授暗號「如遇有搶奪東西的人，叫小的只用手指三個，按住自己的心坎，就不搶了。又說舉大指爲天，小指爲地⑫。」同年十月間，販麵度日的饒平縣人許阿協，路過麻塘地方，身上番銀被人搶去，經賴阿邊引入天地會，「叫小的路上行走，如遇搶奪的人，伸出大姆指來，便是天字，要搶的人必定將小姆指伸出，就是地字，彼此照會，就不搶了⑬。」乾隆五十五年（1790）九月，臺灣南投人謝志，在虎仔坑結拜天地會，會內相見，用左手伸三指朝天做暗號，就知道是同會弟兄⑭。嘉慶十一年（1806）三月，福建晉江縣人李文力在南平縣結拜添弟會，會中傳授開口不離本，出手不離三，取物吃煙用三指向前暗號。嘉慶二十一年（1816）十月，福建沙縣人鄧方布結拜明燈會，會中傳授取物吃煙俱用左手三指的暗號。天地會的三指暗號，其由來或與李、朱、洪三姓倡立天地會的傳說有關，或指桃園劉、關、張三姓結義而言，以象徵異姓結拜的意義。所謂「開口不離本」，是指會員在對話中，先說本姓，再說義姓的口訣。會簿先鋒問答多以「洪」爲義姓，問：「兄弟爾高姓？」答：「本姓某。」問：「怕爾有義姓。」答：「義姓是姓洪。」問：「爾然何一人兩姓？」答：「父母生我命頭金，跪拜天地入洪家。」問答姓氏不離本姓，是父母生下來的本姓，加入洪門，以「洪」爲義姓，有本姓，也有義姓，所以一人兩姓，充分反映了會黨異姓結拜的性質。會黨的三指暗號，富於變化，或見人伸三指，或用三指接遞茶煙，或把三指按住胸膛，或舉大指爲天，小指爲地，或用左手伸三指朝天，或用三指向前，都是會員彼此照會的暗號，暗號多變，可以保密。

祕密會黨固然多用手勢暗號，民間祕密宗教，也傳授手指暗號。嘉慶九年（1804），離卦教的信徒王普仁等被捕後供出離卦教的教首郜添麟又名高道遠。郜添麟世居河南商邱縣，其高祖郜雲隴傳習離卦教。教中傳授心法歌訣。同教信衆相見，各駢食指、中指，往上一指，稱爲劍訣，作爲暗號⑮。

拆字是把字形拆開其偏旁點畫而暗示特殊涵義，隋朝稱拆字爲破字，後世民間將拆字與測字混爲一談。清代祕密社會常用拆字法或拼字法改造新字，作爲暗號。「木立斗世知天下」是天地會的一句拆字隱語。乾隆五十二年（1787）閩粵督撫查辦天地會，拏獲會員多名。其中廣東饒平縣人賴阿恩供稱，福建漳州福興班戲館管班梁阿步勸賴阿恩加入天地會，並傳授天地會暗號、詩句。賴阿恩還默寫了四句詩，「頭一句是日月車馬三千里，第二句忘記了，第三句是木立斗世知天下，第四句是順天行道合和同。」據饒平縣南陂鄉人林功裕供稱，同宗林長三勸林功裕加入天地會，並傳授詩句：「洪水漂流氾濫天下，三千結拜李桃紅，木立斗世天下知，洪水結拜皆一同。」饒平縣上饒鄉人許阿協也因此加入天地會傳授詩句：「教小的詩句兩首，小的記得不清，只記得內有木立斗世知天下，順天行道合和同兩句。這木立斗世，木字，係指順治十八年，立字係指康熙六十一年，斗字係指雍正十三年，世字係因天地會起于乾隆三十二年，故借這世字暗藏的⑯。」「木立斗世」暗藏清初皇帝在位年數，須透過拆字法解讀，「木」字拆爲十八，是順治皇帝在位的年數，自一六四四年至一六六一年，計十八年。「立」字拆爲六一，是康熙皇帝在位的年數，自一六六二年至一七二二年，計六十一年。「斗」字拆爲十三，是雍正皇帝在位的年數，自一七二三年至一七三五年，計十三年。「世」字拆爲卅二，是暗指乾隆三十二年（1767），或指洪二和尚萬提喜在福建漳浦縣觀音亭傳授天地會的年分，或係民間預測清朝將亡於乾隆三十二年（1767）的年分，「木立斗世知天下」，就是暗藏清朝變天的政治預言。在天地會碑亭中也有「木立斗世汨皆絕，萬里和同再復興」的對聯。「汨」字屬於拆字造字法，「清」字拆除主，暗示清人無主。清朝歷經順治十八年、康熙六十一年、雍正十三年、乾隆三十二年，清朝政權即將覆滅。拆字寓意，是最具神祕性的預言，「木立斗世知天下」便是天地會流傳的拆字預言。

在天地會中傳授詩句有「洪水漂流」等字樣。在天地會碑亭中有「共同和合，結萬爲記」等字樣。在天地會各種形式中，多有「共洪和合」及「結萬爲記」成對的聯語，說明天地會在以「洪」爲義姓之前，曾經有過以「萬」爲義姓的時期。詩中的「洪水」，暗藏「洪」姓，或洪門。天地會讀句中的「順天行道合和同」是指「共洪和合」。《臺灣檔》抄錄嚴煙的供詞說：「相約見人伸三指，並有洪字暗號，口稱五點二十一，便是同教之人⑰。」乾隆五十二年（1787），臺灣南路天地會首領莊大田響應林爽文率衆起事後，他自稱洪號輔國大元帥。會中木質印信鐫印「洪號輔國」四字。嚴煙在供詞中也指出，「旗上書寫『洪號』字樣，並有五點二十一隱語，都是取『洪』字的意思，曉得暗號，就是同會，即素不認識之人，有事都來幫助⑱。」「洪」

字可以拆成五點二十一」，使用「五點二十一」暗號的祕密會黨，就是以「洪」爲義姓集團即洪門兄弟發展而來的天地會。

「洪」字也被拆成「三八二十一」。貴州黎平府開泰、永從兩縣，結盟拜會的活動，極爲頻繁。道光十一年（1831）正月間，開泰縣人馬紹湯赴廣西懷遠縣找尋生意，會遇廣東船戶吳老二，彼此閒談，吳老二告知廣東舊有添弟會，改名三合會，抄有會簿歌訣，如遇人問姓，先說本姓某，改姓洪。並傳授詩句，內有「三八二十一，合來共一宗」，「三八二十一」隱含「洪」字，會員相見即以「三八二十一」爲暗號。「合來共一宗」，是因添弟會改名三合會⑲。道光十五年（1835）二月間，貴州黎平府人徐玉貴外出貿易，與廣東人曾大名相遇，曾大名告知廣東添弟會傳授暗號詩句，如遇人問姓，先說本姓，後說姓洪，會中有「三八二十一，合來共一宗」等歌句⑳。在洪門盤問弟兄的歌句隱語中，多嵌入「三八二十一」字樣。問：橋下水深，爾哪裡得過？答：左手拿三個石頭，三八二十一。問：爾船同來幾多人？答：三八二十一。

閩粵地區，盛行造字。祕密會黨使用拆字法改造新字，作爲暗號，更是常見。林爽文領導臺灣天地會起事失敗以後，天地會逸犯陳蘇老等潛返福建同安縣原籍。爲了復興天地會，陳蘇老於乾隆五十七年（1792）八月間，糾邀陳滋等人結盟拜會。會中爲掩人耳目，以青氣爲天，改造新字「靝」；以黑氣爲地，改造新字「黗」，以靝黗會暗代天地會。嘉慶十六年（1811）五月間，廣西巡撫成林將東蘭州姚大羔所藏天地會的會簿、三角木戳等咨送軍機處，會簿中書明「青氣爲天，黑氣爲地，山乃爲會」等字樣㉑，亦即以「靝黗屶」暗代天地會。道光二十四年（1844）八月，廣東潮陽縣人黃悟空起意結拜雙刀會，會中製成紅布三角洪令小旗，旗面書寫「蘢黰屴」三字，暗代天地會。

嘉慶十六年（1811），廣西查獲天地會文件，記載洪門會員往來書信暗號，以「洪」字的異體暗示吉凶緊慢。在所查獲的天地會文件中包括「吉凶書信字號圖記」注記云：「其吉凶緊慢，即是分辨一個洪字，其吉事書寫，用洪寫三點。若小凶事書信用〔洪〕寫一點，即寫兩撈（撇）。若大凶事書信用〔洪〕，其點寫三撈是也㉒。」原件附有圖樣，「洪」字正寫，表示吉事，大吉用此字。若「洪」字偏旁改寫二撇作一點「𫟹」，表示小凶事，小凶事用此字。若「洪」字偏旁改寫三撇作「𬇙」，則表示大凶，即大凶用此用。可將原件所附圖樣影印如下：

「洪」字變化無窮，暗藏了許多玄機，詭譎多端，說明會黨的造字是富於變化的，具有創造性。

乾隆年間，天地會傳授「順天行道合和同」，以及「共洪和合、結萬為記」等字樣，其含義在說明以「萬」為義姓，以「洪」為義姓等異姓結拜集團合來共一宗。嘉慶二十年（1815）十月，湖南衡陽縣人李泳懷等十二人在廣西恭城縣結拜忠義會，會中腰憑內有「彪壽和合」四字㉓，作為暗號。道光十一年

（1831）正月間，貴州開泰縣人馬紹湯在廣西懷遠縣會遇廣東船戶吳老二，借抄三合會會簿，書內載有八且圖形腰憑，途中有「彪𪋻舵𩙻𩗪」五字㉔。道光二十七年（1847）七月，江西南豐縣人李仙迓等人在福建建陽縣結盟拜會，因官府嚴禁三點會，所以改名紅錢會。會中所藏歌本隱語暗號含有「彪𪋻舵𩙻𩗪江洪汨湈汰」等㉕。由此可以說明會黨造字由簡而繁的變化。

《水滸傳》所述一百零八好漢包括三十六天罡星，七十二地煞星。天地會等會黨受到《水滸傳》故事的影響，以「三十六」暗代「天」字，以「七十二」暗代「地」字，以「一百零八」暗代「會」字，於是在天地會流傳的詩句、隱語、口訣中多嵌入「三十六」、「七十二」、「一百零八」暗代「天地會」字樣的數目字。廣西東蘭州天地會成員姚大羔所藏會簿記載〈盤問兄弟〉問答中含有此類隱語。問：爾路來有幾多灣？答曰：本是三灣。又問：爾不止三灣？答曰：大灣七十二，小灣三十六。問：舡纜有幾長？答曰：有三丈六尺在水，有七十二在上。買賣有幾多銀？答曰：一百零八兩。〈盤問袍袱〉問：桃李有幾多？答曰：桃有三十六，李有七十二，共成一百零八。問：爾包袱實在有什麼？答曰：有銀，銀有幾多？答曰：光板有三十六，花銀有七十二，共成一百零八。問：爾眉毛一片〔幾〕多？答曰：左有三十六，右有七十二。問：爾手上白的是什麼？答曰：手帶素明珠。問：然何一邊多？答曰：左三十六，右七十二㉖。問答隱語中所嵌入的「三十六」、「七十二」、「一百零八」，暗藏「天地會」字樣，外人莫明其妙。

會黨成員公推出來的首領稱為大哥，手執紅棍，可以責罰不守規章的弟兄。因大哥手執紅棍，後來紅棍就成為會黨首領的通稱。會黨中的白扇是一把隻字不寫的清風扇。會黨中掌管文書的先生，手持白扇，後來白扇就成爲先生的別稱，其地位，僅次於香主。草鞋又稱鐵板，是負責奔走各地傳遞信息兄弟的頭目。會黨內部組織，不但複雜，名目罕見，同時爲了保持高度機密，各頭目的職稱，多以民間記賬通用的數目字代替漢字。例如「文三〤」（九三四）爲大哥，以「文亖文」（九八九）爲香主，以「文亖川」（九八三）爲白扇，以「文文刂」（九九二）爲先鋒，以「〤二丨」（四二一）爲紅棍，以「〤一〥」（四一五）爲草鞋等等，類似後世的個人身分證字號，各頭目有代表自己身分職稱的代號，可以反映通俗文化的特徵及會黨成員的創造力。

各會黨創造的隱語暗號，層出不窮。嘉慶十六年（1811）三月，福建建陽縣人江婢仔糾人結拜百子會，會中成員將髮辮盤在頭上，辮尾繫紅繩，垂於右側，作爲暗號，取物用二指，接物用三指。會內人稱爲屏裡，會外人稱爲屏外。光緒十五年（1889）七月間，江西鉛山縣人姚士林加入哥老會。他被捕後供出會中暗號，分別內外，內口號是「杏黃旗上寫大字」；外口號是「替天行道第一人」。會中成員髮辮打一結子，衣服胸衿第二鈕子不扣。喫茶拿煙，一手掇茶碗，一手用第二指勾彎。起早叫做「線子」，坐船叫做「底子」，見面稱爲「紅家人」㉗，就曉得是會內人。「江湖黑話」一類的切口，普遍使用，在下層社會創造了許多俚俗的術語或辭彙，更加豐富了通俗文化的內容。

四、從隱語暗號看通俗文化

隱語是借辭暗示以保護內部成員安全的祕密語言，屬於民間通俗文化的範疇，它在社會底層暗中發展，形成文化潛流，有助於祕密社會的發展。民間祕密宗教內部也多有隱語暗號。

嘉慶十八年（1813），因天理教案查拿教犯。山西人來明是武安縣黃姑菴道士，他被捕後供出劉玉隴是離卦教頭目，那離教的口號，見人先說「眞空」兩字，答應說「妙」，就是同教。又稱教中學會金鐘罩，不怕刀砍，只是怕拖㉘。教中稱教首牛亮臣爲先生，他被捕後供稱劉玉隴是離兌巽艮武卦內頭目，善於喫符。據教犯郭洛雲供稱，離卦教又名如意門，見人稱「在理」二字，就知是同教㉙。離卦教信徒衆多，知道暗號，就是同教，目的在保密，以掩避官方耳目。

天理教按八卦分派，各有教首，天理教在性質上就是八卦教。八卦教極力宣傳閏八月爲紅陽末劫的思想。在八卦教天書內就記載著「八月中秋，中秋八月，黃花滿地開放」的讖語。句中第二個中秋，就是閏八月中秋，相當於官方新頒時憲書中的嘉慶十八年（1813）九月十五日。民間流傳著閏八月對清朝政權不利的歌謠。天理教信衆日增，總教首林清等人遂密謀起事，他們推算天書，算出閏八月是紅陽末劫，白陽教當興，彌勒降生。於是假藉天書，宣傳閏八月交白陽劫，是變天的時機，而訂期於「四五月三五日」一齊動手。起事日期是掩人耳目的暗號，所謂「四五」，即四加五，和數爲九，將「九」拆爲四和五，四五月即九月。所謂「三五」，即三乘五，積數爲十五，三五日即十五日。「四五月三五日」，暗藏九月十五日，就是閏八月十五日第二個中秋。天理教密謀起事，所以使用隱語暗號，使官府莫名其妙。

嘉慶年間，安徽巢縣等地查禁收圓教。縣民方榮升等人拜金宗有爲師，傳習收圓教，方榮升自稱是無終老祖紫微星、朱雀星下世，他令信徒李元興等人書寫帖子多張，帶往各處散發。帖字內創造許多怪異文字，都出自方榮升之手。例如木戳內「獨令」，意即「執」；「當令」，意即「掌」；「硬石」，意即「山」；「水衝土」，意即「河」；「天地同修」，意即

「聖」；「日月同春」，意即「壽」；「玄空」，意即「無」；「聖凡同興」，意即「疆」，合起來聯綴成句，就是「執掌山河聖壽無疆」八字。由此可知，民間祕密宗教，不僅拆寫漢字，而且還借組合漢字，改變文義，暗藏隱語。

青幫、紅幫是信奉羅祖教漕運糧船水手的教門組織。青幫、紅幫的「幫」是由糧船幫的「幫」而得名。青幫則因青皮而得名，其本義是指皮膚刺青，引伸爲無賴漢、流氓、地痞的俗稱。紅幫是以紅色爲標幟的糧船幫。青幫、紅幫的形成，是清朝漕運積弊下的產物。清朝末年以來，青幫、紅幫的成員，除了水手外，還包括鹽梟、散兵游勇、無業遊民、捕役等等，多屬社會下層的成員。青幫、紅幫的成員，多使用通俗語言。安徽涇縣人包世臣（1775-1855）所進〈淮鹽三策〉中曾述及青皮所使用的特殊語言，節錄一段內容如下：

> 梟徒之首，名大仗頭，其副名副仗頭，下則有秤手、書手，總名曰爲當青皮。各站馬頭，私鹽過其地，則輸錢，故曰鹽關，爲私販過秤主交易，故又曰鹽行。爭奪馬頭，打仗過戰陣。又有乘夜率眾賊殺者，名曰放黑刀。遣人探聽，名曰把溝。巨梟必防黑刀，是以常聚集數百人，築土開濠，四面設炮位㉚。

糧船水手中，青皮充斥，販賣私鹽，爭奪馬頭，逞兇鬥狠。引文中的「放黑刀」。派人探聽動靜，就叫做「把溝」。江湖黑話，是下層社會的通俗文化。

幫會中的隱語，叫做切口，又稱春典，是保護兄弟自身安全的祕密語言，隨著幫會勢力的擴大，隱語切口逐漸發展成爲下層社會的通俗文化。常見的隱語切口，不勝枚舉。青幫、紅幫的切口稱人爲「堂」，幾個人稱爲「幾桿堂」，殺人稱爲「劈堂」。

官差吏役稱爲「馬子」，販私鹽稱爲「走砂子」，販賣女人稱爲「開條子」，販賣小孩稱爲「搬石頭」㉛。隱語切口是祕密語言，幫中成員，嚴守祕密，然後保安全。由此可以說明幫會中的通俗文化，具有隱祕性。

糧船幫中的教門組織，各有主教，稱爲老官。每幫各有老官船一隻，皈依羅祖教的糧船水手，都拜老官爲師父。各幫老官操生殺予奪之權，水手犯過，必送老官處治，輕者責罰，重者立斃。教中遇有爭鬥，紅幫老官即以紅箸爲號，黨夥立聚。以紅布繫腰，作爲識別。夜間械鬥，則以朱墨塗面，以爲標幟。因幫中是以紅色爲其最顯著的特徵，所以稱之爲紅幫。青幫、紅幫的隱語暗號，確實有其特色。

五、從會黨腰憑看通俗文化

各會黨所藏會簿，記載頗多詩句歌訣，其詩句多屬於一種藏頭詠的形式，又稱爲嵌字詩，即在各詞句中分別嵌入隱語，作爲暗號，使會外人無從辨認。乾隆末年，林爽文起事以後，官府查拏會黨，從案犯許阿協，賴阿恩等人的供詞中，多供出天地會的詩句，其中含有「日月車馬三千里」等句，暗藏「明」字。「木立斗世知天下」等句，暗藏清初諸帝在位年數。嘉慶十六年（1811），廣西東蘭州姚大羔所藏天地會會簿中含有〈十底詩〉，也有「木立斗世天下知，順天興明合和同」、「三姓結萬李桃洪」、「結萬和同李桃洪」等句，文意相近。嘉慶七年（1802）五月，廣東香山縣人黃名燦等人結拜天地會。會中使用「共洪和合，結萬爲記」暗號，刻成木戳，刷成紅、白二號，凡是入會者，每人分給二塊，一存各人家內，一帶自己身上，作爲憑據。嘉慶十九年（1814）年三月，江西龍南縣人鍾錦龍聽從連平州人邱利展糾邀，結拜三點會。邱利展傳授口訣暗號，並與鍾錦龍紅布一塊，書寫俚詞詩句：「五祖分開一首詩，身上洪英無人知，自此傳得衆兄弟，後來相見團圓時」等語㉜。廣東人曾大名是添弟會黨員，曾抄有祕密書本。道光十五年（1835）二月間，曾大名糾人結會，傳授詩句：「三八二十一，合來共一宗」、「紅旗飄飄，英雄盡招，海外天子，來附明朝」、「五房留下一首詩，深山洪英少人知，有人識得親兄弟，後來相會團圓時」、「一匹青草嫩悠悠，兄弟相會在路途，今朝吃了洪家飯，走盡天下無憂愁」等歌訣詩句㉝。

會黨成員的會員證，叫做腰憑，多以布片印成八角形數層，各層文字的連綴，頗有變化，或在一句中顚倒其文字，或各句中互相錯綜，務令外人難於索解，因腰憑本底樣式多成八角形，所以習稱八卦㉞。腰憑內各層文字，多爲各會黨流傳的隱語及詩句，陸續拼湊，八卦層次日增，由簡而繁，經過長期的拚湊，愈演變而愈錯綜複雜。爲了便於說明，將後世所見天地會腰憑之一影印如下：

圖一　天地腰憑圖式之一

上圖是天地會系統的一種腰憑，其本底樣式，近似八卦圖形。在外層上方居中爲「䨺」，暗代「天」字。下方居中爲「䨻」，暗代「地」字。右側居中嵌入「日」字，左側居中嵌入「月」字，日月合爲「明」字，暗藏天地會反清復明的宗旨。八卦外層左起詩句爲「五分一詩首開人，自傳衆弟兄得此，身洪無知人英上，身洪知人英上，後相團時圓認來」。句中文意錯亂，但對照歷年會黨所錄會員供詞後，可將八卦外層詩句寫成「五人分開一首詩，身上洪英無人知，自此傳得兄弟，後來相見團圓時」，與三點會、添弟會等會黨供詞文意相近。䨺䨻會在乾隆末年僅僅是一個會黨名稱，「五人分開一首詩」等句，在嘉慶、道光年間，也不過是俚俗詩句而已，後來都刻入八卦形的腰憑裡。上層內層居中三角形內有「洪」字，是表示以「洪」爲義姓，是洪二和尚的「洪門」，或「洪家」。上圖各層所刻隱語、詩句似乾隆年間的產物，應是較早的腰憑。其後層逐漸增加，詩句隱語日漸複雜，可以下圖爲例：

圖二　天地會腰憑圖式之二

圖二腰憑圖，增為八層，文字繁複，所造新字頗多。內層三角形中標明「洪」字，「結萬為記」，拚湊成合體字「〓」，「共同和合」拚湊成合體字「〓」，「金蘭結義」拼湊成合體字「〓」。外層左側上方「〓」是「共同和合」的合體字，下方「〓」是「忠心義氣」的合體字。內層右側上方「川丁首大」，排列錯亂，當作「川大丁首」，是一種拆字法，取其偏

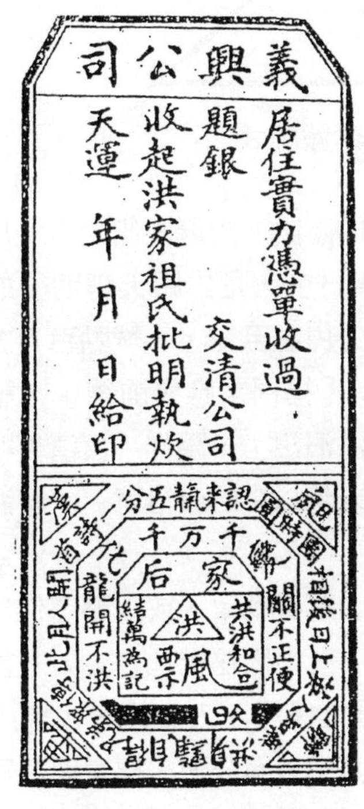
義興公司
居住實力憑單收過
題銀　交清公司
收起洪家祖氏批明執炊
天運　年　月　日給印
認来氣五分
千万千
家后
洪
共洪和合
結萬為記
關不正便
龍開不洪

圖三
義興公司票據圖式

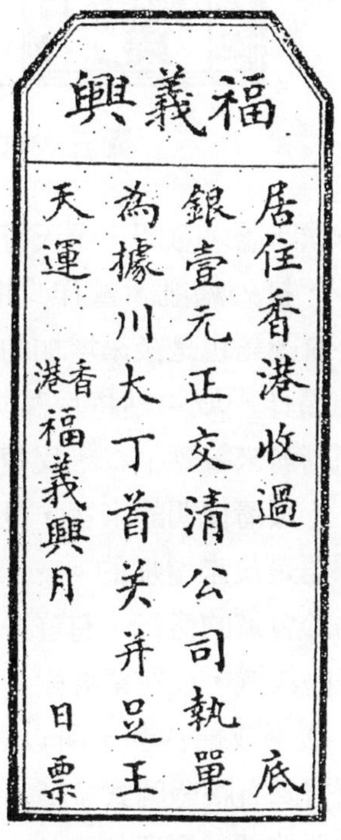
福義興
居住香港收過　底
銀壹元正交清公司執單
為據川大丁首关并足王
天運　香港福義興　月　日票

圖四
福義興公司票據圖式

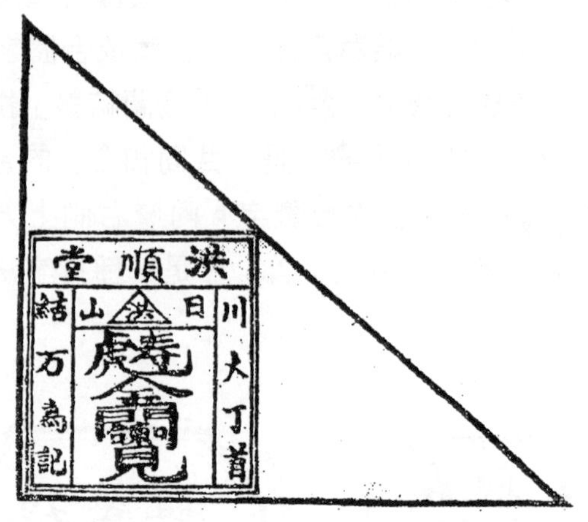

圖五　洪順堂票據圖式

旁，隱藏暗語，意即「順天行道」的隱語。內層左側上方「川車日大」，排列錯亂，當作「川大車日」，是「順天轉明」的隱語。外層隱語也是後來增加的，上方由右至左，「城點百兵方將中」，讀作「城中點將百萬兵」；「福祠來應警前德」，讀作「福德祠前來警應」；「反復我兵洪汩汨」，讀作「反清復明我洪英」，反清復明的宗旨，是乾隆末年以來的政治號召，腰憑外層的隱語是後來增加的。

由於會黨的盛行，有許多商號的票據執單，或以腰憑作爲公司行號的票據，或在票據嵌入隱語。《中國祕密社會史》一書已指出，腰平或稱八卦，所以爲會員之保證，入會後，由會中付給。原書降有腰憑圖式多種。僅就其中義興公司、福義興公司、洪順堂票據圖式影印如下：

由圖三義興公司票據圖式的形式可知在會黨成員所開設的公司，其票據形式的設計，是以會員的腰憑與行號的票據結合的產物。圖四福義興公司票據內嵌入「川大丁首」隱語，圖五洪順堂票據圖式中也嵌入「川大丁首」隱語，都是會黨中的特別字，「順」，除去偏旁「頁」，改寫爲「川」；「天」，除去頭上「一」，改寫爲「大」；「行」，除去偏旁「彳」，又除去頭上「一」，改寫爲「丁」。會黨隱語或特別字中多將「清」字改寫成「汨」，暗示清人無主。後世相傳鄉試考題中的「維民所止」，暗諷「雍正無頭」。會黨隱語或特別軍中「大」、「丁」，也是暗示皇帝無頭。「道」，除去部首「辶」，改寫爲「首」，「川大丁首」就是會黨宗旨「順天行道」的政治訴求。由會黨腰憑特別字的變化可知會黨造字的形式是富於變化的，或除去偏旁，或合數字改造成聯結字，或以同音字相代，或以數目字爲身分代號，不僅變化多端，同時也深具原創性，反映下層社會的通俗文化，是富於改造力的，是爲適應社會背景而創造的隱文化。

六、從民間祕密宗教的社會教化功能看通俗文化的社會適應

宗教的行爲規範功能，主要是通過社會行爲的宗教律法規範、教內行爲的律法規範及宗教道德的行爲規範等方式表現出來的，它與世俗法律和道德的行爲規範有很大的差異，它的根本特點是在於借用神祇的名義，賦與特殊的神聖性，這不僅具有強大行爲規範的作用，而且還有它獨立的自我規範。世俗道德的社會功能，主要是通過社會輿論的方式來調節人與人之間的關係，而宗教道德除了社會輿論的方式之外，還蒙上了一層神聖的靈光，要在遵照神明意志的前提下來調節人與人之間的關係。而且宗教道德除了神聖性之外，還有補償性和感化性的特點。宗教道德把

神祇的仁慈和懲罰結合在一起，善行得到神祇的仁慈而上天堂，惡行要接受神祇的懲罰而下地獄。當宗教道德的神聖性、補償性和感化性與一般的世俗道德結合在一起的時候，宗教道德的行爲規範就比一般世俗道德更具有自律自控的自我約束作用㉟。民間祕密宗教的道德行爲規範，具有通俗性的社會教化功能，更能促使虔誠的信衆發自內心地遵守宗教道德的行爲規範。

民間祕密宗教中許多教派多有勸化信衆，唱說孝順父母，勸人行好，和睦鄉鄰等好話㊱。嘉慶三年（1798），直隸南皮縣人李可學因病拜同村張成位爲師，入紅陽教，每年兩次在張成位家中做會，唸誦《地藏經》，唱說好話。江蘇沛縣人郭振拜陳柱爲師入震卦教，隨後便傳授好話的內容，以及唱說的技巧。據郭振供稱，「我聽了他的話，就認他做了師父。他叫我每日向著太陽磕頭三遍，口中唸誦孝順父母，尊敬長上，和睦鄉里，不瞞心，不昧己。㊲」禮拜太陽時說好話，具有神聖性的誓願作用。這類勸善好話，民間祕密教派還把它編成歌曲，文字俚俗，較易唱唸，善男信女樂於接受，頗能表現下層社會的通俗說唱藝術。直隸東鹿縣人劉黑知等人傳習離卦黃陽教，教中唸誦無字眞經歌訣。同教信衆輪流做會，邀集信衆到家中說唱好話歌㊳。由於說好話的風氣日益盛行，「好話」一詞遂逐漸發展成爲教派名稱，例如好話教、好話道摩摩教、一炷香好話教等教派。

打坐運氣，稱爲坐功，是民間祕密宗教常用的治病健身方法，它兼具身心治療的功效。各教派信衆面向太陽，虔誠禮拜磕頭，口中唸誦「眞空家鄉，無生老母」八字眞言，對病人的心理及生理便可產生神力治療的功效。雍正初年，山東魚臺縣查禁空子教，拏獲教犯李萬祿等人。據李萬祿等人供稱，空子教內部有內承法及外承法之分，教中編有通俗化的八卦歌說唱，傳授運脈口訣，閉目捲舌運氣、默念八字眞言稱爲內承法。教中不能閉目捲舌運氣者，稱爲外承法。內承法坐功運氣，日久之後便可消災除病。直隸冀州人崔延孟等傳習一炷香好話摩摩教，教中勸人習教，以免輪迴。教中信衆口唸無字眞經，說唱歌訣，誦唸「眞空家鄉，無生老母」八字眞言。還將《論語》中「學而時習之」等句，讀作運氣功夫的歌訣㊴。民間祕密宗教將《論語》改編成運氣歌訣，是儒家主流文化通俗化的具體表現。

善惡因果報應是宗教道德的一種因果論，善人上天堂，惡人下地獄。直隸寧晉縣高口人麥成章是收元教內分掌兌卦教的頭目，拳棒頗好。乾隆四十六年（1781）正月，南宮縣人簡七前往高口拜麥成章爲師，用黃紙一張塡寫徒弟姓名，望空燒化，令其磕頭爲徒。在黃紙內有「四相嚴謹，五行歸中」等句，文中大意是說：「人之視聽言動，不可邪妄，教得好徒弟，愈多愈好，死後可以上昇㊵。」所謂「視聽言動」，是指傳統社會主導文化中的非禮勿視、非禮勿聽、非禮勿言、非禮物動的禮教道德規範，是調節人際關係的世俗道德輿論，民間祕密宗教將其轉化爲宗教道德規範。張洛雄是直隸無極縣人，莊農度日。嘉慶八年（1803），張洛雄拜同縣趙洛希爲師，傳習天香教，每逢朔望向空焚香三炷，供茶三盅，叩頭禮拜，並勸人非禮勿視，非禮勿聽等語，希圖消災獲福㊶。視聽言動，不可邪妄，非禮勿視，非禮勿聽，都是提昇個人品德、端正社會風氣的基本要求，與儒家生活規範，並無不同。天香教將儒家生活規範賦予神聖性後，而轉化通俗的宗教道德規範後，更能促使信衆發自內心地遵守神聖性的行爲規範。

嘉慶十三年（1808），直隸灤州人裴景義等拜冀州南宮縣人陳攻玉爲師，加入三元教。教中每逢會期，信衆俱燒香上供，磕頭念咒，坐功運氣。陳攻玉告誡信衆，「遇世須從仁義禮智體貼，不可爲非作惡，上等人學成時成仙得道，中等人學成時卻病延年，下等人學成時消災免難㊷。」直隸靜海縣人崔文載、崔煥父子拜崔大功爲師，皈依未來眞教後，崔大功極傳授五戒十勸。五戒就是佛家不殺、不淫等戒律。十勸即：一勸回頭向善；二勸低頭拜佛；三勸永不虧心；四勸指路明人；五勸改邪歸正；六勸眞心學好；七勸多積陰德；八勸休攬雜事；九勸休要錯意；十勸普積善緣㊸。未來眞教的五戒十勸，具有社會教化的作用，容易爲善男信女所接受。民間祕密宗教對社會教化扮演了重要的角色，各教派將儒家的世俗道德規範與宗教的戒律善行規範結合成爲信衆的神聖性行爲規範，善男信女皈依民間祕密宗教以後，彼此勸勉學好，凡事都要仁義禮智體貼，並實踐於視聽言動的四相，自然不致爲匪作惡。道統文化經過通俗化後，改編成鄙俚的歌詞，又蒙上宗教的神祕面紗，儒家世俗的道德規範，遂轉化成爲下層社會通俗化的宗教道德規範。山東人姜明等人曾拜邵大稜爲師，傳習歌詞。隨後又邀劉八等人倡立如意教，上供燒香，唱誦俚俗歌詞。嘉慶十九年（1814）正月，姜明等人被捕後，軍機處將姜明所傳習的俚俗歌詞抄錄進呈御覽。嘉慶皇帝披覽歌詞後命軍機大臣寄信山東巡撫同興，節錄〈寄信上諭〉一段內容於下：

> 朕閱其歌詞，雖屬鄙俚，均係勸人爲善，並無違悖字句。惟伊等既知勸善，則聖賢書籍，何非教人爲善之意。此外如世所傳之陰騭文、感應篇等類，朝夕誦習，亦可爲修身行善之助。若自行編造歌詞，私立會名，轉相傳授，是即與邪教相類㊹。

民間祕密宗教的勸善歌詞，雖然俚俗，但是並無違悖字句，未含政治意味。嘉慶皇帝以儒家道德規範作爲社會教化的行爲準則，因此，堅持要以聖賢書籍作爲勸善的教材。其實，處於教育並不普及的傳統下層社會裡，將聖賢書籍或佛道經卷改編成說唱的通俗勸善歌詞，更能被識字不多的販夫走卒，或市井小民所接受，這就是民間祕密宗教對聖賢書籍或佛道經卷進行選擇與改造的社會背景的產物。引文中的陰騭文是勸人布施陰德的文字。《感應篇》是《太上感應篇》的簡稱，清初順治年間有滿漢合璧刊本，其書內容以勸人爲善的文字居多，託名爲老子之師太上，以宣揚因果報應。民間祕密宗教各教派通俗化的勸善歌詞及其說唱勸善形式，主要是採用宗教，尤其是民間祕密宗教的神聖性語言對「愚夫愚婦」進行社會教化。通過禮拜、燒香、禁忌、戒律、修行和教法等方面的行爲規範或活動方式表現出來，而使學好行善成爲善男信女發自內心的宗教信仰，其行爲規範因而更能產生潛移默化的社會教化作用。

七、結　語

通俗文化是屬於隱文化的範疇，它在下層社會裡暗中醞釀，逐漸形成傳統社會的文化潛流。

說唱是一種藝術表現，民間祕密宗教的寶卷繼承了變文的結構，改造佛道經典，以散韻交錯的方式，採用通俗曲調來說唱教義，宣講勸善故事，充分表現了通俗文化的特色。

在民間祕密宗教的社會教化活動中，通俗文化扮演了重要的角色。民間祕密宗教將宗教道德的神聖性和感化性，與一般世俗道德互相混合後，其社會教化功能，遂更能促使虔誠的善男信女發自內心地遵守宗教神聖性的行爲規範。民間祕密宗教各教派多有勸化信衆孝順父母、和街鄉鄰等好話的活動。各教派多將勸善好話編成歌曲，文字俚俗，說唱都生動有趣。善男信女多樂於接受。在坐功運氣的民俗醫療活動中，還將《論語・學而篇》中「子曰：學而時習之，不亦說乎」等句改編成運氣歌訣，確實是儒家主流文化通俗化的具體表現。未來眞教是民間祕密宗教的一個教派，教中將佛教的五戒和民間俗曲中的十勸結合成五戒十勸的勸善好話。《血湖寶卷》是以目連的孝行爲骨幹，結合佛教善惡報應的教義，採用變文散韻交錯及民間五更轉等通俗曲調演唱目連救母的故事，變化靈活。處於教育尚未普及的傳統下層社會裡，將儒家聖賢書籍或佛道善惡報應教義改編成說唱並用的通俗勸善故事、歌訣或運氣口訣，確實較易被識字不多的「愚夫愚婦」所接受，更能產生潛移默化的社會教化作用。揭開民間祕密宗教的神祕面紗，通俗文化的收視效果，是不容忽視的。

猜謎是民間常見的一種活動，祕密社會普遍採用隱語暗號，與下層社會猜謎風氣的盛行，有著密切的關係。猜謎時，熟悉謎語的格式和體裁，較能迅速準確地猜出謎語的正確答案。祕密社會模仿編造謎題和猜謎的特殊方法，於是大量編造變化多端的隱語暗號，通過倒、參差讀，去除偏旁、部首，位置互換，一字拆爲兩字，結合數字成爲離合體的聯結字等方法的運用，有助於解讀祕密社會的隱語暗號。

清初以來，下層社會的祕密會黨及青幫、紅幫等行幫組織，隨著社會經濟的變遷，而日趨活躍，爲了保持機密，各種會黨及幫派都爭相創造了許多具有負面社會價值的「江湖術語」，包括各種隱語、詩句、口訣、切口及暗號，豐富了下層社會通俗文化的內涵，並發展成爲我國傳統社會的文化潛流，反映了隱文化的特色。天地會以三指表示劉、關、張三姓桃園金蘭結義。又以大指爲天，小指爲地，懂得手勢暗號，便能走遍「江湖」。拆字或測字是民間卜卦算命的一種方式。天地會以「木立斗世」暗藏十八、六十一、十三、三十二的數字，又五點二十一或三八二十一隱含「洪」字。《水滸傳》所述一百零八條好漢，包括三十六天罡星，七十二地煞星，天地會受到《水滸傳》故事的影響，而以「三十六」暗代「天」字，以「七十二」暗代「地」字，以「一百零八」暗代「會」字。會黨首領內部稱大哥，白扇是掌管文書的先生，他的地位僅次於香主，草鞋又稱鐵板，是奔走各地傳遞消息的頭目。會黨採用民間記賬通用的數目字暗代各頭目的職稱，例如「九三四」是「大哥」的身分代號，以「九八九」代替「香主」，以「九八三」爲白扇，以「四一五」爲「草鞋」等等，可以說明身分代號的起源，由來已久。造字也是變化多端，天地會以「青氣」暗代「天」，以「黑氣」暗代「地」，以「山乃」暗代「會」。在會黨成員的腰憑八卦各層中的詩句，是屬於藏頭詩的形式，多嵌入隱含會中祕密或暗號的聯結字，將漢字偏旁改造成許多聯結字。江湖黑話中的切口，在各種祕密組織中普遍使用，因而創造了許多特別的辭彙，更加豐富了下層社會通俗化的術語，例如乘夜聚衆殺人叫做「放黑刀」，派人探聽動靜叫做「把溝」，人稱爲「堂」，幾個人稱爲「幾桿堂」，殺人稱爲「劈堂」，官差胥役稱爲「馬子」，販賣私鹽稱爲「走砂子」，拐賣女人稱爲「開條子」等等，不勝枚舉，可以反映下層社會的通俗文化是富於創造力的，探討祕密社會的活動，有助於了解通俗文化的特色。

〔註　釋〕

①顯文化、隱文化等詞的介定，可參閱金澤著《中國民間信仰》（杭州，浙江教育出版社，1995 年 3 月），頁 25。

②陳芳英著《目連救母故事之演進及其有關文學之研究》（臺北，國立臺灣大學出版委員會，民國七十二年六月），頁 83。

③張希舜等主編《寶卷》，初集（太原，山西出版社，1994 年 10 月），第二十二册，頁 459。

④《寶卷》初集，第二十二册，頁 437。

⑤《軍機處檔·月摺包》（臺北，國立故宮博物院），第2771箱，71包，10731 號，乾隆三十四年十月初四日，湖廣總督吳善達奏摺錄副。

⑥喻松青撰《民間祕密宗教經卷研究》（臺北，聯經出版公司，民國八十三年九月），頁 213。

⑦《上諭檔》（臺北，國立故宮博物院），乾隆五十二年三月初二日，軍機大臣奏片。

⑧江日昇編著《臺灣外記》（臺北，臺灣銀行經濟研究室，民國四十九年五月），第七册，卷三，頁 112。

⑨郭廷以著《臺灣史事概說》（臺北，正中書局，民國六十四年二月），頁 118。

⑩《天地會》（北京，中國人民大學出版社，1980 年 11 月），（一），頁 111。

⑪《天地會》，（一），頁 87。

⑫《天地會》，（一），頁 71。

⑬《天地會》，（一），頁 70。

⑭《明清史料》（臺北，中央研究院，民國六十一年三月），戊編，第五本，頁 445。

⑮《外紀檔》（臺北，國立故宮博物院），道光十三年九月初七日，山東巡撫鍾奏摺抄件。

⑯《天地會》，（一），頁 70-87。

⑰《天地會》，（一），頁 111。乾隆五十三年六月十六日，臺灣檔。

⑱《宮中檔乾隆朝奏摺》，第六十七輯（臺北，國立故宮博物院，民國六十七年十一月），頁472。乾隆五十三年三月初六日，福康安奏摺。

⑲《天地會》，（七），頁481。道光十一年九月初四日，貴州巡撫嵩溥奏摺錄副。

⑳《軍機處檔・月摺包》（臺北，國立故宮博物院），第2768箱，95包，70132號，道光十六年二月二十七日，貴州巡撫裕泰奏摺錄副。

㉑《天地會》，（一），頁3。廣西巡撫成林呈軍機處咨文。

㉒《天地會》，（一），頁10，吉凶書信字號圖記。

㉓《軍機處檔・月摺包》，第2751箱，37包，53908號。嘉慶二十二年四月二十一日，湖南巡撫巴哈布奏摺錄副。

㉔《天地會》，（七），頁483。

㉕《軍機處檔・月摺包》，2749箱，159包，82041號。道光二十八年三月二十八日，福建巡撫徐繼畬奏摺。

㉖《天地會》，（一），頁11。

㉗《軍機處檔・月摺包》，第2329箱，45包，131762號。光緒二十年二月二十八日，姚士林供詞。

㉘《宮中檔》（臺北，國立故宮博物院），第2723箱，160包，19645號。嘉慶二十年八月二十二日，陝西巡撫朱勳奏摺。

㉙《宮中檔》（臺北，國立故宮博物院），第2723箱，98包，19141號。嘉慶二十年五月二十七日，字寄。

㉚包世臣撰，〈淮鹽三策〉，《皇朝經世文篇》（臺北，國風出版社，民國五十二年七月），卷49，頁11。

㉛《青紅幫之黑幕》（臺北，古亭書屋，民國六十四年八月），頁95。

㉜《宮中檔》（臺北，國立故宮博物院），第2723箱，91包，16925號。嘉慶十九年十一月十七日，江西巡撫阮元奏摺。

㉝《軍機處檔・月摺包》，第 2768 箱，95 包，70132 號。道光十六年二月二十七日，遺州巡撫欲泰奏摺錄副。

㉞平山周著，《中國祕密社會史》（臺北，古亭書屋，民國六十四年八月），頁 54。

㉟陳麟書撰，〈宗教的基本功能〉，《世界宗教研究》，1990 年，第三期（北京，中國社會科學出版社，1990 年 9 月），頁 84。

㊱《外紀檔》（臺北，國立故宮博物院），道光五年十二月十九日，直隸總督那彥成奏摺鈔件。

㊲《乾隆朝上諭檔》（北京，檔案出版社，1991 年 6 月），第十六冊，頁 463。乾隆五十六年九月初六日，郭振供詞。

㊳《軍機處檔・月摺包》（臺北，國立故宮博物院），第 2751 箱，27 包，52085 號。嘉慶二十二年六月二十七日，直隸總督方受疇奏摺錄副。

㊴《軍機處檔・月摺包》（臺北，國立故宮博物院），第 2751 箱，19 包，52647 號。嘉慶二十二年二月十六日，直隸總督方受疇奏摺錄副。

㊵《軍機處檔・月摺包》，第 2776 箱，14 包，34875 號。乾隆四十八年十二月初十日，直隸總督劉峨奏摺錄副。

㊶《奏摺檔》（臺北，國立故宮博物院），道光八年五月，護理直隸總督屠之申奏摺抄件。

㊷《軍機處檔・月摺包》，第 2751 箱，5 包，47948 號。嘉慶二十一年六月二十八日，三元教案。

㊸《上諭檔》（臺北，國立故宮博物院），嘉慶二十一年三月初三日，托津等奏片。

㊹《清仁宗睿皇帝實錄》卷 289，頁 14。嘉慶十九年四月辛未，寄信上諭。

評介孟慧英著《薩滿英雄之歌——伊瑪堪研究》

孟慧英，生於一九五三年，是北京中國社會科學院少數民族文學研究所研究員，著有《活態神話——中國少數民族神話研究》、《滿族民間文化論集》、《新時期民間文學搜集出版史略》、《滿族薩滿教研究》等書，撰寫論文五十餘篇。薩滿信仰傳統文化考察，曾被中共當局列入國家社會科學重點研究項目之一，《薩滿英雄之歌——伊瑪堪研究》一書就是作者積十餘年間大量實地田野調查研究的一部重要成果，該書是在中國社會科學研究院出版資金的資助下出版的。

十餘年來，原書作者孟慧英對赫哲族、鄂倫春族、鄂溫克族（索倫族）等滿——通古斯民族的主要聚居區進行了普遍的實地考察，採訪了住在烏蘇里江流域饒河地區、黑龍江流域的同江、街津口、八岔等地的赫哲民族的主要聚居區；走訪了居住在黑龍江流域的新鄂、新興鄂倫春民族鄉，居住在呼瑪河、阿里河、塔河等地的鄂倫春民族鄉；調查了居住在呼倫貝爾盟南屯的鄂溫克族自治旗和大興安嶺敖魯古雅等地的鄂溫克民族聚居區。此外，作者也採訪了在語言上同屬滿——通古斯語族至今保持民族語言的新疆伊黎河畔的察布查爾錫伯自治縣的錫伯族聚居區，以及東北三省的滿族聚居的大部分地區。由於這些民族在民族起源上、語言上、民族風俗上等方面有著明顯的相關性，他們在民間藝術活動樣式和民族語言方面提供的重要線索，對探討伊瑪堪這種說唱藝術體裁的諸多問題有著十分重要的啓迪作用。

原書共分五章，第一章〈伊瑪堪概述〉，計三節，分別對伊瑪堪的流傳與搜集整理、伊瑪堪奈依、伊瑪堪採錄資料進行比較分析。原書所探討的伊瑪堪（imakan），是指在赫哲族中流傳的一種說唱結合的敘事文學作品。在滿——通古斯語族各民族內也存在著類似形式的敘事作品，它傳播於我國黑龍江、烏蘇里江流域及地區和俄國境內的通古斯人中，在鄂倫春、鄂溫克、埃文基、那乃、奧羅奇、揑基達爾等民族內，都發掘到這類民間作品。作爲一種說唱文學形式，赫哲族的伊瑪堪是以膾炙人口的莫日根故事爲主要內容的。一般說來，赫哲族的伊瑪堪，是關於莫日根的故事講唱。莫日根是指能人，這種人是全能的，他們旣有薩滿一般的超驗直覺，也是出色的獵人、摔跤手，同時還很聰明，有智慧，在學者們的研究中基本上將莫日根統稱爲英雄，因而赫哲族的伊瑪堪常常專指關於英雄的說唱，或稱英雄之歌。作者根據英雄史詩的一般性質和綜合特點對伊瑪堪進行考察後提出他的結論，作者指出，伊瑪堪不僅具備了英雄史詩的基本性質，而且還創造了相當出色的藝術成就。

原書指出，大約是氏族社會末期，在神話、傳說、故事、民歌、薩滿歌、祝辭的基礎上產生了伊瑪堪，從而它成了藝術水平較高的民間大唱，成爲赫哲族傳統文學的經典形式。除了娛樂外，伊瑪堪演唱還有實用價値，當需要驅鬼時，講的往往是關於鬼的伊瑪堪。人們對說唱伊瑪堪的濃烈興趣和深厚情感在很長時期代表著赫哲族的文化生活風貌。關於伊瑪堪的調查記錄是始於二十世紀三十年代。一九三四年，國立中央研究院歷史語言研究所刊行了民族學家凌純聲著《松花江下游的赫哲族》一書較完整地記載了伊瑪堪的基本內容，留下了寶貴的可信資料。五十年代，大陸民族社會歷史考察的成果，《赫哲族社會歷史調查》

中，第一次把伊瑪堪稱爲「赫哲族以口頭相傳的說唱文學」。八十年代初，大陸中國社會科學院文學研究所、中國民間文藝研究會、黑龍江省民間文藝研究會、民間音樂家協會，以及地方有關組織和民間文學工作者，組成赫哲族民間文學聯合調查組，進行赫哲族民間文學遺產搶救工作。從一九八〇年九月至一九八一年五月，他們先後兩次走訪了四排、八岔、街津口等赫哲鄉里的伊瑪堪著名歌手，採錄了《滿斗莫日根》、《香叟莫日根》、《阿格弟莫日根》等三部長篇及《希爾達魯莫日根》、《木都里莫日根》等片斷。共取得了二十多萬字的伊瑪堪文字資料和大量的音響資料，以及歌手傳記、生活風俗等方面的文字、圖片等資料。

伊瑪堪是一種在漫長的歷史時期內流傳廣泛的說唱體裁，它包融了衆多口頭創作的情節模式、母題、民間曲調、民歌以及許多靠記憶傳播的定形的關於敘事、形象、行爲、場景等方面的專門用語，成套的修辭和素材粘合習慣。伊瑪堪還包含了許多口頭普遍流傳的寓言故事、道德說教、生活故事、莫日根傳奇、薩滿傳說、民間儀典敘事等等。講唱伊瑪堪的人稱爲伊瑪堪奈伊，他們是伊瑪堪的傳承者，在赫哲族裡，伊瑪堪奈依人數衆多，原書對赫哲族著名的伊瑪堪說唱家葛德勝、吳進才、尤樹林、吳連貴等人的說唱風格及其作品作了詳盡的介紹。

現存的伊瑪堪文本是由兩個時代的採錄成果組織的：一類是發表於三十年代的民族學家凌純聲所著的《松花江下游的赫哲族》一書中的赫哲故事；另一類是八十年代採錄的主要登載在《黑龍江民間文學》上的伊瑪堪作品。在兩個時代採錄資料的對比中，很容易發現這些伊瑪堪作品的文化含量的差異，三十年代的赫哲故事保留了一些後來沒有的或較少的故事情節類型和描寫內容。兩個時代採錄資料的不同表現可以看到半個多世紀以來伊瑪堪流傳變異的基本面貌，它足以告訴我們，民間口頭文學的一切種類，包括史詩，在民間長期流傳的過程除了共時性的傳播變異外，還有歷史時代變遷引起的歷史變異。因此，每一類在較長歷史時期內傳播的口頭作品，其軀體上都自然地吸收了不同時代的文化因素，修改或遺漏了一些傳統的東西。隨著人們文化需要的變化，傳統的文化行爲和態度不斷地被取代或被改變，人們在新的交流願望上對傳統東西進行選擇，因此傳統伊瑪堪各種各樣的組合因素發生某些不同程度的淡化和變化是民族歷史向前運動的必然結果，而它身上也被注入某些新的觀念，增添了新的生命。同八十年代所採錄的伊瑪堪相比，三十年代的赫哲故事中的莫日根故事，有著主題多樣性的特點。在八十年代的伊瑪堪中，主人公基本上都是完美型人物。他們有精熟的漁獵、生活技藝，有面對困境的坦然和戰勝一切的勇氣，有寬闊的胸襟、善良的品德等等，而在三十年代的赫哲故事中，主人公身上有許多不完美的人格缺陷。在兩個時代採錄資料的對比中，確實很容易發現伊瑪堪作品文化含量的差異。原書所探討的伊瑪堪是指在赫哲族中流傳的一種說唱結合的敘事文學作品。但是赫哲族或滿——通古斯語族各民族內究竟從何開始使用「伊瑪堪」這個辭彙來統稱這類文學作品？仍有待進一步的說明。

把史詩放到民俗生活之中，提出史詩的某些突出特點和它與時代一致性的表現與規律，掌握史詩的時代風格，這是被大多數學者所共同遵循的研究方法。原書第二章〈伊瑪堪與英雄時代〉，計四節，分別對英雄史詩的時代特徵、伊薩堪與赫哲族歷史、赫哲族的薩滿教及薩滿歌等問題進行分析。作者首先指出赫哲族是一個沒有文字的民族，她的歷史、習慣、藝術等所有的精神、物質文化，都靠言傳身教，長篇說唱伊瑪堪，是赫哲族的知識體系，是赫哲族的精神意識的活書。同英雄史詩體裁內容比較起來，伊瑪堪基本上具備了這種體裁的一般特點。由於它的事件多爲民族內的部落間的衝突，而不是大規模的異族之間的戰爭，所以在民族意識和史詩的歷史精神方面，表現得不那麼飽滿、凝煉、激昂、熱列。由於它是以個別英雄的故事，而不是所有英雄故事爲一部講唱的內容，其內容規模顯然不那麼宏偉、廣闊，其主題亦較爲單薄。儘管如此，如同所有史詩一樣，伊瑪堪對往事的敘述上有著英雄史詩的那種基本穩定的表現體系，它的形象、事件和深蘊其中的觀念、理想、道德都有鮮明的英雄時代特點，僅內容上說，它是中國史詩傳播帶中有著獨特風貌和早期英雄史詩發展特點的作品。

原書也指出伊瑪堪的本質在於它不是一個人的創造，而是赫哲全體民族的創造，它不是某一特定事件的具體敘述，而是將漫長民族歷史中形成的典型的民族文化精華給予全面、生動的展示，其內容屬於全體民族的生活、行動、事件和信仰。作者認爲伊瑪堪中對赫哲族英雄時代的描繪要比關於這方面的歷史記載豐富得多。伊瑪堪給人們提供一種不同於史料的特殊的歷史文化描述，有著一系列獨特的歷史問題和解釋這些問題的方式，所以有不可替代的文化意義和價値，赫哲民族獨特的心理素質，道德觀念，風俗人情都印在它的字裡行間。它圍繞莫日根的個人經歷把英雄們的復仇行爲及實現過程及結果與民族歷史背景統一起來，使得它不僅在達到敘述上的事實完整，而且達到文化表現上的精神完整。作者綜觀伊瑪堪的全部內容後，認爲它的歷史含量是巨大的，它不但集中地刻劃出典型的時代生活，還對這些生活的細節和具體內容給予充分說明。伊瑪堪不只是屬於過去的古老社會，或只是有著某種參考作用的歷史文獻，它的產生也許是屬於歷史時代，但它的思想和精神卻有著更深更廣的人性涵義。

薩滿被看作能夠通過某種方式與各類神靈溝通的靈媒，借著神靈的幫助，薩滿可以到不同層面的精靈世界中旅行。薩滿活動的目的包括醫病、驅災祈福和預測占卜人們需要解決的各種問題。原書對赫哲民族志及伊瑪堪中的薩滿信仰論述頗詳，作者指出，赫哲族的薩滿教是在漫長的漁獵經濟生活中產生和成熟的，同時它也不斷受制於哈拉、穆昆式的社會組織，它的信仰活動與內涵帶有原始社會組織的血緣乃至地緣色彩，其信仰體系蘊含著有關「中界」範圍神的內容和特點的豐富認知。伊瑪堪中的薩滿教，其每個神都是個別的形象，沒有統攝一切的大神，也沒有關於神靈的無限和絕對的宗教觀念。神靈形象的個性化和雜多性是伊瑪堪宗教世界的一大特點，伊瑪堪中的許多神靈是靠家族血緣關係營造的，因此，伊瑪堪神靈的個性化和歸屬性表現了氏族、部落社會制度的狹隘，神靈勢力像部落社會的體制一樣具有血緣、姻緣、師緣和地緣關係。因此，一方面人們得到某些神靈的佑助，另一方面也擺脫不了他方神靈的迫害或阻撓，神靈和人一樣受到外方勢力的制約和束縛。作者指出，伊瑪堪中的薩滿教表現，是與現實的信仰生活一致的，神靈與人類的互利關係和人對神力的追求也有效地支持著薩滿教的多神特點。這樣的思維方式正是伊瑪堪英雄時代樸素的自由精神、公平的道德要求和強力的追求意識的世界觀基礎。伊瑪堪把人物命運安排在現實與超現實合一的廣闊空間之中，讓人物在這兩個方面進行一種全面的生命挑戰，從而使故事情節離奇，故事意蘊深不可測。

原書對赫哲民族志及伊瑪堪中的薩滿歌也作了頗爲詳盡的探討，薩滿歌又稱爲神歌，就是指誦唱薩滿神詞，主要爲請神歌、問病歌、謝神歌、送魂歌、驅魔歌、過陰歌、讚神歌、祈太平歌，都是在不同祭祀中根據儀式要求在某一祭祀過程中的儀式演唱，因此，歌唱的歌詞內容，歌唱運用的語言方式，歌體形式等都受薩滿儀式的直接制約。伊瑪堪中薩滿歌有兩個特點：一是它的比較典型的薩滿歌面貌，伊瑪堪中相當數量的唱段是因祈神、神示、祭祀、讚神、送神而起，它們集中表現了薩滿歌的主要內容；二是它保留下來的薩滿歌形態，比民族志資料更爲豐富、完整。

故且不論伊瑪堪是否一個人的創作？或是否爲赫哲族全體民族的創作？但伊瑪堪給人們提供的是一種不同於史料的特殊歷史文化描述，不能準確地反映赫哲族的歷史，原書認爲伊瑪堪「應該是這個民族一定歷史發展階段上的永恆的歷史記錄」①，作者的論述，顯然過於武斷。

史詩藝術的表達方式是與人類英雄時代的神祕心靈知識相關聯的。原書第三章〈伊瑪堪的藝術表現〉，計五節，分別對史詩藝術的一般特點，伊瑪堪的情節、人物形象、唱段、語言藝術進行分析。史詩藝術的主要特點包括：感官色彩強烈、形象創造的類別化、史詩對歌體語體採納的豐富性、史詩的結構規模宏大等等，伊瑪堪對英雄的誇張，特別是關於法術的描述，更是異彩紛呈，讓人浮思聯翩，想像升騰。史詩中的類化意象，存在於它的情節母題、象徵符號、人物行爲、情節型式和它們的聯結方式等多方面的刻劃、組合和整體的謀篇布局之中。莫日根是伊瑪堪作品之魂，從他們身上表現了赫哲族理想的人生追求和豐富多彩的勇士性格。伊瑪堪中創造了勇士型、薩滿型、酋長型和逍遙自在型等各種類別的莫日根英雄，他們身上集中了種種勇士品格和具有理想色彩的人格。史詩中各種說唱所利用的語體顯然要比神話對語體的應用有所增加，其抒情性、陳述性、解釋性、論證性、議論性的語體，十分豐富地出現在史詩的唱段和敘事之中。史詩結構中隨時都可以發現它的靈活和隨意性，比如伊瑪堪的創作者們不斷擴展、補充許多情節類型，從而使故事發展波浪起來，規模宏大。同史詩一般藝術特徵比較起來，伊瑪堪基本上具備了史詩的藝術表現特點。伊瑪堪對往事的敘述有著卓越的想像和獨特的表現形式。

伊瑪堪的情節主要是以行動事件組成的，這些事件雖有核心與非核心的差異，但都具有可分解性和可歸併性。原書認爲伊瑪堪中的情節類型主要與薩滿教的信仰內容和已經被普遍接受的薩滿的經歷模式有關。此外，漁獵生產活動方式和經驗，部落組織的各種生活形態和功能等等民族文化體系中的典型因素，也是解釋伊瑪堪情節涵義的主要語境。伊瑪堪的結構是一個情節型式的各種排列，它們組成了一個個可以不斷更新或替換的形式系統，在一個故事裡一些情節類型被多次使用。伊瑪堪能夠比較成熟地根據需要選擇、運用那些人們在英雄傳記解釋上常用的各種情節類型，讓它們服務於主題安排，伊瑪堪的主題極少脫離它既定的軌道。原書分析伊瑪堪的人物形象時指出，考察伊瑪堪人物形象，必須從赫哲族歷史的生活狀況出發。伊瑪堪中的人物，作爲語言藝術的結晶，是赫哲民族社會生活和內心生活狀態的民族特徵的典型化的結果。伊瑪堪通過生動的人物形象反映了赫哲人民在歷史發展中形成的民族性格，揭示了赫哲社會生活中人們所追求的人類精神內涵，同時伊瑪堪的形象也都有他本民族公認的社會教育意義。伊瑪堪主要依據不同的價值取向，像政治理想、道德生活、宗教追求、生理欲求等以不同形象共性因素，組合成特殊的人物類型，包括：政治首領型、完美的莫日根類型、薩滿莫日根型、自在自足型莫日根。莫日根的妻子們也有一些類型變化，包括：賢惠婦女型、深明大義型、大薩滿型、文武雙全型。原書指出，伊瑪堪的形象類型是其民族性格的結構範式，給民族成員提供道德風俗、倫理榜樣和宗教信念，另一方面這些形象也傳達了社會、人生、宗教的知識以及應遵行、維護的社會秩序，所以它還有著積極的社會功能。

原書分析伊瑪堪的唱段時指出，伊瑪堪有說有唱，其唱段是在赫哲族民間詩歌的土壤中生長的，許多唱段形式和內容要素都來源於民歌，伊瑪堪的取材和創作都是在充分利用民族傳統中的東西的基礎上進行的。伊瑪堪的唱段有著出自民族風俗的民族格調，它和生產、生活、戰爭、宗教等方面的民族歌曲一樣，具有典型的民族特徵。伊瑪堪唱段的語體十分豐富，包括：宣講性語體、敘事性語體、抒情性語體，伊瑪堪對語體的選用是相當靈活的，但歌者都沒有脫離具體的情節環境隨意採用，任意處理各種語體，而是在情節發展中自然而然地恰當選用、組合這些語言表現形式，從而使它們成爲伊瑪堪作品的有機組成部分。原書從強烈的感官和情緒色彩、生活化的民間語言色彩、語言的程式化、重複、合調、押韻等方面分析伊瑪堪通過語言藝術達到在赫哲族成員之間的思想感情交流。原書認爲伊瑪堪不愧是赫哲族最精彩的語言藝術作品，是這個民族在口頭上和記憶裡牢固保留的民族語言藝術的精華。伊瑪堪的一些語言符號常由意象和譬喻來組成，這些成分的產生是由於人們的思維方法還處在一種具體的形象和普遍的心理意向尚未分離的表象思維階段。因此，伊瑪堪中一些符號的形象，都有深刻的文化寓義。

原書對伊瑪堪的人物形象、語言藝術等方面進行了詳盡的分析，有助於了解伊瑪堪的一般特點。原書指出用形象去概括某一類人物的共同特徵，從而傳達形象和時代生活本質上的同一特點，展示時代的民族精神，這是伊瑪堪人物所開闢的一條認識其民族性格歷史的內涵的途徑。伊瑪堪的主人公集中地而且生動地表現出多方面的民族性格，從他們身上可以見到赫哲民族性格的一般特點。因此，原書作者認為「它的人物具有十分眞實的客觀價值」②。考察伊瑪堪人物形象，必須從赫哲族歷史的生活狀況出發，伊瑪堪作品中的人物類型，因其價值取向的不同，主觀價值頗為強烈，原書將伊瑪堪作品中的人物解釋為具有十分眞實的客觀價值，是有待商榷的。

在伊瑪堪作品中，由於薩滿信仰的觀念對人們提供了一些難解符號和難解的人物行為邏輯，所以解讀薩滿教隱喻所代表的認知、表述和評價傳統的一般原理，是幫助人們深入理解伊瑪堪作品的有效途徑之一。原書第四章〈伊瑪堪解讀〉，計四節，分別對伊瑪堪的空間、莫日根西行的寓意、莫日根的婚姻及變形等問題進行分析，其用意就是在於根據伊瑪堪作品所提供的線索，著重分析幾個有代表性的薩滿觀念和故事情節。原書指出，在伊瑪堪中隨便就可以找出一些不同於一般現代人直接視覺領域的虛幻空間和形象，它的可感知的空間存在，就一般人類的能力和現在的概念而言，是無質、無形而又無所不在的。伊瑪堪中的神祕世界是在薩滿教的思維方式的支配下創造出來的。伊瑪堪中的空間感受是通過莫日根漫游的時間順序獲得的，它的空間符號，基本上沒有固定的結構排列，每個情節在一個故事中出現的次數，也多寡不一。伊瑪堪中的人物形象，也能上天入地，穿梭於有形與無形世界之間。在伊瑪堪中，莫日根是神靈與人類的中介，他們法術高超，善於變幻。莫日根就是伊瑪堪的形象核心，其怪異形象，狀貌繁多，生動完整。伊瑪堪裡每一個虛幻的景象、形象都有約定俗成的涵義，它們是感情和思想的符號形式。在與自然萬物精神的不斷交往之上，伊瑪堪表現著追求人類生命、道德情感與大自然的生機、節律相合相生的頑強努力，它的環境意識和生命歸屬都有一種自然生態特點，這也是薩滿教的精神。伊瑪堪把深厚的薩滿文化底蘊給予較充分的揭示，從中也展現了這個民族的文化特色。伊瑪堪中不但涉及了許多具體的薩滿文化事例，也包含了具有明顯薩滿教色彩的民知識、心理和信仰行爲。

根據多年薩滿文化考察經驗和對伊瑪堪本文的逐個研琢，可以認爲薩滿教的三個活動領域對伊瑪堪創作有著直接的影響，這三個領域即：薩滿領神的心理經驗，薩滿教儀式和薩滿修煉方式。從神選薩滿經歷主題在伊瑪堪中的描寫，可見伊瑪堪一方面反映了薩滿文化，一方面還代表著薩滿文化。薩滿教的各種祭祀儀式在伊瑪堪裡被給予充分的展現，幾乎每篇莫日根故事裡都有大段的祭祀場面和過程的描繪。薩滿教的感覺和認知爲伊瑪堪的幻象描述提供了全面的要素和創造途徑，伊瑪堪的神祕世界幾乎是薩滿世界的副本。伊瑪堪包含了衆多的薩滿文化符號，其鮮明的涵義使得歌手對它們的採用有著經久不衰的興趣。原書認爲伊瑪堪的形象活動記錄了薩滿世界的存在和活動的樣式，也表現了各種生命屬類自身的性質和特點。透過形象的生動表現，使我們觀察到伊瑪堪的人類精神追求的宏遠和深刻性，從中也得到更普遍的生命概念和生活道理。

莫日根西行是有它的寓意，伊瑪堪中的每部作品幾乎都是從復仇開始的，他們的仇人一概駐守西方，懷著復仇心願，他們勇敢朝西而去。經過無數次戰爭較量，終於抵達仇人的西方地界，殺死或擒獲西方城主，救出活著的父母，或找回父母的屍骨。英雄取回父母屍骨，歸葬家鄉的故事，是基於靈魂信仰上的一種氏族社會的倫理觀念。伊瑪堪中的英雄向西征討中顯露的方位意識，引起了研究者普遍的興趣和討論。薩滿教觀念中普遍以方向區別正邪善惡，在薩滿文化流行的突厥民族及通古斯民族中，根據太陽運行來確定方位和神靈性質的觀念頗爲流行。太陽升起的方向屬前屬上，太陽沉落的方向屬後屬下。因此，東方的神靈都是正面的、光明的，西方的神靈則是反面的、黑暗的。伊瑪堪的主人公永遠向西征討，也應該是這類作品的神聖意義大於現實意義的一個有力佐證。西方有祖先居地的含義，在赫哲人的信仰生活中「西方爲貴」，西爲神聖處，是供放神靈之所，各族的薩滿神也居於西方，西還代表死者居住的方向，赫哲人的墓都在村屯西面高崗地，西也代表陰間。西是薩滿旅行的目的，在伊瑪堪中，西方這一空間觀念受到宗教思維非常鮮明的束縛。伊瑪堪中的「西」，代表著父親靈魂或生魂的拘所，有著死亡或陰間的象徵意義，「西」是人生循環的一個轉折點，是靈魂和道德解脫的轉機，同時也是英雄成功的標幟。總之，伊瑪堪中的「西」與宗教觀念的「西」，儘管表現不同，但始終隱含著其內在的同一性和統一性。

原書指出，伊瑪堪中的英雄婚姻，與民俗中的薩滿領神經驗有關，在薩滿領神經驗中，與神靈結婚是薩滿向無形世界進發的過程中，爲了衝破僚界所設置的障礙而實行的一種既被對方接納，又獲得另一領域神祕力量的行爲。伊瑪堪主人公絕大多數的婚姻較量都可以成功結束，他們獲得了婚姻的神聖價值，娶妻後的祭祀，是英雄獲得妻方的神靈的認可，並獲得她們這個級次的神祕經驗的標誌。莫日根都是多妻的，他們一次西征行動中要經歷許多次難題求婚，最後成爲能領多方妻子氏族或妻子地方神靈的大薩滿，使他在更多的處所和更多的方面都可獲得全面的神助，支配更多的神靈，成爲雄據一方不可抗拒的大巫師、大神靈，所以婚姻帶給英雄的是成功和成神。伊瑪堪中的莫日根難題求婚故事就是信仰和現實兩方面因素在同態結構的混融中創作出來的。

在伊瑪堪的故事中，常見人與動物之間，人自身，神靈與人，神靈之間等出現變形現象。變形是神靈和大薩滿都具有的能力，這是他們常顯示的一種神術。伊瑪堪中的變形術見於每個形象身上，特別是莫日根們更爲善變。原書指出，關於靈魂能力和魂力變形、魂力傳播，在漫長的薩滿文化模塑中，每個民族和地區已形成一些穩定的表達形式，而且有著廣闊的變異和蔓衍空間。從伊瑪堪中可以發現赫哲族的典型的薩滿教變形觀念和形式。進入生疏的領域需要變形，實行神靈職責時要變形，在目的達到之前會變形，在鬥法中常變形。在伊瑪堪中，變形是與莫日根遠行相伴隨的現象，這一點與薩滿幻覺經驗相同。在薩滿進入幻覺世界時，他遇到的他界形象也能隨時化變，一體多形，變幻莫測。莫日根在新闖入的求婚賽場上，喜歡僞裝自己，最常見的形象是禿頭、乞丐和幫僕。在戰場鬥法中，當己方呼喚的神靈附體助戰時，莫日根會變形，甚至化成火體、雨體、冰體等等，伊瑪堪中對變形問題的揭示，表達了人們對與氣生主義爲基礎的薩滿靈魂術的信仰和追求，和薩滿對人魂與自然生靈大魂相接相容相生法術的熱衷，乃至對獲得永生不竭魂氣的渴望和追求。

原書認爲史詩是一首包含歷史的詩，它反映的是「眞實的歷史」。原書作者認爲神幻奇想也是一定歷史階段的精神成果。伊瑪堪薩滿的精神經驗和英雄復仇遠征復合一處，表現出特定歷史環境中勇士們所追求的最高人生成就。同時它還是一部百科全書，是一部關於薩滿文化發展的歷史③。史詩雖然有現實歷史因素，但它也有幻想因素，作者認爲史詩所反映的是「眞實的歷史」，是對眞實歷史或客觀歷史的誤解，史詩所反映的毋寧說是「想像的歷史」。作者認爲史詩是一部百科全書，也是對百科全書的曲解，考察薩滿文化的發展，伊瑪堪並非唯一的資料來源。原書認爲伊瑪堪中的神祕世界是在薩滿教的思維方式的支配下創造出來的④。作者的說法是可以同意的，但是，佛道思想因素，也不忽視。北方少數民族長期與中原漢族文化接觸以後，薩滿文化吸收了大量的佛道思想，把佛道思想納入薩滿文化的體系中，使薩滿信仰的內容更加豐富，更具神祕性，由伊瑪堪空間表現的神祕性，變幻的複雜性，可以反映佛道思想的普及化。

原書第五章〈伊瑪堪的符號解讀〉，計四節，分別對薩滿觀景中的形象符號，神靈附體的象徵，薩滿靈魂符號及薩滿教儀式符號等問題進行分析。符號作爲群體的觀念模式，具有群體性、歷史性和傳統性的特點。原書對伊瑪堪進行梳理之後指出，伊瑪堪這類作品中關於薩滿文化符號的許多敘述與薩滿們的心理經驗自述相重合。伊瑪堪中符號代表薩滿心理和形象間的隱喩及象徵關係，即形象表達與薩滿心理觀念間的相互混滲，爲研究符號及其所滲透的薩滿心理特徵提供了材料。原書認爲伊瑪堪中的符號具有一定的物質形式和客觀實在性，它能夠規範群體的情感、心理和意識活動，對於一個在一定歷史文化環境中進行生存活動的民族來說，他們的觀念符號，一般都有民族的、時代的、文化的共同性。「觀景」是薩滿使用的專門詞彙，它是指薩滿在幻覺狀態下的所見所歷。伊瑪堪中有關觀景的符號多半缺少現實依據，形象的幻想性很強，這方面代表性的符號有：臉色半紅半黑的女人，英雄的碎屍與煮煉，神靈領養，歇腳包與食物，托落與塔樓等等。伊瑪堪中常在一種化現的英雄歇息處，出現一位臉色怪異的女人，或半紅半黑，或半紅半白。在薩滿入選儀式中，入選者被肢解、煮煉和再生，是薩滿新神力建造方面的兩個因果相聯的過程。神靈領養是一種儀式，伊瑪堪中的薩滿領養母題相當豐富。歇腳包是指休息的房屋，伊瑪堪中歇腳包是召之即來，揮之即去的神幻之物。歇腳包母題所顯示的比較重要的薩滿文化信息包括兩個方面；其一爲神化歇息處；其二爲神聖食品，或靈魂食品，食品被視爲某種能量信息的載體，通過它達到某些預期效果。伊瑪堪中的托落是指氏族祭祀所立之樹，在薩滿教裡托落被視爲宇宙樹，它上接天界，下連冥界，中間則支撐著人類居住的世界。塔樓在伊瑪堪裡是一種帶有托落涵義的神靈棲處符號。這些符號與薩滿神遊和觀景相關的形象是由充滿想像的任意自由的「神性」所構成的，是創造者在感覺和知覺的層面對它們進行的表象的概括與綜合。因此，觀景中的符號同儀式中的符號，關係密切，甚至就是它們的的翻版。這類形象符號中發現它們都有一定程度的心理化和主觀化了的意義。

薩滿教中的領袖，是指某人被神靈選中，當某人被選中時，神靈便以氣態附在某人身體。神靈附體的表現還出現在薩滿請神儀式中，當薩滿請下他所領的神靈時，他都以形體動作來模仿這些神靈的樣子、愛好、特長、性格等。從薩滿的舞姿和其他表演中，很容易判斷此時來到的是鳥神、熊神、虎神，還是某個莫日根神、薩滿師傅神等等。以附體狀態出現的神靈符號，在伊瑪堪中十分豐富。伊瑪堪是通過莫日根薩滿般的人生體驗證明他們非同尋常的領神人的根器。伊瑪堪和史詩中的英雄貪睡多是從肯定意義出發的，它表明英雄有得神的根器，有和衆神溝的大法力，有重展生機的自新功能。

在薩滿經驗中，薩滿可以按照自己的努力方式，在變化了的意識狀態中改變自我，使自己同化於一個臆想的形象。另一方面，上方監護神也能使薩滿的靈魂變形，即運用法力使他的意識處於模糊境界，達到變形。變了形的薩滿成了薩滿靈魂的符號，倘若他的變形在戰鬥中被殺，薩滿則不久於人世。薩滿格外注意保護自己靈魂，常把靈魂放在體外，放在不被人知曉的地方，同時他們對敵人的靈魂卻有著各種防範和殺戮的方法。神話和史詩中的格鬥，多在各種變了形的靈魂間進行，不同的靈魂形象常常顯現著各地區、各民族原生宗教的風格。就薩滿教的靈魂實質來說，所謂靈魂是可以流動的。在薩滿教的靈魂觀念中，人的游魂是可以暫時離開內體的，在人的睡眠中，在人走神時，或在修煉功夫的薩滿入定中，游魂可以自覺或不自覺地出入肉體，薩滿請神、占卜，據說是運用和驅使游魂，瞬間游歷各地，相邀或察訪神靈。北方民族薩滿教的游魂形象是較高層次的薩滿游魂術的形象符號。除了靈魂能夠變形外，在薩滿教中，神靈也可以變形。薩滿可以驅策自己的游魂，神靈也是一樣。在薩滿教文化觀念裏，這兩種表現沒有本質的區別，因爲薩滿在其神靈附體時，就是神靈代表，是神靈自己。因此，薩滿魂變法術符號，除了薩滿自己的魂變形象外，還有神魂形象符號。

在薩滿教的儀式中有行爲符號，像薩滿祭祀的行爲程序，神靈附體的表演象徵，有祭祀器具符號，有薩滿用器、服裝、佩飾方面的符號。對大量的薩滿儀式符號，伊瑪堪採用的描述手法並不相同，對薩滿的服飾，伊瑪堪喜用實描，對薩滿儀式過程的敘述則半虛半實，伊瑪堪善於將看得見的行動和看不見的薩滿他界行游混爲一談，讓人感到似眞似幻，而對薩滿法器卻極盡想像，所述之怪誕，讓人眼花繚亂。因此，伊瑪堪裡最富於隱喻和象徵的就是薩滿他界行游和薩滿法器想像這兩類符號。

原書對薩滿的醫療，進行扼要的論述。原書指出，薩滿以巫術治病是薩滿活動的主要內容，它也是薩滿教的顯著特點。從伊瑪堪所描繪的有關生病和治病的情節中，可以看到薩滿教在這個領域的主要文化表現。人們生病的原因主要爲外靈附體、法術致疾、失魂，其致病原因與民間的看法一致。此外，人們還把毀壞神位、該領神而不領、不敬神、死魂尾追等都看成是生病的原因。由於病因主要是病者與外力之間的靈魂矛盾，所以治病主要表現在解除、化解外靈的干擾上。伊瑪堪關於薩滿醫療巫術的描寫，採用了人們的生活習俗與口傳材料，是對這類現象典型的文化解釋，它反映著薩滿教傳統醫療文化的面貌。

薩滿的詞源及其含義，涉及語言學、心理學、宗教學、生理學等各領域，中外學者因專業訓練不同，他們研究薩滿得出的理論，遂具有各自學科的色彩。薩滿是從原始的巫覡脫胎而來，透過歷史考察，可以理解薩滿信仰就是一種十分複雜的文化現象，它既含有原始宗教成分，也包括大量非宗教成分。在北亞或東北亞的薩滿活動中，巫術的因素，既有顯著的呈現，因薩滿信仰的觀念和活動，就是以巫術爲主體和主流而發展起來的複雜文化現象。薩滿信仰在宗教要素構成上並不齊備，是屬於民間信仰的範疇，薩滿信仰並非一種宗教，原書將薩滿信仰稱之爲薩滿教，確實有待商榷。

陰間冥府的閻羅王，滿文辭典、《尼山薩滿傳》（nišan saman i bithe）等俱作「ilmun han」，原書作「依莫爾汗（imul-han）」⑤，或因以訛傳訛所致。伊瑪堪說唱敘事文學作品，與薩滿文化的陰間信仰，確實有密切關係。至於不涉及薩滿信仰或不具備北亞薩滿文化特質的史詩及英雄故事的說唱文學，並不適合統稱之爲伊瑪堪。

薩滿故事或伊瑪堪文學作品，都大量使用赫哲族的許多語彙，其含義，與建州女眞語或滿語大同小異，對研究赫哲語言，提供了珍貴的語文資料。民國二十三年（1934），凌純聲著《松花江下游的赫哲族》，收錄赫哲語彙，爲數頗多，均按其性質，分爲人物等二十九類，表列編排，先列漢文，次註馬羅拼音。此外還附錄〈赫哲故事中的赫哲語音註〉按筆順排列，頗便於查閱。孟慧英著《薩滿英雄之歌——伊瑪堪研究》一書也大量使用赫哲語彙，但因未將個詞彙附錄編列，而且許多詞彙又未附注羅馬拼音，以致前後頗多歧異。例如原書頁一三〇「第一個靈魂叫做奧任」，頁三三五「第一個靈魂叫做額壬」，「奧任」與「額王」，其實都是滿語「oron」的同音異譯，意即魂魄或靈魂，是滿語「fayangga oron」的略稱。原書頁二〇九「波扭額眞（閻王）」，頁一三〇「布尼（冥府）」，頁二七一「陰間（布尼）」。句中「布尼」，是陰曹冥府或黃泉墳墓的漢字音譯，赫哲語讀如「buni」。「額眞」是女眞語「ejen」的音譯，意即主子，或主人。「波扭」是「布尼」的同音異譯，民間信仰以閻王主司陰曹冥府，赫哲語遂稱之爲「buni ejen」，意即冥府之王。原書頁二〇九「薩音畢拉（陰間）」，頁二一〇「薩音畢拉（陰陽河）」，頁二一七「薩音畢拉（陰陽界河）」，頁二七一「赫哲人認爲陰陽間要以『三銀畢拉』河爲界」，句中「薩音畢拉」、「三銀畢拉」都是女眞語「sain bira」的同音異譯，「sain」，意即「善」，赫哲人或以善惡劃分陰陽。原書頁二六七「穆昆（氏族）」，頁二七一「莫昆（氏族）」。「氏族」，女眞語讀如「mukūn」，「穆昆」、「莫昆」就是「mukūn」的同音異譯。原書頁八七「約洪（村莊）」，頁九七「約洪（屯子）」，頁一二八「嘎深（村子）」，頁「悅洪（村子）」，頁二四五「約洪（村子）」，譯音不一致，注釋也有歧異。原書頁三五六「子孫繩（滿語爲 futa）」，滿語「futa」，意即繩索，並無子孫繩的含義。原書頁一二謂「伊瑪堪奈依是指講唱伊瑪堪的人，他們是伊瑪堪的傳承者。」句中「奈依」未作字義解釋。女眞語或滿語中的「人」，讀如「niyalma」，赫哲語讀如「nai」，漢字音譯作「奈依」，講唱伊瑪堪的人可以稱爲奈依，不講唱伊瑪堪的人也可以稱爲奈依。滿語「mergen」，音指聰慧的、明智的、非凡的、賢哲的、賢人、賢達，赫哲語引伸爲英雄，赫哲族的伊瑪常常專指關於英雄的說唱。「mergen」，凌純聲著《松花江下游的赫哲族》一書漢字音譯作「莫爾根」，讀音相近⑥。孟慧英著《薩滿英雄之歌——伊瑪堪研究》一書音譯爲「莫日根」。原書因使用赫哲語或滿語的語彙較多，可於書末附錄語彙簡表，漢文與羅馬拼音並列，既便於查閱，又可免於同音異譯的歧異。瑕不掩瑜，作者將薩滿英雄說唱調查資料整理公佈，撰寫專書，論述詳盡，對民間文學研究，確實是不可忽視的學術貢獻。

〔註　釋〕

①孟慧英：《薩滿英雄之歌——伊瑪堪研究》（北京：社會科學文獻出版社，1998 年 3 月），頁 74。

②孟慧英：《薩滿英雄之歌——伊瑪堪研究》，頁 177。

③《薩滿英雄之歌——伊瑪堪研究》，頁 265。

④《薩滿英雄之歌——伊瑪堪研究》，頁 240。

⑤《薩滿英雄之歌——伊瑪堪研究》，頁 2。

⑥凌純聲：《松花江下游的赫哲族》（南京：國立中央研究院，民國二十三年），頁 690。